Samizdat der Projektgruppe M
Postfach 060104 / D-10051 Berlin
Made in Germany

OPK "Donner" / OV "Blitz"

Das Gewitter

Geschichte und Geschichten aus einem anderen Land

Ausgewählt und herausgegeben von Claus Stedinger in Zürich

Kommentiert von Mette Herborg und Per Michaelsen in Kopenhagen

Für Ulrike Dorothea Donnerhack,
geboren am 8. September 1994 zu Basel

Aus dem Inhalt

Der Ostwind rauscht, die Woge rollt -
Nach Nordlands heiligen Hagen!
(Felix Dahn)

Dorothea Donnerhack
mit ihren Söhnen Wolf (links) und Lutz auf Usedom -
vierzehn Tage vor ihrem Tod am 10. September 1958

Aufnahme: Rudolf Donnerhack, Plauen (1958)

1.

Wer glaubt,
die kommunistischen Regime in Mitteleuropa
seien ausschließlich das Werk von Verbrechern,
dem entgeht eine grundlegende Wahrheit:
Die Verbrecherregime wurden nicht von Verbrechern,
sondern von Fanatikern geschaffen, die überzeugt waren,
den einzigen Weg zum Paradies gefunden zu haben.

Milan Kundera, *Die unerträgliche Leichtigkeit des Seins*

Notwendige Vorbemerkung

Die vorliegende Veröffentlichung ist keine Neuerscheinung.
Vor zehn Jahren bereits gab es eine limitierte Erstausgabe von gerade mal zweihundert numerierten Exemplaren; ursprünglich nur dazu gedacht, Freunden und Bekannten der beiden Brüder, von deren Schicksal dieses Buch erzählt, zu zeigen, wie es wirklich war - im Gegensatz zu all den Lügen und Entstellungen, Gerüchten und Verleumdungen, die von interessierter Seite in die Welt gesetzt und willfährig kolportiert wurden.
Doch in den zurückliegenden Jahren ist einiges geschehen, womit damals, 1994, nicht gerechnet wurde und auch nicht gerechnet werden konnte.
Zum einen standen für die genannte Erstausgabe ganze neun Akteneinheiten zur Verfügung. Für die durchgesehene und erweiterte Neu- beziehungsweise Nachauflage konnte hingegen auf nunmehr vierunddreißig Akteneinheiten zurückgegriffen werden. Hinzu kamen noch Duplikate von Unterlagen, die von anderen Betroffenen zur Verfügung gestellt wurden sowie Kopien von Dokumenten, die über die sogenannte "Nachrichtenbörse" der *International Intelligence History Study Group* (auch bekannt als *Arbeitskreis Geschichte der Nachrichtendienste*) Eingang in diese Veröffentlichung fanden.
Zum anderen erreichten den Herausgeber immer wieder Nachfragen aus aller Welt, nicht zuletzt von renommierten Antiquariaten und Bibliotheken, vor allem aber auch von deutschstämmigen Amerikanern, die ihr Interesse an dieser Dokumentation bekundeten und nach einer Nachauflage verlangten.
Darüber hinaus wurde dieses Buch noch um ein Kapitel erweitert, in dem verschiedene Reaktionen auf die Erstauflage nachzulesen sind.
Außerdem gab es etliche Zuschriften aus den alten Bundesländern, die erkennen ließen, daß Leser im Westen mitunter ihre Schwierigkeiten hatten beim Verständnis der zumeist kommentarlos abgedruckten Texte.
Deshalb machte der Herausgeber nur allzu gern von dem Angebot der beiden renommierten Journalisten und ausgewiesenen Spezialisten Mette Herborg und Per Michaelsen ("Stasi og Danmark", "Ugraes - danske Stasi kontakter") Gebrauch, den vorliegenden Band an den Stellen, wo es angebracht schien, mit dem einen oder anderen Kommentar zu versehen. Die Hoffnung auf Unterstützung, zumal durch einen Druckkostenzuschuß seitens jener bundesunmittelbaren Stiftungen, die (theoretisch zumindest) der Aufarbeitung der jüngeren deutschen Geschichte verpflichtet sind, blieb freilich unerfüllt.

Claus Stedinger *Zürich, Anfang September**

* 2004

2.

Sein Leben war eine einzige falsche Pose gewesen,
aber keine leichte, schillernde,
sondern eine verkrampfte, qualvolle, steife Pose,
er wollte gut sein, wollte jedermann gegenüber gut sein,
aber er war nicht gut gewesen, sondern dumm,
und seine Friedfertigkeit hatte demjenigen, den er schonen wollte,
immer nur Unannehmlichkeiten bereitet,
denn er hatte stets zugelassen, daß das Faß überlief,
daß die Dinge sich bis zu einem Punkt zuspitzten,
wo man nur noch zuschlagen konnte.
Wenn er sich wenigstens eingestanden hätte,
daß seine Natur, seine unverdorbenen Instinkte keine Gewalt duldeten,
aber auch das traute er sich nicht,
und er ergriff lieber die Flucht,
um nicht schamrot werden und für seine Wahrheit kämpfen zu müssen.

Akos Kertesz, *Das verschenkte Leben des Ferenc Makra*

Exkurs

Über Berufsverbot, Rufmord und Sippenhaft im realen Sozialismus*

Eines vorweg:
Nichts liegt mir ferner, als vor diesem Auditorium ein Klagelied anzustimmen. Ich gehöre auch keiner Partei an, mit den Gewerkschaften habe ich wenig im Sinn, und ich bin weder Mitglied in einem Verein, noch in einer Vereinigung der Opfer von diesem oder jenem *Ismus*.
Letzteres aus dem einfachen Grund, weil es mir zu viele *Opfer*, zu viele in der Wolle gefärbte *Widerstandskämpfer* gibt, darunter auch so manchen Kriminellen, der sich über Nacht zum *politisch Verfolgten* gemausert hat und nunmehr jeden Satz, in dem er seine Vergangenheit reflektiert, mit drei Ausrufungszeichen beschließt.

Ohnehin kann ich mich mitunter des Eindrucks nicht erwehren, daß jene, die heute am lautesten anklagen und wehklagen, dieselben sind, die sich in der DDR am besten zu arrangieren (man könnte auch sagen: zu prostituieren) wußten. Und nicht nur ich frage mich, wo all das Jubelvolk geblieben ist, das zu den befohlenen Jubelfesten winkend und fähnchenschwenkend an den Partei-Oberen vorbeidefilierte; all die *Helden der sozialistischen Arbeit*, die von *Pädagogischen Kongressen* beglückten Pionierleiter und Staatsbürgerkundelehrer, die *Genossen Kämpfer der Kampfgruppen der Arbeiterklasse* - wo sind sie geblieben? Wo sind sie bloß geblieben, die uns heute nur gar zu gern glauben machen möchten, es habe bei all ihrem Tun oder Lassen ein finsterer *Stasi*-Scherge oder ein garstiger *Vopo*-Schurke mit entsichertem Revolver hinter ihnen gestanden?

Zugegeben: Solches Verhalten ist keinesfalls DDR-typisch gewesen.
Ich erinnere nur an den einen Satz von Heinrich Böll, in dem es, sinngemäß und bezogen auf die Nachkriegszeit in Westdeutschland, heißt, daß jeder, der (der unzureichenden Verdunklung wegen) einmal zehn Mark beim Luftschutzwart bezahlen mußte, plötzlich in Anspruch nehmen möchte, *Opfer* gewesen zu sein oder gar *Widerstand* geleistet zu haben...

Was meine Person betrifft: Ich bin auch kein Widerstandskämpfer gewesen.
Ich bin vielleicht ein Aussteiger gewesen oder ein Verweigerer - vielleicht.
Und ich habe auch keinerlei Enthüllungen anzubieten, keine Sensatiönchen, sondern im Prinzip nur ein paar lose aneinander gereihte Banalitäten.
Soll heißen: Banale Episoden, die "Die Banalität des Bösen", von der hier, mit Bezug auf Hannah Arendt gesprochen wurde, veranschaulichen sollen -

irgendwo weit hinten in der sächsischen Provinz, in der kreisfreien Stadt Plauen im Vogtland, nahe bei den bayrischen Wäldern und den böhmischen Dörfern, wo Franz Kafka bis zum heutigen Tage gegenwärtig ist.

Ich bin Jahrgang '52, bin im Staatswesen DDR geboren, in diesem System groß geworden und möchte in diesem Zusammenhang aus Band II der hier sicher nicht unbekannten Broschüre *Dimensionen der Politik* zitieren, wo ein ehemaliger DDR-Bürger nach seiner Übersiedlung in den Westen formuliert: "Ein junger Mensch in der DDR, der weder Faschismus noch Demokratie kennengelernt hat, erlebt den Sozialismus zunächst als seine natürliche Umwelt, zumal das Bild der Gesellschaft, das durch die Schule vermittelt wird, eher einem Paradieszustand entspricht. So lebt er eigentlich recht lange konfliktfrei." Dem ist von meiner Seite aus nichts hinzuzufügen.

Der erste Konflikt meines Lebens nun war zugleich auch die erste von insgesamt drei Zäsuren. Es sei mir erlaubt, an dieser Stelle noch ein weiteres Zitat anzufügen; es stammt aus der *Welt* vom 17.08.1991. Hier heißt es:
"Man hat die Bewegung vom Herbst 1989 gelegentlich die *Revolution der Vierzigjährigen* genannt. Wenn man diese Vierzigjährigen heute fragt, an welchem Punkt ihre innere Trennung vom *real existierenden Sozialismus* begonnen habe, so stößt man immer wieder auf das Schlüsselerlebnis des 21. August 1968."
Wie wahr: Die Intervention in der Tschechoslowakei durch Truppen des Warschauer Paktes im August '68 war tatsächlich *das* Schlüsselerlebnis schlechthin und die erste Zäsur meines Lebens zugleich.

Die zweite Zäsur stellte der 2. November 1972 dar: Einberufung zum Grundwehrdienst, Grenztruppen der DDR, Grenzausbildungsregiment 40 in Oranienburg bei Berlin; Transportausbildungskompanie - "eine stinknormale Männerhölle", wie sie der Schriftsteller Jürgen Fuchs beschrieben hat.
Glück im Unglück (oder wie immer man das nennen mag):
Ich war derjenige in der Kompanie, der dem Polit-Stellvertreter durch seine Beschwerden auffiel, der als aufsässig und aufmüpfig galt und der deshalb wohlweislich nicht für den Grenzdienst *am Kanten* in Frage kam, sondern in eine rückwärtige Einheit, eine *Kompanie zur Sicherstellung der Ausbildung* versetzt wurde - als Kraftfahrer, der immer mal wieder (zum Beispiel wegen *Verächtlichmachung des Unteroffizierskorps*) mit einer *Arbeitsverrichtung außer der Reihe* zur Räson gebracht werden mußte.

Die dritte Zäsur in meinem Leben war der 27. April 1977. Es war dies der Tag, an dem mein Bruder von der *Stasi* verhaftet und, Monate später dann und in einem Geheimprozeß, zu sechs Jahren Zuchthaus verurteilt wurde. Grund: Der durch unglückliche Umstände gescheiterte Versuch, mit einem selbstgebauten Motorflugzeug von einem Teil Deutschlands in den anderen zu gelangen. Nach dem damals geltenden *Recht* hatte man für ein solches Unterfangen den Terminus *Terror* parat...
Als die DDR im Jahre 1979 (aus Anlaß des dreißigsten Jahrestages ihrer Installierung, vor allem aber aus rein propagandistischen Gründen) lauthals eine Amnestie verkündete, war mein Bruder nicht unter den Amnestierten. Er galt nämlich als "Schwerverbrecher", als einer von denen also, die wegen sogenannter "Verbrechen gegen die Menschlichkeit" und mithin "besonders schwerer Verbrechen" von der Amnestie ausgeschlossen worden waren - wie so viele andere politische Gefangene auch, die es freilich nach offizieller Lesart in der DDR eigentlich gar nicht gab.
Gemeinsam mit meinem Vater richtete ich damals ein Gnadengesuch an Erich Honecker; eine Antwort darauf haben wir allerdings nie erhalten.
Nachdem Arbeitskollegen meines Bruders davon gehört hatten, erklärten sie sich spontan bereit, ebenfalls ein Gnadengesuch an den damaligen Staatsratsvorsitzenden zu verfassen. Ich entsprach ihrer Bitte und formulierte dieses Gesuch, das ich ihnen dann auf dem Postweg zustellte. Das Schreiben wurde jedoch von der Staatssicherheit abgefangen, und die Arbeitskollegen meines Bruders wurden genötigt, einen vom MfS verfaßten Brief an mich zu unterschreiben. Darin hieß es dann unter anderem:
"Nehmen Sie unseren Standpunkt zur Kenntnis! Wir distanzieren uns von Ihrem Vorhaben, uns vor einen Karren zu spannen, den wir nicht zu ziehen bereit sind. Ihr Bruder hat auch unser Kollektiv verraten. Deshalb distanzieren wir uns von all seinen und Ihren für uns vorgeschlagenen Handlungen."
Und alle unterschrieben. Zivilcourage hatte keiner.
Gleichzeitig teilte mir die Direktion des Zuchthauses Brandenburg-Görden mit, daß bis auf weiteres eine unbegrenzte Kontaktsperre in Kraft treten würde. Die daraufhin von mir eingelegte Beschwerde wies der Leiter der Strafvollzugseinrichtung Brandenburg mit folgenden Worten zurück:
"In Beantwortung Ihres Schreibens teile ich Ihnen mit, daß die angewandte Maßnahme *Einschränkung der persönlichen Verbindung* gemäß Paragraph 29 des Strafvollzugsgesetzes zu Recht besteht."
Erst mehr als zwei Jahre später, im Oktober 1980, konnte mein Bruder dann von der Bundesregierung freigekauft werden.

In diesem Zusammenhang wurde ich in einem kleinen Haus in Ost-Berlin, besser: in Berlin-Friedrichsfelde vorstellig, im Büro von Rechtsanwalt Vogel, dem sogenannten "Menschenhändler", wo ich alle persönlichen Dokumente und Urkunden meines Bruders übergab.
Das war, wie gesagt, im Oktober 1980.

Bis zu diesem Zeitpunkt hatte ich die Polytechnische Oberschule absolviert, hatte (mit Facharbeiterbrief) einen Beruf erlernt und war Soldat gewesen; ich hatte (an der Volkshochschule) das Abitur abgelegt und ein Hochschulstudium in der Fachrichtung Deutsch und Geschichte mit dem Diplom als Fachlehrer abgeschlossen und ich war, seit 1972 und weil ich tatsächlich an die Möglichkeit eines "Sozialismus mit menschlichem Antlitz" (frei nach Alexander Dubcek) geglaubt hatte, Mitglied der SED.
Von Stund' an war ich der *Operative Vorgang* "Blitz".

Ein solcher *Operativer Vorgang* wurde in der Regel dann angelegt, wenn noch keine ausreichenden Gründe für eine Inhaftierung vorlagen oder wenn ein (nach den Maßstäben des MfS) *Verdächtiger* unter Kontrolle gehalten werden sollte, meist mit der Maßgabe verbunden, strafrechtlich relevantes Material zu beschaffen.
Im einzelnen beinhaltete ein solcher OV, und zwar exakt nach der *Richtlinie Nummer 1/76* des einstigen Ministers für Staatssicherheit, die
- "systematische Diskreditierung des öffentlichen Rufes, des Ansehens und des Prestiges auf der Grundlage miteinander verbundener wahrer, überprüfbarer und diskreditierender sowie unwahrer, glaubhafter, nicht widerlegbarer und damit ebenfalls diskreditierender Angaben;
- systematische Organisierung beruflicher und gesellschaftlicher Mißerfolge zur Untergrabung des Selbstvertrauens einzelner Personen;
- zielstrebige Untergrabung von Überzeugungen im Zusammenhang mit bestimmten Idealen oder Vorbildern und die Erzeugung von Zweifeln an der persönlichen Perspektive;" außerdem die
- "Verwendung anonymer und pseudonymer Briefe, Telegramme, Telefonanrufe und kompromittierender Fotos, zum Beispiel von stattgefundenen oder vorgetäuschten Begegnungen;
- gezielte Indiskretionen oder das Vortäuschen einer Dekonspiration von Abwehrmaßnahmen des Ministeriums für Staatssicherheit" sowie die
- "Vorladung von Personen zu staatlichen Dienststellen oder gesellschaftlichen Organisationen mit glaubhafter oder unglaubhafter Begründung."

Der OV "Blitz" wurde mit folgender Begründung angelegt (ich zitiere hier aus einem Dokument der KD Oelsnitz im Vogtland vom Dezember 1980): "Der Verdächtige begeht Äußerungen und Handlungen, die die gesellschaftlichen Verhältnisse in der DDR sowie die Politik der Verbündeten der DDR diskriminieren." Als besonders verwerfliches Beispiel wurde angeführt: "Donnerhack ist Anhänger der Forderung nach Meinungsfreiheit."

Zu den auf der Grundlage der *Richtlinie Nummer 1/76* festgelegten Maßnahmen gehörten eine komplexe Postkontrolle, die Kontrolle und Überwachung durch etliche *Inoffizielle Mitarbeiter* und diverse *Maßnahmen.*

Die allererste *Maßnahme* bestand darin, daß ich von der Volkspolizei heimgesucht wurde, die mir den Passierschein für das Sperrgebiet abnahm. "Fluchtverdacht", lautete die fadenscheinige Begründung, und meine Frau, deren Eltern in der Fünf-Kilometer-Zone wohnten, durfte diese seither nur noch allein besuchen.
Als nächstes sollte ich mich (ich hatte, unmittelbar nach Beendigung meines Studiums, eine Stelle als Bereichsleiter für Kultur und Jugendfragen beim Rat der Stadt Oelsnitz im Vogtland angetreten) von meinem Bruder lossagen und eine öffentliche Erklärung abgeben, des Inhalts etwa, daß mein Bruder ein "Verräter" sei und daß ich mit diesem für immer und ewig brechen würde. Das lehnte ich ab. Daraufhin wurde sofort ein Parteiausschlußverfahren in die Wege geleitet, das von Anfang an eine einzige Farce war und in dessen Ergebnis ich sodann "als Parteifeind entlarvt" und, verbunden mit allerlei Drohungen und Beschimpfungen, aus der SED ausgeschlossen wurde.
Die fristlose Entlassung folgte auf dem Fuße; sie wurde begründet mit der als erwiesen angesehenen "bewußten groben Verletzung der Staatsdisziplin".
Auf der langwierigen Suche nach einer neuen Arbeitsstelle wurde mir dann vom Leiter des Amtes für Arbeit beim Rat der Stadt Plauen vorgehalten, daß ich "mangelndes Klassenbewußtsein" bewiesen hätte und darum in die nur schwer zu vermittelnde Kategorie *Ohne abgeschlossene Berufsausbildung* eingestuft werden müßte. Dementsprechend waren die Stellen (grundsätzlich nur als *Produktionshilfsarbeiter*), die mir angeboten wurden - bei der Müllabfuhr oder in der Fischverarbeitung, der Geflügelschlachtung, der Schweinemast... Mein bescheidener Protest, daß ich für derlei Hilfsarbeiten doch keines Hochschulstudiums bedurft hätte, wurde mit Hohn und Häme quittiert: Ich sei gar kein Lehrer, sagte man mir auf dem Amt für Arbeit (dem heutigen Arbeitsamt), sondern bestenfalls ein "Briefkasten-Leerer"...

Besonders schlimm waren meine einschlägigen Erfahrungen mit diversen *Kaderleitern*, wie die Personalchefs in der DDR hießen.
Das waren nicht selten pensionierte NVA-Offiziere, die teils offiziell, teils inoffiziell (als *Gesellschaftliche* oder *Inoffizielle Mitarbeiter für Sicherheit*) mit dem MfS zusammenarbeiteten - und heute tunlichst nicht mehr daran erinnert werden wollen.
“Wenn’s nach mir ginge, dann würde ich mit solchen wie Dir kurzen Prozeß machen. An die Wand und fertig”, bekam ich in einem Falle zu hören.
In einem anderen hieß es dann: “Hermann Hesse lesen, was? Ich brauch’ Sie doch nur anzugucken, da reicht’s mir schon. Euch Brüder müßte man in die Braunkohle stecken; rollende Woche und drei Schichten, dann würde Euch das Bücherlesen und das Herumdiskutieren schon vergehen.”
Ein sogenannter *Parteiarbeiter* machte auch keinerlei Hehl daraus, daß “die Partei” mich “nicht mehr hochkommen”, sondern “Wasser saufen” lassen und für die erforderlichen *Maßnahmen* “schon sorgen” werde. Derselbe versuchte außerdem später, mir den Zutritt zu einer öffentlichen Ausstellung zu verwehren, wobei er mir wortwörtlich drohte: “Wart’ nur, Dich sperren wir auch noch ein. Wir finden schon was. Und den Rest von Deinem Bruder, den kannst Du dann gleich mit abbrummen.”
Daß der sogenannte *Abschnittsbevollmächtigte* der Volkspolizei ab und an öffentlich verkündete, “eigentlich” hätte man mich “schon längst erschießen” müssen, wurde mittlerweile kommentarlos hingenommen.
In diesem Zusammenhang wurde auch meine Frau von ihrem unmittelbaren Vorgesetzten, dem Direktor der Schule, an der sie als Kunsterzieherin tätig war, wiederholt unter Druck gesetzt und zur Scheidung aufgefordert mit der Begründung, ich stünde ohnehin auf der “Abschußliste”.

In der Auskunft, die ich zu meinem *Fall* von der Berliner Gauck-Behörde erhalten habe, wird mir folgendes mitgeteilt:
“Sie waren dem MfS suspekt, da Sie jugendliche Personen in Ihrem Sinne beeinflussen konnten, Ihr quasi-Berufsverbot propagandistisch nutzten, diverse Manuskripte verfaßten, Kontakte zu Künstlern und Intellektuellen pflegten, unbequeme Literatur verteilten und auch offiziell ideologisch nicht zu disziplinieren waren. (...) Sie wurden der Militärspionage in Plauen verdächtigt und Ihnen wurde der Zutritt zu den Staatsarchiven verwehrt. (...) Mehrere *Inoffizielle Mitarbeiter* bespitzelten Ihre Privatsphäre, schrieben Berichte über Ihre Meinungen, Absichten und Aktivitäten und erhielten Aufgaben, Sie zu provozieren.”

Was die vielzitierten IM anbelangt: Es hat mich doch sehr betroffen gemacht, als ich erfahren habe, daß einer meiner Freunde mich über viele Jahre hinweg verraten hat; zudem einer, dem ich so etwas nie zugetraut hätte.
Und er war auch nicht der einzige...

Was nun die Provokationen betrifft, so waren diese ein wesentlicher Bestandteil *tschekistischer Tätigkeit.* Als im Oktober 1980 beispielsweise mein Vater verstorben war, beantragte ich für meinen Bruder die Einreise in die DDR. Nicht etwa, weil mein Bruder Heimweh nach dem Polizeistaat gehabt hätte, sondern weil er einfach nur Abschied von seinem Vater nehmen wollte.
Wie nicht anders zu erwarten, wurde der Antrag abgelehnt. Als ich mir dann daraufhin im Volkspolizeikreisamt Plauen den Hinweis auf die *Schlußakte von Helsinki* erlaubte, wurden mir, für den Fall, daß ich noch einmal den Namen der finnischen Hauptstadt in den Mund nehmen sollte, *Konsequenzen* angedroht. Daß jene, die mir damals drohten, es sich heute im Einwohnermeldeamt bequem gemacht haben, sei nur am Rande vermerkt.
In den nun folgenden Jahren konnte ich meinen Bruder nur hin und wieder in der Tschechoslowakei treffen. Diese Treffen endeten des öfteren mit meiner *vorläufigen Festnahme* an einer der Grenzübergangsstellen und der rigorosen Beschlagnahme von allen Druckerzeugnissen, die ich bei mir führte. Im Oktober 1981 zum Beispiel wurden mir von Angehörigen der Zollverwaltung der DDR mehrere Taschenbücher abgenommen und *ersatzlos eingezogen* - Werke des "Revanchisten und Zionisten" Günter Grass, des "Faschisten" George Orwell, des "vaterlandslosen Gesellen" Stefan Heym, des "katholischen Lumpenhundes" Heinrich Böll und des "Verräters" Reiner Kunze.
Darüberhinaus wurde, obwohl ich damals (wieder mal) arbeitslos und somit ohne Einkommen war (in der DDR gab es kein Arbeitslosengeld und auch keine Sozialhilfe), eine Strafverfügung gegen mich ausgesprochen - mit der Anschuldigung, ich hätte versucht, illegal und entgegen den gesetzlichen Bestimmungen der DDR *Waren* einzuführen...

Wann immer ich einen Ausreise-Antrag stellte, ob (auf Einladung eines Warschauer Germanisten) nach Polen oder (auf Einladung einer Budapester Historikerin) nach Ungarn (für Polen und Ungarn brauchte man ein Visum) wurde dieser abgelehnt. Ebenso traf dies zu für alle Einreise-Anträge von bundesdeutschen oder österreichischen Staatsbürgern. Beschwerden gegen diese Verfahrensweisen wurden ausnahmslos zurückgewiesen - stets ohne jede Begründung und unterzeichnet mit dem äußerst seltenen Namen *Krause.*

Lediglich der Stellvertreter des Oberbürgermeisters der Stadt Plauen für Inneres unterschrieb mit seinem Klarnamen, als er mir, "zu Recht" und "auch künftig", die Benutzung des Plauener Stadtarchivs versagte.
Teilweise nahm das Vorgehen gegen mich wirklich groteske Formen an.
So mußte beispielsweise 1983 auf Anweisung des Stadtrates für Kultur aus der *Kreisausstellung für Bildende und Angewandte Kunst* ein Bild entfernt werden, auf dem ich von einem Plauener Maler porträtiert worden war.
Aber auch meine Frau wurde mehr und mehr in das Kesseltreiben gegen mich einbezogen: In der soeben erwähnten Ausstellung hing das von ihr gezeichnete Porträt einer Plauener Schauspielerin, das gleichfalls entfernt werden mußte. Außerdem mußte sie die Leitung eines von ihr betreuten Klöppelzirkels abgeben - und so weiter und so weiter und so fort. Irgendwann am Schluß stand dann die Scheidung. Die ganze Zeremonie dauerte gerade mal vier Minuten. Die Richterin wollte lediglich wissen, ob sie von der *Versöhnungs-Verhandlung* gleich zur *Strittigen Verhandlung* übergehen könne; der einzige Zuhörer im Gerichtssaal war von der Kreisdienststelle des MfS geschickt worden.
Bereits am nächsten Morgen zitierte der Vorgesetzte meiner nunmehr von mir geschiedenen Frau diese zu sich, beglückwünschte sie zur Scheidung und eröffnete ihr danach unter dem Siegel der Verschwiegenheit, ich würde jetzt *endlich* für meine auch in der Scheidungsbegründung formulierten "infamen Angriffe auf unseren Arbeiter-und-Bauern-Staat" *bezahlen* müssen.
Aber gegen verifizierbare Tatsachen ließ sich schwerlich etwas unternehmen, und darum wurde umso emsiger provoziert.
Aus der Fülle der Fälle möchte ich hier nur zwei herausgreifen:

Fall 1:
Erneut arbeitslos (ich hatte zuvor als Transportarbeiter in einem Textilveredlungswerk gearbeitet, wo ich ständig von geistig minderbemittelten Achtklassen- und Hilfsschulabgängern schikaniert worden war), lud man mich ins Rathaus vor. Abteilung Inneres, Referat Wiedereingliederung.
Dort bekam ich zu hören, daß ich als Bürger der DDR nicht nur das Recht auf, sondern auch die Pflicht zur Arbeit hätte. Dem hielt ich entgegen, daß, laut Artikel 24 der Verfassung der DDR, jeder Bürger "das Recht auf einen Arbeitsplatz und dessen freie Wahl entsprechend den gesellschaftlichen Erfordernissen und der persönlichen Qualifikation" haben sollte. Vor allem im Zusammenhang mit letzterem sei ich jederzeit zu einer meiner Ausbildung entsprechenden Tätigkeit bereit.

Das fand die Offiziersgattin von der Abteilung Inneres freilich unerhört, ja, "eine Unverschämtheit" nannte sie es, daß sich "ausgerechnet solche" wie ich auf die Verfassung berufen wollten.

Fall 2:
Unter dem Vorwand, ich sei einer Vorladung auf das Wehrkreiskommando nicht nachgekommen und müsse deshalb zwangsweise *zugeführt* werden, wurde ich von einer Funkstreife der Volkspolizei *abgeholt* und zum Wehrkreiskommando gebracht. Dort sollte es angeblich um eine *Berichtigung der Wehrunterlagen* gehen, und zwar im Hinblick auf eine für mich vorgesehene Einberufung zum Reservistendienst. Auf Fragen nach meinem nächsten Angehörigen antwortete ich wahrheitsgemäß, daß dies mein Bruder und daß der Reserveoffizier der Luftwaffe sei, fliegendes Personal. Man korrigierte mich sofort dahingehend, daß es nicht *Luftwaffe* hieße, sondern *Luftstreitkräfte/Luftverteidigung*. Erst als ich eine weitere Frage, nämlich die nach dem Flugzeugtyp, mit *Gina* beantwortete und, auf Nachfragen dann, mit *Erdkampfbomber FIAT G 91* konkretisierte, ging den Genossen ein Licht auf, was aber dennoch zur Folge hatte, daß ich einem Psychiater vorgeführt wurde, der mich einer entwürdigenden Untersuchung unterzog. Immerhin: Für eine Einberufung zur Reserve kam ich fortan nicht mehr in Frage.

Provokationen und Übergriffe aller Art (unzählige Briefe, die verschwanden; demütigende Ausweiskontrollen - "Hände hoch! Gesicht zur Wand!" - auf offener Straße, zerstochene Trabi-Reifen und dergleichen *Maßnahmen* mehr) häuften sich jedoch in der Folgezeit, und als 1987 mein Bruder im Freistaat Bayern heiratete, durfte ich nicht einmal an seiner Eheschließung teilnehmen. Mehrere Eingaben blieben ohne jedes Ergebnis, persönliche Vorsprachen sowohl beim Staatsrat der DDR als auch im Ministerium des Innern der DDR wurden als *Provokation* bezeichnet und hatten meine *vorläufige Festnahme* zur Folge. *Richtig* festgenommen, mit Haftbefehl und Haftrichter, wurde ich dann allerdings erst ein Jahr später.
Als nämlich der österreichische Bundeskanzler Franz Vranitzky in Ost-Berlin zu einem offiziellen Staatsbesuch empfangen wurde, erklärte der damalige Partei- und Staatschef Honecker vor der internationalen Presse vollmundig, die Beziehungen zwischen der DDR und Österreich seien "so gut wie nie zuvor". Just zu diesem Zeitpunkt hatte ich erfahren müssen, daß zwei mit mir befreundeten österreichischen Staatsbürgerinnen (und nach bereits erfolgter schriftlicher Zusage) das Visum für die Einreise verweigert worden war.

Als spontane Reaktion darauf und auch eingedenk der ständigen Mißachtung und Nichteinhaltung internationaler Abkommen durch die Honecker-Administration bezeichnete ich am Mittagstisch meiner damaligen Arbeitsstelle, der staatlichen Wohlfahrtsorganisation *Volkssolidarität*, den Dachdecker-Gehilfen aus dem Saarland als "Schwindler, Lügner, Gauner und Betrüger", woraufhin ich von einer Arbeitskollegin bei der Staatssicherheit denunziert wurde.
Erst einige Tage darauf inhaftiert, wurde danach von Agenten der Abteilung I A (der Abteilung für politisches Strafrecht) beim Staatsanwalt des Bezirkes Karl-Marx-Stadt meine Wohnung durchsucht und aus meinem Archiv und meiner Bibliothek zahlreiche Briefe, Bücher, Aufzeichnungen und sonstige Unterlagen beschlagnahmt; Position Numero 1 des Beschlagnahmeprotokolls, es konnte gar nicht anders sein, war meine Schreibmaschine...

Nachdem die "systematische Organisierung beruflicher und gesellschaftlicher Mißerfolge" durch das MfS bisher ebenso erfolgreich verlaufen war wie die "systematische Diskreditierung des öffentlichen Rufes, des Ansehens und des Prestiges" (unter anderem war verbreitet worden, ich sei ein rechter Taugenichts, trinkfest und arbeitsscheu, der im übrigen *von der Uni geflogen* sei), setzten die *Kämpfer an der unsichtbaren Front* ein weiteres Gerücht in Umlauf: Um meine Inhaftierung plausibel erscheinen zu lassen und zugleich an das Gerechtigkeitsempfinden des kleinen Mannes zu appellieren, wurde (im Sprachgebrauch der Geheimpolizei nannte man das eine sogenannte *Aktive Maßnahme*) zielstrebig die Lüge in Umlauf gesetzt, ich hätte arg- und wehrlose Rentner bestohlen. Diese Lüge hält sich leider bis zum heutigen Tag und hat sich als ebenso zählebig erwiesen wie andere Gerüchte auch.

Verurteilt wurde ich dann, unter Ausschluß der Öffentlichkeit, zu einer Haftstrafe wegen "Beleidigung des Staatsratsvorsitzenden".
Das Urteil wurde mir dabei natürlich ebensowenig ausgehändigt wie das Beschlagnahmeprotokoll mit der Liste der konfiszierten Bücher.
Diese Bücher, die ja ohnehin in keinerlei Zusammenhang mit der "Straftat" standen, sollten angeblich "zwischenzeitlich vernichtet" worden sein - tatsächlich wurden sie aber an Antiquariate im Westen verhökert.
Davon konnte ich mich später sogar höchstpersönlich überzeugen:
Als ich im Januar 1990 mit meiner Schwägerin in einem Antiquariat zu Freiburg im Breisgau herumstöberte, fiel mir doch tatsächlich ein Buch mit meinem Namensstempel in die Hände! Vierzig Deutsche Mark durfte ich für mein Eigentum berappen...

Aber noch sind wir im Jahr 1988 - und in den Kasematten des Kaßberges: Durch dunkle Gänge (und *ordnungsgemäß* mit der Knebelkette gefesselt) wurde ich von der Untersuchungshaftanstalt ins Gerichtsgebäude gebracht. Ansonsten war mir die Möglichkeit, mich auf die Verhandlung vorzubereiten, Einblick in das Strafgesetzbuch zu nehmen oder vor der Verhandlung einen Anwalt zu konsultieren, nicht gewährt worden (die Bekanntschaft eines in Vollmacht von Rechtsanwalt Vogel handelnden Unterhändlers machte ich erst im Gerichtssaal); die eingelegte Berufung wurde als "offensichtlich unbegründet" und wegen der "nicht unerheblichen Tatschwere" verworfen, mit der Begründung zudem, es bedürfe meiner "unverzüglichen und nachdrücklichen Disziplinierung mittels Haftstrafe". Daß ich in der U-Haft bestohlen und vom MfS auch das von der Bundesregierung überwiesene sogenannte *Haftgeld* unterschlagen wurde - wen wundert's noch?

Über die Erlebnisse im Strafvollzug möchte ich hier nicht sprechen.
Andere, die in einem der Zuchthäuser mit dem großen *B* (Bützow, Bautzen, Brandenburg) saßen, haben da wohl wesentlich Schlimmeres erlebt; ganz zu schweigen von den Frauen, die den Kerker von Hoheneck kennenlernen mußten - ich verweise hier nur auf das Buch *Stell' Dich mit den Schergen gut* von Ellen Thiemann.
Ich weiß nicht, ob Sie sich vorstellen können, wie einem Menschen zumute ist, der nie auch nur einer Fliege etwas zuleide getan, geschweige denn unerlaubt irgendwo einen Pfennig weggenommen hat und der dann, von einem Tag auf den anderen, unter die *Räuber* fällt. Hier nur ein Beispiel dafür, was im *humanen Strafvollzug* des *real existierenden Sozialismus* unter *Selbsterziehung* verstanden wurde: Am Sonntagnachmittag mußten die Zigarettenkippen im Freihof aufgelesen werden. Im Regen. Oder im Schneetreiben. Der *Etagenhäuptling* (offizieller Titel: *Erzieherbereichs-Ältester*), ein kettenrauchender und von Kopf bis Fuß (bis zur Fußsohle!) tätowierter Berufsverbrecher mit Bildungsniveau sechste Klasse, bestimmte dazu ausschließlich Nichtraucher. Von den Nichtrauchern kamen nachher die politischen Gefangenen in die weitere und von diesen wiederum die Akademiker in die engere Auswahl, zuguterletzt fanden sich schließlich die Lehrer *am Gitter* wieder. Besonders beliebt: Lehrer mit Brille! Auf die auch nur andeutungsweise Wiedergabe der Beschimpfungen und Beleidigungen, Erniedrigungen und Demütigungen, mit denen die politischen Gefangenen seitens der kriminellen ständig bedacht wurden, möchte ich hier, schon aus Rücksichtnahme auf die anwesenden Damen, besser verzichten.

Nach meiner Haftentlassung, Weihnachten 1988, ging ich nach Ost-Berlin. In den Untergrund, wo ich auch die sogenannte "Wende" erlebte.
Mit der "Wende", mit dem Zusammenbruch der deutschen Sowjet-Republik und vor allem mit der Wiedervereinigung Deutschlands waren meinerseits wohl zu viele Erwartungen und Hoffnungen verbunden. Viel zu viele.

Bereits Anfang Dezember 1989 hatte ich einen Antrag auf Einstellung in den Schuldienst gestellt, und der damalige Plauener Stadtschulrat hatte mir auch für das Schuljahr 1991/1992 die Anstellung am Gymnasium zugesagt. Als ich mich in diesem Frühjahr bei dessen Nachfolger in Erinnerung brachte, nannte der aber mein Ansinnen angesichts der bevorstehenden Entlassung von Lehrern "unkollegial" und sogar "unsolidarisch". Solidarisch zeigten sich indes die Angestellten der Plauener Stadtverwaltung, als es darum ging, einen Personalrat zu wählen: Sie machten den Bock (oder die Geiß) zum Gärtner und kürten eine Frau zur Personalratsvorsitzenden, die rund zwei Jahrzehnte lang die *Parteilinie* durchgesetzt und mich Jahre zuvor (auf die Bewerbung um Wiedereinstellung hin) mit den Worten abgekanzelt hatte:
"Aufgabe unserer sozialistischen Pädagogen ist die Erziehung junger Kommunisten. Dafür bieten Sie uns keine Gewähr."
Denn: "Da haben wir schließlich unsere Informationen."
Zahlreiche Proteste aus der Bevölkerung gegen die frisch gewendete Personalratsvorsitzende blieben unbeantwortet. Erst ein Bluff, nämlich die fingierte Drohung mit einem unbefristeten Lehrerstreik, hatte zur Folge, daß die Dame in den bestens dotierten Ruhestand ging - wie auch die letzte Leiterin der Abteilung Inneres. Die dort einst Beschäftigten, die sich nur allzu oft angemaßt hatten, Schicksal zu spielen und, im engen *politisch-operativen Zusammenwirken* mit dem MfS, über die Genehmigung von Anträgen auf Übersiedlung in die Bundesrepublik zu entscheiden - sie dürfen heute über die Erteilung von Gewerbegenehmigungen befinden...
Der Abteilung Inneres beim Rat der Stadt Plauen unterstand seinerzeit auch das Stadtarchiv, dessen Benutzung mir früher bekanntlich versagt geblieben war. Als die neue Leiterin mir in Beantwortung eines Anschreibens mitteilte, daß ich die mich interessierenden Bestände nunmehr nutzen dürfe, das Archiv als solches allerdings "gegenwärtig unterbesetzt" sei, bewarb ich mich sofort um eine Anstellung im Stadtarchiv. Erst nach mehrmaligem Nachstoßen jedoch und mit mehreren Monaten Verspätung wurde mir dann mitgeteilt, daß aufgrund meiner "Qualifikation im Amtsbereich Archivwesen der Stadtverwaltung gegenwärtig keine Planstelle zur Verfügung steht".

Wesentlich besser qualifiziert zu sein scheint demgegenüber der einstige Leiter des Lehrstuhls für Marxismus-Leninismus an der früheren Offiziershochschule der Grenztruppen und spätere hauptamtliche Mitarbeiter der SED-Kreisleitung, der im Stadtarchiv als *Stadtchronist* untergekommen ist...

Natürlich war ich auch andernorts um Arbeit bemüht.
Zum Beispiel (nach einer in der *Zeit* veröffentlichten Stellenausschreibung) beim Bundesarchiv Koblenz. In dem lapidaren Antwortschreiben mußte ich leider zur Kenntnis nehmen, daß ich "das für die Einstellung zugelassene Höchstalter von 32 Jahren bereits überschritten" habe.
Und im Sächsischen Staatsministerium des Innern bedankte man sich zwar artig für meine "Bewerbung entsprechend unserer Stellenausschreibung", wies mich aber im übrigen darauf hin, daß man meine Bewerbung aufgrund meines "beruflichen Werdeganges leider nicht berücksichtigen" könne.

Somit blieb erst einmal nur der Weg zum Arbeitsamt.
Dort wollte man zunächst überhaupt nicht über die Zahlung von Arbeitslosengeld mit sich reden lassen, ließ sich dann jedoch immerhin dazu herab, ein Antragsformular entgegenzunehmen. Einige Tage später wiederum zum Arbeitsamt bestellt, sollte ich mit meiner Unterschrift auf dem ausgefüllten Fragebogen bestätigen, daß ich die Ablehnung des Antrages auf Gewährung von Arbeitslosengeld zur Kenntnis genommen habe.
Da ich keinerlei Veranlassung sah, den *alten Bekannten* meine persönlichen Daten zu überlassen (erst recht nicht in Anbetracht der Verweigerung jedweder Leistung), behielt ich das entsprechende Formular ein. Das hatte augenblicklich Folgen: Die Damen vom Arbeitsamt griffen mich, zu dritt an der Zahl, tätlich an und versuchten, mir das Antragsformular zu entreißen. Da dem kein Erfolg beschieden war, verriegelten sie die Tür und riefen die Polizei zu Hilfe - mit der Behauptung, *ich* hätte sie angegriffen und mich des Straftatbestandes der "Beiseiteschaffung von Urkunden" schuldig gemacht.
Ich protestierte. Allerdings vergeblich. Denn im Verlauf einer Aussprache, die nach diesem unglaublichen Vorfall stattfand, deckte der Direktor des Arbeitsamtes das Vorgehen seiner Mitarbeiterinnen.
Letzten Endes wurde dann doch noch ein Kompromiß ausgehandelt:
Ich mußte für die Zeit meiner Haft den "Nachweis über eine versicherungspflichtige Tätigkeit" erbringen, woraufhin ich dann vom Arbeitsamt mit einer großzügigen wöchentlichen Leistung in Höhe von 57 Mark und 50 Pfennigen bedacht wurde.

Urplötzlich erhielt ich dann allerdings die Nachricht, daß diese Unterstützung ab sofort eingestellt würde. Ohne jede Begründung. Nachfragen bei der für mich zuständigen Arbeitsvermittlerin (die allem, was mit der sogenannten "Wende" zusammenhing, schon deshalb abhold war, weil die daraus folgenden politischen Umwälzungen ihrem Fachschul-*Studium Staat und Recht* ein abruptes Ende bereitet hatten) veranlaßten diese zu gehässigen Bemerkung, ich hätte doch "schon genug Stipendium abgefaßt".
Der Hintergrund: Während eines in der Plauener Straßenbahn geführten Gespräches hatte ich einer Freundin erzählt, daß ich mich (auf der Grundlage einer in der *Zeit* veröffentlichten Ausschreibung) für das Baldreit-Stipendium der Stadt Baden-Baden beworben hatte; ein Informant der im Arbeitsamt zuhauf untergekommenen Stützen des untergegangenen Systems scheint das (gelernt ist gelernt) seinen Brötchengebern in Form eines Berichtes und als vollendete Tatsache verkauft zu haben.

Bedauerlicherweise war dies nicht das einzige Mal, daß man mir die Polizei auf den Hals hetzte - nach der "Wende", wohlgemerkt!
Der gestürzte *Kreissekretär* (ehedem *Erster Sekretär der Kreisleitung der Sozialistischen Einheitspartei Deutschlands*), der wegen des Verdachts des Wahlbetruges (und wohl auch, um dem Volkszorn Rechnung zu tragen) in Untersuchungshaft genommen worden war, wurde nach wenigen Tagen bereits wieder auf freien Fuß gesetzt; "krank" sei er und daher "haftunfähig", wie es dazu in der Lokalpresse hieß. Als ich den bedauernswerten *Kranken* indes kurze Zeit später dabei antraf, wie er, braungebrannt, satt und strotzend vor Gesundheit, sein sowjetisches Automobil mit westlichen Konsumgütern belud, unternahm ich beim (bei Nacht und Nebel aus Thüringen importierten) Kreisstaatsanwalt den Versuch, einen Haftbefehl vollstrecken zu lassen. Das wurde freilich mit der Begründung abgelehnt, bei dem Betreffenden bestehe weder Fluchtverdacht noch Verdunklungsgefahr.
Eine Woche später (nach den Volkskammerwahlen vom 18. März 1990, bei denen ich mich als stellvertretender Leiter eines Wahllokals engagiert hatte) drangen, ohne sich auszuweisen oder vorzustellen, zwei Polizisten in Zivil in meine Wohnung ein, verfrachteten mich in ihrem Dienstwagen und brachten mich auf das mir zur Genüge bekannte Volkspolizeikreisamt, wo ich knapp zwei Jahre zuvor schon von der Staatssicherheit verhört worden war - in den Diensträumen des sogenannten *Arbeitsgebietes I* der Kriminalpolizei, das durch Dienstanweisungen und Durchführungsbestimmungen aufs engste mit dem MfS verbunden war.

Im Frühjahr 1990 wurde ich nunmehr der Hehlerei verdächtigt; die *Kripo* forderte Beweise für den "rechtmäßigen Erwerb" der in meinem Besitz befindlichen (neuen) Schreibmaschine. Beweise (Kaufvertrag, Rechnung), die ich selbstverständlich beibringen konnte. Bezeichnend jedoch waren die ersten Fragesätze der sogenannten *Befragung*: "Sie sind doch vorbestraft?", hieß es da etwa ganz beiläufig, bevor dann knallhart Fraktur geredet wurde: "Noch gelten unsere Gesetze, merken Sie sich das, auch wenn Leute wie Sie das gern ändern möchten!" Der Einschüchterungsversuch war eindeutig.
Als ich mich daraufhin schriftlich beim Plauener Polizeichef beschwerte, teilte dieser mir mit, "daß die Angehörigen des Kreiskriminalamtes zur Klärung vorliegender Informationen termingebunden sind, was auch in Ihrem Fall gefordert war." Weiter führte er aus: "Anhand einer schriftlichen Mitteilung des Kreiskriminalamtes Karl-Marx-Stadt/Land wurde bekannt, daß Sie im Besitz einer Schreibmaschine vom Typ *Erika/Robotron 300* sein sollen. Da dieser Typ von Schreibmaschine auf dem Gebiet der DDR bis zum heutigen Tag nicht vertrieben wurde und erst ab dem 01.06.1990 über die Versandhäuser *Neckermann* und *Quelle* zu einem Preis von 349,- DM käuflich zu erwerben ist, bestand der dringende Verdacht einer Straftat. Im Ergebnis der Befragung konnte dieser Verdacht ausgeräumt werden, da Sie in der Lage waren zu dokumentieren, daß Sie nicht eine derartige Schreibmaschine, sondern eine vom Typ *Erika/Robotron 3004* in Besitz haben."

Die Volkspolizei war indes, neben dem *Bruderorgan* Staatssicherheit, nur einer der Garanten der Herrschaft der Partei über das Volk. Ein weiterer Beruhigungsfaktor für die herrschende Kaste war die Volksarmee. Deren Aktivisten sind heuer keineswegs untätig. Der ehemalige Parteisekretär des Plauener Wehrkreiskommandos zum Beispiel trägt nunmehr die Uniform des einstigen *Klassenfeindes* und sorgt dafür, daß frühere Kampfgefährten von MfS und NVA, denen andernorts, so scheint's, der Boden unter den Füßen zu heiß geworden ist, in Plauen mit Vollkomfortwohnungen versorgt werden, die zuvor (auf Kosten des Steuerzahlers) gründlich renoviert worden sind.

Wenn von den *Bewaffneten Organen* der untergegangenen DDR die Rede ist, darf auch deren ehemalige Zollverwaltung nicht vergessen werden. An sie werde ich immer dann erinnert, wenn, wie zu alten Zeiten, aufgerissene oder beschädigte Buch- und Paketsendungen bei mir eintreffen, mit dem (bundesdeutschen) Aufkleber *Zollamtlich geöffnet* versehen oder einem Stempel wie *Ausgesondert als Freigut beim Verzollungspostamt 7018 Leipzig.*

Das darf insofern nicht verwundern, als beispielsweise der letzte Stellvertreter des Leiters der MfS-Kreisdienststelle Plauen, ein Mann, der selbst von seinen früheren Untergebenen als "bösartig und gemeingefährlich" eingeschätzt wird, beim Zoll untergekrochen ist. Ach ja: Einer von jenen Genossen, die all die Jahre die Hatz auf mich lenkten und leiteten, fährt heute einen ansehnlichen Dienstwagen - bei der Plauener Sparkasse...

Es ist mehr als nur Bitterkeit, die einen überkommt, wenn man gewahr wird, daß Honeckers Diebesbande, einst hochtrabend *Postzollfahndung* genannt, frohgemut der Verbeamtung entgegensieht. Das dürfte im übrigen auch für die Bediensteten im Strafvollzug zutreffen: Als ich (mit einem Zeugen) im Sommer 1991 die ehemalige Strafvollzugseinrichtung und nunmehrige Justizvollzugsanstalt in Chemnitz aufsuchte, wo ich die Herausgabe meiner Vollzugsakte, der Fotos aus dem *Verbrecheralbum* und nicht zuletzt der mir abgenommenen Fingerabdrücke geltend machte, stieß ich ausgerechnet mit jenem *Genossen Major* zusammen, der vor noch gar nicht allzu langer Zeit die Vorzüge des *humanen Strafvollzuges* im *real existierenden Sozialismus* gepriesen hatte. Der lehnte nicht nur mein Ansinnen rundweg ab, sondern meinte auch, ich sei kein politischer, sondern "ein Strafgefangener wie jeder andere auch" gewesen und bestand im übrigen lautstark darauf, nicht mehr mit *Genosse Major*, sondern mit *Herr Rat* angesprochen zu werden.
Auch die zuständige Staatsanwaltschaft, bei der ich (und zwar bereits Anfang Dezember 1989) die strafrechtliche Rehabilitierung beantragt hatte, vertritt die Auffassung, daß die "vom Untersuchungsorgan des ehemaligen Ministeriums für Staatssicherheit vorgenommenen Prozeßhandlungen sich stets streng im Rahmen der Gesetzlichkeit" bewegten.
Unter solchen Voraussetzungen ist es freilich nicht verwunderlich, wenn auch in dieser Sache noch immer nichts geschehen ist.
Das kann man von der Post nicht behaupten - dort geschieht einiges, ständig verschwinden Briefsendungen, und selbst der vor zehn Jahren gestellte Antrag auf einen Telefonanschluß ist plötzlich *verschwunden*. Einfach so. Und rein *zufällig* natürlich. Um nur ein Beispiel zu nennen:
Anfang April diesen Jahres hatte ich einen Antrag auf Erteilung eines Führungszeugnisses gestellt, der spätestens innerhalb der nächsten drei Wochen zugestellt werden sollte. Als jedoch drei Monate später aus Berlin noch immer kein Bescheid vorlag, erhielt ich auf meine Nachfrage hin die Antwort, man müsse "davon ausgehen, daß der Antrag verlorengegangen ist, da hier stets eine umgehende Bearbeitung erfolgt".

Für die Zusendung des Antrages war freilich das Einwohnermeldeamt zuständig, und wer dort untergeschlüpft ist, habe ich bereits erwähnt.

So schließt sich denn der Kreis:
Keiner will's gewesen sein und keiner hat von nichts gewußt - und überhaupt war einzig und allein der saarländische Dachdecker-Gehilfe an allem schuld. Die Opfer bleiben bleiben weiter "Draußen vor der Tür", und die Täter und deren Helfershelfer haben (wie der Direktor des Plauener Arbeitsamtes) nur das Mitgliedsbuch der alten Staatspartei gegen ein solches von der neuen Regierungspartei eingetauscht und eventuell noch die Schilder an den Türen ihrer Amtsstuben ausgewechselt, versehen mit einer neuen und viel schöner und viel, viel wichtiger klingenden Amtsbezeichnung...

Meine Heimatstadt Plauen geht dabei beispielhaft voran:
Weder in der Stadtverwaltung, noch in irgendeiner anderen Behörde ist auch nur ein einziger ehemaliger politischer Gefangener angestellt oder ein früher mit Berufsverbot belegter Lehrer wiedereingestellt worden.
"Was wollen Sie denn? Sie haben doch keinerlei Berufserfahrung", muß ich mir von denen sagen lassen, die dafür gesorgt haben, daß ich fast zehn Jahre lang "Ganz unten" mein Dasein fristen mußte.
So ist es: Traurig, aber wahr.

Wenn ich mitunter nach meiner Befindlichkeit gefragt werde, dann plagen mich (später Sieg der Staatssicherheit) Zweifel an mir selbst, und manchmal bin ich versucht, aus einem Lied von Gerhard Gundermann zu zitieren:
In "Lancelots Zwischenbilanz" heißt es nämlich:
Und ich weiß nicht, ob ich noch springen kann bis an eine Kehle.
Und ich weiß nicht, ob ich noch singen kann bis in eine Seele.
Und ich weiß nicht, ob ich noch starten kann bis in die Welt.
Und ich weiß nicht, ob ich noch warten kann, bis die Welt mich zählt...

* Referat von Wolf Donnerhack,
gehalten auf einer Expertentagung der Hanns-Seidel-Stiftung
im Bildungszentrum Kloster Banz (Freistaat Bayern) am 23.09.1991

Exkurs

Für ihn fand die "Wende" nicht statt*

Wolf Donnerhack aus Plauen ist Geschichtslehrer, unser Kollege - und zugleich ist er's nicht. Auf einer Tagung der Hanns-Seidel-Stiftung im Bildungszentrum Kloster Banz stellte er Stationen seines Lebens dar.
(...)
Der Besuch der Tagung der Hanns-Seidel-Stiftung wird ihm vom Arbeitsamt als Privatvergnügen, nicht als Fortbildungsveranstaltung im erlernten Beruf (wie den anderen Tagungsteilnehmern) angerechnet; vorgeworfen wird ihm, er entziehe sich an diesen drei Werktagen der Arbeitsvermittlung daheim. Die Tagungsteilnehmer haben sich in einer mit großer Mehrheit unterschriebenen Petition an den Ministerpräsidenten, den Innenminister, die Kultusministerin und an die Fraktionen im Sächsischen Landtag gewandt. Eine Reaktion ist noch nicht bekannt. Worte erweisen sich als unzulänglich angesichts dessen, was Wolf Donnerhack ertragen hat und noch erträgt: Objekt einer gezielten Schikane, die sich durch die "Wende" nicht behindert weiß. Er hat die Anerkennung als politisch Verfolgter beantragt. Doch Gottes Mühlen mahlen langsam, die der Menschen arbeiten nicht schneller. Sein Bericht ließ nicht erkennen, daß sich ihm in der Heimat jemand menschlich zuwendet.
Vermutlich behandeln ihn die Personen auf den Behörden nach Vorschrift; denken sie auch über deren Folgen nach? Er ist ein lästiger Fall, wenn er nicht noch etwas Schlimmeres ist: Ein Antipathie weckender Vorbestrafter...

* Franz Hermann Huberti, in:
Geschichte, Politik und ihre Didaktik (Meschede), Nr. 1-2/1992

#
Auf der gegenüberliegenden Seite:
Alles wie gehabt oder Niemand weiß von nichts.

SÄCHSISCHE STAATSKANZLEI

Chef der Staatskanzlei

B ü r o

Herrn
Wolf Donnerhack
Postfach 298

O-9900 Plauen 1

Dresden, 30.11.1992
Mü-Be App. 1021
Az. 15399

Sehr geehrter Herr Donnerhack,

im Auftrag von Herrn Ministerpräsidenten Prof. Dr. Biedenkopf danke ich Ihnen für Ihr Schreiben vom 12.11.1992. Darin teilen Sie uns mit, daß die Teilnehmer einer Fachtagung der Hans-Seidel-Stiftung in Kloster Banz am 23.09.1991 eine Petition an den Herrn Ministerpräsidenten unterzeichnet haben.

Unsere umfangreichen Recherchen haben ergeben, daß ein Eingang dieser Petition im Bereich der Sächsischen Staatskanzlei leider nicht zu verzeichnen ist. Ich bedaure dies sehr und möchte Sie deshalb bitten, uns diese Petition erneut zu übermitteln. In der Zwischenzeit habe ich Ihr Schreiben an die Abteilung II der Staatskanzlei weitergeleitet und gebeten, sich um Ihre Angelegenheit zu kümmern.

Mit freundlichen Grüßen

[redacted]

3.

Man müßte irgendwohin in die Schweiz flüchten
und sich dort in einem der Waldkantone verborgen halten.

Boris Pasternak, *Doktor Schiwago*

Operative Personenkontrolle*

Eine OPK wurde eingeleitet
- zur gezielten Kontrolle und/oder Bearbeitung von Personen, wenn zwar Anhaltspunkte für die Planung oder Begehung einer Straftat vorlagen, aber kein konkreter Verdacht unter Bezug auf objektive und/oder subjektive *Tatbestandsmerkmale* des Strafrechts gegeben war;
- zum Erkennen von Personen mit *feindlich-negativer Einstellung* und/oder *operativ-bedeutsamen Kontakten*, von denen unter bestimmten Bedingungen *feindlich-negative Handlungen* zu erwarten waren;
- zur vorbeugenden *Sicherung* von Personen, die in sicherheitspolitisch besonders bedeutsamen Positionen oder Bereichen tätig waren und bei denen die Gefahr des Mißbrauchs durch den *Gegner* bestand.

Eine OPK konnte auf der Grundlage der in einem Einleitungsbericht zusammengefaßten Ausgangshinweise sowie eines Maßnahmeplanes zur Realisierung der jeweiligen ganz konkreten Kontroll- und Bearbeitungsziele eröffnet werden. OPK-Akten enthalten neben den Leitungsdokumenten die operativ erarbeiteten Materialien zu den kontrollierten Personen. Ein formgebundener Übersichtsbogen (*F 310*) gibt Auskunft über den Decknamen der OPK, die Personalien der zu kontrollierenden und bearbeitenden Person(en), die Decknamen der eingesetzten IM sowie die Kurzform der Gründe für die Einleitung und die Zielstellung der OPK.
Auch die Gründe für den Abschluß bzw. das Einstellen der OPK können dem Übersichtsbogen entnommen werden, des weiteren alle Maßnahmen, die im Ergebnis der OPK eingeleitet wurden/werden sollten. Ausführlicher ist dies im obligatorischen Abschlußbericht niedergeschrieben.

* Aus *Arbeitsrichtlinie für Rechercheure* des BStU, Berlin 1992

4.

Sehe mich genötigt,
Strafmaßnahmen in Paris gegen Sie zu beantragen.
Sie haben bei ihrem Abflug von Casablanca
zu nahe am Flugzeugschuppen gewendet.

Antoine de Saint-Exupery, *Wind, Sand und Sterne*

Aus einer Sofortmeldung der KD Oelsnitz*

Information zur Festnahme des Donnerhack, Lutz

Am 27.04.1977 um 04:30 wurde durch den zuständigen Grenzabschnittsposten, Gen. Fähnrich (Klarname) der Donnerhack, Lutz (Grunddaten) am Rinderstall in Schönberg, cirka 250 m vor der Staatsgrenze DDR/CSSR festgenommen.
Am 27.04.1977 gegen 04:00 stellte der Bürger (Klarname, Vorname und Grunddaten), Viehpfleger im Rinderstall der LPG *Einheit* Bad Brambach, auf dem Weg von seiner Wohnung zum Arbeitsplatz den parkenden Pkw *Trabant*, pol. Kennzeichen XH 21-88, fest. Der Pkw stand am Rinderstall in Schönberg. Er informierte telefonisch vom Rinderstall aus den Gen. (Klarname), der sich zu Hause aufhielt. Gen. (Klarname) begab sich sofort mit seinem Krad zum Rinderstall. Bei seinem Eintreffen kam Donnerhack aus Richtung der Staatsgrenze.
(...)
Bei der Kontrolle durch den Gen. (Klarname) gab der Donnerhack an, in die CSSR fahren zu wollen. Die DPA-Kontrolle ergab, daß Donnerhack keine Kronen eingetauscht hatte und nur noch 40,- M bei sich führte.
Der Benzinhahn im *Trabant* war bereits auf Reserve gestellt und es befanden sich zwei leere Kanister im Kofferraum des Pkw. Weiterhin wurde eine Landkarte mit Einzeichnungen und Konstruktionsunterlagen für einen Flugkörper festgestellt. Daraufhin erfolgte die Festnahme.
(...)
Durch den Leiter der DE wurde die DVP/VPKA Oelsnitz und der Grenzabschnittsposten, Gen. (Klarname), mehrfach darauf hingewiesen und festgelegt, daß über das Vorkommnis keinerlei Meldungen abzusetzen sind.

* GVS/VVS/CFS Nr. 24 vom 27.04.1977, 12:20 (Funk 24/KD Oelsnitz) - An den Leiter der BV Karl-Marx-Stadt

#
Auf den folgenden Seiten:
Eigenbauflugzeug *LD-1* “Hump” von Lutz Donnerhack.

Alle Aufnahmen: MfS, BV Karl-Marx-Stadt/Abteilung IX (1977)

LD-1
HUMP

LD-1

DONNERHACK

Aus dem Bericht eines IM der KD Plauen

Diskussionen und Probleme um den Eigenbau eines Flugzeuges in Plauen

Am Mittwoch, dem 27.04.1977, bemerkte ich in den Vormittagsstunden auf einer Wiese in der Nähe der Stöckigter Straße ein abgedecktes Fahrzeug. Ich wunderte mich etwas, daß zwei Zivilisten, die sich mit einem *Trabant* dort befanden, Kinder verjagten. Am Nachmittag des gleichen Tages war dieses Ereignis dann Hauptgesprächsthema in der Gaststätte *Zum Sandwirt*. In der Zwischenzeit hatte man dieses Eigenbauflugzeug, als das es sich entpuppt hatte, abtransportiert. Es gab unter den anwesenden Gästen natürlich viele Meinungen, aber richtige Zusammenhänge kannte niemand. Die Vermutung, die teilweise ausgesprochen wurde, daß es sich möglicherweise um eine Notlandung gehandelt haben soll, wurde vom überwiegenden Teil der diskutierenden Personen abgelehnt. Man neigte eher zu der Auffassung, daß der Flugkörper in der Nachbarschaft hergestellt wurde und in der Nacht ein Start geplant war. Dabei vertrat ein Teil der Gäste die Auffassung, daß der Flugkörper nicht von der Stelle aus starten sollte, wo man ihn festgestellt hatte, sondern daß er zu einem günstigeren Startplatz gebracht werden sollte. Beim Aufladen auf einen Kleintransporter sei dann ein Schaden eingetreten. Verschiedene Gäste wollen in den Morgenstunden einen lauten Knall gehört haben, dadurch sei dieses Unternehmen gescheitert. Als genutztes Objekt zum Bau des Flugkörpers vermutet man eine Garage, die zum ehemaligen Garten eines gewissen (Klarname) gehört. Dieser habe im vergangenen Jahr den Garten an eine Person aus Reusa verkauft. Zugleich behaupteten jedoch einige, daß letztgenannte Person die Garage wieder weitervermietet hätte. Auf keinen Fall kannte man die Personen, die in der jüngsten Vergangenheit in diesem Garten zu sehen waren. Seitens der Gäste wurde die technische Leistung bewundert. Ein Gast, der angeblich den Flugkörper im Hof des VPKA gesehen haben will, sprach von dessen fachmännischer Gestaltung.
In den folgenden Tagen wurde behauptet, daß ein gewisser Donnerhack aus Plauen diesen Flugkörper hergestellt hat. Es wird angenommen, daß es ein Sohn des bekannten ehemaligen Museumsdirektors Donnerhack ist. Dieser Donnerhack, den man auf der Flucht gestellt habe, sei ein bekannter Segelflieger bei der GST gewesen. Er habe dort eine leitende Funktion innegehabt, aber wegen einiger politischer Äußerungen habe man ihn absetzen müssen. Allgemein ist man sich darüber einig, daß der Bau des Flugkörpers keine Einzelleistung sein kann und mehrere Täter vorhanden sein müssen.
Wäre das Vorhaben geglückt, hätte Donnerhack in der BRD sicher großes Aufsehen erregt. Nun müsse er sich aber für seine Handlungen verantworten, und damit gingen die darüber diskutierenden Personen dann wieder zur Tagesordnung über.

Aus einem Stimmungsbericht der KD Plauen*

Meinungsäußerung zur Straftat des Bürgers Donnerhack, Lutz

Am Samstag, dem 30.04.1977 diskutierten mehrere Schüler der (Name der) Erweiterten Oberschule über den gescheiterten Versuch des Donnerhack, die DDR ungesetzlich mit Hilfe eines selbstgebauten Flugzeuges zu verlassen.
Dazu äußerte der Schüler (Klarname, Vorname und Grunddaten) folgendes: Der Donnerhack und er seien bis vor cirka zwei Jahren in ihrer Freizeit zusammen auf dem Segelflugplatz Auerbach tätig gewesen.
Zu dieser Zeit wurde der Donnerhack vom Flugdienst ausgeschlossen und er durfte nur noch als Bodenpersonal tätig sein. Als Grund für diese Maßnahme wurde damals unter den Mitgliedern der GST diskutiert, der Donnerhack hätte irgendeinen politischen Witz an der falschen Stelle erzählt.
Der Donnerhack nutzte seine Tätigkeit auf dem Flugplatz dazu aus, um Teile von Flugzeugen mit nach Hause zu nehmen und sich aus einer Seitenwagenmaschine einen Flugapparat zu bauen. Zu Freunden und Bekannten, die ihn damals fragten, was er denn zur Zeit so bastle, sagte er, daß er sich einen alten *Wartburg* aufbauen wolle.
(...)
Nach Meinung des (Klarname) würde sich der Donnerhack zur Zeit in Untersuchungshaft beim MfS befinden.
Es sei aber zu erwarten, daß der Donnerhack in die BRD abgeschoben wird, weil uns als Staat "so einer" nichts nutzen, sondern wahrscheinlich immer wieder den Versuch unternehmen würde, die DDR ungesetzlich zu verlassen.

* Referat PID

#
An dieser Stelle (und auch, um etwaigen Mißverständnissen vorzubeugen) sei darauf hingewiesen, daß Unterlagen zum *Operativen Vorgang* "Donner" bislang nicht aufgefunden werden konnten.
Das hier veröffentlichte Material zur Person von Lutz Donnerhack stammt vornehmlich aus dem *Archivierten Untersuchungsvorgang* AU 466 / 78.
Die Fotos wurden Band 2 der dazugehörigen Beweismittelakte entnommen sowie einer eigens angefertigten *Bilddokumentation* der HA IX / Nr. 796.
Soweit nicht anders angegeben, stammen die Dokumente aus dem Jahr 1977.

Aus einer Bandabschrift der KD Plauen

Mündliche Information zum Donnerhack, Lutz durch einen FIM

Der FIM sprach in der Gartenkantine *Sternplatz* mit dem Gen. (Klarname), derzeit Parteisekretär im VEB *Verkehrsbetriebe der Stadt Plauen*.
Der (Klarname) brachte das Gespräch auf die Sache mit dem Flugzeugbau des Donnerhack und ließ dabei erkennen, daß er darüber eigentlich recht gut Bescheid wußte, obwohl keinerlei Veröffentlichungen gemacht worden sind. Seine Kenntnisse bezog er, wie er sagte, in der Hauptsache aus Informationen und Diskussionen unter den Angehörigen der Verkehrsbetriebe, die ja sozusagen die Stimmungen und Meinungen aus der ganzen Stadt mitbringen.
Der (Klarname) sagte dem FIM weiter, daß er vor Jahren der Fluglehrer des Donnerhack, Lutz gewesen sei. Donnerhack sei ein ausgezeichneter Flieger gewesen, der alle Berechtigungen für Motor- und Segelflug in Besitz hat. Er war mit Leib und Seele bei der Fliegerei dabei und hat diese gewissermaßen auch als seine Zukunft betrachtet. Vor etwa zwei oder drei Jahren jedoch mußte Donnerhack wegen der aktiven Westverbindungen seines Vaters von der Flugliste abgesetzt werden und durfte seit dieser Zeit nicht mehr fliegen.
Der (Klarname) war zwar zu diesem Zeitpunkt nicht mehr als Fluglehrer tätig, hatte aber durch seine privaten Beziehungen immer noch eine sehr gute Verbindung zu den Flugplätzen der GST und dem Personal. Dadurch weiß er auch, daß die Streichung von der Liste des fliegenden Personals für den Donnerhack einen moralischen Schlag darstellte, den er wohl bis heute nicht überwunden hat und und den der (Klarname) als das wahrscheinliche Hauptmotiv der negativen Entwicklung des Donnerhack ansieht.
Ob es zwischenzeitlich auch noch andere, politisch negative Beeinflussung durch seinen als ziemlich "liberal" eingeschätzten Vater gegeben hat, konnte der (Klarname) nicht sagen.
Zur Sache mit dem von Donnerhack gebauten Flugzeug schätzt der (Klarname) ein, daß Donnerhack zwar ein ausgezeichneter Flieger gewesen sei, der mit einem halbwegs flugfähigen Apparat das Vorhaben wohl auch hätte realisieren können, daß aber die Kenntnisse des Donnerhack zur Konstruktion einer solchen Maschine kaum ausgereicht haben dürften.
Der (Klarname) machte dazu noch Ausführungen über technische Details, die vor allem das Problem der Kraftübertragung vom Motor auf die Luft-schraube und das Übersetzungsverhältnis betrafen, die aber vom FIM als totalem Laien weder richtig verstanden, noch von ihm richtig wiedergegeben werden konnten. Auf alle Fälle war der (Klarname) der Auffassung, daß dem Donnerhack ein Ingenieur als Berater zur Seite gestanden haben muß. An die Version, daß Donnerhack völlig allein gehandelt haben soll, glaubt er nicht.

#

Wolf Donnerhack (der erste MfS-Bericht über ihn wurde, im Rahmen eines sogenannten *Aufklärungs- und Bestätigungsverfahrens für überprüfungspflichtige Einheiten*, im Frühjahr 1972 verfaßt), ahnte mehr, als daß er wußte, was seinem Bruder bevorstand. Er wußte aber, daß die Rechtsanwälte in der DDR ohne Rückgrat und treue Erfüllungsgehilfen der Staatsanwaltschaften waren.
Deshalb wandte er sich am 05.05.1977 in einem Eilbrief an einen Mann, mit dem er einmal befreundet gewesen war und der später Jura studiert hatte.
In diesem Brief bat Wolf Donnerhack um ein baldiges und vor allem auch vertrauliches Gespräch in der Hoffnung, Rat und Hilfe für seinen Bruder zu erhalten. Doch der vermeintliche Freund erwies sich als *falscher Fuffziger*:
Er brachte den besagten Brief umgehend zum Leiter der Kreisdienststelle Plauen, und der wiederum schickte ihn, mit einem Begleittext versehen, an den Leiter des Untersuchungsorgans der BV Karl-Marx-Stadt des MfS.

Aus einem Schreiben des Leiters der KD Plauen*

Information zum Bruder des Donnerhack, Lutz - Donnerhack, Wolf

In der Anlage übersende ich Ihnen einen Brief, den der Bruder des inhaftierten Donnerhack, Lutz, der Donnerhack, Wolf an den Leiter der Abteilung Innere Angelegenheiten des Rates des Kreises Plauen, Gen. (Klarname, Vorname) übersandte.
Gen. (Klarname) kennt den Donnerhack, Wolf noch aus der Schulzeit.
Bei dem Gen. (Klarname) handelt es sich um einen klassenbewußten Genossen, der positiv zum MfS steht. Gen. (Klarname) übergab den Brief an unsere Kreisdienststelle. Er lehnte die vorgeschlagene Aussprache ab und distanzierte sich. Ich bitte um Kenntnisnahme und operative Auswertung.

* An den Leiter der Abteilung IX der BV Karl-Marx-Stadt

Aus einem Auskunftsbericht der KD Plauen*

Zur Person des Donnerhack, Lutz

Der Donnerhack, Lutz (Grunddaten) entstammt einer Angestelltenfamilie. Sein Vater war als Museumsdirektor tätig und ist jetzt Rentner, seine Mutter ist 1958 verstorben.
Von 1960 bis 1962 besuchte der Donnerhack die (Name der) Schule und von 1962 bis 1970 die (Name der) Oberschule in Plauen.
Nach Beendigung der Polytechnischen Oberschule erlernte der Donnerhack im MLK Plauen den Beruf eines Stahlbauschlossers und schloß diese Lehre 1972 erfolgreich ab. Danach war er bis zum 25.05.1973 im MB 2 tätig.
Da der Donnerhack nicht gewillt war, in Schichten zu arbeiten und die Arbeit ihm zu eintönig vorkam, kündigte er im MLK und begann im VEB *Plauener Spitze* als Betriebsschlosser. In diesem Betrieb wurde er vorwiegend für alle anfallenden Schweißarbeiten eingesetzt, wobei ihm hier seine erworbenen Fertigkeiten aus der Berufsausbildung im MLK zugute kamen. Die ihm übertragenen Aufgaben führte er zielstrebig, gewissenhaft und in guter Qualität aus. Sein Umgang mit den Arbeitskollegen sowie den Vorgesetzten ist zwar höflich und korrekt, doch begegnet er diesen stets mit Zurückhaltung.
Auftretenden arbeitsmäßigen und gesellschaftlichen Problemen stand er sehr kritisch gegenüber. Erst nach langer Überzeugungsarbeit kann man ihn evtl. für eine bestimmte Sache gewinnen. Kritiken, die vonseiten seiner Arbeitskollegen sowie Vorgesetzten an ihn gerichtet sind, sieht er meist nicht ein; es fehlt oft die Einsicht in die Notwendigkeit. Er ist eigensinnig und oft schwer von einem gefaßten Entschluß abzubringen. In seinen Diskussionen kam oft zum Ausdruck, daß er mit vielen Problemen unserer soz. Gesellschaftsordnung nicht einverstanden ist; vor allem, was die Jugend betrifft.
In seiner politischen Einstellung wurde er als undurchsichtig eingeschätzt und als Jugendlicher bezeichnet, der für unseren Staat nicht viel übrig hat.
Im Betrieb leistet er auch keinerlei gesellschaftliche Arbeit.
Er ist im "Malzhaus-Club" integriert, obwohl er kein Mitglied dieses FDJ-Klubs ist und vertritt dort auch, entsprechend seiner politischen Einstellung, seine Meinung. Bei gesellschaftlichen Veranstaltungen dieses Klubs, speziell in der Vorbereitung des Wahlsonntags 1976, wo Kandidaten des Bezirkstages teilnahmen, fiel der Donnerhack sehr stark als negativer Wortführer auf.
Im "Malzhaus-Club" finden zweimal wöchentlich Veranstaltungen statt, wo sich negativ-dekadente Jugendliche zusammenfinden.
(...)
Der Leiter dieses Jugendklubs wird von unserer DE operativ bearbeitet.

Gesellschaftlich ist der Donnerhack in der FDJ, im FDGB und in der GST organisiert. Besonderes Interesse zeigte der Donnerhack für den Segelflugsport innerhalb der GST, wo er aber auf Grund der aktiven Westverbindungen seines Vaters am 02.09.1975 für den Flugsport gesperrt wurde.
(...)
Im Wohngebiet besitzt der Donnerhack einen positiven Leumund. Er wird als höflicher und zuvorkommender Jugendlicher eingeschätzt. Das Auftreten gegenüber den Hausbewohnern gilt als korrekt. Ein fester Umgangs- oder Freundeskreis ist im Wohngebiet sowie im Arbeitsbereich nicht bekannt.
(...)
Die Familie Donnerhack unterhält zahlreiche Verbindungen in die BRD und ins NSW. Dabei handelt es sich um folgende Personen:
(Klarnamen, Vornamen und Grunddaten)
Diese o.g. BRD- und NSW-Bürger reisten in der Vergangenheit regelmäßig zum Vater des Donnerhack, Lutz, dem Donnerhack, Rudolf ein.
(...)
Der Donnerhack arbeitete bis zum 07.04.1977 im VEB *Plauener Spitze* und reichte danach seinen Urlaub ein, da er am 02.05.1977 zur NVA einberufen werden sollte.
Der Donnerhack war für die Einberufung zum Wehrdienst am 03.05.1977 vorgesehen. Der Einsatzort wäre das Pionier-Bau-Bataillon 12 in Prenzlau gewesen, Anschrift: Postfach 82801, 2130 Prenzlau.
Die Zustellung des Einberufungsbefehls erfolgte am 15.04.1977 durch das WKK Plauen an die Deutsche Post. Somit müßte der Donnerhack seinen Einberufungsbefehl am 18.04.1977 erhalten haben.
(...)
Für den Bau seines Fluggerätes mietete der Donnerhack die Garage eines gewissen (Klarname, Vorname und Grunddaten) an. Die Garage befand sich in Plauen/Ostvorstadt, Alte Stöckigter Straße, in einem Gartengrundstück.
Um ungestört arbeiten zu können, sicherte der Donnerhack die Garage mit einem Sicherheitsschloß. Gegenüber Bekannten und Verwandten erklärte er, daß er sich in einem anderen Stadtteil von Plauen einen alten Pkw *Wartburg* aufbauen würde.
(...)
Alle zum Bau des Fluggerätes erforderlichen Arbeiten wurden durch Donnerhack selbst ausgeführt.

Am 21.04.1977 hatte der Donnerhack das Fluggerät fertiggestellt.
Seine Absicht bestand darin, bei günstigem Flugwetter das zerlegte Fluggerät mit einem Kleintransporter auf eine große Wiese zwischen den Ortschaften Kobitzschwalde und Straßberg zu transportieren und zusammenzubauen. Um das Fluggerät beim Start abbremsen zu können, wollte er es mit einem Seil am Kleintransporter festbinden, den Motor starten und dann, wenn dieser auf vollen Touren läuft, das Seil kappen. Seinen Berechnungen zufolge sollte das Fluggerät nach etwa 120 m vom Erdboden abheben. Nach vollzogenem Start wollte er zunächst nach Pirk fliegen und von dort, die alte Autobahn als Orientierung nehmend, zur Eisenbahnlinie Gutenfürst-Hof/BRD. Nach dem Überfliegen der Staatsgrenze DDR/BRD wollte er bei Hof landen.
Um sein Vorhaben zu verwirklichen, begab sich der Donnerhack
am 26.04.1977 gegen 16:30
in seine Arbeitsstelle, den VEB *Plauener Spitze*, und lieh sich dort unter dem Vorwand, privat Möbel transportieren zu wollen, einen Kleintransporter aus.
Am 27.04.1977 gegen 01:30
verließ Donnerhack unter Mitnahme seiner persönlichen Dokumente und den Nachweisen über erlangte Befähigungen bei der GST die väterliche Wohnung und fuhr zu der Garage, um das Fluggerät aufzuladen. Als er dort ankam, wurde er durch eine Kradstreife der DVP einer Ausweiskontrolle unterzogen, wobei er erklärte, sich in dem Garagengrundstück mit einer Freundin treffen zu wollen. Mit dem Hinweis, seine Angaben zu überprüfen, fuhr die Kradstreife weiter. Donnerhack öffnete die Garage, legte an die Ladefläche des Kleintransporters zwei Eisenträger an und versuchte, den Rumpf des Fluggerätes auf die Ladefläche des Wagens zu ziehen. Jedoch löste sich die Handbremse des Fahrzeuges, welches auf dem abschüssigen Gelände wegrollte, so daß der Flugkörper mit einem lauten Geräusch zu Boden fiel. Dabei wurde eine Strebe des Fahrwerkes so stark verbogen, daß ein Start mit diesem Fluggerät nicht mehr möglich gewesen wäre.
Donnerhack verließ daraufhin mit dem Kleintransporter sofort den Tatort und fuhr zurück zur väterlichen Wohnung, wo er den *Trabant* seines in Leipzig aufhältigen Bruders bestieg und in Richtung Staatsgrenze DDR/CSSR fuhr.
Dort konnte er
am 27.04.1977 gegen 04:30
nahe der Ortschaft Schönberg
vom zuständigen Grenzabschnittsposten gestellt und festgenommen werden.

* Referat PUT

DER STAATSANWALT

DES BEZIRKES KARL-MARX-STADT

Der Staatsanwalt des Bezirkes Karl-Marx-Stadt
901 Karl-Marx-Stadt, Postfach 921

Herrn
Rudolf Donnerhack

99 P l a u e n
Comeniusstr. 16

Ihre Zeichen	Ihre Nachricht vom	Unsere Zeichen	Datum
		213-15.77	18.05.1977

[redacted]

Der Trabant Ihres Sohnes Wolf wurde von Ihrem Sohn Lutz zur Begehung seiner Straftaten benutzt und in diesem Zusammenhang beschlagnahmt. Über eine Rückgabe des Fahrzeuges kann ich mich zum gegenwärtigen Zeitpunkt der Ermittlungen noch nicht äußern.

Ich hoffe, Ihre Fragen damit vorerst beantwortet zu haben.

Mit sozialistischem Gruß
I.A.

[redacted]

Staatsanwalt

#

Wie stellte sich das Geschehen aus der Sicht des Betroffenen dar? Nachdem der damals Dreiundzwanzigjährige zunächst Beschwerde gegen seine Inhaftierung eingelegt hatte und, nach deren Ablehnung, für mehrere Tage in den Hungerstreik getreten war, legte er ein umfassendes Geständnis ab - in der Hoffnung, damit seine baldige Abschiebung in die Bundesrepublik beschleunigen zu können. Ein Trugschluß, wie sich herausstellen sollte.

Beschluß des 3. Strafsenats des Bezirksgerichts Karl-Marx-Stadt

In dem Ermittlungsverfahren gegen den Betriebsschlosser Donnerhack, Lutz (Grunddaten), seit dem 27.04.1977 in U-Haft in der UHA Karl-Marx-Stadt wegen versuchtem ungesetzlichen Grenzübertritt,
wird die eingelegte Beschwerde des Beschuldigten gegen den Haftbefehl des Kreisgerichts Karl-Marx-Stadt/Süd vom 28.04.1977 zurückgewiesen.
Grund:
Das Kreisgericht hat gegen den Beschuldigten wegen des dringenden Tatverdachts des versuchten ungesetzlichen Grenzübertritts im schweren Fall (Verbrechen gem. § 213, Abs. 1, Abs. 2 und Abs. 3 StGB) gem. § 122, Abs. 1 Ziffer 1, Ziffer 2 und Ziffer 4 StPO Haftbefehl erlassen, weil sich aus dem Charakter der Straftat ein Fluchtverdacht ergibt, ein Verbrechen den Verfahrensgegenstand bildet und die Straftat mit Haftstrafe bedroht ist.
Gegen den Erlaß des Haftbefehls hat der Beschuldigte fristgemäß Beschwerde eingelegt, mit der er die Aufhebung des Haftbefehls beantragt.
Die Beschwerde hatte keinen Erfolg.
Das vorliegende Ermittlungsergebnis begründet den dringenden Tatverdacht, daß der Beschuldigte am 27.04.1977 den Versuch unternommen hat, mit einem selbstgebauten Fluggerät die Staatsgrenze der DDR zur BRD zu durchbrechen, um in der BRD ständigen Aufenthalt zu nehmen.
Auf Grund dieses bisherigen Ermittlungsergebnisses ist dem Kreisgericht dahin zu folgen, daß der Beschuldigte eines versuchten ungesetzlichen Grenzübertritts im schweren Fall dringend verdächtig ist.
Seine Inhaftierung ist daher gem. § 122, Abs. 1 Ziffer 1, Ziffer 2 und Ziffer 4 StPO gesetzlich begründet, worauf auch das Kreisgericht richtig den Erlaß des Haftbefehls gestützt hat. Die Beschwerde des Beschuldigten war deshalb in Übereinstimmung mit dem Antrag des Staatsanwaltes des Bezirkes als unbegründet zurückzuweisen.

Aus einem Dokument der BV Karl-Marx-Stadt*

Bericht über BP 273

Seit dem (Datum) nimmt der o.g. U-Häftling keine Mahlzeit mehr zu sich. Gestern antwortete er auf die Frage, ob ihm unser Essen nicht schmeckt: "Ich bin überzeugt, daß ich unschuldig bin, darum esse ich nichts."

* Abteilung IX

Aus einem Dokument der BV Karl-Marx-Stadt*

Niederschrift des Beschuldigten Donnerhack, Lutz

Zur Konstruktion und zum Bau der selbst gefertigten Flugmaschine "Hump" erkläre ich folgendes:

Nachdem ich die bereits genannte Räumlichkeit angemietet hatte, war mir klar, daß sich die äußeren Maße der von mir beabsichtigten Konstruktion in den Maßen halten mußte, die diese Garage bot.
Die Innenmaße derselben waren 3,50 x 2,50 m.
Mein Flugzeug sollte klein, aber sicher sein und mit wenig Aufwand und unter Verwendung von herkömmlichen Mitteln und einem handelsüblichen Benzinmotor zu bauen sein.
Ich wählte als Vorbild für die zu entwickelnde Flugmaschine das belgische Sport- und Übungsflugzeug "Tippsy Nipper", weil dieses in seinen äußeren Abmessungen, seinen Massen sowie Leistungen als auch seinem Aussehen und der Motorleistung meinen Vorstellungen am ehesten entsprach.
Dieses Flugzeug war mir beim Durchsehen einiger Exemplare der Zeitschrift *Fliegerrevue* in die Augen gefallen. Es handelte sich dabei um einen Bericht, um eine Beschreibung der Konstruktion als auch des verwendeten Materials bei den einzelnen Baugruppen, des Motors, einer Fotografie, des Dreiseitenrisses sowie aller technischen Daten. Ich war begeistert!
Des weiteren war ich mir im klaren darüber, daß der Bau in diesen beengten Verhältnissen nur nach einem bestimmten Schema vonstatten gehen konnte, wenn das Projekt bis zur Fertigstellung gebracht werden sollte.
Ich legte also die Fertigung der Baugruppen, nachdem ich mir eine Prinzipskizze mit den Umrissen des Projektes gefertigt hatte, wie folgt fest:

Baugruppe Tragwerk, Gerippe einschließlich Querruder;
Baugruppe Leitwerk, parallel zum Tragwerk;
Baugruppe Propeller, Triebwerkbeschaffung;
Beplankung der Baugruppen Tragwerk und Leitwerk;
nach deren Abschluß Lackierung.
Anschließend Baugruppe Rumpf mit Triebwerk, Fahrwerk und Cockpit;
danach Rumpfbeplankung.

Bei der Konstruktion sämtlicher Teile lehnte ich mich stark an das Vorbild vom "Tippsy Nipper" an, dessen genaue Abmaße ich der Fotografie als auch dem beigelegten Dreiseitenriß entnehmen konnte, wo auch die Originalmaße angegeben waren. Die fehlenden speziellen Maße rechnete ich daraufhin durch Vergleichsmessung und Prozentrechnung auf meine Bedürfnisse um.

Ich begann also mit der Baugruppe Tragwerk.
(...)
Nun ging ich an die hölzerne Luftschraube.
Entsprechend der höheren Drehzahl beim *Wartburg*-Motor wählte ich den Luftschraubendurchmesser um 110 mm kleiner als beim "Tippsy Nipper". Da ich die Stärke der Holzluftschraube beim "Treuen" kannte, ergab sich für mich daraus eine Stärke von 90 mm. Ich kaufte mir sechs Bretter Rotbuche (anderes Hartholz gab es nicht) und ließ sie auf 15 mm Dicke hobeln. Entsprechend einer prozentualen Umrechnung von einer Schemazeichnung des Aufbaus einer Holzluftschraube aus dem Jahre 1935, die sich in meinem Besitz befand, sägte ich die Bretter zurecht, verleimte sie eines nach dem anderen in der den Drehsinn bestimmenden Lage und bohrte sie. Das genaue Ausarbeiten geschah von Hand, mittels Feile, bis die Schraube genau in der Waage war. Als alles soweit fertig war, besorgte ich mir in der ELG *Metall* Aluminiumbleche, die ich gegen Trinkgeld auch erhielt, und transportierte diese nach der Garage. Das leichte Loch-Alu, welches ich mit einer Handblechschere zurechtschnitt, vernietete ich und schraubte es auf die hölzernen Rippen auf. Ich hängte die Rippen in eigens dafür angefertigte Ständer und beklebte sie mit Glasfaserlaminat. Die Querruder bespannte ich nach Vorschrift mit den Resten von Bespannstoff, die sich noch von meiner Flugplatztätigkeit her in meinem Besitz befanden. Anschließend lackierte ich die Tragflächen mit Alkydharzlack. Darauf stellte ich sie an einer Wand ab.
(...)
Das Leitwerk wurde wie oben beschrieben lackiert, ebenso der Propeller.

An dem mittlerweile wie geplant gekauften *Wartburg*-Motor ließ ich durch die Kfz-Schlosser des Betriebes die Zündung einstellen und schaffte ihn dann nach der Garage. Hier maß ich alles genau aus, kaufte unter der Hand einen Kupplungsgehäusedeckel und konstruierte danach die Antriebswelle mit ihren Lagern, die ich durch den Dreher im Betrieb anfertigen ließ.
Als das geschehen war, montierte ich die Welle an den Motor.
Alle Kollegen meiner Abteilung hatten über einen bekannten Kraftfahrer zu privaten Zwecken in Karl-Marx-Stadt vierkantiges Hohlleichtprofil gekauft. Auch ich erwarb etliche Meter verschiedener Abmessungen. Aus diesen gedachte ich den Rumpf zu fertigen. Auf Grund der Größenverhältnisse in der Garage skizzierte ich mir den Rumpf kurz auf.
Etliche Maße lagen ja bereits fest, als da waren:
Luftschraube - Welle - Motor - Kühler - Tank - Cockpit.
Die Größe des Cockpits hatte ich durch Probieren ermittelt.
Entsprechend dem verbleibenden Rest fertigte ich als erstes das Heck, auf welchem ich das Leitwerk passend anbrachte, mit allen Anschlüssen und Verstrebungen. Dann montierte ich das Leitwerk ab, da sonst der Rumpf nicht mehr in die Garage gepaßt hätte. Nun konnte ich, nachdem ich vorher Leitwerk, Fahrwerk, Tragwerk, Motor und Aggregate ausgewogen hatte, an die Bestimmung des Schwerpunktes gehen.
(...)
Danach schweißte ich den Rumpf zusammen.
Ich brachte das Fahrwerk an und schob dann über eine schiefe Ebene (Brett, Stuhl, Tisch) den Motor auf seine vorher angepaßten Lagerungen.
Anschließend schweißte ich die Motoraufhängungen fest.
Nun begann ich mit dem Einbau von Steuerknüppel und Seitenruderpedalen, deren Seilzüge ich ordentlich verspleißte. Baute auch Windschutzscheibe (von einem *MZ*-Motorrad-Beiwagen), Tank und Sitz in die Konstruktion ein, beplankte das Ganze mit Plastik-Wandkacheln, lackierte letztere noch mal - und die Flugmaschine war fertig!
Dies ist in groben Zügen der Werdegang meines Flugzeuges.
Außer Prinzipskizzen und Maßen für anzufertigende Teile in der Betriebs-Werkstatt habe ich keine speziellen Konstruktionsunterlagen angefertigt oder verwendet. Auch eigene aerodynamische Berechnungen habe ich nicht angestellt, da ich, wie gesagt, alles vom "Tippsy Nipper" abgekupfert habe.
Hoffe, daß ich recht bald selbst einen "Tippsy Nipper" fliegen kann.

* Abteilung IX

Aus einem Dokument der BV Karl-Marx-Stadt*

Persönliche Niederschrift des Beschuldigten Donnerhack, Lutz

Zu den Kriterien bei der Auswahl des vorgesehenen Startplatzes erkläre ich folgendes:

Die Frage nach der Auswahl eines Startplatzes beschäftigte mich seit etwa September/Oktober 1976 intensiv, da ich zu diesem Zeitpunkt mit allen Baugruppen so weit gediehen war, daß ich an die Auswahl eines geeigneten Startplatzes denken konnte.
Ich suchte zu diesem Zweck verschiedene hochgelegene Punkte rund um Plauen auf (Kemmler, Bärenstein, Possig), von denen aus ich die nähere Umgebung ins Auge nahm. Die so gefundenen Flächen wurden dann von mir auf ihre Brauchbarkeit hin geprüft.
An einem sonnigen Sonntag im September hielt ich mich auf der Possig auf, um mit einem alten Fernglas meines Vaters die Gegend zu inspizieren. Dabei erblickte ich erstmals eine grüne und eben scheinende Fläche oberhalb der Ortschaft Straßberg, am Nordufer der Elster. Nachdem ich mich per Fernglas und Landkarte über eine geeignete Anfahrtsmöglichkeit orientiert hatte, suchte ich dieses Gelände mit dem *Trabant* meines Bruders auf.
Ich konnte dabei feststellen, daß der vorgesehene Startplatz für mein Vorhaben geradezu ideal war, wenn ich die Bedingungen von Außenstart- und landeplätzen zugrunde legte, wie sie im Segelflug üblich sind.

Ich wählte den Startplatz nach folgenden Kriterien aus:

- Eine entsprechend lange Rollbahn, um eine sichere Abhebegeschwindigkeit zu erreichen. Ich schritt diese bis zu 200 m auf eventuelle Hindernisse oder Löcher ab und schätzte die gesamte Hindernisfreiheit auf cirka 500 m ein. Außerdem war dieser Hang talwärts leicht geneigt, was zu einem schnellen Erreichen der Abhebegeschwindigkeit beigetragen hätte. In diesem Punkt befriedigte mich die vorgesehene Startbahn vollauf.

- Eine feste Bodenbeschaffenheit, um ein leichtes Rollen der relativ kleinen und schmalen Räder zu gewährleisten, d.h. eine bestimmte Beständigkeit gegen Bodendruck auf kleiner Fläche. Dazu konnte ich feststellen, daß der Hang ein reiner Rasen war, dessen verzweigtes Wurzelwerk an sich schon eine hohe Bodenfestigkeit herstellte. Des weiteren besaß der Hang einen recht steinigen Untergrund, der ihn sehr fest machte. Die natürliche Neigung ließ zudem Wasser leicht ablaufen, was ihn auch nach starken Regenfällen schnell wieder benutzbar machte.

Außer den genannten Vorzügen lag der Startplatz für die dicht besiedelten vogtländischen Verhältnisse relativ einsam, so daß nicht zu befürchten war, daß ich bei den Startvorbereitungen gestört werden könnte.
Zudem lag der Platz etwas geschützt durch Waldgebiete im Lee des im Raum Plauen fast ständig aus Richtungen um West-Südwest wehenden Windes, was für mich wiederum einen Kompromiß darstellte, da ich aufgrund der Lage der Fläche nicht gegen den Wind starten konnte. Also brauchte ich auch keinen allzu starken Seitenwind zu fürchten und konnte sogar mit dem in den Morgenstunden auf Grund der dortigen Verhältnisse zumeist talaufwärts wehenden Wind rechnen.
Nachdem ich solchermaßen den Startplatz aufgeklärt und durch Abschreiten, Befühlen und Umgraben sowie Prüfen der Windverhältnisse eine relativ weitgehende Übereinstimmung mit den geforderten Bedingungen festgestellt hatte, lag dieser Platz somit auf Grund seiner Abgeschiedenheit und der recht guten Zufahrtsmöglichkeit aus Richtung Plauen/Neundorf dann endgültig für mich fest.
Auf die genannten Auswahlkriterien konnte ich mich auf Grund meiner acht Jahre Flugplatzerfahrung sowie auf Erfahrungen als Rückholfahrer bei DDR-Meisterschaften, wo genau dieselben Probleme bei der Prüfung von Außenstartplätzen für den Rückschlepper von notgelandeten Segelflugzeugen zur Debatte standen, stützen. Deshalb hatte ich es auch gar nicht nötig, mich in dieser Sache mit anderen Personen zu konsultieren.
Für die beabsichtigte Flugstrecke hatte der vorgesehene Startplatz insofern Bedeutung, als in der beabsichtigten Abflugrichtung, geographisch bedingt, nur ein Einschwenken in Richtung Elstertal möglich war.
Der weitere Flugkurs ergab sich aus der Karte von selbst.
Vom Startplatz bei Straßberg über den südlichen Hang des Elstertales ständig im Steigflug in Richtung Autobahn bzw. Eisenbahn nach Hof/BRD.
Des weiteren legte ich fest, daß die dabei berührten Ortschaften (Straßberg, Weischlitz, Pirk, Großzöbern, Rehau) umflogen werden sollten, um Ortsüberflüge zu vermeiden und bei einem Unfall gefahrlos auf unbebautem Gebiet niedergehen zu können. Auf diese Weise hätte ich im Steigflug über der Grenze eine Höhe von 1.000 m gehalten, die mir auch als sicher genug erschien, um in der frühen Morgenstunde gegen 05:45 nicht etwa von Grenzposten unter Feuer genommen zu werden. Die Verhältnisse und Bauten sowie Feld- und Waldbestand der geplanten Flugstrecke sind mir als gebürtigem Plauener, der in diesem Gebiet zu Hause ist (Wanderungen mit Vater und Bruder) durch eigene jahrelange Anschauung praktisch allgegenwärtig.

Mit einem Blick auf die Karte vergewisserte ich mich eigentlich nur.
Im übrigen kam es darauf an, die Flugzeit möglichst kurz zu halten, um ein mögliches Versagen des Motors oder ein Festfressen der Antriebswelle nach Kräften auszuschließen. Des weiteren hatte ich die Absicht, sicher zu landen. Beste Voraussetzungen für eine sichere Landung bietet immer ein befestigter, auf alle Fälle hindernisfreier Platz. Meine Wahl fiel deshalb auf den Flugplatz Hof/BRD, der sich ja fast unmittelbar hinter der Grenze befindet.
Nach der Ankunft im Luftraum Hof/BRD wollte ich dort nach den allgemein üblichen Regeln bei Sichtflugbedingungen landen.
Personen konsultierte ich zu keiner Frage, die mit dem Flugkörper und der vorgesehenen Flugstrecke als auch der Straftat in Zusammenhang stehen.

* Abteilung IX

Aus einem Dokument der BV Karl-Marx-Stadt*

<u>Persönliche Niederschrift des Beschuldigten Donnerhack, Lutz</u>

Zu meinen speziellen Kenntnissen auf dem Gebiet des Flugwesens
erkläre ich folgendes:

Ich habe mir meine diesbezüglichen Kenntnisse in erster Linie durch meine theoretische Ausbildung im Segelflug bei der GST erworben.
Ich erhielt die Grundlagen- als auch spezielle Kenntnisse in den Fächern Aerodynamik, Fluglehre, Navigation, Technik, Sicherheitsordnungen sowie Flugbetriebsordnungen und -bestimmungen wie auch Fallschirmkunde.
Des weiteren erwarb ich mir auf diesem Gebiet physikalische Kenntnisse während der Schulzeit als auch gewisse Grundlagen in der Festigkeits- und Schwerpunktberechnung im Berufsschulfach Statik und Festigkeitslehre während meiner Lehrzeit im Stahlbau.
Weiterhin las ich mir auf flugtechnischem Gebiet und anderen, damit zu-sammenhängenden Gebieten zum großen Teil ex libris spezielle Kenntnisse zu bestimmten Problemen der Flugmechanik (z.B. Aufbau von Propellern, Fertigung und Wirkungsweise derselben etc.) an. Auch aus den verfügbaren Fachzeitschriften las ich mir, soweit das autodidaktisch möglich war, ein größtmögliches Wissen an.

Besondere Kenntnisse auf dem Gebiet der Bedienungs- und Übertragungselemente sowie Ruderbefestigungen und dergleichen mehr erhielt ich durch meine achtjährige aktive Fliegerlaufbahn selbst, während der ich oft genug Gelegenheit hatte, Reparaturen an Flugzeugen durchzuführen sowie auch Flugzeuge zu montieren oder zu demontieren. Dadurch weiß ich heute sehr genau, worauf es beim Flugzeugbau ankommt.
Meine Spezialkenntnisse fliegerischer Art beschränken sich auf den Segelflugsport, wobei ich es bis zum Leistungspiloten brachte.
In Zwickau hatte ich auch des öfteren Gelegenheit, den Motorflugschlepp durchzuführen. Da ich dieses Gebiet beherrschte, durfte ich sogar mit noch in der Ausbildung befindlichen Schleppiloten starten. Auf diese Weise wurde ich mit Theorie und Praxis des Motorfluges vertraut.
Meine Kenntnisse in Topographie, Navigation und Funksprechtechnik sind die eines ganz normalen Piloten, d.h., sie gehen nicht über das in der GST vermittelte Wissen hinaus.
Für den Segelflug besitze ich die Qualifikation eines S-1-Piloten mit der F-Schleppgenehmigung, die ich durch Theorie und Praxis sowie spezielle Prüfungen in der GST erhielt.
Ansonsten bin ich als Ausbilder im Segelflug auf verschiedenen Gebieten tätig gewesen, so u.a. als Windenmechaniker und Fallschirmwart wie auch als Wartungstechniker; außerdem bin ich Inhaber der Funksprecherlaubnis.
Ich legte dazu theoretische als auch praktische Prüfungen am Stammflugplatz Auerbach, dem damaligen BAZ Fallschirmsport in Karl-Marx-Stadt sowie an der Zentralen Fliegerschule der GST in Schönhagen ab, die ich alle mit guten und sehr guten Ergebnissen bestehen konnte.
Mehr habe ich hierzu nicht zu erklären.

* Abteilung IX

#

Auf den folgenden Seiten:
Obwohl das Eigenbauflugzeug *LD-1* "Hump" an allen Offiziershochschulen der DDR ausgestellt wurde, konnte es bislang nicht aufgefunden werden.

Der Polizeipräsident in Berlin
Dezernat Präsidiale Angelegenheiten
Polizeihistorische Sammlung

BERLIN

Der Polizeipräsident in Berlin, Platz der Luftbrücke 6, D-1000 Berlin 42

Herrn
Wolf Donnerhack
Postfach 298

0-9900 Plauen 1

GeschZ. (bitte immer angeben)	Zimmer	Fernruf (030) 699-0 Durchwahl/Apparat	Intern 970	Datum
Dez P 5222		699-35 050		29.04.92

Betr.: Ihr Schreiben vom 17.04.92

Sehr geehrter Herr Donnerhack,

in Beantwortung Ihres Briefes müssen wir leider mitteilen, daß wir keine Hilfe bei der Suche nach dem Verbleib des Flugzeugs geben können. In unserer Behörde liegen keinerlei Materialien zu diesen Vorgängen vor.

Möglicherweise kann man Ihnen im Deutschen Historischen Museum weiterhelfen, da 1990 dort eine Sonderausstellung über Fluchtmobile stattgefunden hat.

Wir haben Ihre Anfrage deshalb an den Leiter des Museums Prof. Dr. Stölzl weitergeleitet - Deutsches Historisches Museum, Zeughaus, Unter den Linden 2, 0-1086 Berlin.

Für weitere Nachforschungen wünschen wir Ihnen Erfolg.

Mit freundlichen Grüßen
I.A.

[redacted]

DEUTSCHES HISTORISCHES MUSEUM

Deutsches
Historisches
Museum GmbH
Windscheidstraße 18
W-1000 Berlin 12

Telex 18 28 89 dhm
Telefax 324 75 39
Telefon (030) 329 01-0
oder
32901-

DHM · Windscheidstraße 18 · W-1000 Berlin 12

Herrn
W. Donnerhack
Postfach 298

O - 9900 Plauen 1

8. Mai 1992

Sehr geehrter Herr Donnerhack,

vom Polizeipräsidenten erhielten wir Ihre Anfrage nach dem Verbleib des Flugzeuges Ihres Bruders.

Im Zeughaus war 1989 eine Ausstellung "Fluchtmobile". Die dort gezeigten Fahrzeuge entsprechen leider nicht dem von Ihnen gesuchten. Ein Großteil der Geräte ist inzwischen an die ehemaligen Erbauer zurückgegeben worden. Wo weitere Flugzeuge in Sammlungen der ehemaligen DDR liegen, weiß ich nicht.

Mit freundlichem Gruß

[redacted]

Stellv. d. Generaldirektors

#

Wo könnte das Eigenbauflugzeug *LD-1* “Hump” abgeblieben sein?
In der DDR herrschte bekanntlich chronischer Ersatzteilmangel.
Mit einiger Wahrscheinlichkeit darf wohl davon ausgegangen werden, daß die Flugmaschine zerlegt und vernichtet, der begehrte *Wartburg*-Motor indes einer ganz speziellen Verwendung zugeführt wurde...

Aus einem Dokument der AGM/S*

Beitrag zur Chronik der Diensteinheit

Anläßlich des 20. Jahrestages der Gründung der DDR fand im DB 1 eine besondere Lehrvorführung statt.
Zu dem Zweck wurde das Kollektiv des Kfz-technischen Dienstes beauftragt, technische Lösungen vorzubereiten, die bisher nicht gebräuchlich waren.
Von einer dieser Lösungen soll hier berichtet werden.

Problemstellung:
Ein Pkw *Wartburg* soll selbständig starten, auf cirka 20 km/h beschleunigen und dann durch elektrischen Kontakt gesprengt werden.

Problemlösung:
Die Genossen der Werkstatt erarbeiteten Vorschläge, die geprüft, teilweise verworfen oder weiterentwickelt wurden, bis die beste technische Lösung gefunden worden war:
- Umarbeiten des Vergasers auf Teillast,
- Umrüsten der Startanlage auf 12 Volt,
- Fertigen eines Startkabels von 40 Meter Länge,
- Installieren einer Startanlage mit 4 Batterien a 135 Ampere,
- Einbauen eines besonders starken Anlassers,
- Blockieren der Lenkung (damit das Fahrzeug nicht aus der Spur bricht),
- Imitieren der Sprengung durch eine Napalm-Ladung.

Auf dem alten Schießstand wurde eine Spurbahn gebaut, an deren Ende eine Steinmauer als Prellbock stand, damit der Pkw nach der Sprengung nicht außer Kontrolle gerät. In zahllosen Versuchen wurde die Anlage ausprobiert. Insgesamt wurden zehn Anlasser benötigt, aber sie funktionierten tadellos.

Für die Lehrvorführung wurde eine Tribüne gebaut, von der aus der Genosse Minister den *Wartburg* starten sollte. Hierzu wurde auf der Tribüne die Zündanlage analog einem Armaturenbrett installiert.
Die Startbatterien standen unter der Tribüne.
Es sei noch vermerkt, daß zur Sicherheit, falls der Motor auf seiner letzten Fahrt nicht anspringt, der Anlasser beim Start automatisch kurzgeschlossen worden wäre. Dadurch hätte der Anlasser dann den Pkw bis zur Sprengstelle gezogen, allerdings nicht mit der gewünschten Geschwindigkeit.

Am Tag der Vorführung konnten wir alle eine gewisse Nervosität nicht abstreifen. Alle beteiligten Genossen stellten sich die Frage: "Wird's klappen?"

Aber als der Genosse Minister dann startete, der *Wartburg* sich in Bewegung setzte und nach wenigen Sekunden in Flammen aufging, da hatten wir alle Freudentränen in den Augen, weil sich die Mühe gelohnt hatte.

* 1982

Aus einem Dokument der BV Karl-Marx-Stadt*

Vorgabe zum Untersuchungskomplex Grenzterror

Grundlegendes Bearbeitungsziel dieses EV ist die eindeutige Nachweisführung, daß der Beschuldigte mit seiner Straftat ein Staatsverbrechen gem. § 101 (1) StGB tateinheitlich mit dem § 213 (1) und (2) StGB begangen hat. Dazu macht es sich erforderlich, daß von der objektiven Seite her ein ähnlich gelagerter Fall aus der Strafrechtspflege der DDR zu Vergleichszwecken herangezogen wird.
Subjektiv ist dem Beschuldigten seine staatsfeindliche Einstellung zu den gesellschaftspolitischen Verhältnissen in der DDR nachzuweisen, aus der seine Straftat kausal entstanden ist.
Gleichfalls besteht das Bearbeitungsziel darin, dem Beschuldigten Vorbereitungshandlungen gem. § 213 StGB nachzuweisen und Verdachtsmomente zu prüfen, daß der Beschuldigte ein Staatsverbrechen gem. § 98 StGB im Versuchsstadium realisiert hat.

Untersuchungshandlung:

1.
Einsichtnahme und Auswertung der Strafsache (Klarname) u.a.,
UMSt 5/70 vom 17.04.1970:

“Die Benutzung eines Flugzeuges zum Grenzdurchbruch stellt einen Gewaltakt im Sinne des § 101 StGB dar, weil einer solchen Handlung das Moment des gewaltsamen Anschlages auf die Luftsicherheit sowie auf die Staatsgrenze mit allen sich daraus ergebenden Konsequenzen zur notwendigen Abwehr dieses Anschlages innewohnt.”

“Andere Gewaltakte im Sinne des § 101 StGB sind insbesondere der gewaltsame Grenzdurchbruch mit dazu vorbereiteten bzw. geeigneten Land- und Wasserfahrzeugen oder Flugzeugen.”

2.
Einsichtnahme und Auswertung der Strafsache (Klarname) u.a.,
UOG 42/71 vom 15.10.1971:

“Jede illegale Benutzung eines Flugzeuges zum Zwecke des Überfliegens der Staatsgrenze der DDR stellt einen Gewaltakt gegen die Ordnung an der Staatsgrenze dar, weil einer solchen Handlung das Moment der Provokation und des gewaltsamen Anschlages auf die Luftsicherheit sowie auf die Staatsgrenze mit allen sich daraus ergebenden militärischen Konsequenzen zur notwendigen Abwehr dieses Anschlages innewohnt.
Dabei ist für die Verwirklichung des Tatbestandes ohne Bedeutung, daß die Handlungen des Angeklagten bereits in einem relativ frühen Stadium entdeckt wurden. Vielmehr ist jede über einen allgemeinen Gedankenaustausch hinausgehende und auf die Verwirklichung eines Unternehmensdeliktes gerichtete Tätigkeit tatbestandsmäßig im Sinne des § 101 (1) StGB.”

Voraussetzung: Positive Einschätzung durch Gutachten.

* Abteilung IX

Aus einem Schreiben der Staatlichen Luftfahrtinspektion*

Gutachten

Im Ergebnis der am 18.05.1977 beim Untersuchungsorgan in Karl-Marx-Stadt durchgeführten Besichtigung eines sichergestellten Flugzeuges wird die durch Verfügung des Staatsanwaltes des Bezirkes Karl-Marx-Stadt vom 13.05.1977, Aktenzeichen 213-15/77, der Staatlichen Luftfahrtinspektion übergebene Aufgabenstellung zur Ausarbeitung eines Sachverständigen-Gutachtens wie folgt beantwortet:

1.
Ist der vom Beschuldigten gefertigte Flugkörper, unter Berücksichtigung der experimentellen Bauweise, flugfähig?

Die Beantwortung dieser Frage erfolgte auf der Grundlage einer überschlägigen Berechnung. Die vom Beschuldigten gewählte Gesamtkonzeption kann für den vorgesehenen Verwendungszweck als gut eingeschätzt werden. (...)
Auf Grund der o.g. Gesamtkonzeption kann eingeschätzt werden, daß das Flugzeug nach erfolgreichem Start für einen erfahrenen Piloten fliegerisch beherrschbar ist und auch die erforderliche Festigkeit besitzt, um den geplanten Flug durchzuführen.

2.
Welche Flugdauer könnte, bei vorausgesetzter Flugfähigkeit, mit dem vom Beschuldigten gebauten Flugkörper erreicht werden?

Der eingebaute *Wartburg*-Motor wird ohne Schalldämpfer betrieben.
Der dadurch fehlende Gegendruck führt bei diesem Motor zu einem Leistungsverlust von 15 bis 20 %. Mit der zur Verfügung stehenden Leistung von ca. 40 PS ist eine horizontale Fluggeschwindigkeit von etwa 145 km/h erreichbar. Bei der vorgesehenen Reisegeschwindigkeit von 120 km/h ist mit der dafür erforderlichen Motorleistung ein Kraftstoffverbrauch von 16 l/h zu erwarten. Mit einer Tankfüllung von 26 Litern beträgt, bei Berücksichtigung des Verbrauchs für Start und Steigung, die Flugweite etwa 150 km bzw. die Flugdauer maximal 1,5 h.

3.
Welchen Gefahren hätte sich der Beschuldigte beim Fliegen mit diesem Flugkörper ausgesetzt?

Infolge der unzureichenden Auslegung des Fahrwerks kann eine Gefährdung der Gesundheit des Beschuldigten während der Benutzung des Flugzeuges durch die Tatsache, daß das Flugzeug keiner technischen und fliegerischen Erprobung sowie sachkundigen Prüfung unterzogen wurde, nicht ausgeschlossen werden, zumal jede Instrumentierung fehlt.

4.
Welche Gefahren/Gefährdungssituationen entstehen in diesem Zusammenhang für andere Personen oder Sachwerte?

Unter Bezugnahme auf die Ausführungen unter Pkt. 3 können beim Betrieb eines nicht erprobten Flugzeuges rechnerisch nicht erfaßbare Situationen eintreten, die eine Gefährdung für andere Personen oder Sachwerte darstellen, wenn bewohntes Gebiet und Industrieanlagen oder Waldgebiete überflogen werden.

5.
Gegen welche Gesetze/Vorschriften der zivilen Luftfahrt wurde beim Bau und bei der beabsichtigten Inbetriebnahme des Flugkörpers vom Beschuldigten verstoßen?

Vom Beschuldigten wurde gegen folgende Gesetze/Vorschriften der zivilen Luftfahrt verstoßen:

Gesetz über die zivile Luftfahrt vom 31.07.1963 (Gbl. I, S. 133)
in der Fassung des Gesetzes zur Anpassung von Strafbestimmungen und Ordnungsstrafbestimmungen (Anpassungsgesetz), veröffentlicht in den *Nachrichten für die zivile Luftfahrt der DDR* vom 25.03.1976.

Bei der Inbetriebnahme des Flugkörpers wäre vom Beschuldigten gegen folgende Gesetze/Vorschriften der zivilen Luftfahrt verstoßen worden:

a)
Gesetz über die zivile Luftfahrt vom 31.07.1963
in der Fassung des Gesetzes zur Anpassung von Strafbestimmungen und Ordnungsstrafbestimmungen (Anpassungsgesetz) vom 25.03.1976

§ 2 Benutzung des Luftraumes
§ 4 Lufttransporte und Luftfahrdienste
§ 18 Luftfahrtpersonal
§ 20 Erlaubnis und Erlaubnisschein
§ 25 Zulassung von Luftfahrzeugen
§ 33 Sicherheit im Flugbetrieb
§ 36 Start und Landung außerhalb von Flugplätzen
§ 38 Mitführen von Sachen
§ 45 Internationale Flüge

b)
Anordnung über die Prüfung und Zulassung von Luftfahrzeugen (Prüf- und Zulassungsordnung) vom 24.10.1967

§ 1 Prüfpflicht für Luftfahrtgeräte
§ 7 Musterprüfung
§ 10 Antragstellung auf Musterprüfung
§ 24 Zulassungs- und Anmeldepflicht
§ 26 Antrag auf Registrierung

c)
Anordnung über die Erlaubnis für ziviles Luftfahrtpersonal (Erlaubnisordnung) vom 22.07.1965

§ 1 Erlaubnisse
§ 38 Amateurflugzeugführer

d)
Anordnung über den Luftverkehr (Luftverkehrsordnung) vom 12.12.1973

§ 2 Überfliegen der Staatsgrenze der DDR
§ 5 Verletzung des Luftraumes
§ 14 Genehmigung durch die Flugsicherungsdienste

Beim Ministerium für Verkehrswesen der DDR und auch bei der Staatlichen Luftfahrtinspektion liegen keine Anträge des Beschuldigten auf Erteilung der o.g. Genehmigungen, Bescheinigungen und Erlaubnisse vor, obwohl die Durchführung eines Fluges mit vorgestelltem Flugzeugtyp vom Beschuldigten kurzfristig beabsichtigt war.
Es wird deshalb eingeschätzt, daß im Hinblick auf die Luftfahrtgesetzgebung der DDR alle gesetzlichen Voraussetzungen für die Inbetriebnahme und den Flugeinsatz des vorgestellten Flugzeugtypes fehlen.

Anlage: Technische Daten.

* An den Leiter der Abteilung IX der BV Karl-Marx-Stadt

Aus einem Schreiben des Staatsanwaltes des Bezirkes Karl-Marx-Stadt*

Antrag,

den am 27.04.1977 wegen versuchtem ungesetzlichen Grenzübertritt im schweren Fall gem. § 213, Absatz 1, Absatz 2 und Absatz 3 StGB erlassenen Haftbefehl gegen den Beschuldigten Donnerhack, Lutz (Grunddaten) auf
- Terror gem. § 101 StGB und
- versuchte Sammlung von Nachrichten gem. § 98 StGB zu erweitern.

Gründe:
Der Beschuldigte hat es mit dem Ziel, Widerstand gegen die Ordnung an der Staatsgrenze der DDR zu leisten, unternommen, seit Oktober 1976 ein Fluggerät zu bauen, mit dem er am 27.04.1977 die Staatsgrenze der DDR zur BRD gewaltsam durchbrechen wollte. Aus dem Gutachten der Staatlichen Luftfahrtinspektion geht hervor, daß dieser Flugapparat voll flugfähig ist.
Da der Beschuldigte davon ausging, nach erfolgreicher Durchführung seines Unternehmens in der BRD durch Geheimdienste befragt zu werden, führte er während seines Unternehmens Dokumente bei sich, die im Zusammenhang mit seiner fliegerischen Ausbildung bei der GST standen. Diese Dokumente und Nachrichten wollte er den Diensten, die eine gegen die DDR gerichtete Tätigkeit ausüben, zur Unterstützung ihrer feindlichen Tätigkeit übergeben.

* An das Kreisgericht Karl-Marx-Stadt/Süd

Aus dem Strafgesetzbuch der DDR*

Besonderer Teil / Verbrechen gegen die Deutsche Demokratische Republik

Hochverrat

§ 96

Landesverrat

§ 97 Spionage

§ 98 Sammlung von Nachrichten

(1)
Wer Nachrichten, die geeignet sind, die gegen die Deutsche Demokratische Republik oder andere friedliebende Völker gerichtete Tätigkeit von Organisationen, Einrichtungen, Gruppen oder Personen zu unterstützen, für sie sammelt oder ihnen übermittelt, wird mit Freiheitstrafe von zwei bis zu zwölf Jahren bestraft.

(2)
Vorbereitung und Versuch sind strafbar.

§ 99 Landesverräterischer Treubruch

§ 100 Staatsfeindliche Verbindungen

§ 101 Terror

(1)
Wer es mit dem Ziel, Widerstand gegen die sozialistische Staats- oder Gesellschaftsordnung oder die Ordnung an der Staatsgrenze der Deutschen Demokratischen Republik zu leisten oder hervorzurufen, unternimmt, Sprengungen durchzuführen, Brände zu legen, Zerstörungen herbeizuführen oder andere Gewaltakte zu begehen, wird mit Freiheitsstrafe nicht unter drei Jahren bestraft.

(2)
In besonders schweren Fällen kann auf lebenslängliche Freiheitsstrafe oder Todesstrafe erkannt werden.

§ 213 Ungesetzlicher Grenzübertritt

(1)
Wer widerrechtlich in das Gebiet der Deutschen Demokratischen Republik eindringt oder sich darin widerrechtlich aufhält, die gesetzlichen Bestimmungen oder auferlegte Beschränkungen über Ein- und Ausreise, Reisewege und Fristen oder den Aufenthalt nicht einhält oder wer durch falsche Angaben für sich oder einen anderen eine Genehmigung zum Betreten oder Verlassen der Deutschen Demokratischen Republik erschleicht oder ohne staatliche Genehmigung das Gebiet der Deutschen Demokratischen Republik verläßt oder in dieses nicht zurückkehrt, wird mit Freiheitsstrafe bis zu zwei Jahren oder mit Verurteilung auf Bewährung, Haftstrafe, Geldstrafe oder öffentlichem Tadel bestraft.

(2)
In schweren Fällen wird der Täter mit Freiheitsstrafe von einem Jahr bis zu fünf Jahren bestraft. Ein schwerer Fall liegt insbesondere vor, wenn
1. die Tat durch Beschädigung von Grenzsicherungsanlagen oder Mitführen dazu geeigneter Werkzeuge oder Geräte oder Mitführen von Waffen oder durch die Anwendung gefährlicher Mittel und Methoden durchgeführt wird;
2. die Tat durch Mißbrauch oder Fälschung von Ausweisen oder Grenzübertrittsdokumenten, durch Anwendung falscher derartiger Dokumente oder unter Ausnutzung eines Verstecks erfolgt;
3. die Tat von einer Gruppe begangen wird;
4. der Täter mehrfach die Tat begangen hat oder wegen ungesetzlichen Grenzübertritts bereits bestraft ist.

(3)
Vorbereitung und Versuch sind strafbar.

* Textausgabe mit Anmerkungen, Hinweisen und Sachregister (1978)

#
Die Todesstrafe wurde in der DDR erst im Juli 1987 abgeschafft.
Die beiden letzten Todesurteile vollstreckte Henker Hermann Lorenz durch Genickschuß mit seiner P 38 im Vollstreckungstrakt der StVE Leipzig im Juli 1980 an Fregattenkapitän Wilfried Baumann und im Juli 1981 an Hauptmann Dr. Werner Teske von der HVA des darob bestens informierten Markus Wolf.

Aus einem Dokument der BV Karl-Marx-Stadt*

Persönliche Niederschrift des Beschuldigten Donnerhack, Lutz

Die mir zur Last gelegten Beschuldigungen wie "Terror" und "Sammlung von Nachrichten" werden von mir bestritten und ich werde von meinem Recht der Beschwerde Gebrauch machen.
Die von mir mitgeführten Unterlagen spiegeln meine persönliche Ausbildung im Flugsport wider, ich wollte meine einzelnen Befähigungsnachweise auf den verschiedenen Gebieten später umschreiben lassen.
Den Vorwurf des "Terrors" bestreite ich entschieden, weil von mir lediglich ein Überflug der Grenze beabsichtigt war und weiter nichts.
Damit verletze ich niemand und zerstöre auch nichts.

* Abteilung IX

Aus einem Dokument der HA XXII*

Erkannte Terroristen / Liste der Freunde

(...)

Sperrobjekt Nr. 244-264:
(Klarname, Vorname; Geburtsdatum und -ort)
Tarnung als Theaterdirektor,
Mitglied der Terrororganisation "Abdala".

Sperrobjekt Nr. 328-368:
Donnerhack, Lutz; geboren am 12.01.1954 in Plauen/Vogtland.
1977 in der DDR wegen terroristischer Tätigkeit verurteilt,
1980 in die BRD ausgewiesen. Aktiver Flieger!

Sperrobjekt Nr. 442-272:
(Klarname, Vorname; Geburtsdatum und -ort)
Tarnung als Journalist,
Mitglied der Terrororganisation "Ananda Marga".

(...)

* 1989

Aus einem Rundschreiben von Lutz Donnerhack*

Informazione

Liebe Freunde,
es besteht keinerlei Grund zur Aufregung. Hier ist des Rätsels Lösung: Also, es existiert eine Liste mit dem Titel “Erkannte Terroristen/Liste der Freunde”. Diese beruht auf der berühmt-berüchtigten russischen Datenbank SOUD. Sie wurde vor ungefähr fünfzehn oder zwanzig Jahren erstellt und seither ständig aktualisiert. Dort findet sich (auf Seite 24) als “Sperrobjekt” mit der Nummer 328-368 auch mein Name. Wie das denn, werdet Ihr Euch fragen. Nun, diese schöne Liste wurde seinerzeit vom sowjetischen KGB in Umlauf gebracht, mit Hilfe der Stasi natürlich (deren “Freunde” in Moskau saßen). Ganz klar, daß da auch die Namen von diversen “Feinden der sozialistischen Staats- und Gesellschaftsordnung” mit vermerkt sind.
Bunt gemischt mit dem ganzen Kroppzeug aus Kakerlakistan natürlich.
Mein anständiger Name steht deshalb auf dieser ominösen Liste, weil ich 1977 versucht habe, mit einem Flugzeug in den Westen abzuhauen. That’s it. Denn ein Fluchtversuch mit Flugzeug, Bolzenschneider oder Strickleiter und so weiter war nicht einfach ein Fluchtversuch, sondern “Terror”. Ganz recht!
Aber wieso spielen heute ein paar Leute wegen dieser Liste verrückt?
Offenbar aus dem einfachen Grund, weil es ehemaligen Stasi-Agenten und ihren “Freunden” gelungen ist, diese Liste ungeprüft in die Datenbanken der westlichen Dienste einzuschleusen. Mit dem Effekt, daß diese Dienste (blöd, wie sie sind) den Russen jetzt nachträglich die Drecksarbeit erledigen. Man glaubt es nicht, aber es ist so. Angeleiert von einem Polizeidirektor in Köln!
(...) Die Russen haben diese Liste ja auch explizit den Israelis zugespielt. Die haben eine Gruppe, die relativ autark im französischen Dienst operiert. So kann man also die Linie zurückverfolgen - von Moskau über einen gekauften BND-Mann über Tel Aviv via Paris und von da immer weiter um den Erdball. Da glauben sich noch alle möglichen subalternen Dummköpfe legitimiert, weil eine Datei mit dieser Liste existiert... Eine Liste, von der kein Schwein mehr weiß, wie sie denn überhaupt zustande gekommen ist. Ein deutscher Astronaut steht übrigens auch auf dieser Liste, Professor Reinhard Furrer. War später Präsident der AOPA-Germany und bei MBB tätig. 1963 hatte er, als Student, in Berlin einen Tunnel unter der Mauer gegraben und ein Dutzend Leute ‘rausgeholt. Danach kam es zu einer Schießerei mit der Stasi, wobei diese zwei Mann mit Löchern zurückbekommen hat. 1995 ist er bei Berlin mit einem Flugzeug abgestürzt. Sabotage. Späte Rache der Stasi.
Auf der “Liste der Freunde/Erkannte Terroristen” steht er aber immer noch...

* 2003

Exkurs

Die große Stasi-Ausstellung im Schloß*

...doch davon erzählt die Stasi-Ausstellung im Schloß nicht. Hier hat man sich mehr auf das Thema *Republikflucht* konzentriert und recht effektvoll einige der phantasiereichsten Fluchtmittel ausgestellt. Einige Tage nachdem Zonenhäuptling Ulbricht seinen wohl berühmtesten Satz verkündet hatte ("Niemand hat die Absicht, eine Mauer zu errichten!"), errichteten DDR-Grenztruppen auf dem Ost-Berliner Flughafengelände in Johannisthal eine Probemauer und testeten die Standfestigkeit durch Panzer-Rammstöße. Dann machte man Ernst - und die DDR war geschlossen.
Der menschliche Erfindergeist wurde durch die Einzäunung zu sagenhaften Höhenflügen angeregt. Etwa im Fall des Zonenbürgers Lutz Donnerhack, der sich 1977 aus einem *Wartburg*-Motor in seiner Garage ein Flugzeug bastelte, vor dem selbst der Serienheld MacGuywer vor Neid erblaßt wäre.
Leider zerschellte Donnerhack beim Start und wurde verhaftet...

* Carsten Krystofiak, in:
Ultimo (Münster), Nr. 20/2002

#

...und am 22.09.1977 vom Bezirksgericht Karl-Marx-Stadt "wegen Terror in Tateinheit mit versuchtem ungesetzlichen Grenzübertritt im schweren Fall und wegen Vorbereitung zum ungesetzlichen Grenzübertritt, jeweils in Tateinheit mit versuchter dauernder Entziehung der Ableistung des Wehrdienstes", zu sechs Jahren Freiheitsentzug verurteilt.
Zwar fand die Hauptverhandlung unter Ausschluß der Öffentlichkeit statt, doch war der Gerichtssaal bis auf den letzten Platz besetzt: Da ein Exempel statuiert werden sollte, durfte ein handverlesener Kreis von Offizieren des Ministeriums für Staatssicherheit (Hauptabteilung I) und des Ministeriums für Nationale Verteidigung (Kommando Luftstreitkräfte/Luftverteidigung) den Tiraden eines eifernden Staatsanwaltes und den Auslassungen seiner Helfershelfer lauschen. Die später eingelegte Berufung wurde verworfen, von einem Antrag auf Kassation des Urteils riet der Verteidiger händeringend ab. Ein Mann übrigens, über dessen Schreibtisch in seiner Kanzlei (in der Karl-Marx-Städter Waisenstraße) in Originalgröße der gerahmte Kunstdruck eines beziehungsreichen Gemäldes von Jan Vermeer hing: *Bei der Kupplerin*.

#

Wolf Donnerhack mußte zu diesem Zeitpunkt an dem für alle männlichen Studierenden in der DDR obligatorischen Reservistenlehrgang im MA-Lager *Peter Göring* im sächsischen Seelingstädt (vulgo "Seelinggrad") teilnehmen. Den Brief seines Vaters mit der Hiobsbotschaft des über seinen Bruder verhängten Urteils erhielt er ausgerechnet nach der Rückkehr seiner Kompanie von einem Gewaltmarsch mit diversen "Gefechtseinlagen" ausgehändigt.
Da das als lMG-Schütze eingesetzte und völlig erschöpfte Leichtgewicht (Judo-Universitätsmeister im Superleichtgewicht - bis 49 kg) und ehemalige "Eisenschwein" (Fahrer eines Panzerspähwagens), nach Meinung eines als Gruppenführer eingesetzten Studenten der Sektion Journalistik, nicht schnell genug zum Waffenreinigen herausgetreten war und selbiges deshalb "üben" sollte, wurde diesem eine Tracht Prügel angeboten.
Das daraufhin wegen "Bedrohung militärischer Vorgesetzter" mit dem Ziel der sofortigen Exmatrikulation eingeleitete Disziplinarverfahren endete noch einmal glimpflich: Durch die unglaubliche Solidarität vieler Komilitonen kam Wolf Donnerhack mit einem "strengen Verweis" davon; von der SED-Grundorganisation der Sektion Germanistik und Literaturwissenschaft der Karl-Marx-Universität Leipzig wurde eine "strenge Rüge" ausgesprochen - verbunden mit "erzieherischen" und noch einigen anderen "Maßnahmen".

Aus einem Dokument der KMU Leipzig*

Stellungnahme zum Disziplinarverfahren gegen Wolf Donnerhack

Gegenstand nachfolgender Bemerkungen soll das Gesamtverhalten des Studenten Wolf Donnerhack, Seminargruppe D/G 76-04 sein.
Wolf Donnerhack ist, da er vor dem Studium einige Jahre gearbeitet hat, älter als seine Komilitonen, daher auch der Beiname "Der Alte".
Zu seinen Komilitonen hat er ein gutes und kameradschaftliches Verhältnis. Diese achten und schätzen ihn und sein Urteil in der Regel.
Wolf Donnerhack war bestrebt, den Anforderungen des Studiums gerecht zu werden. Die Lehrveranstaltungen besuchte er regelmäßig. Seine Arbeit muß allerdings noch auf allen Gebieten kontinuierlicher werden. Sein besonderes Interesse gilt der Literatur und der Geschichte, wofür er auch die meiste Zeit investierte. Trotzdem erreichte er nur durchschnittliche Prüfungsergebnisse. Wir glauben, daß er sein Leistungsvermögen nicht voll ausschöpft.

Am FDJ-Leben der Gruppe hätte er sich aktiver beteiligen können; erwähnt werden kann lediglich seine Mitwirkung am Kulturprogramm. Aber etwas anderes ist wichtiger.
Wolf Donnerhack ist leider nicht immer so zuverlässig, wie man es von einem Studenten, der bereits über einige Jahre Berufserfahrung verfügt, erwarten müßte. Zu verweisen ist hier z.B. auf die Vorbereitungswoche zu Beginn des Studienjahres. Hier erschien er lediglich zur Einschreibung; den sich daran anschließenden aktuell-politischen Vorlesungen und Seminaren sowie den FDJ-Veranstaltungen blieb er fern und hielt statt dessen Hof im *Cafe Wilhelmsruh* in der Hainstraße, auch bekannt als "Wolfs-Cafe".
Besonders zu erwähnen ist selbstredend sein Verhalten im MA-Lager *Peter Göring* in Seelingstädt, wo es gleich zu mehreren Vorkommnissen kam. Einmal bedrohte er einen militärischen Vorgesetzten mit der Waffe.
Ein anderes Mal, als er einen Sturmangriff auf eine angenommene Stellung der Bundeswehr befehligen sollte, zog er wieder alles ins Lächerliche, indem er Befehle erteilte wie "Vorwärts, Freunde der Nacht! Auf in den Kampf! Dort drüben hockt der Klassenfeind. Gucken wir mal, was es da zu Mittag gibt." Daraufhin mußte die Übung abgebrochen und der Gefreite Donnerhack vor der Antreteordnung gemaßregelt werden (Androhung der Degradierung). Des weiteren war von ihm als GUvD eine exakte Meldung an den OvD (in Begleitung eines Kontrolloffiziers vom MfNV) erwartet worden. Hier fielen dann Sätze wie "Soviel Streß gab's ja nicht mal bei der Grundausbildung" und "Quäl' den EK niemals zum Scherz, denn er fühlt wie Du den Schmerz."
Der Gipfel der Disziplinlosigkeit war sein Verhalten am Tage der Heimfahrt. Obwohl alle Reservisten wiederholt darauf hingewiesen worden waren, daß sie noch bis 24:00 Angehörige der NVA sind und auch in Zivil den Befehlen ihrer militärischen Vorgesetzten Folge zu leisten haben, trat Donnerhack, als seine Einheit vor einer geschlossenen Bahnschranke warten mußte, aus dem Glied und setzte sich in einen verkehrsbedingt haltenden *Wismut*-Bus, mit dem er dann nach Hause fuhr, statt mit der Reichsbahn wie alle anderen.
Eine Reihe weiterer größerer und kleinerer Disziplinlosigkeiten könnte noch aufgezählt werden. Wolf Donnerhack ist sich ganz offensichtlich noch nicht genügend im klaren darüber, welche Verantwortung er trägt und um wieviel größer die Verantwortung sein wird, die ihm, bei Erfüllung des Studienzieles, übertragen werden wird. Es geht mithin also nicht um das eine oder andere Faktum, sondern um die Gesamthaltung zum Studium und zur Gesellschaft!

* Sektion Germanistik und Literaturwissenschaft, 1977

#

Im Mai 1978 hatten die ehemaligen Arbeitskollegen von Lutz Donnerhack durch dessen Bruder davon erfahren, daß dieser, zusammen mit seinem Vater, ein Gnadengesuch an den damaligen Staatsratsvorsitzenden gerichtet hatte. Die Kollegen aus der Abteilung Hauptmechanik des VEB *Plauener Spitze* wollten sich dieser Initiative anschließen und für ihren früheren Kollegen die Bürgschaft übernehmen. Doch das Schreiben, das Wolf Donnerhack in ihrem Auftrag verfaßt und (zum Unterzeichnen) nach Plauen geschickt hatte, wurde von der Staatssicherheit abgefangen.

Aus einem Schreiben des Leiters der KD Plauen*

Brief von Wolf Donnerhack

Nach telefonischer Rücksprache mit dem Stellvertreter Operativ, Genossen Oberstleutnant (Klarname), teile ich zu dem in der Anlage übersandten Brief des Wolf Donnerhack an den VEB *Plauener Spitze* folgendes mit:

Wolf Donnerhack
ist der Bruder von dem durch unser Organ inhaftierten Lutz Donnerhack.
Dieser Wolf Donnerhack
war zur Zeit der Inhaftierung an der Karl-Marx-Universität Leipzig tätig, wo er auch heute noch beschäftigt sein soll. Ob als Student oder als Dozent, kann zur Zeit nicht gesagt werden. Sein Aufenthaltsort ist vorrangig Leipzig.
Die Adresse müßte aus dem abgeschlossenen Untersuchungsvorgang zu dem Beschuldigten Lutz Donnerhack ersichtlich sein.

Der Brief von diesem Wolf Donnerhack
wurde an die Abt. Hauptmechanik des VEB *Plauener Spitze* gerichtet.
In dieser Abteilung war der Verurteilte Lutz Donnerhack beschäftigt und teilweise bei der Vorbereitung der Straftat unterstützt worden (Bereitstellung von Transportmitteln). In dieser Abteilung sind zehn oder zwölf Personen beschäftigt. Angaben zu deren Persönlichkeitseinschätzung und politischem Verhalten liegen zur Zeit in der Kreisdienststelle noch nicht vor.

Meinerseits wurden sofort folgende Maßnahmen eingeleitet:

1.
Der im Brief von Wolf Donnerhack angekündigte Eilbrief wird, wenn er an den VEB *Plauener Spitze* gerichtet ist, sofort durch den Betriebsdirektor der Kreisdienststelle übergeben.
2.
Über die in der Abteilung beschäftigten Personen wird unverzüglich bei der Abt. M Kontrolle eingeleitet, damit bei Verschicken des Eilbriefes durch den Wolf Donnerhack an eine Privatadresse der in dieser Abteilung beschäftigten Personen der Brief konfisziert wird.
3.
Über die Abt. PZF der BV werden Maßnahmen geprüft, die sichern, daß bei der Deutschen Post die Voraussetzungen geschaffen werden, wonach ankommende Eilbriefe an die in der Abteilung Hauptmechanik beschäftigten Personen sofort der Kreisdienststelle übergeben werden.
Nach der Durcharbeitung der Ihnen vorliegenden Informationen und Rücksprache mit der Leitung der BV erwarte ich Ihrerseits weitere Festlegungen. So wurde auch die Entscheidung durch den Stellvertreter Operativ, Genossen Oberstleutnant (Klarname), getroffen.

* An den Leiter der Abteilung IX der BV Karl-Marx-Stadt, 1978

#
Auf der Grundlage der "weiteren Festlegungen" erfolgte eine massive Einflußnahme (Psychologisch gut gemacht: An einem Freitagnachmittag, als die Kollegen gerade nach Hause gehen wollten, tauchten plötzlich etliche "Tschekisten" in der Werkstatt auf, besetzten alle Ausgänge und nahmen sich dann die Kollegen einzeln vor, wobei sie sich immer wieder scheinheilig-sorgenvoll nach der Familie der Betreffenden und den Plänen für das bevorstehende Wochenende erkundigten...) auf die früheren Arbeitskollegen von Lutz Donnerhack, die genötigt wurden, einen vom MfS verfaßten Brief an Wolf Donnerhack zu unterschreiben, außerdem auch eine "Einschränkung der persönlichen Verbindung" zwischen Lutz und Wolf Donnerhack seitens der Direktion des Zuchthauses Brandenburg-Görden. Die Belege dafür als Faksimile auf den folgenden Seiten; ein Kommentar dürfte sich hier, wie auch bei nahezu allen anderen faksimilierten Dokumenten, erübrigen.

Mitglied der Kammer für Außenhandel der DDR

[illegible]

Mitglied des Warenzeichenverbandes für Kunststofferzeugnisse der DDR e. V.

1963, 1965, 1967

VEB PLAUENER SPITZE

VEB Plauener Spitze, 99 Plauen, Weststraße 81/83

Herrn
Wolf Donnerhack

99 Plauen
Postfach 273

Ihre Zeichen | Ihre Nachricht vom | Unsere Zeichen | Datum

16. Juni 1978

Herr Donnerhack,

Wir haben heute Ihren Brief, Leipzig, Juni 1978, und das von Ihnen am 14. 6. 78 in Leipzig aufgegebene Einschreiben im Kollektiv beraten. Nehmen Sie unseren Standpunkt zur Kenntnis.
Wir distanzieren uns von Ihrem Vorhaben, uns vor einen Wagen zu spannen, den wir nicht zu ziehen bereit sind.

Ihr Bruder hat auch unser Kollektiv verraten. Deshalb distanzieren wir uns von all seinen und Ihren für uns vorgesehenen Handlungen.

[redacted]

Die Teilnehmer an der Beratung
zur Auswertung Ihrer Schreiben

[redacted]

STRAFVOLLZUGSEINRICHTUNG
Brandenburg
Der Leiter

Strafvollzugseinrichtung · DDR – 18 Brandenburg
Anton-Saefkow-Allee 22

Herrn
Wolf Donnerhack

99 Plauen
PSF 278

Ihre Zeichen | Ihre Nachricht vom | Hausapparat | Unsere Zeichen | Datum
05.07.78
582/78

Betreff:

Werter Herr Donnerhack!

In Beantwortung Ihres Schreibens teile ich Ihnen mit, daß die angewandte Maßnahme "Einschränkung der persönlichen Verbindung" gemäß § 29 des StVG zu Recht besteht.

[redacted]

Hochachtungsvoll

I. V.

[redacted]

#

"Der erste Deutsche im All ein Bürger der DDR" - so lautete die Schlagzeile auf der Titelseite des SED-Zentralorgans *Neues Deutschland* am 27.08.1978. Das war aber nur die halbe Wahrheit.
Denn der erste deutsche Kosmonaut Sigmund Jähn stammte ebenso aus dem Vogtland wie der erste deutsche Astronaut Ulf Merbold. Der (ebenfalls im Vogtland geborene) Liedermacher Kurt Demmler reimte deshalb:
Ob er aber unter der Erd' liegt
Oder ob er über der Erd' fliegt -
Vogtländer sein heißt siegen...

...und die SV-Angehörigen im Zuchthaus Brandenburg-Görden verstanden die Welt nicht mehr. Denn zu den ersten Besitzern eines Autogrammes von "Fliegerkosmonaut" Sigmund Jähn gehörte der "Terrorist" Lutz Donnerhack.

Der vogtländische Volksmund reagierte unterdes auf seine Weise auf den Weltraumflug seines Landsmannes. In einem "Runda" von damals heißt es:
Keine Bretter für die Laube und fürs Auto keine Schraube,
Nicht einmal mehr Klopapier - aber einen Kosmonauten haben wir...

Nur wenige Wochen nach dem Weltraumflug von Sigmund Jähn flog ein anderer Vogtländer in die Luft - der Pfarrer Rolf Günther, der am 17.09.1978 während eines Gottesdienstes in der Falkensteiner Stadtkirche *Zum Heiligen Kreuz* vor dem Altar zwei randvoll mit Benzin gefüllte Milchkannen umstieß und sich im Anschluß daran selbst verbrannte, während sich über ihm ein Transparent mit der Aufschrift "Wacht endlich auf!" entrollte.
Im Gegensatz zu der zwei Jahre zuvor aus Protest gegen die Kirchenpolitik der DDR erfolgten Selbstverbrennung des Pfarrers Oskar Brüsewitz wurde in diesem Fall allerdings von einem "innerkirchlichen Konflikt" gesprochen.

Böse Vogtländer reimten daraufhin:
Das Vogtland ist jetzt weltbekannt - dank Kosmonaut und Pfarrerbrand...

Aber das stand natürlich nicht im *Zentralorgan*.
Auch nicht der Stasi-Deckname für das *Interkosmos*-Unternehmen: "Falke".
Und erst recht nicht, was der Kosmonauten-Vater Paul Jähn neugierigen Dorfbewohnern auf deren Fragen nach den zahlreichen uniformierten Besuchern im Vorfeld des geplanten Weltraumfluges zur Antwort gab:
"Es sind Wehrmachtsbeauftragte, gute Freunde vom Sigmund und von mir!"

Aus einem Gespräch mit Wolf Donnerhack*

#

Frage:
Wolf, wie kam Dein Bruder zu einem Autogramm von Sigmund Jähn...?

Antwort:
Nach dem Tod unserer Mutter kamen wir, also mein Bruder und ich, zuerst in ein ganz furchtbares Kinderheim im Osterzgebirge. Schmalzgrube hieß die Kuhbläke, glaube ich. Weil es dort wirklich schlimm war (nachts wurden wir ans Bett gefesselt!), brachte man uns nach Morgenröthe-Rautenkranz, ins Kinderkurheim *Kraushübel*. An jene Tage erinnere ich mich heute noch mit tiefer Dankbarkeit. In "Sigmundsgrün-Jähnskoje" bin ich sogar eine Zeit lang zur Schule gegangen! Auch später ist die Verbindung dorthin nie abgerissen. Und weil der Mann der Heimleiterin früher mal der Lehrer vom Sigmund war, bekam er auch sofort ein paar Autogrammfotos. Eines davon schickte er dann spontan meinem Bruder. Eine Art Ermunterung, wenn man so will. Im Zuchthaus Brandenburg-Görden, wie das so ist im Knast, machte allerdings sofort das Gerücht die Runde, auf der Karte würde "Mit Fliegergruß!" stehen. Dabei war es wirklich nur eine ganz einfache Autogrammkarte...

* 2003

#
Nach der Landung. Postkarte, Aufnahme: *Zentralbild*, Berlin/Ost (1978)

Aus einem Dokument der StVE Brandenburg*

Erziehungsprogramm / Persönlichkeitsmerkmale

Der Strafgefangene Donnerhack, Lutz hat eine negative politische Grundhaltung, welche auch in der Hauptsache auf die Erziehung im Elternhaus zurückzuführen ist. Sein Ziel ist es nach wie vor, in die BRD auszureisen. Sein Intelligenzgrad liegt weit über dem Durchschnitt. Es ist zu beobachten, inwieweit er andere Strafgefangene beeinflussen wird. Gegenüber seinen Mitgefangenen verhält er sich anständig. Bisher mußten zwei Disziplinarstrafen ausgesprochen werden. Der Gesundheitszustand des SG ist gut.
Er ist voll arbeitsfähig.

Unbedingt beachten:
Der Strafgefangene besitzt außergewöhnliche handwerkliche Fähigkeiten und hat umfangreiche Kenntnisse im Flugsport/Navigation!

* 1978

Aus einem Schreiben von Lutz Donnerhack*

Wiederholungsantrag auf Übersiedlung in die Bundesrepublik Deutschland

Nachdem ich nunmehr ein volles Jahr lang vergeblich auf Antwort bezüglich meines Übersiedlungsantrages in die Bundesrepublik Deutschland gewartet habe, schreibe ich heute erneut.
Weniger, um eine Antwort zu erhalten, als vielmehr um die Unumstößlichkeit meines gefaßten Entschlusses zu bekunden, in ein freies Land überzusiedeln, wo ich nicht ständig befürchten muß, auf Grund einer menschenfeindlichen Staatsdoktrin, staatlicher Mißwirtschaft und staatlich geförderten Denunziantentums als überhaupt des gesamten, dem Individuum feindlich gegenüberstehenden Systems um die Früchte jahrelanger, mühevoller Arbeit sowie die freie Persönlichkeitsentwicklung gebracht zu werden.
An meinem Entschluß, mich diesem System, dem ich nie mehr gegolten habe als ein Sklave im antiken Rom und in dem ich selbst nach meiner Haftentlassung um meine tägliche Existenz und Unversehrtheit bangen müßte, für immer zu entziehen, haben auch die von mir bisher verbüßten neunzehn Monate Haft nichts ändern können.

* An den Verbindungsoffizier des MfS in der StVE Brandenburg, 1978

Aus einem Dokument der StVE Brandenburg*

Aktennotiz

Schreiben von Strafgefangenen zwecks Bearbeitung von rechtswidrigen Übersiedlungsersuchen sind gemäß *Ordnung 107/77, Teil B* nicht zulässig.

* 1978

Aus dem Brief eines ehemaligen U-Boot-Kommandanten*

Herzlichen Glückwunsch zur wiedererlangten Freiheit!

Ich habe mich sehr über Ihren Brief gefreut und danke Ihnen dafür.
Lutz ist der Sohn meines alten Jugendfreundes, mit dem ich schon seit vor dem Ersten Weltkrieg durch die Welt gewandert bin.
Daß uns sein Schicksal am Herzen liegt, werden Sie wohl verstehen.
Ich hoffe und wünsche, daß nun geeignete Schritte unternommen werden können, um auch ihm die ersehnte Freiheit zurückzugeben. Auf jeden Fall werde ich innerhalb der nächsten Tage seinem Vater in geeigneter Weise Ihre Nachricht zukommen lassen, damit er wieder einen Hoffnungsschimmer hat. Die Sache mit Lutz bedrückt ihn ganz außerordentlich. Viel Geduld wird hier noch vonnöten sein. Wie die Erfahrung zeigt, wird die DDR auf das Angebot eingehen, welches das meiste Lösegeld verspricht. Nun, wir werden sehen. Jeder Lichtblick wird auch für Rudolf tröstlich und notwendig sein. Er hatte ja erst unlängst einen Schlaganfall, der gewiß nicht nur vom Alter her zu erklären ist. Mancherlei Erfahrungen und Erlebnisse aus jüngster Zeit mögen das ihre dazu beigetragen haben. Kartengrüße und Päckchen von ihm bisher völlig Unbekannten aus dem Westen haben ihn noch mißtrauischer gemacht.
(...)
Haben Sie nochmals Dank für Ihre Fürsorge.
Für die Zukunft wünsche ich Ihnen alles erdenklich Gute.
Freuen Sie sich Ihrer Freiheit und Ihres neuen Lebens und seien Sie recht herzlich gegrüßt. An Ihrem weiteren Lebensweg wäre ich sehr interessiert.

Nachsatz:
Ich schreibe diesen Brief mit der Maschine, damit Sie auch alles lesen können, weil ich nämlich noch die altmodische deutsche Schrift schreibe.

* An einen ehemaligen Haftkameraden von Lutz Donnerhack, 1979

Aus dem Schreiben eines ehemaligen U-Boot-Kommandanten*

Häftlings-Hilfe

Der Sohn meines alten Jugendfreundes aus Plauen im Vogtland ist im April 1977 bei einem Fluchtversuch aus der DDR festgenommen worden.
Nach mehrmonatiger Untersuchungshaft wurde er zu sechs Jahren Zuchthaus verurteilt, die er gegenwärtig in Brandenburg verbüßt.
Ein in die Bundesrepublik entlassener ehemaliger Haftkamerad schrieb mir die beiden in Fotokopie beigelegten Briefe.
Was müßte, was könnte in diesem Fall von meiner Seite aus getan werden, um dem Sohn meines alten Jugendfreundes zur Freiheit zu verhelfen?
Welche Möglichkeiten und Erfolgsaussichten bestehen überhaupt?

* An das Generalsekretariat des DRK/Suchdienst Hamburg, 1979

Aus dem Antwortschreiben des DRK Hamburg*

Hilfe in besonderen Notfällen

Der von Ihnen geschilderte Haftfall Lutz Donnerhack wurde uns bereits im April 1978 von den Rechtsanwälten (Vorname und Klarname) und (Vorname und Klarname) in West-Berlin gemeldet, die von der Bundesregierung mit der Wahrnehmung der Interessen von politisch Inhaftierten in der DDR beauftragt worden sind.
Wir können hinsichtlich einer eventuell vorzeitigen Entlassung des Herrn Donnerhack nichts unternehmen. Da nur die genannten Anwälte Kontakt zu den entsprechenden Stellen in der DDR pflegen, könnnen wir Ihnen nur raten, sich an diese Anwälte zu wenden, was im vorliegenden Fall ja auch durch Herrn (Klarname) geschehen ist.
Zu erwähnen wäre noch, daß die Inanspruchnahme der genannten Anwälte in Fällen politischer Inhaftierung kostenlos ist, aber vom Bundesgebiet aus per Luftpost erfolgen sollte.

* 1979

Aus dem Schreiben von einem West-Berliner Rechtsanwalt und Notar*

Haftfall Lutz Donnerhack

Für den Sohn Ihres Jugendfreundes laufen die *Besonderen Bemühungen* der Bundesregierung, welche auf vorzeitige Haftentlassung und anschließende Westüberstellung abzielen.
Im allgemeinen muß etwa die Hälfte bis zwei Drittel der verhängten Strafe verbüßt werden. Genauere Vorhersagen oder Zwischenbescheide werden jedoch auch künftig nicht möglich sein. Alle Beteiligten müssen viel Geduld haben. Es ist aber gut, daß Sie sich bei uns gemeldet haben. Bisher hatten wir nämlich mit westlichen Angehörigen überhaupt keinen Kontakt.
Sie erlauben uns sicher, daß wir Sie als "Nennonkel" einstufen.
Die Bundesregierung haben wir entsprechend informiert.
Es ist nämlich in solchen Fällen für die *Besonderen Bemühungen* durchaus von Bedeutung, ob Angehörige oder zumindest gute Bekannte an der Sache Interesse zeigen. Sie verpflichten sich dadurch zu nichts. Es fallen weder Kosten an, noch müssen Sie den Verurteilten nach seiner erbetenen Westentlassung bei sich aufnehmen.
(...)
Sie brauchen sich an keine weiteren Stellen oder Institutionen zu wenden.
Es gibt in allen diesen Fällen nur eine Form effektiver Hilfe, nämlich die oben beschriebene. Darauf sollten Sie vertrauen.

* An einen ehemaligen U-Boot-Kommandanten, 1979

#
Der ehemalige U-Boot-Kommandant war zugleich pensionierter Studienrat. Er unterstützte frühere Haftkameraden von Lutz Donnerhack nicht nur bei der Suche nach einer Wohnung und einer Arbeitsstelle, sondern auch bei dem Bemühen, die Öffentlichkeit im Westen über deren Schicksal und das ihrer noch in den Zuchthäusern der DDR leidenden Kameraden zu informieren.
So kam es ab und an zu verschiedenen Presseveröffentlichungen...

Exkurs

Sechs Jahre für Flucht mit Eigenbau-Flugzeug*

Der 25jährige Stahlbauschlosser Lutz Donnerhack aus Plauen im Vogtland wollte mit einem selbstgebauten Flugzeug in die Bundesrepublik flüchten. Der Fluchtversuch scheiterte, als Donnerhack unmittelbar vor seinem ersten Testflug von der Volkspolizei überrascht wurde. Das Bezirksgericht in Chemnitz (Karl-Marx-Stadt) verurteilte ihn dafür zu sechs Jahren Haft, die er jetzt im Zuchthaus Brandenburg verbüßt.
Wie ehemalige Haftkameraden berichten, war Donnerhack mehrere Jahre lang Segelflieger und Ausbilder bei der paramilitärischen *Gesellschaft für Sport und Technik* auf dem Flugstützpunkt Auerbach im Vogtland.
1975 erhielt er plötzlich Flugplatzverbot und wurde ohne jede Begründung von seinem ehrenamtlichen Posten abgesetzt, weil er auf die Frage seiner Flugkameraden, ob man mit den Segelflugzeugen der GST denn auch in den Westen fliegen könne, wahrheitsgemäß geantwortet hatte:
"Mit so einem Ding bist Du in fünf Minuten drüben."
Da alle seine Versuche, auf dem Flugplatz wieder zugelassen zu werden, ohne Erfolg blieben, entschloß sich Donnerhack, heimlich ein eigenes Flugzeug zu bauen. Während er seinen Freunden und Bekannten erklärte, er wolle einen alten Personenwagen vom Typ *Wartburg* wieder flott machen, begann er, den Automotor für seine Flugmaschine umzubauen.
Als er eines nachts mit dem Eigenbau zum Testflug auf eine Startbahn aufbrechen wollte und die Maschine auf einen Lastwagen verlud, brach eine Strebe des Flugzeuges. Durch den Lärm wurden Anwohner geweckt, die an Diebe glaubten und die Polizei verständigten. Donnerhack flüchtete daraufhin zur tschechischen Grenze, wo er am 27.04.1977 festgenommen wurde.

* Aus *Berliner Morgenpost* (Berlin/West) vom 01.04.1979

#
Zur folgenden Seite:
Sie logen, daß sich die Balken bogen!
Der "Beschluß des Staatsrates über eine Amnestie aus Anlaß des 30. Jahrestages der Gründung der Deutschen Demokratischen Republik" vom 24.09.1979 war nicht einmal das Papier wert, auf dem er abgedruckt wurde.

In einem umfangreichen Konvolut der HA IX/8 des MfS mit dem Titel "Gesamtübersicht zu Amnestieentscheidungen" vom 14.12.1979 ist nämlich auch eine Liste "Ausschluß von der Amnestie" enthalten. An 6. Stelle steht Donnerhack, Lutz. Ein handschriftlicher Vermerk besagt: *Der nicht!*

Neues Deutschland / 26. September 1979 / Seite 2

Beschluß

des Staatsrates über eine Amnestie aus Anlaß des 30. Jahrestages der Deutschen Demokratischen Republik vom 24. September 1979

1. Aus Anlaß des 30. Jahrestages der Deutschen Demokratischen Republik wird eine Amnestie für Straftäter erlassen.

2. Von der Amnestie werden Personen ausgenommen, die wegen Nazi- und Kriegsverbrechen, anderer schwerer Verbrechen, insbesondere Gewaltverbrechen oder Militärspionage, verurteilt worden sind.

3. Die Entlassung von Amnestierten aus dem Strafvollzug beginnt am 10. Oktober 1979 und wird, einschließlich der Arbeitsplatzvermittlung und Einleitung von Maßnahmen zur Wiedereingliederung in das gesellschaftliche Leben, bis zum 14. Dezember 1979 abgeschlossen.

4. Der Vorsitzende des Staatsrates der DDR verkündet die Amnestie und trifft die erforderlichen Festlegungen.

Berlin, den 24. September 1979

Der Vorsitzende des Staatsrates der Deutschen Demokratischen Republik
E. Honecker

Der Sekretär des Staatsrates der Deutschen Demokratischen Republik
H. Eichler

Festlegungen

des Vorsitzenden des Staatsrates der DDR zur Durchführung des Beschlusses des Staatsrates über eine Amnestie aus Anlaß des 30. Jahrestages

1. Die Amnestie aus Anlaß des 30. Jahrestages der Deutschen Demokratischen Republik gilt für Personen, die vor dem 7. Oktober 1979 zu Strafen mit Freiheitsentzug oder zu Strafen ohne Freiheitsentzug rechtskräftig verurteilt worden sind.

2. Zu Strafen mit Freiheitsentzug verurteilte Personen werden aus dem Strafvollzug entlassen. Freiheitsstrafen, deren Vollzug noch nicht begonnen hat, werden nicht vollstreckt.

Strafen ohne Freiheitsentzug werden erlassen, soweit sie noch nicht vollstreckt sind.

3. Personen mit einer lebenslänglichen Freiheitsstrafe wird die Strafe auf 15 Jahre herabgesetzt.

4. Von der Amnestie werden Personen ausgenommen, die verurteilt wurden wegen

– Nazi- und Kriegsverbrechen und Verbrechen gegen die Menschlichkeit;

– Verbrechen, die in Erfüllung internationaler Abkommen und anderer völkerrechtlicher Verpflichtungen der DDR verfolgt wurden;

– besonders schwerer Verbrechen, wie Mord, anderer Gewaltverbrechen und Militärspionage.

5. Von der Amnestie sind Personen ausgenommen, die mehrfach mit Freiheitsstrafen vorbestraft sind.

6. Werden amnestierte Personen innerhalb von 3 Jahren wegen einer vorsätzlichen Straftat erneut zu einer Freiheitsstrafe verurteilt, ist die bisher nicht vollstreckte Strafe zusätzlich zu vollziehen.

7. Die Entlassungen aus dem Strafvollzug werden in der Zeit vom 10. Oktober 1979 bis zum 14. Dezember 1979 durchgeführt.

Die Entlassungen sind gründlich vorzubereiten. Den Entlassenen ist durch die örtlichen Räte in Zusammenarbeit mit den Betrieben, Genossenschaften und Einrichtungen Arbeit zu vermitteln und Hilfe bei der Wiedereingliederung in das gesellschaftliche Leben zu gewähren.

8. Der Generalstaatsanwalt und der Minister des Innern gewährleisten die Durchführung der Amnestie und berichten darüber dem Staatsrat.

Exkurs

Endstation Zuchthaus*

Zuchthaus Brandenburg - schon weit in der ersten Hälfte des vorigen Jahrhunderts hatten im Gemäuer aus roten Klinkersteinen unzählige Schwerverbrecher ihren Platz.
Was sich im Brandenburger Knast zu DDR-Zeiten abgespielt hat, blieb dem normalen Bürger verborgen. Von Mördern und sonstigen Schwerverbrechern wurde gemunkelt und von unzumutbaren Haftbedingungen, von jahrzehntelangen Strafen, von Knochenarbeit, Demütigung und Zerstörung.
Daß in Brandenburg politische Häftlinge verwahrt wurden, vermittelten die Gerüchte allerdings nur selten, zumal Honecker deren Existenz 1979 für die DDR gegenüber dem englischen Verleger Robert Maxwell gänzlich bestritt.
Für die politischen Häftlinge, die es entgegen diesen Lügen natürlich bis zum Ende der DDR gab, standen zuerst die Anstalten von Bautzen und Cottbus, wo die gefaßten Republikflüchtlinge oder die "Täter" mit "ungesetzlicher Verbindungsaufnahme" in den Westen einsaßen.
Brandenburg dagegen war, will man dies in kühler Sachlichkeit feststellen, der Pool purer Kriminalität, das eigentliche Kernstück des Strafvollzuges in der DDR. Hier ballten sich Jahrhunderte an Haftstrafen; hier roch es nach moralischem Verfall wie kaum an einer anderen Stelle in der DDR.
Zusätzlich zu tatsächlich kriminellen Tätern verwahrte die Brandenburger Strafanstalt auch politische Häftlinge mit entsprechend höherem Strafmaß.
Einer von ihnen war (...) Alexander Richter, der in den achtziger Jahren in Brandenburg eine sechsjährige Haftstrafe nach § 106 des DDR-Strafgesetzbuches ("Staatsfeindliche Hetze") zu verbüßen hatte. "Hetze" ist ein scharfes Wort, mit dem man damals politische Untergrundtätigkeit assoziierte.
Nicht so bei Richter: Ihm nahm man ein Buch übel, in dem er die DDR so aufgezeichnet hatte, wie sie in Wirklichkeit war und wie sie heute nur noch wenige wahrhaben wollen. Richter hatte mehr als vier Jahre daran gearbeitet und an jedem zweiten Tag einen Brief mit den Manuskriptfortsetzungen in den Westen geschickt, wo sie dementsprechend gesammelt wurden. Daß die Stasi gegen ihn einen *Operativen Vorgang* eingeleitet hatte, konnte er allenfalls ahnen. (...)
In Brandenburg gab es kein Pardon. Da wurde einfach nur geschunden, und wer das Pech hatte, alt oder krank zu sein, der mußte halt krepieren.
Diskussionen über den Hafturlaub der ehemaligen politischen Prominenz der DDR driften vor diesem Hintergrund ins Absurde.

* Wolfgang Mayer, in:
Preußische Allgemeine Zeitung (Hamburg) vom 06.12.2003

Aus einem Schreiben von Lutz Donnerhack*

Politisches Arbeitsgespräch

Gestern nachmittag erhielt ich eine Frage zum Themenkomplex "Einheit von Wirtschafts- und Sozialpolitik" zur Ausarbeitung eines dementsprechenden Vortrages während des nächsten PAG ausgehändigt.
Diesen Auftrag lehne ich hiermit in aller Form, vor allem aber in meinem eigenen Interesse ab. Diese Ablehnung resultiert aus meiner staatsfeindlichen Einstellung, wegen derer ich mich seit geraumer Zeit hinter diesen Mauern befinde. Natürlich bin ich weit davon entfernt, einem Angehörigen des SV deshalb einen Vorwurf machen zu wollen, doch liegt es keinesfalls in meiner Absicht, den Erziehungsprozeß anderer SG, der ja staatskonform verlaufen soll, zu sabotieren, wie mir immer wieder unterstellt wird.
Da ich einerseits nicht die Absicht habe, wegen mir zugeschriebener staatsfeindlicher Auslassungen meine verbliebenen drei Jahre Haftzeit verlängern zu lassen, andererseits aber in der von mir verfolgten Zielsetzung meiner Übersiedlung in die Bundesrepublik zu keinerlei Kompromissen bereit bin, ich also niemals eine andere Meinung vertreten und auch äußern werde als meine wahrhaftige, darum lehne ich es ab, mich in diesen Hallen zu irgendwelchen politischen Fragen zu artikulieren. Da auch meine Teilnahme am PAG nur erfolgt, um niemandem Anlaß zur Beschwerde zu geben, so bitte ich hiermit darum, bei diesen Anlässen wenigstens stumm sein zu dürfen und mich darüber hinaus mit ähnlich gelagerten Fragen nimmer zu konfrontieren, denn man kann wohl von niemand verlangen, über einen so langen Zeitraum hinweg stillschweigend Unrecht und Demütigungen hinzunehmen, um dann bei Anlässen, die für den Betroffenen wie der blanke Hohn beziehungsweise die pure Provokation anmuten müssen, auch noch die Ruhe zu bewahren.
Ich bitte, meinen Standpunkt zu respektieren.

* An den Leiter des EB 38 im Haus IV der StVE Brandenburg, 1980

Aus einem Schreiben des Staatsanwaltes des Bezirkes Karl-Marx-Stadt*

Strafgefangener Donnerhack, Lutz / Gefangenen-Nummer 15-17-16

Für den Obengenannten ersuche ich dringend um einen Führungsbericht.
Um eine zügige Bearbeitung wird gebeten. Eilt sehr!

* An den Leiter der StVE Brandenburg, 1980

Aus einem Dokument der StVE Brandenburg*

Führungsbericht

Der Strafgefangene Donnerhack, Lutz befindet sich seit dem (Datum) in der hiesigen StVE. Seine politische Grundhaltung zur sozialistischen Gesellschaftsordnung muß als verfestigt negativ angesehen werden. Das bringt er auch offen zum Ausdruck. Bei den Maßnahmen der staatsbürgerlichen Erziehung und allgemeinen Bildung zeigt er keinerlei Mitarbeit. Vorrangig hält sich Donnerhack mit solchen SG, die ebenfalls ein RWÜ gestellt haben. Auf Grund seiner Intelligenz fällt es ihm nicht schwer, andere SG negativ zu beeinflussen. Negative Diskussionen sind bekannt.

Die Hausordnung wird von Donnerhack eingehalten. Verstöße gibt es nicht. In das Gefangenenkollektiv fügt er sich ein. Er zeigt ein kameradschaftliches Verhalten. Sein Auftreten den SV-Angehörigen gegenüber ist höflich und korrekt. Weisungen werden ausgeführt. Seine persönliche Ordnung und Sauberkeit sind nicht zu beanstanden. Im Verwahrbereich beteiligt er sich nur im Rahmen seiner Pflicht an der Sauberhaltung des Verwahrraumes.

Arbeitsmäßig ist Donnerhack im IFA *Getriebewerk Brandenburg* als Dreher eingesetzt. Seiner Arbeitspflicht kommt er nach. Die Normerfüllung liegt bei einhundert Prozent. Dabei wäre er aber durchaus in der Lage, mehr zu leisten.

Donnerhack stellte einen Antrag auf Übersiedlung in die BRD. Dieses Ziel versucht er zu erreichen. In individuellen Aussprachen (Erziehungsgespräch) brachte er zum Ausdruck, daß er eine Wiedereingliederung in die DDR ablehnt und sofort nach seiner Haftentlassung wieder versuchen wird, in die BRD zu gelangen.

In Brief- und Besuchsverbindung steht er mit seinem Vater Donnerhack, Rudolf. Die Brief- und Besuchsverbindung zu seinem Bruder Donnerhack, Wolf wurde nach Rücksprache mit MfS gemäß § 29 StVG eingeschränkt.

Zu seiner Straftat äußert er sich kaum. Er fühlt sich zu Unrecht bestraft.

Zusammenfassend kann eingeschätzt werden, daß es sich bei Donnerhack um einen Strafgefangenen handelt, der sehr anpassungsfähig ist.
Aufgrund seines bisher gezeigten Gesamtverhaltens kann einer vorzeitigen Haftentlassung nicht zugestimmt werden.

* 1980

Aus der Botschaft eines ehemaligen U-Boot-Kommandanten*

Und Gott sprach: Es werde Licht! Und es ward Licht.

Mein lieber Rudi,
alter Freund aus fernen Jugendtagen, immer treu auch in der Stunde der Not!
Heute nun endlich kann ich Dir die erlösende Mitteilung machen, daß Dein Junge seine heiß ersehnte Freiheit wiedererlangt hat. Alles wird gut!
Ich habe ihn selbst mit dem Wagen im Notaufnahmelager in Gießen abgeholt und er wird auch bis auf weiteres mit uns unter einem Dach leben.
Sei versichert, daß es ihm an nichts fehlen wird.
An mir ist es vielmehr, eine alte Dankesschuld abzutragen.
Dennoch würden wir uns freuen, Dich recht bald bei uns haben zu können.
Also bitte komm nach hier, sobald Dein Gesundheitszustand dies erlaubt.
Wir freuen uns sehr auf ein baldiges Wiedersehen!

* An Rudolf Donnerhack, 1980

Aus dem Schreiben von einem West-Berliner Rechtsanwalt und Notar*

Haftbescheinigung

Name: Donnerhack
Vorname: Lutz
Geburtsdatum: 12.01.1954
Geburtsort: Plauen/Vogtland
Festnahme: 27.04.1977
Verurteilung: 22.09.1977
Gericht: Bezirksgericht Karl-Marx-Stadt
Strafmaß: 6 Jahre
Strafgrund: §§ 101, 213 StGB/DDR

Aufgrund der *Besonderen Bemühungen* erfolgte am (Datum) die Entlassung in die Bundesrepublik Deutschland.

Die Richtigkeit vorstehender Angaben versichere ich dienstlich.

* An den Generalstaatsanwalt bei dem Oberlandesgericht in Bamberg, 1980

Aus einem Schreiben des Gesamtdeutschen Institutes*

Antrag Lutz Donnerhack

Die in Ihrem Schreiben wiedergegebenen Angaben des Antragstellers über seine Verurteilung durch das Bezirksgericht Karl-Marx-Stadt nach §§ 101, 213 StGB/DDR entsprechen dem Inhalt einer Auskunft der östlichen Seite.

Wie sich aus den mir sonst noch vorliegenden Informationen ergibt, hatte der Antragsteller die Flucht mit einem selbstgebauten Flugkörper geplant.

* An den Generalstaatsanwalt bei dem Oberlandesgericht in Bamberg, 1980

Exkurs

Auszeichnung Schwedens für DDR-Rechtsanwalt*

Das schwedische Staatsoberhaupt König Carl XIV. Gustaf ehrte den DDR-Rechtsanwalt und Notar Dr. Wolfgang Vogel in Würdigung seines Beitrages zur Entwicklung der Beziehungen zwischen der DDR und dem Königreich Schweden mit der Ernennung zum *Offizier des Königlichen Nordstern-Ordens*.

* Aus *Freie Presse* (Karl-Marx-Stadt) vom 17.12.1981

#

Welcher Otto Normalverbraucher und *Freie-Presse*-Leser wußte denn 1981 schon von der Existenz, geschweige denn der Funktion eines Dr. Vogel?
Als 1993 *Die Zeit* mit einer vierteiligen Artikelserie unter dem Titel “Des Teufels Advokat” über den “Menschenhändler” und dessen Machenschaften (als Vorabdruck aus dem Buch “Advocatus Diaboli” von Craig Whitney) berichtete, schlugen die Wellen der moralischen Empörung hoch. Sturm im Wasserglas. Gespielte Entrüstung der Scheinheiligen. Theaterdonner.
Dabei hatte bereits 1976 David Reed in einem erstklassig recherchierten Beitrag (“DDR: Devisen kaufen Menschen frei”) für *Readers Digest* alles Wissenswerte über die Geschäfte des smarten Playboys aus Ost-Berlin ans Tageslicht gebracht. Wer also wissen wollte, der konnte sehr wohl wissen - wenn er denn nur gewollt hätte. Aber es wollte damals niemand wissen.
Mehr noch: Wer wußte und davon sprach, galt als “Kalter Krieger”...

JAHRGANG 29

Das Beste
aus Reader's Digest

OKTOBER 1976

Artikel und Buchauszüge von bleibendem Wert

DDR: Devisen kaufen Menschen frei

Gegen harte Westwährung hat Rechtsanwalt Dr. Wolfgang Vogel bereits mehr als 10000 Häftlinge aus ostdeutschen Strafanstalten in die Bundesrepublik geschleust

VON DAVID REED

FAST jeder der 8000 politischen Häftlinge der DDR weiß, wer Dr. Vogel ist. Botschaften über ihn werden mit Klopfzeichen durch Zellenwände buchstabiert und durch trockengelegte Klosettsiphons weitergesagt. Dr. Vogel ist Rechtsanwalt und — so behaupten jedenfalls manche Leute — hoher Beamter des Staatssicherheitsdienstes der DDR. Vor allem aber ist er eine Schlüsselfigur in einem der anrüchigsten Schwarzhandelsringe der Welt. Vogel verschachert politische Gefangene an die Bundesrepublik. Der Preis: durchschnittlich 40000 Mark pro Kopf, für geschulte Fachkräfte noch mehr.

Der DDR fehlt es ständig an D-Mark und sonstigen harten Valuten zum Kauf von Öl und westlicher Technologie. Für gute Westmark ist sie praktisch zu allem bereit. So hat Dr. Vogel im vorigen Jahr gegen entsprechende Zahlungen der Bundesregierung die Freilassung von 1158 Männern und Frauen aus DDR-Gefängnissen organisiert.

Aus einem Dokument des Generalstaatsanwaltes in Bamberg*

Verfügung

Herr Lutz Donnerhack (Angaben zur Person) wurde am 22. September 1977 durch das Bezirksgericht Karl-Marx-Stadt wegen Terror und versuchtem ungesetzlichen Grenzübertritt gemäß §§ 101, 213 StGB/DDR zu einer Freiheitsstrafe von sechs Jahren verurteilt.

Auf Antrag des Verurteilten wird die Vollstreckung des Urteils vom 22. September 1977 für unzulässig erklärt (§§ 2, 15 RHG/Gesetz über die innerdeutsche Rechts- und Amtshilfe in Strafsachen vom 2. Mai 1953).

Die Verurteilung wegen Terror nach § 101 StGB/DDR ist wegen des Unternehmens erfolgt, mit einem selbstgebauten Flugzeug die Grenze der DDR zur BRD zu überwinden.
Der § 101 StGB/DDR bedroht jedoch nur denjenigen mit Freiheitsstrafe nicht unter drei Jahren, "wer es mit dem Ziel, Widerstand gegen die Ordnung an der Staatsgrenze der Deutschen Demokratischen Republik zu leisten oder hervorzurufen, unternimmt, Sprengungen durchzuführen, Brände zu legen, Zerstörungen herbeizuführen oder andere Gewaltakte zu begehen".
Die Verwirklichung dieses Tatbestandes durch das Verhalten des Verurteilten ist mit dem Gesetzesvorbehalt in Artikel 103, Absatz 2 des Grundgesetzes und § 1 StGB nicht in Einklang zu bringen.

Die Verurteilung wegen ungesetzlichem Grenzübertritt nach § 213 StGB/DDR widerspricht den in der Bundesrepublik Deutschland geltenden Rechtsgrundsätzen der Freizügigkeit.

Das Verhalten des Verurteilten erscheint deshalb insgesamt nicht als strafwürdiges Unrecht.

* 1981

#

Auf der folgenden Seite:
1975 - Lutz Donnerhack auf dem Schulflugplatz Zwickau in Sachsen;
1985 - Lutz Donnerhack auf dem Flugplatz Giebelstadt in Franken,
vor einem Inspektionsflug über der innerdeutschen Grenze.
Die Rechtsinhaber der Fotos sind unbekannt.

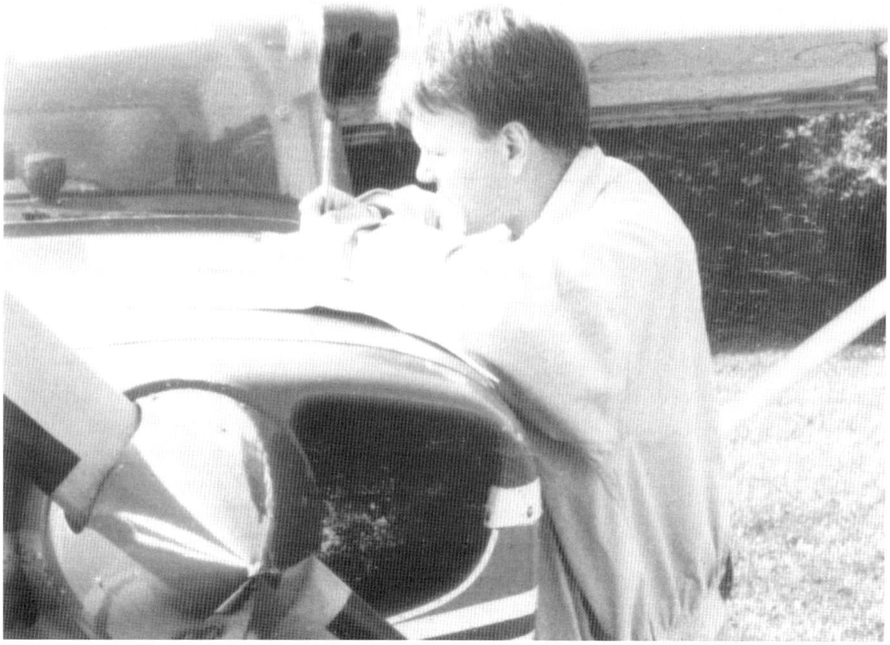

5.

Aus den Wolken entsteht
das Wüten von Schnee und Hagel,
und den Donner
erzeugt aus seiner Flamme
der Blitz.
So zerstören die Großen den Staat,
so fällt in die Knechtschaft
der Tyrannengewalt
das Volk.

Solon von Athen, *Von den Tyrannen*

Operativer Vorgang*

Für das Einleiten eines OV mußte der begründete Verdacht der Vorbereitung, des Versuches oder der Vollendung einer in den Zuständigkeitsbereich des MfS fallenden Straftat vorliegen.
Das betraf Verbrechen gemäß dem 1. und 2. Kapitel des StGB/ *Besonderer Teil*, also Staatsverbrechen sowie Straftaten der allgemeinen Kriminalität, soweit sie *einen hohen Grad an Gesellschaftsgefährlichkeit* aufwiesen oder *in enger Beziehung zu Staatsverbrechen* standen. Die Grenzen dieser Definition wurden vom MfS zum Teil sehr großzügig ausgelegt.
Als Ausgangsmaterial für einen OV dienten inoffizielle wie offizielle, in der Regel bereits vorverdichtete Informationen, beispielsweise aus einer OPK, einem anderen OV oder weiterem geheimdienstlichem Material. Für den Beschluß zum Anlegen eines OV mußte ein Eröffnungsbericht angefertigt werden, der neben der politisch-operativen und strafrechtlichen Einschätzung des Ausgangsmaterials und der Begründung der politisch-operativen und strafrechtlichen Voraussetzungen für das Anlegen des OV außerdem die zu erreichenden Ziele benannte.
Der gleichzeitig auszuarbeitende Operativplan enthielt die Etappenziele des OV, die operativen Maßnahmen sowie die einzusetzenden Kräfte und Mittel.
Im Beschluß (*F 1*) sind die Gründe für das Anlegen in verkürzter Form aufgeführt. Der Deckname des OV sowie der strafrechtliche Tatbestand wurden darin gesondert ausgewiesen.
Zu beachten sind die zwischenzeitlich gegebenen Sachstandsberichte, die die strafrechtliche Relevanz der bisherigen Bearbeitungsergebnisse einschätzten und die weiteren Schwerpunkte herausarbeiteten. Sie entstanden häufig mit Unterstützung der Untersuchungsabteilungen des MfS. Auf der Grundlage dieser Sachstandsberichte wurden die Maßnahmepläne konkretisiert und aktualisiert. Bei einigen OV der Linie XX sind dabei die vielfältigen Formen, Mittel und Methoden der Zersetzung besonders aufschlußreich.
Der Abschluß bzw. das Einstellen eines OV erfolgte auf der Grundlage eines detaillierten Abschlußberichtes, in der Regel wiederum unter Mitwirkung der Abteilung IX, in dem das Material nach politisch-operativen, strafrechtlichen und strafprozessualen Aspekten eingeschätzt wurde.
Eine Kurzfassung ist auf dem Formular zum Beschluß (*F 1*) enthalten.

* Aus *Arbeitsrichtlinie für Rechercheure* des BStU, Berlin 1992

6.

Gerichtsakten
vermitteln sicherlich stets unzureichende Einblicke
in das Leben und Wesen eines Menschen.
Durchmustert man
die erhalten gebliebenen Prozeßunterlagen
des Falles August Jäger,
so verblüfft einen
die geradezu perverse Lust
der Untersuchungsbehörden,
allen Schwächen, Fehlern und Verfehlungen
im Leben des Angeklagten
mit Bienenemsigkeit nachgespürt zu haben
und die gewonnenen Erkenntnisse
in einer Weise zu kehren und zu wenden,
daß uns aus den Akten
ein Mensch entgegentritt
mit allen nur vorstellbaren Neigungen
zum Laster, zum Verrat, zum Verbrechen;
eine feige, schmutzige, nichtsnutzige Kreatur,
von der man bloß mit Erstaunen
zur Kenntnis nehmen kann,
daß sie immerhin einundvierzig Jahre lang
wohlgelitten
inmitten unbescholtener, anständiger Menschen
lebte.

Olaf Groehler, *Der lautlose Tod*

Aus einem Dokument des MfAA*

Beschlußentwurf

Der bei der Presseabteilung des MfAA akkreditierte Korrespondent der linksbürgerlichen dänischen Zeitung *Information*, Per Michaelsen, ist aus der DDR auszuweisen.
Die Ausweisung ist innerhalb von fünf Tagen nach Beschlußfassung durch die Presseabteilung des MfAA zu vollziehen.

Begründung:
Per Michaelsen ist seit November 1967 bei der Presseabteilung des MfAA akkreditiert. Seine Akkreditierung erfolgte auf Grund eines ordentlichen Antrages der Chefredaktion von *Information* im September 1967.
Die Akkreditierung wurde mit seiner Übersiedlung aus West-Berlin in die DDR wirksam.
In den ersten Monaten hat Per Michaelsen außer einigen kurzen Meldungen nichts geschrieben.
Im April und Mai veröffentlichte *Information* mehrere Beiträge, die sich direkt gegen die Politik unserer Partei und Regierung wendeten.
Eine große Anzahl von Entstellungen und falschen Behauptungen enthält ein Beitrag von Michaelsen, der bereits am 04.04.1968 zur Politik unserer Partei veröffentlicht wurde.
Seitens der Presseabteilung des MfAA wurde Michaelsen am 08.04.1968 auf seine unsachliche Berichterstattung hingewiesen.
Michaelsen interviewte am 17.04.1968 Biermann und Havemann zu den Oster-Ereignissen in West-Berlin. Beide brachten darin ihr Bedauern zum Ausdruck, nicht nach West-Berlin reisen zu können.
In seinem Beitrag "Abweisung von West-Berlins Bürgermeister verschärft die Krise", den *Information* am 27.04.1968 veröffentlichte, unterstellt er der DDR-Regierung, daß sie eine "permanente Schikane-Politik" betreiben, die Existenz West-Berlins "in Frage stellen" sowie eine "Politik des kalkulierten Risikos" betreiben würde.
Am 21.05.1968 veröffentlichte *Information* einen Artikel von Havemann, der gleichzeitig auch in der tschechoslowakischen Zeitschrift *Mir v Obrazech* veröffentlicht wurde und in welchem die Konterrevolution in der DDR propagiert wird.
Der stellvertretende Leiter der DDR-Vertretung in Kopenhagen hat mit der Chefredaktion von *Information* eine Aussprache geführt.

* 1968

Ex libris

<u>Der letzte Tag der Kindheit</u>*

Die Straße.
Die Straße meiner Kindheit ist eine Pflastersteinstraße
mit unbefestigten Randstreifen. Wo die Randstreifen enden,
beginnen Felder. Wo die Felder enden, steht ein Ortsschild.
Auf ihm steht: Reichenbach im Vogtland.
(...)
Die Straße.
Die Straße meiner Kindheit führt von Zwickau nach Plauen.
Und es ist eine vogtländische Straße.

Das Vogtland.
Das Vogtland ist ein kleiner Landstrich im Süden des östlichen Teils von Deutschland. Jenes Deutschland, das heute auf der Landkarte rechts liegt und dessen geographische Physiognomie einem zu Scherzen aufgelegten Betrachter wie ein vertrockneter Zwerg erscheint, mit dem es sich schlecht scherzen läßt. Das Vogtland im Süden grenzt im Norden an Sachsen, zu dem es jedoch keineswegs zählt, was im besonderen aus den auffahrenden Gesten seiner Bewohner hervorgeht, wenn man ihnen sagt, sie seien Sachsen.
Vogtland ist Vogtland, bitte sehr!
Es wird im Westen von Thüringen, im Osten vom Erzgebirge und im Süden von Bayern und Böhmen eingeschlossen. Das Vogtland ist meine Heimat. Was nichts anderes heißt, als daß Wälder, Flüsse, Flüßchen, Seen, Dörfer und sonnenüberflutete Marktplätze mit den deutlichen Bildern meiner Erinnerung abwechseln. Und Wege führen durch alle Erinnerungen. Auf den Wegen ich. Mit den Eltern und allein. Allein und mit dem Bruder.
(...)
Ich kam an die Straße meiner Kindheit.
An die Pflastersteinstraße mit unbefestigten Randstreifen - und blieb stehen. Denn alles war stehengeblieben. Schimmack stand dort. Die Umsiedlerinnen waren stehengeblieben. Der Raps stand gelb, aber anderswo. Der Sommer war nicht mehr blond. Die Badeanzüge blieben an einer Erinnerung hängen und standen fest. Und etwas anderes stand fest, blieb zurück und war stehengeblieben, dort an der Straße, an diesem Tag, etwas, das von nun an Kindheit heißen und hinter mir liegen würde.
Denn *sie* allein bewegten sich.
Auf meiner Straße.
Rollten weiter.
Fuhren fort:

Panzer mit aufmontierten Maschinengewehren, Lastwagen und Geschütze,
Schützenpanzer und Feldküchen.
Sie waren ein endloser Strom,
der schleppend unter einer gelben Glocke aus Staub vorwärtskroch.
Ich stand noch eine Weile still, ging dann aber langsam weiter,
an Häusern vorbei, immer an dieser Straße entlang.
(...)
Denn es war Sommer, ein heißer Tag, an dem meine Kindheit zu Ende ging.
Es war Dienstag, der zwanzigste August neunzehnhundertachtundsechzig.
In der darauffolgenden Nacht überschritten,
unter anderem in der Höhe von Vogtland und Erzgebirge,
fünfhunderttausend ausländische Soldaten die tschechoslowakische Grenze.

Die Straße meiner Kindheit ist eine Pflastersteinstraße
mit unbefestigten Randstreifen und geht zu beiden Seiten in Feld über.

* Utz Rachowski: *Die Stimmen des Sommers.*
Erzählungen. Berlin 1992

#
Auf den folgenden Seiten:
Wodka-Kolja ist wieder da!
Die im August 1968 am Überfall auf die Tschechoslowakei beteiligten und in Plauen stationierten Regimenter der GSSD kehren im November 1968 in ihre Kasernen zurück.
Heute, nach Kenntnis der einschlägigen Paragraphen (Militärspionage!) des Strafgesetzbuches der DDR, schaudert's den Fotografen noch nachträglich ob der Naivität, mit der er damals zu Werke gegangen ist...

Alle Aufnahmen: Wolf Donnerhack, Plauen (1968)

Aus einem Gespräch mit Wolf Donnerhack*

#

Frage:
Wolf, wenn Du heute an den August 1968 zurückdenkst -
woran erinnerst Du Dich besonders?

Antwort:
Vielleicht daran, daß es für mich (und meine Mitschüler und -schülerinnen) wohl ein besonders schmerzhaftes Erlebnis war. Denn wir hatten seit knapp zwei Jahren eine Art Patenklasse in der alten kaiserlichen Reichsstadt Eger (tschechisch *Cheb*). Von den Familien unserer tschechischen Freunde sind wir wirklich herzlich und sehr gastfreundlich aufgenommen worden. In Eger habe ich mit Petr aus der Sadova mein erstes Bier getrunken, *Hradni dvur*, da war ich fünfzehn. Ich habe zum ersten Mal ein Mädchen geküßt; sie hieß Eva und duftete immer so gut nach Seife... Dort haben wir auch die neue Freiheit kennengelernt: In den Kinos liefen die Karl-May-Filme, mit Pierre Brice als *Winnetou* und Lex Barker als *Old Shatterhand...* Die Tschechen hatten ja schon damals keinen Wert auf Synchronisation gelegt und ausländische Filme nur mit Untertiteln versehen. Echte Western gab es! "High Noon" mit Gary Cooper, im Original mit Untertiteln. Und "The Magnificent Seven"...! An den Zeitungskiosken waren West-Zeitungen zu haben. Beim *Foto Sluzba* konnte man Fotos von den Beatles kaufen, von den Stones, den Kinks, den Troggs... Für uns damals einfach sensationell. In den Musikläden gab's Beat-Musik; ein paar Platten habe ich heute noch, zum Beispiel "Nahrobni kamen" (deutsch "Grabsteine") von der Gruppe "Flamengo". In gewisser Weise nahm dieser Titel vorweg, was dann kam - denn als die Russenpanzer rollten, wurde auch für uns eine Hoffnung zu Grabe getragen. Kein Brief, keine Karte kam mehr an; nicht von Eva und auch nicht von Petr. Die Blüten des Prager Frühlings waren erfroren. Kalt war's wieder, mitten im Sommer. Jahre später habe ich mich dann mit meinem Bruder immer in der Tschechei getroffen...
Aber aus dieser Zeit rührt auch meine (ganz vorsichtig und ganz diplomatisch formuliert) abgrundtiefe Abneigung gegen Zigeuner und alles, was auch nur entfernt nach Zigeuner aussieht oder so riecht. In jenen Jahren hatte ich zum ersten Mal einen *Sudetendeutschen Kalender* in der Hand, wurde zum ersten Mal mit *Vertreibungs-Verbrechen* konfrontiert, mit den *Benesch-Dekreten...*
Und ein paar Redewendungen in Tschechisch kann ich natürlich auch noch. Nicht nur *Dobry den* und *Prosim jedno pivo*, *Dekuji* und *Na sledanou.*
Ich kann sogar noch den Text von "Nahrobni kamen"...

* 2003

Aus dem Bericht eines IM der KD Klingenthal*

<u>Situationsbericht</u>

(...)
Der Donnerhack, Wolf ist mir bekannt.
Wolf ist Klassensprecher in der Kfz. 2.
Klassenleiter ist (Klarname, Vorname), Meister des Kfz.-Handwerks.
Wenn es mal Probleme gab, hat sich Wolf immer für sein Kollektiv eingesetzt und auch vermittelt, wenn es Konflikte zwischen einzelnen Angehörigen des Lehrkörpers und der Klasse gab. So z.B. mit dem Direktor der KBS I, Gen. (Klarname, Vorname), der in der Kfz. 2 Staatsbürgerkunde unterrichtet.
Wolf ist sehr zurückhaltend. Er muß es noch lernen, mehr aus sich herauszugehen und seinen Klassenstandpunkt offensiver zu vertreten.
(...)
Wolf gehört zu jenen Schülern an der KBS I, die nach Schulschluß immer die Bahnhofstraße hoch Rennen fahren. Sieger ist, wer als erster im *Astoria* sitzt. Soviel ich weiß, ist diese Problematik bei den Genossen im VPKA bzw. bei der VK bekannt, unternommen wurde bisher aber trotzdem noch nichts. Wahrscheinlich muß erst was passieren, bis hier mal durchgegriffen wird.

* 1971

#
Yesterday. Paßbild aus dem Jahr 1971 - im Studienbuch von 1976.

Aus einem Dokument der KD Plauen*

Ermittlungsbericht

Ermittelt werden sollte Donnerhack, Wolf;
geb. am 05.10.1952 in Plauen/Vogtland.

Er ist ein Sohn vom ehemaligen Direktor des Museums in Plauen.
Er ist in Plauen geboren, besuchte die Oberschule und erlernte nach Schulentlassung den Beruf als Autoschlosser. Seine Lehrstelle war die Plauener Kfz.-Instandsetzung in der Brüderstraße. Die Lehre hat er abgeschlossen und arbeitet nach wie vor im gleichen Betrieb in seinem Beruf.

In seinen schulischen Leistungen war er gut bis durchschnittlich.
Im Betrieb nimmt er auch an gesellschaftlicher Tätigkeit teil.
Seine besondere Neigung ist Lesen, Zeichnen und Motorrad.
In seinem Wesen ist er ein anständiger junger Mensch.
Hat auch eine feste Freundin. Nachteiliges ist nicht bekannt.
Ist im Wohngebiet beliebt und hat ein gutes Verhältnis zu den Geschwistern, welche noch im schulpflichtigen Alter sind.

Seine Mutter ist schon ein paar Jahre tot.
Sein Vater ist von Beruf Kunstmaler.
War einige Jahre in Südamerika und betätigte sich nach der Rückkkehr in die Heimat als Mitglied der faschistischen Partei.
In der faschistischen Wehrmacht war er bei der Luftwaffe und Träger vieler Orden, u.a. Eisernes Kreuz und Kriegsverdienstkreuz mit Schwertern.
Hat es verstanden, nach dem Krieg seine Gesinnung zu wandeln.
Wegen seiner Kunstbegabung und Kenntnissen in der deutschen Geschichte wurde er Direktor vom städtischen Museum in Plauen.
Unter seiner Leitung hat sich das Museum gut entwickelt und war Ziel vieler Besucher des In- und Auslandes. Avancierte zum Mitglied des Bezirkstages.
Er organisierte die bekannten Plauener Stadtrundgänge.
Zur Zeit ist er Rentner.

Die befragten Vertrauenspersonen kennen die Familie seit mehreren Jahren.
Über Westverwandtschaft konnte nichts ermittelt werden.

Handschriftlicher Vermerk:
Der Einsatz bei der NVA/Grenze wird befürwortet.

* 1972

Aus einem Gespräch mit Wolf Donnerhack*

#

Frage:
Wenn man das so liest, Wolf, mit der "faschistischen Partei" - heißt das, daß Dein Vater Mitglied der NSDAP war? Ein *Nazi* sozusagen?

Anwort:
Das ist, glaube ich, ein bißchen zu einfach.
Es liegt über meinen Vater ja auch ein Bericht vor, in dem behauptet wird, er sei während des Krieges "in schwarzer Uniform und mit Blutorden behängt in Plauen herumstolziert". Eine Denunziation, die dazu führte, daß mein Vater nächtelang verhört wurde. Erst von den Russen, die ihn verdächtigten, einem Partisanen-Jagdkommando angehört zu haben. Und dann von der *Stasi*, die sich ihm gegenüber zwar als *Kripo* ausgab, aber vorsorglich schon mal eine *Operativ-Akte* mit dem Decknamen "Maler" angelegt hatte.
Mein Vater hatte Glück. Und gute Fürsprecher. Gute Fürsprecher, die durch die radikale Polarisierung der Gesellschaft in der Weimarer Republik irgendwann bei der KPD gelandet waren, während andere zur NSDAP gegangen sind. Sie kannten sich aber alle noch von den Lagerfeuern der "Bündischen Jugend" her - und für die war Kameradschaft eben mehr als nur ein Wort...
Im übrigen konnte mein Vater anhand seines Soldbuches nachweisen, daß er in fünf Jahren Krieg lediglich zweimal Fronturlaub hatte; außerdem einmal Genesungsurlaub (nach seiner schweren Verwundung beim Westfeldzug, 1940) und einmal Sonderurlaub (nach dem Tod seines Vaters, Ende 1942).
Seine Uniform war außerdem nicht schwarz, sondern dunkelblau, Luftwaffe, und die angeblichen "Blutorden" waren normale Tapferkeitsauszeichnungen. Eisernes Kreuz, Nahkampfspange, Erdkampfabzeichen der Luftwaffe und was es da sonst noch gab. Gegen Partisanen hat er auch gekämpft. Aber nicht bei einem Jagdkommando, sondern ausschließlich in Selbstverteidigung...
Der Amtsvorgänger meines Vaters hatte weniger Glück. Der verdienstvolle Stadtarchivar und Museumsdirektor Rudolf Falk wurde von den Russen durch sämtliche "Spezlager" ihrer Besatzungszone geschleift und erst 1953, als menschliches Wrack, wieder auf freien Fuß gesetzt; er starb nur wenige Wochen nach seiner Entlassung an den Folgen der jahrelangen Tortur. Und der Nestor der vogtländischen Bodendenkmalpflege, Amandus Haase, wurde als angeblicher "Blockwart" der NSDAP denunziert. Dabei war er nur, im Rahmen einer Luftschutzübung, in Luftschutz-Uniform gesehen worden... Das reichte schon aus für "einmal Sibirien ohne Rückfahrkarte". Bis zum heutigen Tag ist nicht bekannt, wann, wo und wie er ums Leben kam.
Ehre dem Andenken dieser anständigen und rechtschaffenen Männer!

Daß mein Vater Mitglied der NSDAP war - ja, das ist richtig; keine Frage. Als 1994 das amerikanische BDC in die Zuständigkeit des Bundesarchivs überging, habe ich *stante pede* die entsprechende Karteikarte ziehen lassen: Mitgliedsnummer 5.872417, Mitglied der NSDAP seit 1937. Mehr war nicht. Natürlich berührten die Gespräche, die ich, nach Jahren relativer Sprachlosigkeit, zwischen 1977 und 1980 mit meinem Vater auf den langen Fahrten nach und von Brandenburg geführt habe, auch dieses Thema.
Einmal muß ich wohl so was wie mein absolutes Unverständnis darüber zum Ausdruck gebracht haben, daß er "bei denen mitgemacht" hat. Ich kann mich noch recht genau daran erinnern, was mir mein Vater zur Antwort gab. Vor allem deshalb, weil ich ihn später noch mal auf Band sprechen ließ. Er sagte:
Aus heutiger Sicht magst Du vielleicht recht haben. Aus heutiger Sicht...
Aber wer diese Zeit nicht erlebt hat, dem steht ein Urteil darüber nicht zu. Und wer wissen will, warum ich Mitglied der NSDAP geworden bin, der soll sich doch einfach mal nur das Versailler Diktat vornehmen. Ungekürzt und unkommentiert. Nie zuvor in der Geschichte der Menschheit ist ein Volk so gedemütigt und so schamlos und so erbarmungslos ausgeplündert worden wie das deutsche. Lies Dir mal die Rede durch, die Philipp Scheidemann am 12. Mai 1919 vor der Deutschen Nationalversammlung gehalten hat. Der SPD-Mann Scheidemann! Wenn man nicht weiß, von wem diese Rede ist, könnte man meinen, der Text stammte von Hitler. Hitler! Die Klugscheißer heute, die ja alle so furchtbar schlau sind und alles besser wissen, die haben gut reden. Wenn ich das schon höre: Wie konntet Ihr nur den Hitler wählen...
Ohne Versailles hätte es Hitler nie gegeben!
So einfach ist das.
Ja, und die Juden...
Natürlich ist da und dort was durchgesickert über Massenerschießungen und über die Einsatzgruppen. Aber wir haben's nicht geglaubt. Ich kann Dir auch sagen, warum wir das nicht geglaubt haben: Wir haben's deshalb nicht geglaubt, weil wir das für Greuelpropaganda gehalten haben. Weil wir so was schon mal hatten. Im Ersten Weltkrieg. Da wurde von den Engländern nämlich das Überseekabel zwischen Deutschland und Amerika gekappt, und dann wurden von der Fleet Street die unglaublichsten und unverschämtesten Lügen in die Welt gesetzt - von den bösen, bösen Deutschen, den blutigen "Hunnen", die unentwegt damit beschäftigt waren zu rauben, zu sengen und zu morden, Krankenschwestern zu schänden und Kleinkindern die Hände abzuhacken. Lauter Lügen. Greuelpropaganda eben...!
Heute heißt das "Psychologische Kriegsführung".

Als nach dem Ersten Weltkrieg in Deutschland Plakate geklebt wurden mit Texten wie "Bolschewismus bringt Krieg, Arbeitslosigkeit und Hungersnot!", "Bolschewismus heißt die Welt im Blut ersäufen!", "Ein blutiges Meer, an Gräbern ein Heer - das ist Bolschewismus!", da wollt's auch keiner glauben. Als die ersten Nachrichten herüberkamen von der Plünderung der Kirchen, von Konzentrationslagern, von Massenerschießungen und Hungersnöten - da klang das genauso unglaublich und ungeheuerlich wie die Schauermärchen von den geschändeten Krankenschwestern und die Horrorgeschichten mit den abgehackten Kinderhänden. Leider war es wahr. Aber das wußte keiner. Da hieß es auch, das wäre Greuelpropaganda. Da gab es viele Intellektuelle, naive Menschen, die waren in dieser "Gesellschaft der Freunde des neuen Rußland". Die waren blind und blauäugig, fuhren nach Sowjetrußland und ließen sich durch die Potjomkinschen Dörfer kutschieren. Keiner wollte wahrhaben, welch barbarische Sklavenhaltergesellschaft sich da anschickte, nach der Weltherrschaft zu greifen. "Weltrevolution" nannten sie das. Ich kann mich noch an die Diskussionen mit einem von meinen Arbeitskollegen bei der Firma Franz Schmidt in der Hammerstraße erinnern. Der Seifert-Alfred war ein herzensguter Mensch, ein zuverlässiger Kollege, hilfsbereit und alles - aber in dieser Hinsicht war er völlig verbohrt. Die Sowjetunion - das war für ihn das Paradies auf Erden. Er ist in Spanien gefallen, am Ebro, 1938... Das heißt, er ist verwundet worden und dann den Moros in die Hände gefallen. Böses Volk, die Moros! Ich habe nach dem Krieg, in meiner Zeit als Stadtverordneter, durchgesetzt, daß die Moritzstraße in Alfred-Seifert-Straße umbenannt wurde. Ach, unser kleiner Alfred, der rote Träumer.... Ich weiß aber auch noch, was uns die alten Hasen an der Front erzählt haben, an der Ostfront, die von Anfang an dabei waren. Wie sie beim Vormarsch in der Ukraine mit Brot und Salz willkommen geheißen wurden und wie dort die einheimische Bevölkerung Kolchose-Vorsitzende und Polit-Kommissare gelyncht hat. Und wie sie Jagd auf Juden gemacht hat...

Ich habe mich früher öfter gefragt, warum die Juden keiner leiden kann. In England sind sie schon im 13. Jahrhundert verjagt worden, in Frankreich im 14. Jahrhundert, in Spanien im 15. Jahrhundert, in Deutschland im 16. Jahrhundert. Martin Luther hat schließlich nicht nur die Bibel ins Deutsche übersetzt. Er war auch ein böser Judenhasser. Und im Osten gab es schon immer Pogrome. Immer. In Polen, in Rußland... Wie sie sich bei uns im Vogtland unbeliebt gemacht haben, das erzähle ich Dir später mal. Das war in den Jahren vor dem Ersten Weltkrieg, da haben die Ramscher beinahe die gesamte Stickerei-Industrie in Verruf gebracht...

Reicht das?
Ich habe deshalb so ausführlich aus dem Bandmitschnitt (von 1978) zitiert, weil ja erst unlängst die Meute der nimmermüden Vergangenheitsbewältiger wieder mal in hysterisches Geheul ausgebrochen ist, als doch tatsächlich eine uralte Karteikarte aus dem NSDAP-Hauptarchiv mit der Mitgliedsnummer 9.265911 aufgetaucht ist, ausgestellt auf den Namen Walter Jens. Was heißt, daß der renommierte Philologe und Literaturkritiker als junger Mensch, mit 18 oder 19 Jahren, in die NSDAP eingetreten ist. Furchtbar, nicht wahr?
Aber ich bin Jahrgang '52 und ich kann, ich will dieses ständige Gewimmer und Gewinsel vom "Volk der Richter und Henker" nicht mehr hören. Es reicht! Unterm Sowjetstern wurden zehnmal mehr Menschen umgebracht als unterm Hakenkreuz. Wer spricht davon? Punkt. Schluß. Schicht im Schacht!

* 2003

#
Kollegen, Freunde, politische Gegner; auch das war die Weimarer Republik:
Rudolf Donnerhack (zweiter von links) und Alfred Seifert (ganz rechts)
mit Arbeitskollegen der Plauener Malerfirma *Franz Schmidt*, 1930.

Exkurs

Kunst für unsere Soldaten*

Nachdem wir erst kürzlich eine ausführliche Schilderung des großen Vogtland-Wandbildes von Rudolf Zenker in der Reusaer Waldschule veröffentlicht haben, können wir heute bereits von einer zweiten, ähnlichen Arbeit berichten.

In unserer schönen Plauener Artillerie-Kaserne an der Zadera sind in den Unteroffiziers- und Mannschafts-Speise-, Unterrichts- und Festräumen soeben mehrere große Wandbilder fertiggestellt worden, die der Plauener Künstler Rudolf Donnerhack gestaltet hat.

Donnerhack war von Oberst Körner aufgefordert worden, einmal Entwürfe für die genannten Räume der Artillerie-Kaserne einzureichen. Die Skizzen, die Rudolf Donnerhack daraufhin anfertigte und die den höchsten Stellen des Reichskriegsministeriums zur Begutachtung vorgelegt wurden, führten dazu, daß der Plauener Künstler tatsächlich mit der schönen Aufgabe betraut wurde, diese Wandbilder auszuführen.

Der Maler hat seinen Arbeiten zwei große geschichtliche Themen zugrunde gelegt, denen er den Stoff entnahm. Der Unteroffiziers-Speiseraum sollte mit Bildern aus dem kriegerischen Geschehen, das sich in früheren Zeiten um Plauen abgespielt hat, geschmückt werden, während der Mannschaftsraum eine Geschichte der sächsischen Artillerie im Bild zeigen sollte.

Für die erstgenannte Aufgabe hat der Künstler drei bedeutende Kriegsereignisse ausgewählt und im Bild festgehalten. Auf der einen Querwand des Unteroffiziers-Speiseraumes sieht man gepanzerte Kriegsknechte mit langen Hellebarden im Vordergrund stehen; im Hintergrund ragen Schloß und Kirche von Plauen auf. Die Unterschrift belehrt uns, um welches Geschehnis es sich handelt: Am 10. Februar 1466 nahm Herzog Albrecht von Sachsen nach vorhergegangener Belagerung Stadt, Schloß und Herrschaft Plauen als Vollstrecker der *Acht* an dem Burggrafen Heinrich II. von Plauen ein.

Damit gelangte Plauen zum ersten Mal unter sächsische Herrschaft.

Die Längswand gegenüber der Fensterwand zeigt ein großes Stadtbild von Plauen, wie es die alten Stiche aus der ersten Hälfte des siebzehnten Jahrhunderts wiedergeben. Von der Elsteraue, in der nur wenige Häuser stehen, erhebt sich stolz die noch von mittelalterlichen Mauern bewehrte Stadt. Auf der linken und rechten Seite des Bildes sieht man, daß Plauen ungebetene Gäste hat. 1632 ist es, und Marschall Holk, der Peiniger des Vogtlandes, den später das Schicksal für seine Taten strafte, ist vor Plauen gerückt; auf der linken Seite sieht man ihn selbst gerüstet zu Pferde sitzen, während von den Höhen herab reitende Kroaten bis zu den Häusern an der Elster schwärmen. Schwarze Tage in der Geschichte unserer Stadt.

Das dritte Bild an der anderen Querwand dreht den Zeiger der Geschichte um mehr als einhundert Jahre weiter. 1761! Friedrich der Große kämpft um Preußens Zukunft. Auch bei Plauen wurde damals ein Gefecht ausgetragen. (...)
Bei der Geschichte der sächsischen Artillerie im Mannschafts-Speisesaal zeigt uns der Maler in der Mitte der langen Wand das älteste sächsische Geschütz mit einem Rohr aus dem vierzehnten Jahrhundert; unter dem Befehl des Büchsenmeisters ist die Bedienung gerade dabei, die Ladung aus Pulver und über neunzigpfündigen Steinkugeln fertigzumachen. Noch eine ganze Reihe von Geschützen wird vorgeführt, aus dem sechzehnten Jahrhundert, aus dem siebzehnten Jahrhundert, mit reich ornamentierten Bronzerohren und mit Rädern, die phantastisch beschlagen sind. Für die späteren Zeiten kann man neben den Wandlungen, die die Waffe durchgemacht hat, die Entwicklung der Uniformen verfolgen; waren sie einstmals schwarz-gelb, so hat August der Starke, der die Uniformen mehrfach ändern ließ, die grüne und rote Farbe eingeführt, die auch späterhin, bis vor dem Weltkrieg, die Farben der sächsischen Artillerie waren. Neben einzelnen Kanonieren, die die Wände beleben, sind Befestigungsanlagen aus den verschiedensten Zeiten dargestellt. Die Querwand wurde noch mit einer zarten Silhouette von Dresden geschmückt - als Zeichen der Herkunft der Plauener Artillerie.

Es versteht sich von selbst, daß Wandbilder dieser Art sorgfältigster Vorstudien bedürfen. Der Künstler hat nicht nur in der Kaserne selbst Bewegungsskizzen gemacht, wozu ihm häufig Soldaten und Pferde Modell standen; er hat auch bei einem vierzehntägigen Aufenthalt im Dredner Armeemuseum an den historischen Uniformen und Waffen Erfahrungen gesammelt, die in vielen Skizzenblättern niedergelegt wurden. Die Vorarbeit rein gegenständlicher Art vereinte sich dann in der Gestaltung selbst, und aus dieser Verbindung sind Wandbilder entstanden, die selbst den Ansprüchen der Männer vom Waffenfach genügen, die aber auch nach künstlerischen Maßstäben sehr gut gelungen sind. Die Bilder sind in Öllasuren ausgeführt; sie sind in den Formen scharf umrissen, die Farben hingegen sind gedämpft. So fügen sich die Gemälde gut in den Raum ein, sprengen ihn nicht, sondern ordnen sich seinen Gesetzen unter. Wenn es früher hieß, daß die Kasernen in ihrer spartanischen Nüchternheit dem Künstlerischen keinen Raum ließen, so sind diese neuen Wandbilder in unserer Artillerkaserne der beste Gegenbeweis.

* Aus *Tageszeitung für Plauen und das Vogtland* (Plauen) vom 03.11.1936

Aus dem Bestand der ZMA*

Nationale Volksarmee
Dienststelle Plauen
Postfachnummer 79292
O.U., den 26.04.74

Bescheinigung

Dem Donnerhack, Wolf 05.10.52
(Name) (Vorname) (Geburtsdatum)

wird bescheinigt, daß er während der Dienstzeit in der Nationalen Volksarmee im Kfz.-Dienst eingesetzt war und das Klassifizierungsabzeichen besitzt.

Die erreichten Ausbildungsergebnisse werden wie folgt bewertet:

a) theoretische Ausbildung 2
b) praktische Ausbildung 2
(Note)

Vorstehende Bescheinigung hat Gültigkeit bis zum 26.10.74 und ist bei Aufnahme des Arbeitsrechtsverhältnisses der Abteilung Kader bzw. dem Personalbüro zu übergeben.

DEUTSCHE DEMOKRATISCHE REPUBLIK NVA

Dienstsiegel

Major
Unterschrift, Dienstgrad

* 1974

#

Die als Faksimile wiedergegebene Bescheinigung fand sich als Thermokopie im Zentralarchiv der Berliner Gauck-Behörde, Bestand ZMA.

Aus einem Schreiben des Leiters der KD Schwarzenberg*

Informationsbedarf für Ihre Diensteinheit

Auf Ihre Nachfrage vom (Datum) teile ich folgendes mit:
Ein Donnerhack, Wolf;
PKZ 051052-4-28919,
ist gemeldet mit Nebenwohnsitz in
9444 Rittersgrün, Rother Adler 12.
Die Ehefrau Donnerhack, (Vorname)
ist Lehrerin für Kunsterziehung/Deutsch an der Polytechnischen Oberschule.
An der Schule geht man davon aus, daß Frau Donnerhack nach Ablauf ihrer Absolventenzeit nicht weiter in Rittersgrün bleiben wird.
Das Ehepaar tritt im Ort so gut wie nicht in Erscheinung.
Etwas Negatives ist nicht bekannt.

* An den Leiter der Abteilung IX der BV Karl-Marx-Stadt, 1978

Aus dem Bericht eines OM der KD Plauen*

Information zu Wolf Donnerhack

O.g. saß neulich mit dem Gen. (Klarname), der hier seinen Garten hat, in der Gartenkantine *Poppenmühle*.
Ich saß mit meiner Frau am selben Tisch und konnte daher folgendes Gespräch zwischen dem Donnerhack und dem Gen. (Klarname) verfolgen:
Der Gen. (Klarname) war während des Wehrdienstes von Donnerhack sein KC. Er sagte, Donnerhack hätte ihm einige Male Kummer bereitet. Zum Beispiel wäre er einmal nach der Umstellung mit seinem frisch gespritzten PSzH in Klingenthal herumgefahren, noch ohne jede Kennzeichnung und nur mit der Aufschrift *Achtung! Bremst kurz!* am Heck. Weil Donnerhack und seine Besatzung nur Schwarzkombi ohne Schulterstücke trugen und sie die Turmbewaffnung nicht abgedeckt hatten und weil diese Art von SPW bis dahin in der DDR unbekannt war, riefen einige Bürger bei der VP und beim MfS bzw. beim WKK an, weil sie dachten, daß es sich evtl. um ein Fahrzeug der westdeutschen Bundeswehr handelt. Die VP, die daraufhin mit einem FStW die Verfolgung aufgenommen hatte, durfte nur den WDA und die FE des Donnerhack kontrollieren und nicht in das Innere des Fahrzeuges hineinsehen bzw. die Besatzung oder das Fahrtenbuch überprüfen, weil diese Kampftechnik aus der UVR damals noch VS war.

Bei einer anderen Gelegenheit mußte der Donnerhack dann bestraft werden, da er einem Soldaten des ersten DHJ Fahrunterricht erteilte und sich herumfahren ließ, indem er vorschriftswidrig aus der Kommandantenluke seine Beine baumeln hatte und Zivilisten am Straßenrand sein Bandmaß zeigte. Dabei war er von einem Gen. der V 2000 gesehen worden und mußte danach vom Hfw. abgestraft werden. Donnerhack sagte dbzgl. zum Gen. (Klarname), er sei ja nicht nachtragend, und im Rückblick wäre "bei der Fahne" einiges auch ganz lustig gewesen.
So fragte er den Gen. (Klarname) noch, ob denn der "Uhu" - Donnerhack meinte den Gen. (Klarname) von der Fahrlehrergruppe - inzwischen die EK-Kugel gefunden hätte. Aber so blöd, wie sich der "Uhu" anstellen würde, könnte er der EK-Kugel "bis ans Ende seiner vielen tausend Tage" - Gen. (Klarname) ist Berufssoldat - hinterherjagen.
Der Gen. (Klarname) brachte dann das Gespräch auf die Sache mit dem Flugzeug von dem Bruder des Donnerhack. Er sagte, er dürfe eigentlich nicht darüber sprechen - Gen. (Klarname) hatte auch schon etwas getrunken - und als Offizier der GT könnte er so etwas natürlich auf gar keinen Fall gutheißen, was dem Donnerhack sein Bruder da vorhatte. Aber in der MZH der OHS hätte neulich eine Ausstellung stattgefunden, die nur für die OS und das Lehrpersonal war, die Wehrpflichtigen der KpS hätten dazu keinen Zutritt gehabt. Und in dieser Ausstellung seien Fluchthilfsmittel gezeigt worden, mit denen Terroristen die Staatsgrenze der DDR überwinden wollten. Dort wäre auch das Flugzeug von dem Bruder des Donnerhack ausgestellt gewesen.
Der Gen. (Klarname) hätte sich dies ganz genau angesehen, und zu dieser technischen Leistung könnte er nur sagen: "Respekt, Donnerhack; Respekt!" Das schien den Donnerhack sehr zu erfreuen, indem er dem Gen. (Klarname) gleich noch ein Bier bestellte, um evtl. mehr erfahren zu können.
Ich sagte dann zum Gen. (Klarname), ob er nicht mit nach Hause gehen will, da er doch morgen früh wieder fit sein muß und nicht mit einer Fahne vor seine Soldaten treten kann. Das verstand der Gen. (Klarname), und er verließ mit mir und meiner Frau dann die Gartenkantine. Ich hatte den Eindruck, daß Donnerhack ahnt oder sogar weiß, wo ich arbeite.

* 1978

Aus dem Bericht eines IM der KD Oelsnitz*

Information zu Wolf Donnerhack

O.g. lernte ich vor ca. anderthalb Jahren im Gasthof Tiefenbrunn kennen. Wir saßen in einer Runde am Stammtisch und unterhielten uns über Verschiedenes. Er hatte keinen Pfennig in der Tasche, der Herr Student.
Mir ist noch in Erinnerung, daß er über einige Dinge ziemlich merkwürdig philosophierte und in seiner Meinung so Grundgedanken zum Ausdruck kamen wie mehr Freiheit in unserem Staat zu haben und auch die Grenze durchlässiger zu machen.
Seine Frau (Vorname) war Klassenbeste in der Schule und lernte Lehrerin.
Sie hat, wie ihre Schwester (Vorname), Interesse und Geschick für Malerei, Kunstgewerbe und Künstlerisches Gestalten.
Soweit mir bekannt ist, wollte sie an einer Kunstschule noch ein Studium aufnehmen, wurde jedoch vom Kreisschulrat abgelehnt. Sie ist Lehrerin in Plauen.
Die Donnerhacks habe ich in letzter Zeit wenig in Tiefenbrunn gesehen und auch nichts gehört. In den Sommerferien waren sie länger da, ca. vierzehn Tage oder drei Wochen.

* AG Grenze, 1979

#
Zu den folgenden Seiten:

Auch das fand sich im Bestand der ZMA - der Briefwechsel von Wolf Donnerhack mit (Direktor Günter Hofe und) dem *Verlag der Nation*, dazu die komplette Fotokopie des Kriegstagebuches ("Russisches Tagebuch") von Rudolf Donnerhack (der Einband-Entwurf zeigt ein Porträt von ihm aus dem Jahr 1943, von der Hand eines künstlerisch begabten, namentlich unbekannten Kameraden) sowie Fotokopien aller darin enthaltenen Tuschzeichnungen. Von den Fotos fehlen seither leider einige...

VERLAG DER NATION

Lektorat II

Berlin, den 16.4.79
- Br/Zi -

Herrn
Wolf D o n n e r h a c k
99 P l a u e n
Postfach 278

Sehr geehrter Herr Donnerhack,

als wir vor einigen Tagen Kollegen Hofé besuchten, der sich übrigens auf dem Wege der Besserung befindet, übergab er mir Ihr Schreiben vom 8.3. und das "Russische Tagebuch" Ihres Vaters aus den Jahren 1942-43.

Ich habe es mit großem Interesse gelesen und betrachtet. Orte wie Wjasma, Rshew, Sytschewka, Gschatsk und der Jelna-Bogen habe ich in deutlicher, wenn auch nicht gerade angenehmer Erinnerung. Ich gehörte damals der von Ihrem Vater mehrfach erwähnten 2o. Panzerdivision an. Die Tagebucheintragungen nebst den Aquarellen verraten das ehrliche Bemühen des Autors, die auf ihn einstürmenden Eindrücke möglichst genau in wesentlichen Impressionen festzuhalten und dadurch ein bißchen mit sich selbst ins reine zu kommen. So ging es vielen von uns, die nicht stumpf in Verderben und Schuld gestolpert sind.

Für Ihren Vater wird dieses Tagebuch ein wertvolles Erinnerungsstück an eine entscheidende Phase seines Lebens sein, seine Familienangehörigen und Nachkommen kann es dazu anregen, die jüngere Vergangenheit unseres Volkes differenzierter zu betrachten, als es Lehrbücher vermitteln können. Für eine Veröffentlichung in Buchform aber halte ich die vorliegenden Aufzeichnungen nicht geeignet, dazu reicht weder der dokumentarische Wert für einen größeren Leserkreis noch die literarische Formung noch der Abstand des Autors zu den geschilderten Begebenheiten aus.

DDR 104 Berlin · Friedrichstraße 113 · Fernruf 282 58 26 · Postschließfach 74

Wir warten noch ab, ob Sie am 21.4. bei uns vorbeikommen, im anderen Falle würden wir den Band als Einschreibesendung wohlverpackt an Sie zurückschicken.

Ich hoffe, daß Ihr Vater noch lebt. Bitte richten Sie ihm meine besten Grüße aus. Wer weiß, vielleicht sind wir uns irgendwo in einem Dorf an irgendeiner Rollbahn begegnet.

Mit freundlichen Grüßen
VERLAG DER NATION

[redacted]

Exkurs

Aus dem Erlebnisbericht einer ehemaligen Rotarmistin*

Als wir Gefangene machten, brachten wir sie in die Abteilung. Sie wurden nicht erschossen, das wäre ein zu leichter Tod gewesen... Sie wurden abgestochen wie Schweine, mit Ladestöcken in Stücke gehauen.

* Aus *Der Spiegel* (Hamburg), Nr. 51/2002

Ex libris

Bogenschütze unter Beschuß*

25.04.1942, Nishnaja Andrejewskoje

Heute haben wir auch unsere ersten Gefangenen gemacht. Es sind Versprengte von der 33. Armee der Russen, angeblich aus Saratow. Die armen Teufel haben mir und meinen Kameraden einfach nur leid getan, sie waren halb verhungert und mächtig zerschunden vom Kriechen und Verstecken. Wir haben sie erst mal ordentlich gefüttert und nachher noch aufwärmen und ausruhen lassen. Einer von den Pionieren hat sie dann mit nach hinten genommen.

01.07.1942, immer noch bei Nishnaja Andrejewskoje

Wir sind fast alle krank. Ob durch das Fieber, die Mücken, den ewig nassen Bunker oder durch alles zusammen; ich weiß es nicht. Drei von meinen Männern habe ich schon ins Lazarett einliefern müssen, alle mit Fleckfieber: Will, Hiesinger - und Arend, der in die Heimat kam. Willi Limmer hat das "wolhynische Fieber".

Vergangene Nacht haben wir unseren Freund Ebert in seinem Bunker hinten an der Rollbahn heraushauen müssen. Er war von Partisanen eingeschlossen, die dann aber so schnell stiften gehen mußten, daß sie nicht einmal mehr ihre Gefallenen mitnehmen konnten.

In der Nacht zuvor war unser Bunker angegriffen worden, auch von Partisanen - dachten wir. Insgesamt wohl an die achtzig Mann mit vier Maschinengewehren. Ein Glück, daß uns die Kameraden von der Infanterie Luft schafften, denn mit meinen paar Mann hätte ich nicht mehr lange durchhalten können, zumal uns auch langsam die Munition ausging. Unsere B-Stelle scheint den Iwan mächtig zu ärgern.

Von der Kompanie wurde eine Meldung der Infanterie durchgegeben: Die Kolonne, die es auf uns abgesehen hatte, waren gar keine "Partizany", sondern sogenannte "Paraschutisty" - Fallschirmspringer, die hinter der Front abgesetzt worden waren und unsere B-Stelle ausschalten sollten.
Das sagten jedenfalls die Gefangenen bei der Vernehmung aus.

05.02.1943, Roslawl

Marschbefehl: Ich übernehme Trupp 6.
(...) Wie oft hat der Iwan im letzten Frühjahr versucht, sich der Rollbahn zu bemächtigen. Manchmal ist es ihm gelungen, an einer Schwachstelle durchzustoßen, und wir, die wir ganz vorne lagen, waren abgeschnitten. Oft nur Stunden, manchmal aber auch bange, lange Tage, bis unsere Stukas und Sturmgeschütze kamen und uns heraushauen konnten.
Die Rollbahn ist der Weg unzähliger Soldaten, ihr Weg an die Front und zurück. Manche nennen sie einfach nur eine Straße. Ja, sie ist *auch* eine Straße. Aber für uns ist sie *die* Straße. Sie ist mehr als das - sie ist Front und Stellung und Nachschubstraße, sie ist Lebensader, sie ist *die* Lebensader für die Front. Sie ist aber oft genug auch Schicksal, ist die Grenze zwischen Leben und Tod, und wohl nirgendwo sonst auf der Welt liegen Bunker und Gräber so dicht nebeneinander wie hier. - Auch der Iwan liegt hier. Auf sechzig Kilometer Länge liegt er an der Rollbahn und lauert. Mal fünf, sechs Kilometer entfernt, mal ganz nahe. Sechzig Kilometer verläuft die Front parallel zur Rollbahn, bis sie jäh nach Süden abbiegt - am berüchtigten Knie der Front. Dort, wo Stunde um Stunde das Artilleriefeuer rollt und die Maschinengewehre rattern, wo Nacht für Nacht unzählige Leuchtkugeln in den Himmel steigen. Dort, wo Trupp 6 liegt - die Funkstelle "Bogenschütze".

05.07.1943, Lebedicha-Woronez

Punkt 03:50 begann der lang erwartete Angriff.
Zuerst attackierten unsere Stukas die feindlichen Stellungen.
Dann feuerte aus allen Rohren unsere Artillerie. Schlag auf Schlag.
Ein ohrenbetäubendes Getöse, ein Dantesches Inferno.

Exakt 06:50 kletterte dann unsere Infanterie aus den Gräben.
Wie winzig und verletzlich sich doch die Landser neben den Druck-, Rauch- und Feuersäulen der Einschläge um sie herum ausnahmen!
Der Iwan legte sofort schweres Sperrfeuer auf die Höhen vor uns.
Es scheint, als habe er ebenfalls jede Menge Artillerie zusammengezogen.
Unvorbereitet traf ihn unser Angriff jedenfalls nicht.
Auch unsere Panzer und Sturmgeschütze rollen vor. Alles rollt nach vorn.
Vorwärts! Auch meine Männer warten, daß es vorwärts geht.

Die vordersten russischen Linien waren nur schwach besetzt. Es gibt wenig Gefangene, aber starke eigene Verluste. Vor allem durch Minen. Fast die Hälfte aller Verwundeten hat böse Bein- und Fußverletzungen. Auch die ersten Gefallenen sind schon zurückgebracht worden. Jetzt liegen sie in langen Reihen neben unserer Stellung. Ausgeblutet, bleich und wächsern starren sie in den Himmel.
Wann werden wir so daliegen?

07.07.1943, südlich Lebedicha-Woronez

Wir liegen in einer neuen Stellung auf Höhe 255, etwas weiter südlich von unserem alten Standort. Das große Schlachtfeld bei Orjol liegt auf vierzig Kilometer Breite vor uns. Mit unserer guten Optik können wir einzelne Episoden der Schlacht aus nächster Nähe beobachten.
Der Angriff geht ziemlich ungleichmäßig vorwärts.
An einer Stelle sehen wir, wie sich unsere Infanterie mit Panzern und Sturmgeschützen vorarbeitet. Durch Kornfelder und Wiesen.
Unaufhaltsam. An anderen Stellen stockt der Angriff, vor allem an den Höhen 268, 272 und 276 sowie am sogenannten "Zahnbürstenwäldchen".
Höhe 250 konnte erst nach mehrmaligem Ansturm genommen werden.

In den Kornfeldern liegen viele, viele Tote und Verwundete. Etliche schreien vor Schmerzen, andere rufen nach den Sanitätern. Aber sie sind in dem hohen Getreide nur schwer zu finden. Außerdem ist alles stark vermint. Es wird gar mancher Kamerad dort verblutet sein. Andere schreien die halbe Nacht, bis das Schreien leiser und immer leiser wird und dann endlich verstummt.

Die Verwundungen sind teilweise gräßlich.
Ich habe heute fünf Mann aus einem Feld geholt und auf dem Rücken nach hinten geschleppt. Ein Bürschlein war dabei, dem es beide Füße weggerissen hat. Er war erstaunlich tapfer, obwohl ich bei der Schlepperei über Stock und Stein nicht immer so behutsam sein konnte, wie ich wollte.

Unsere Luftwaffe ist aktiv wie lange nicht mehr.
Stukas, Stukas, Stukas - der ganze Himmel ist voll davon.
Trotzdem machten sich in einer Kampfpause zwei russische Schlachtflugzeuge über unsere B-Stelle her. Die Fetzen flogen uns nur so um die Ohren.

#
Funkstelle "Bogenschütze" unter feindlichem Feuer/Orjol, 07.07.1943.
Tuschzeichnung von Rudolf Donnerhack, Plauen (1943)

09.07.1943, Schlachtfeld bei Orjol

Gestern war auf beiden Seiten stärkster Kampffliegereinsatz.
Auch konnten wir die Panzerschlacht bei Gnilez weiter verfolgen.
Es gab hohe Verluste - aber nicht nur bei den Russen. Der Kampf um die Höhe 250 ist von neuem entbrannt und wogt hin und her. Auch sonst sind Stockungen eingetreten. Der Angriff geht gar nicht "planmäßig" voran.

Nachmittags hat sich dann eine russische Kanonenbatterie auf unsere B-Stelle eingeschossen. Wir wußten zuletzt gar nicht mehr, wohin. Die Gräben waren zertrommelt, die Bunker zerhämmert. Bald lag ein Einschlag zwanzig Meter vor uns, mal fünfzig Meter links oder rechts, dann wieder zehn Meter hinter uns. Wir sind gelaufen wie die Hasen. Zum Schluß kam noch ein Pulk Bomber vom Typ *Boston* und lud über uns ab.
Unsere Meldung haben wir trotzdem abgesetzt.

Immer wieder greifen unsere *Hs-129* und *Me-110* in den Erdkampf ein. Wir haben schon mehrere Volltreffer bei russischen Panzern beobachten können: Jedesmal, wenn ihre Munitionskammer explodierte, stieg eine feurig-orange-rote Wolke senkrecht gen Himmel.

12.07.1943, Schlachtfeld bei Orjol

Auf Höhe 272 liegen ein *Tiger* und ein *Panther*.
Bewegungsunfähig, seit Tagen schon. Auch dort geht es nicht vor und nicht zurück. Die Höhe liegt ununterbrochen unter Beschuß.

Merkwürdige Truppenverschiebungen sind im Gange.
Panzer und motorisierte Einheiten werden aus der Schlacht gezogen und rollen im Eilmarsch nach Norden. Wie man hört, sollen die Russen dort durchgebrochen sein und versuchen, uns den Rückweg abzuschneiden.
Etwas Wahres ist meistens an diesen Gerüchten. Denn kommt der Iwan bis zur Rollbahn Orjol-Brjansk - dann gute Nacht, Deutschland!

* Rudolf Donnerhack: *Russisches Tagebuch.*
Manuskript. Saalfeld 1948

Achtung, Hintermann!

Aus dem Bericht eines IM der KD Leipzig-Stadt*

Information zu Wolf Donnerhack

Der Student Donnerhack, Wolf, SG D/G 76-04 ist mir seit 1976 bekannt. Es gab mit ihm mehrfach Probleme hinsichtlich der Normen des FDJ-Lebens und im Verhalten gegenüber Lehrkräften sowie im MA-Lager *Peter Göring*. Seine Studiendisziplin läßt stark zu wünschen übrig. In den Fächern, die ihn interessieren, also vor allem Literatur und Geschichte, engagiert er sich stark, während er in anderen Fächern nur das Notwendigste leistet. Vorlesungen, die ihn nicht interessieren, schwänzt er häufig und sitzt statt dessen tagelang in der DB, wo er, wie mir auch schon von anderen Studenten bestätigt wurde, vom Aufsichtspersonal im Lesessal immer erst mit Nachdruck zum Gehen aufgefordert werden muß. Danach sitzt er oft in der *Zensi* in der Leninstraße. Er hat des weiteren einen "Giftschein" von der Sektion Geschichte, wodurch er an Sperrliteratur herankommt. Ob diese Literatur unbedingt zum Studium gehört, muß bezweifelt werden. Diese Zweifel resultieren daraus, wie ich den Studenten Donnerhack, Wolf während des Polen-Praktikums in Zielona Gora erlebt habe. Dort hatte er eine Mädchengruppe zu betreuen. Diese Betreuung erstreckte sich aber in der Regel nur auf die Nachmittagsstunden. Vormittags saß er täglich in der Stadtbibliothek von Zielona Gora und las dort Zeitungen und Zeitschriften aus der BRD, vor allem *Der Spiegel* und *Die Welt*, wobei er umfängliche Notizen fertigte. Ich sprach ihn einmal darauf an und fragte, warum er nicht das *ND* oder die *Prawda* liest. Antwort Wolf Donnerhack: "*Prawda* heißt *Wahrheit*. Das ist aber falsch. Es müßte *Lügenblatt* heißen." Diese Antwort ist typisch für ihn. Er legt oft eine teils lässige, teils zynische Art an den Tag. Das wird besonders daran deutlich, mit welchen zum Teil menschenverachtenden "Spitznamen" er nicht nur Komilitonen, sondern auch Künstler und Politiker bedenkt. Beispiel: Einen Studenten mit einem Webpelz titulierte er als "Ziegenfell-Baron", die Sängerin Dagmar Frederic als "Hupfdohle", den Schauspieler Gojko Mitic als "Gurko Mückentitsch". Weitere Beispiele, die meines Erachtens schon einen Straftatbestand erfüllen dürften (ich zitiere nur!): Leonid Breshnew ist ein "Huschbeff" (phonetisch), Erich Honecker ist ein "Verrecker". Yassir Arafat ist "Der alte Affe Arafat". Khomeini ist ein "Dreckvieh". Margot Honecker ist "Der rosarote Pudel". Erich Mielke ist ein "Mörder". Der Papst ist "Der Polen-Pope Wojtyla" usw. Ich konnte außerdem beobachten, daß der Student Donnerhack, Wolf bei Vorlesungen, die ihn langweilen, Zeichnungen anfertigt, von Dozenten wie von anderen Studenten. Diese Zeichnungen haben allerdings mit Karikaturen nur noch wenig gemein und grenzen teilweise schon an Pornographie. (...)

* Referat PID, 1980

#

Pornographie...? Bei der nachstehend abgebildeten Zeichnung konnte nicht mehr abschließend geklärt werden, ob selbige während einer Vorlesung im Fach *Pol.Ök Soz.* oder im Fach *Pol.Ök.Kap.* entstanden ist. Daß sie überhaupt der Nachwelt erhalten geblieben ist, hat die Menschheit dem Sammeleifer eines Standesbeamten aus Sangerhausen zu verdanken.

#

Che Guemotzer oder Ein Sandinist aus Sangerhausen.
Zeichnung von Wolf Donnerhack, Plauen (1980)

#

Anfang 1980 heiratete die Schwester von Wolf und Lutz Donnerhack.
Nach der standesamtlichen Trauung im Alten Rathaus von Plauen ließ sich das jungvermählte Paar in einem nahegelegenen Fotostudio fotografieren. Wolf Donnerhack und seine Frau (die das Brautkleid geschneidert hatte) nutzten diese Gelegenheit, um Paßbilder anfertigen zu lassen.
Was sie freilich nicht wußten (und auch nicht wissen konnten):
Der frischgebackene Schwager war "im Rahmen der Wiedergutmachung" als IM mit dem seltsamen Decknamen "Hühne" (die *Konspirative Wohnung*, in der die "Ledermäntel" den Schmutzfinger seine Verpflichtungserklärung unterschreiben ließen, befand sich am Plauener Reinhold-Huhn-Weg - daher der kuriose Deckname) geworben und, im Hinblick auf die erfahrungsgemäß früher oder später zu erwartende Ausweisung von Lutz Donnerhack in die Bundesrepublik, als IMB verpflichtet worden.
Regelmäßig traf er sich mit seinem Führungsoffizier in den KW "Fuchs" und "Elster" und berichtete dabei auch von der Marginalie mit den Paßbildern.
Spornstreichs eilte der FO des IMB "Hühne" daraufhin ins Fotostudio am Plauener Altmarkt und ließ sich die entsprechenden Negative aushändigen - der § 5, Absatz 2 des MfS-Statutes vom 30. Juli 1969 befugte ihn, jederzeit "Forderungen gegenüber den zuständigen Stellen zu erheben".
Von den Paßbildern wurden in der Abteilung VIII der BV Karl-Marx-Stadt Abzüge angefertigt, Bildstreifen, die selbiger FO (Dienstgrad: Unterleutnant) seinem IM dann sicherheitshalber noch einmal zur Bestätigung vorlegte.
In der KW "Rabe" kommentierte "Hühne" die Fotos wie folgt:
"Das sind sie! John und Yoko von Plauen. Sie denken, sie sind die Größten."
Darauf ermunterte der Jäger seinen Köter mit den Worten: "Dran bleiben!"
Ein handschriftlicher Vermerk des Kontrolloffiziers besagt noch:
Warum wird IMB jetzt in IMK "Rabe" getroffen? Bitte dokumentieren!
Das alles geht hervor **Aus dem Treffbericht eines OM der KD Plauen***

* 1980

#

Hello Goodbye. Rotkäppchen und der böse Wolf - auf Paßbildern von 1980.

Aus dem Bericht eines IM der KD Plauen*

Information zu Wolf Donnerhack

Am (Datum) wurden mir in meinem Dienstzimmer in einem vertraulichen Gespräch mit dem Mitarbeiter der SED-BL, Gen. (Vorname und Klarname), folgende Verhaltensweisen des Donnerhack bekannt.
Diese beziehen sich auf die Jahre zwischen 1974 und 1976.
Zum damaligen Zeitpunkt war Gen. (Klarname) als Beauftragter für Jugendfragen bei der SED-KL auf den Donnerhack aufmerksam geworden.
Donnerhack hatte damals mit noch zwei oder drei, mir unbekannten Jugendlichen die Führungsspitze im "Malzhaus-Club" in Plauen behauptet.
Aufgefallen war dies, da aus den verschiedensten politischen Gründen die Leitung des "Malzhaus-Club" aufgelöst worden war, es der Donnerhack jedoch verstand, binnen äußerst kurzer Zeit, und zwar über zwei, drei Jahre hinweg, immer wieder eine neue Klubleitung zu organisieren.
Die Veranstaltungen vom "Malzhaus-Club" wurden damals immer unterteilt in einen offiziellen und, in der Regel nach 22:00, in einen inoffiziellen Teil.
Es hatte sehr lange gedauert, bis man dem Klub auf die Schliche kam.
Das ist darin begründet, daß nach der Schließung der Zugangstüren zum "Malzhaus-Club", der sich im tiefen Kellergewölbe des alten Malzhauses in Plauen befindet, und nach dem Auslöschen der Zugangsbeleuchtung für außenstehende Personen nicht mehr feststellbar ist, ob noch jemand sich im Klub aufhält. Ein Lärmen in den Kellerräumen ist von außen ebenfalls nicht feststellbar. Im Gegenteil, bei verschlossenen Türen und ausgelöschter Außenbeleuchtung entsteht sogar der Eindruck, daß der "Malzhaus-Club" geschlossen ist. Wie mir Gen. (Klarname) mitteilte, entstand dieser Eindruck zum damaligen Zeitpunkt auch für die VP, die des öfteren die Einhaltung der Polizeistunde kontrollierte.
Das Wirken von Donnerhack bezog sich damals unter anderem auch auf die Zusammenarbeit mit kirchlichen Kreisen. Seine Veranstaltungen waren schon immer sehr zwiespältig - für Unbeleckte voll für unseren Staat, durch geschicktes Führen der Jugendlichen aus dem Hintergrund jedoch weckte er Zweifel am demokratischen Zentralismus bzw. an der Führungsrolle der Partei der Arbeiterklasse.
(...)
Seine Frau hat Donnerhack ebenfalls im "Malzhaus-Club" kennengelernt.

Hanschriftlicher Vermerk:
Offiziell nicht auswertbar!

* Referat PUT, 1980

#

"Faß Dir ein Herz - komme zu uns!"
Club Malzhaus, Mitgliedskarte Nr. IX.

Auf den folgenden Seiten:
Aus dem Veranstaltungsprogramm des *Club Malzhaus*, 1975/1976.

Club Malzhaus

CLUB MALZHAUS / Veranstaltungen im Monat SEPTEMBER 1975

	MO. 01.09.	Clubabend
	DO. 04.09.	'Deutsch-Rock' Musikvortrag von Friedbert Sammler
	FR. 05.09.	Konzert mit der Folklore-Gruppe 'Wind,Sand und Sterne'
	MO. 08.09.	Clubabend
	DO. 11.09.	'Ich und meine Musik- Soul' Musikvortrag von Hartmut Gruber
	MO. 14.09.	'Grand Hand' Skat-Turnier
	DO. 18.09.	'Aida' Musikvortrag von Ursula Scheffler über die gleichnamige Oper von Giuseppe Verdi
×	MO. 22.09.	'Bücherbasar' Buchverkauf in Zusammenarbeit mit dem Buchhandel
×	DO. 25.09.	'Liebespaare in der Bildenden Kunst' Lichtbildervortrag von Günter Kruppa
×	MO. 29.09.	'Ist Plauen ein Klein-Chikago' Diskussion mit Kreisstaatsanwalt Kaltofen

--

CLUB MALZHAUS / Veranstaltungen im Monat OKTOBER 1975

	DO. 02.10.	Clubabend
×	SA. 04.10.	Winzerfest
×	DO. 09.10.	'Das alte und das neue Plauen- unsere Heimatstadt in Dias und Episoden' Lichtbildervortrag von Rudolf Donnerhack
×	MO. 13.10.	Clubabend
×	DO. 16.10.	'Tauschbörse' Tausch von Büchern,Zeitschriften und Schallplatten
×	MO. 20.10.	'Beatles-Lyrics' Musikvortrag von Wolf Donnerhack
×	DO. 23.10.	'Galgenlieder- Grotesken und Fantasien' Literarischer Abend über Christian Morgenstern mit Joachim Wenke
×	MO. 27.10.	'Zur Bach-Ehrung 1975' Orgelkonzert in der Johannis-Kirche mit Kirchenmusikdirektor Heroldt
	DO. 30.10.	Clubabend
	FR. 31.10.	Konzert mit der Jazz-Formation 'Barden Soul'

--

CLUB MALZHAUS / Veranstaltungen im Monat FEBRUAR 1976

MO. 02.02.	Clubabend	
×	DI. 03.02.	'Die feine Stenglische Art' Epigrammstunde mit Hansgeorg Stengel
	DO. 05.02.	Clubabend
	FR. 06.02.	Konzert mit der Jazz-Formation 'Barden Soul'
	MO. 09.02.	'Paul Robeson' Musikalisches Porträt des verstorbenen Sängers und Friedenskämpfers
×	FR. 13.02.	'Hootenanny' Liederabend zum Mitsingen
	MO. 16.02.	Clubabend
×	FR. 20.02.	'Amerika heute' Diskussion mit dem Journalisten Victor Grossman
	MO. 23.02.	'Schach Matt' Simultan-Schach
×	MI. 25.02.	'Nu Bogadi' Zeichentrickfilm vom Hasen und vom bösen Wolf in Zusammenarbeit mit dem sowjetischen Offiziersklub
	DO. 26.02.	'Ich und meine Musik- Spiritual and Gospel' Musikvortrag von Hartmut Gruber

--

Aus einem Gespräch mit Wolf Donnerhack*

#

Frage:
Wolf, Du hast für den im April 2000 erschienenen Band "Das Malzhaus in Plauen/Von Grafen, Mälzern, Kulturhungrigen und der Kunst durchzuhalten" einen Beitrag mit dem Titel "Memfis versus Malzhaus" beigesteuert.
Gibt es noch eine Episode, an die Du Dich besonders erinnerst?

Antwort:
Deren gibt es einige. Aber da auf der vorhergehenden Seite das Programm des *Club Malzhaus* vom Februar 1976 wiedergegeben ist, fällt mir natürlich eine Episode dazu ein.
Das Jahr 1976 begann für uns mit einem Paukenschlag. Unser bisheriger Trägerbetrieb, die *Vowetex*, mußte uns an die Stadtbibliothek abgeben. Das wäre an und für sich nicht weiter schlimm gewesen. Aber die Bibliothek hatte auch eine neue Leiterin bekommen. Eine tausendprozentige "rote Knitte". Sie wurde von uns nur "Schelle" genannt, die alte Schnalle.
Und die wollte es wissen, von Anfang an.
Die erste Gelegenheit, uns so richtig auf den Zahn zu fühlen und unsere Gesinnung zu prüfen, war die amtliche "Woche der deutsch-sowjetischen Freundschaft" im Februar. Man erwartete, nein: forderte von uns Programme oder Veranstaltungen, die diesem Thema gerecht werden sollten und bot uns freundlicherweise gleich einiges in dieser Richtung an - eine "Literarische Soljanka" zum Beispiel oder eine Lesung aus der "Bibliothek des Sieges"...
Da war guter Rat teuer. Verweigern konnten wir uns nicht, dann hätten die Genossen den Vorwand gehabt, nach dem sie schon lange gesucht hatten. Zu Kreuze kriechen ging uns natürlich erst recht gegen den Strich. Was also tun? Wir zerbrachen uns die Köpfe...und da ich während meiner Armeezeit öfter mal als Dolmetscher ins "Regiment nebenan" befohlen worden war, steckte ich eine große Flasche Wodka ein und machte mich damit auf den Weg zum sowjetischen Offiziersklub an der Zadera. Als die Flasche leer war, trat der "Wolf im Schafspelz" den Rückweg an - mit einem Seesack auf dem Rücken. In diesem wiederum befanden sich ein paar Filmrollen: Sieben Zeichentrickfilme der bekannten Zeichentrickserie "Vom Hasen und vom bösen Wolf"!
Der Filmabend im *Club Malzhaus* war ein voller Erfolg; rammelvoll war der Keller und pappensatt die alte "Schelle": Alles hatte sie uns zugetraut, alles - aber niemals eine Veranstaltung "in Zusammenarbeit mit dem sowjetischen Offiziersklub". Und in der FDJ-Kreisleitung fand eine Krisensitzung statt...

* 2003

Aus einem Dokument der KD Oelsnitz*

Überprüfungsbericht

Überprüfte Person:
Donnerhack, Wolf
(Grunddaten)

Donnerhack war Student in Leipzig und nahm seine Tätigkeit beim Rat der Stadt Oelnitz am 01.09.1980 auf.
Nach Aussage der Kaderleiterin, Genn. (Klarname), soll eine Einstellung des Donnerhack über den Museumsleiter (Klarname) erfolgt sein.
Eine exakte Prüfung konnte bisher noch nicht erfolgen.
Die Genn. (Klarname) teilte noch mit, daß daß der Donnerhack einen Eintritt in die DSF sowie Solidaritätsbeiträge für den FDGB kategorisch ablehnt.

Wichtiger Hinweis:

Der Donnerhack, Wolf ist der Bruder des am 27.04.1977 in Schönberg am Kapellenberg festgenommenen Donnerhack, Lutz (Grunddaten). Der Donnerhack, Lutz versuchte an diesem Tag mittels eines selbstgebauten Flugzeuges nach der BRD zu gelangen.
Da beim Verladen des Flugzeuges dieses beschädigt wurde, wollte er illegal die Grenze nach der CSSR und weiter nach der BRD im Raum Schönberg überschreiten.

Auf Grund der Straftat des Donnerhack, Lutz wurde ein beabsichtigter Zuzug des Donnerhack, Wolf ins Grenzgebiet im Herbst 1977 abgelehnt.
Er verkehrt seitdem auf Passierscheinbasis bei den Eltern seiner Ehefrau Donnerhack, (Vorname), geb. (Klarname) in Tiefenbrunn.

* Referat PID, 1980

#

Keine drei Wochen nach dem Freikauf seines Sohnes Lutz durch die Bundesregierung verstarb in Plauen, im Alter von 77 Jahren, Rudolf Donnerhack. Wolf Donnerhack beantragte für seinen Bruder die Einreise in die DDR, um ihm die Teilnahme an der Beisetzung zu ermöglichen.
Nach plumpen Pöbeleien vonseiten mehrerer Bediensteter im Volkspolizei-Kreisamt Plauen brachte die Deutsche Post alsdann folgendes Schriftstück:

Aus dem Antwortschreiben des VPKA Plauen*

Antrag auf Einreise in die DDR

Nach Abschluß der Bearbeitung des von Ihnen für Donnerhack, Lutz gestellten Ersuchens teilen wir Ihnen mit, daß diesem nicht entsprochen wird.

* Abteilung Paß- und Meldewesen, 1980

Aus einem Dokument der KD Oelsnitz*

Ermittlungsbericht

Ermittelte Person:
Donnerhack, Wolf
(Grunddaten)
(Elternhaus und Familie)
(Beruflicher Werdegang)

In seinen politischen Diskussionen negiert er die Beschlüsse der Partei oder stellt bestimmte Dinge als überzogen dar. So lehnt er einen Beitritt zur DSF und auch eine monatliche Spende im FDGB ab.
Seine Ablehnung der DSF begründet er damit, daß er bisher noch nie etwas von dieser Organisation gehabt hat und daß man keinem "Verein" angehören muß, um seine Freundschaft zur Sowjetunion zu bekunden.
Der Donnerhack gehört seit 1972 der SED an.
Ausgehend von seinem Auftreten muß man aber einschätzen, daß er nicht als Genosse auftritt. Nach außen hin versucht er zwar, einen fortschrittlichen Bürger darzustellen, doch kommt in seiner Haltung zum Ausdruck, daß er mit der Politik der Partei im Prinzip nichts gemein hat.

Charakterlich wird Donnerhack als überheblich und arrogant eingeschätzt. Er hat Vorstellungen, die mit unserer Realität nicht übereinstimmen. Ohne dabei eventuelle Hintergründe seines Auftretens zu beachten, könnte man zu der Meinung neigen, er wäre nicht ganz da.
So ist er einer, der das "Zurück zur Natur" predigt.
(...)
Donnerhack ist seit dem 07.07.1977 mit der geb. (Klarname, Vorname), wohnhaft in Tiefenbrunn, verheiratet.

Diese hat ebenfalls auf Lehrer studiert. Sie ist Diplom-Lehrerin für Deutsch und Kunsterziehung (Abschluß an der Pädagogischen Hochschule Erfurt). Nach Abschluß ihres Studiums war sie an einer Schule in Rittersgrün im Landkreis Schwarzenberg.
Dort äußerte sie bereits kurz nach Arbeitsbeginn, daß sie eigentlich weiter Kunst studieren will. Jedoch wurde dem nicht entsprochen.
Mit Beginn des Schuljahres 1978/79 kam sie an die (Name der) Oberschule in Plauen. Dort unterrichtete sie in Deutsch und Englisch. Auch hier hatte sie ihre Vorstellungen von einem weiteren Studium auf dem Gebiet der Kunst. Dazu hatte sie mit dem VEB *Halbmond-Teppiche* in Oelsnitz Verbindung aufgenommen, um später als Musterentwerferin eingestellt zu werden.
Von ihrer Direktorin wurde versucht, ihr klarzumachen, daß sie erst einmal als Lehrer arbeiten muß, um ihr Studium zu rechtfertigen.
Richtig eingesehen hat sie dies nie.
An der (Name der) Oberschule war über ihren Mann bekannt, daß er sehr große Flausen im Kopf hat. Wie seine Frau, so hat auch er eine Vorliebe für alte Möbel. Auf dieser Basis haben sie sich ihre Wohnung eingerichtet.
Es handelt sich dabei um eine Altbauwohnung in Plauen/Neundorf, (Straße und Hausnummer). Sie wohnen in der dritten Etage rechts.

* Referat PID, 1980

Aus einem Dokument der KD Oelsnitz*

<u>Aktennotiz</u>

Am (Datum) war in der SB-Gaststätte des Plauener Warenhauses *Konsument* kurzfristig eine OK gegen den Donnerhack, Wolf versucht wurden.
Die OK schlug fehl, weil völlig unzureichend vorbereitet.
Hauptursache war das Bildungsgefälle zwischen Donnerhack und einem IM des Gen. (Klarname), der versuchen sollte, den o.g. zur gemeinsamen RF zu überreden, sowie unglaubwürdige Kenntnisse des IM über das Grenzregime. Bitte beachten: Donnerhack hat bei NVA/GT gedient! Bei einer OK gegen einen Hochschulabsolventen kann man keinen Hilfsschulabgänger einsetzen!

* Referat PID, 1980

Aus einem Dokument der KD Oelsnitz*

Beschluß über das Anlegen eines Operativen Vorganges

Deckname: "Blitz"
Tatbestand: § 106 StGB
Reg.-Nr.: XIV 2928/80

Gründe für das Anlegen:
Der Verdächtige begeht Äußerungen und Handlungen,
die die gesellschaftlichen Verhältnisse in der DDR
sowie die Politik der Verbündeten der DDR diskriminieren.

* Referat PID, 1980

Aus einem Dokument der KD Oelsnitz*

Eröffnungsbericht zum Anlegen eines Operativen Vorganges

Bei dem Verdächtigen handelt es sich um die Person
Donnerhack, Wolf
(Grunddaten)

1.
Überprüfungsergebnisse des Ausgangsmaterials
und strafrechtliche Einschätzung:

Der Verdächtige zweifelt offen an der ideologischen Arbeit der FDJ unter der Jugend und spricht sich dagegen aus.
(...)
Auf die Frage des Ersten Sekretärs der FDJ-Kreisleitung, wieso er nicht mal eine Ausstellung über unsere Erfolge organisiert, sagte der Verdächtige:
"Wir können uns doch nicht immer nur selbst auf die Schulter klopfen" und
"Die Jugend hat die ständige Propaganda längst satt".

Weiterhin wurde über den Verdächtigen bekannt, daß er einen Beitritt zur DSF und eine monatliche Solidaritätsspende beim FDGB kategorisch ablehnt Da der Verdächtige noch Mitglied der SED ist und dies mit seiner Haltung nicht übereinstimmt, versucht er dies damit zu begründen, daß er nicht weiß, wo das Geld hingeht.

Er wäre nicht prinzipiell gegen Solidarität, aber er will selbst entscheiden, wofür er spendet.
(...)

Der Verdächtige ist der ältere Bruder des am 27.04.1977 in Schönberg am Kapellenberg festgenommenen Donnerhack, Lutz (Grunddaten).
Der Donnerhack, Lutz versuchte an diesem Tag mittels eines selbstgebauten Flugzeuges nach der BRD zu gelangen.
Da beim Verladen des Flugzeuges ein Defekt aufgetreten war, beabsichtigte er, illegal über die CSSR in die BRD zu gelangen.
Der Donnerhack, Lutz wurde am 02.10.1980 aus der Staatsbürgerschaft der DDR entlassen und nahm seinen Wohnsitz in der BRD.
Eine Einreise zum Begräbnis seines Vaters, der am 23.10.1980 verstarb, wurde verhindert.
(...)
In einer Aussprache am (Datum) wurde dem Verdächtigen durch den Zweiten Sekretär der SED-Kreisleitung und Genossen des VPKA Oelsnitz der Passierschein für das Grenzgebiet entzogen. Zu einem IM sagte er danach: "Die Gangster haben mir den Passierschein abgenommen."

2.
Begründung der politisch-operativen und strafrechtlichen Voraussetzungen für das Anlegen eines Operativen Vorganges:

Die bekannten Äußerungen und Handlungen des Verdächtigen sind dazu angetan, die gesellschaftlichen Verhältnisse in der DDR sowie die Bündnisbeziehungen und die Bündnispartner der DDR zu diskriminieren. Dabei geht der Verdächtige äußerst geschickt vor. Jedoch kommt in seiner Haltung zur DSF und zur Solidarität seine wahre Gesinnung zum Ausdruck.
(...)

Der Verdächtige ist außerdem Mitglied im "Malzhaus-Club" in Plauen. Aus der Bearbeitung bisheriger OV ist bekannt, daß sich in diesem Klub Personen treffen, die teilweise eine negative Grundeinstellung zu unserem Staat und zur Gesellschaft haben. Soweit bekannt, spielt der Verdächtige innerhalb dieses Kreises eine maßgebliche Rolle.

Seine wahre politische Haltung zur Partei kam jedoch in der Reaktion zum Ausdruck, die er auf die Einziehung seines Passierscheines zeigte, indem er den Zweiten Sekretär der SED-Kreisleitung und die anderen Genossen als "Gangster" bezeichnete.

Ausgehend von den bisherigen Äußerungen und Handlungen sowie seinen vielen Verbindungen ist der Verdacht strafrechtlich relevanter Handlungen begründet.

Auf Grund des vorliegenden Sachverhaltes ergibt sich die Notwendigkeit der Bearbeitung des Verdächtigen in einem Operativen Vorgang nach § 106 (1), Ziffer 1 und Ziffer 3 StGB.

3.
Zielstellung der operativen Bearbeitung:

Die zu erreichenden Ziele bestehen in der
- Beweisführung des objektiven und subjektiven Tatbestandes nach § 106 (1) Ziffer 1 und Ziffer 3 StGB,
- Aufklärung und Beseitigung begünstigender Umstände durch IM und staatliche sowie gesellschaftliche Organe und Organisationen,
- Nachweisführung der feindlichen Grundeinstellung des Verdächtigen,
- Aufklärung der Verbindung zu seinem in der BRD lebenden Bruder,
- Aufdeckung von Inspiratoren und Hintermännern seiner Handlungen und Äußerungen.

Zur Zeit ist kein IM vorhanden, der zum Verdächtigen vertrauliche Beziehungen hat. Der Freundeskreis des Verdächtigen ist kurzfristig aufzuklären und zu prüfen, ob sich darunter IM befinden.

Zur Gewährleistung einer zielgerichteten operativen Bearbeitung ist ein weiterer IM in die Bearbeitung einzuführen/aus dem Verbindungskreis des Verdächtigen anzuwerben.

Die Bearbeitung erfolgt in enger Zusammenarbeit mit der KD Plauen.

* Referat PID, 1980

Aus einem Schreiben des Leiters der KD Plauen*

Information zu Wolf Donnerhack

Als Anlage übersende ich Ihnen den operativ bedeutsamen Bericht eines IM der KD Plauen zur Person Donnerhack, Wolf.
Dieser Bericht ist offiziell nicht auswertbar, da in einem solchen Falle eine Dekonspiration des IM eintreten würde. Das Gespräch zwischen dem IM und Donnerhack hatte keine Zeugen. Der IM ist überprüft und zuverlässig.

* An den Leiter der KD Oelsnitz, 1981

Aus einer Bandabschrift der KD Plauen*

Bericht über Wolf Donnerhack

Auftragsgemäß führte ich mit Donnerhack zwei Gespräche mit einem Zeitumfang von etwa sechs Stunden. Zu einer Einschätzung seines Charakters wird hier nicht gesprochen, da dazu schon im Zusammenhang mit der Inhaftierung seines Bruders ein ausführlicher Bericht entstanden ist.
Ich nutzte diese Gelegenheit, um in den beiden Gesprächen zielgerichtet zu den in Oelsnitz aufgetretenen Problemen um seine Person Informationen zu erarbeiten. Ergänzend ist hierbei noch zu sagen, daß Donnerhack seit dem 01.09.1980 beim Rat der Stadt Oelsnitz als Bereichsleiter für Kultur und Jugendfragen tätig war.

Schwerpunkte des Gesprächsinhaltes:
Donnerhack war im Oktober/November letzten Jahres von einem Gremium der Leitung des Rates der Stadt Oelsnitz unter Hinzuziehung von Genossen der SED-Kreisleitung zu einer Aussprache aufgefordert worden, wo ihm, nach seinen Ausführungen, folgende Dinge vorgeworfen wurden:

1.
Antikommunistische Hetze:
Dazu erklärte er mir, daß er bei der Teilnahme an einem Studienjahr von einer der Teilnehmerinnen angesprochen worden war, die sich wunderte, daß die sowjetischen Truppen noch nicht in Polen einmarschiert seien.
Darauf antwortete er, daß es in der gegenwärtigen Situation Polens überhaupt keinen Vergleich mit der Lage in der Tschechoslowakei im Jahre 1968 gibt

und daß die polnische Bevölkerung sich noch gut an das Jahr 1939 erinnert, als nämlich, wenn auch unter einer anderen Führung, sowjetische Truppen in Polen einmarschierten und dabei große Teile des polnischen Offizierskorps liqidierten.

(...)

Zum anderen sei er vor seiner letzten Polen-Reise im Sommer 1980 an der Karl-Marx-Universität instruiert worden, als er mit seiner Frau in einem Studentenlager im früheren "Grünberg" bzw. heutigen Zielona Gora als Mentor oder Tutor gearbeitet hat, daß die Leute dort stark anti-sowjetisch eingestellt wären, weil sie aus dem von der SU "besetzten" Teil Polens stammen würden bzw. von dort "vertrieben" worden seien und daß die Studenten und Dozenten sich auf Diskussionen dieser Art nicht einlassen sollten.

Seine Meinung zu diesem Vorwurf ist, daß er in keiner Weise antikommunistische Hetze betrieben, sondern nur ihm bekannte Tatsachen wiedergegeben hat, um aufklärend auf Fragesteller zu wirken.

2.

Subversive Tätigkeit:

Ihm war weiterhin vorgeworfen worden, daß ihm erteilte Aufträge für die Durchführung bestimmter Maßnahmen oder ganz bestimmter Organisationsformen im Ergebnis nicht das brachten, was sich die Leitung des Rates der Stadt Oelsnitz vorgestellt hatte.

Es wurde daraus geschlußfolgert, daß er im Auftrag seines Bruders oder noch anderer Kräfte in der BRD vorsätzlich und ganz gezielt gegen diese vom Rat der Stadt beabsichtigten Ziele arbeitet.

Dazu muß ergänzend gesagt werden, daß in dem Zeitraum der Aussprache die Ausweisung seines Bruders aus dem Strafvollzug in die BRD erfolgt war. In diesem Zusammenhang stellte ich ihm direkt die Frage, was denn nun an diesen Vorwürfen dran sei und ob er von seinem Bruder gezielte Aufträge zum Handeln gegen die DDR erhalten habe. Dazu sagte er mir, daß er bisher nur einen Brief von seinem Bruder erhalten hat und daß es sich beim Inhalt dieses Briefes nur um persönliche Probleme handelt und keinerlei Aufträge zum Handeln gegen die DDR enthalten seien. Seiner Darstellung nach hat Donnerhack keine subversive Tätigkeit gegen die DDR beabsichtigt oder durchgeführt.

3.
Verdacht auf Republikflucht:
Die Frau des Donnerhack ist gebürtig in Tiefenbrunn, dem Grenzgebiet westlich von Oelsnitz zur Westgrenze. Für den Besuch der Schwiegereltern besaß Donnerhack bis zum Zeitpunkt dieser Aussprache einen Schein zum Betreten des Sperrgebietes. Dieser Schein wurde ihm mit der Begründung des Verdachtes auf Republikflucht wenige Tage nach der Aussprache durch die VP in Oelsnitz entzogen. Auf meine Frage, ob er jetzt daran denke, die DDR zu verlassen, antwortete er, er habe nicht die Absicht.

4.
Kompetenzüberschreitung:
In seiner Tätigkeit war Donnerhack außerdem verantwortlich für die Durchführung von Jugendtanzveranstaltungen im Jugendzentrum Oelsnitz. (...)
Ihm war ferner vorgeworfen worden, keinerlei Berechtigung und Kompetenz zu besitzen, dazu seien höhere staatliche Stellen anzusprechen und deren Genehmigung einzuholen. (...)

In dem weiteren Gespräch brachte Donnerhack zum Ausdruck, daß eine zunehmende Verärgerung seinerseits über das Verhalten bestimmter Leitungskräfte wachgeworden sei, z.B. als er im Rahmen der Jugendarbeit die Gruppe "Wind, Sand und Sterne" in Oelsnitz im *Geschwister-Scholl-Heim* spielen lassen wollte. Ohne jede Begründung war von einem Genossen im VPKA die Auftrittsgenehmigung verweigert worden mit dem Bemerken, man sei nicht verpflichtet, eine Begründung abzugeben, warum solche Gruppen nicht auftreten dürfen. (...)
Es wurde im Gespräch noch zum Ausdruck gebracht, daß der amerikanische Publizist Victor Grossman, der hier in der Umgebung in verschiedenen Jugendklubs gesprochen hat, von ihm auch nach Oelsnitz eingeladen worden war. Dieser Publizist erhielt ebenfalls nicht die Auftrittsgenehmigung für Oelsnitz. Das sind nur zwei Beispiele dafür, wie Donnerhack mißmutig geworden und verunsichert worden ist, so stellt er es dar, durch solche unbegründeten Maßnahmen von Ablehnungen bestimmter Veranstaltungen, die er im Interesse der Jugendlichen durchführen wollte, und daß er nun gar nicht mehr wußte, was er überhaupt noch machen soll oder darf.
Im weiteren Verlauf des Gespräches, sozusagen am Rande, stellte ich fast beiläufig die Frage, welche Beziehungen oder Verbindungen er zu solchen Schriftstellern wie Biermann und Kunze hat. Daraufhin sagte er mir, er kennt diese Autoren namentlich, besitzt aber von ihnen "leider" keine Literatur.

In der Zwischenzeit will er in einem Schreiben gegenüber den Vorgesetzten in Oelsnitz begründet haben, warum er an einer weiteren Aussprache vor der Partei deshalb nicht teilnimmt, weil ihm keinerlei Möglichkeit der Klarstellung oder Verteidigung gegeben wird und er, nach seinen Worten, dort sowieso nur "niedergemacht" werden soll. Der Parteiausschluß, sagt er, wäre längst "in Sack und Tüten" und das Ganze sei "ein abgekartetes Spiel".

* Referat PUT, 1981

Aus einem Schreiben der BV Karl-Marx-Stadt*

Hinweis zu einer operativ bedeutsamen Person

Sachverhalt:
Absender der angehaltenen Sendung ist der Donnerhack, Wolf (Grunddaten), welcher für die KD Oelsnitz erfaßt ist. Er liegt in der A/I der PZF Plauen wegen Sendungen mit antisozialistischen Inhalt ein.
Sein Bruder Donnerhack, Lutz (Grunddaten) wurde wegen dem Versuch nach § 213 StGB abgeurteilt und ausgewiesen.
Der Absender versendet außer der erwähnten Adresse weitere vier Briefe an:
(Vorname und Klarname, Postanschrift) in 7200 Borna,
(Vorname und Klarname, Postanschrift) in 6900 Jena,
(Vorname und Klarname, Postanschrift) in 4700 Sangerhausen,
(Vorname und Klarname, Postanschrift) in 1170 Berlin.
Die vorliegenden Empfänger sind nicht erfaßt. Der Inhalt der Sendungen besteht in textlicher Kurzfassung von Mitteilungen mit negativem Charakter. Darin informiert der Absender, daß er "als Parteifeind entlarvt" und aus der SED ausgeschlossen worden ist.
Die Sendung an Donnerhack, Lutz geht Ihnen im Original zu.
Die anderen vier Sendungen wurden dokumentiert und weitergeleitet.

Hanschriftlicher Vermerk:
Zuständige DE informieren!

* Vom Leiter der Abteilung PZF an den Leiter der KD Oelsnitz, 1981

Aus einem Schreiben der BV Halle*

Information zu Wolf Donnerhack

Vorgenannte Person hat sich bei mehreren kulturellen Einrichtungen der Stadt Halle um den Abschluß eines Arbeitsvertrages beworben. Zuletzt bewarb er sich beim *Steintor-Variete* als Pförtner.
(...)

Durch Unterstützung von Freunden und Bekannten in Halle habe er sich u.a. beim Landestheater Halle und beim Theater *Junge Garde* beworben. Da dies jedoch erfolglos war, bliebe ihm gegenwärtig nur die Möglichkeit, sich als Pförtner seinen Lebensunterhalt zu verdienen. Eine Einstellung des Donnerhack, Wolf in den genannten Bereichen wurde verhindert.

* Vom Leiter der Abteilung XX an den Leiter der KD Oelsnitz, 1981

Aus einem Dokument der KD Oelsnitz*

Aktennotiz

Am (Datum) wurde mit dem Gen. (Klarname) von der BV Halle, Abt. XX/7 telefonisch Verbindung aufgenommen. Er hatte den Verdächtigen des OV "Blitz" in der Abt. XII überprüft und teilte mit, daß der Verdächtige sich in der *Staatlichen Galerie Moritzburg* beworben hat.
Er wollte von mir wissen, ob ich einem Einsatz zustimme oder ablehne.
Er teilte noch mit, daß in diesem Museum bereits eine Konzentration von negativen Personen vorhanden ist und man nicht an einer Erweiterung dieses Kreises interessiert ist.
(...)
Als ihm mitgeteilt wurde, daß es sich bei dem Verdächtigen des OV "Blitz" um einen "Sozialismus-Verbesserer" handelt, stimmte er für eine Ablehnung.
Dieser Ablehnung wurde zugestimmt.
Mit dem Gen. (Klarname) wurde vereinbart, daß wir in Verbindung bleiben.

* Referat PID, 1981

Aus einem Dokument der KD Oelsnitz*

Zwischensachstandsbericht zum OV "Blitz"

Mit der Entlassung des Verdächtigen aus dem Rat der Stadt Oelsnitz trat der Verdächtige im Kreis nicht mehr in Erscheinung. Er versuchte, eine Anstellung in Berlin zu bekommen. Dies scheiterte nach seinen Angaben an den zu schlechten Wohnverhältnissen, die er hätte in Kauf nehmen müssen. Danach beabsichtigte er, in den *Nationalen Forschungs- und Gedenkstätten der klassischen deutschen Literatur* in Weimar zu arbeiten.
Eine Rückfrage bei der KD Weimar ergab, daß der Verdächtige nicht dort arbeitet oder gearbeitet hat.
(...)
Weiterhin hatte der Verdächtige durch einen bekannten Professor der *Karl-Marx-Universität* die Möglichkeit, in Leipzig einen Gastvortrag zu halten. Dieser Professor soll mit ihm über die Möglichkeit einer Aspirantenstelle an der *Friedrich-Schiller-Universität* Jena gesprochen haben.
Über die KD Jena ist in Erfahrung zu bringen, ob eine Einstellung des Verdächtigen an der FSU erfolgen soll. Für den Fall, daß eine Einstellung vorgesehen ist, ist diese zu verhindern.
(...)
Seit März 1981 hält sich der Verdächtige in Halle auf.
Er hat sich dort bei mehreren Betrieben und Institutionen um eine Arbeitsstelle bemüht. Nach den vorliegenden Informationen erfolgte weder beim Landestheater noch am Theater *Junge Garde* oder beim *Steintor-Variete* eine Einstellung. Zur Zeit arbeitet er als Galerietechniker und Kraftfahrer an der *Staatlichen Galerie Moritzburg* in Halle. Hier bewarb er sich auch um eine feste Anstellung. Zu diesem Zweck wurde er von der Abteilung XX/7 der BV Halle überprüft, weshalb mit dem Genossen (Klarname) telefonisch Verbindung aufgenommen wurde. Dieser erkundigte sich nach dem Grund der Erfassung, worauf er an einer Anstellung nicht interessiert war, da dort bereits eine Konzentration von Personen vorhanden ist, die eine negative Einstellung zur DDR und besonders zur Kulturpolitik der SED haben.
(...)

Aus inoffiziellen Informationen geht hervor, daß sich der Verdächtige überwiegend in Halle aufhält. Über den dortigen Umgangskreis liegen keine detaillierten Angaben vor.
Hier sind umfangreiche Ermittlungen zu führen.
An den Wochenenden ist der Verdächtige bei seiner Ehefrau in Plauen.

* Referat PID, 1981

Aus einem Dokument der KD Oelsnitz*

Ergebnis der Absprache und der Ermittlungen in Halle

Am (Datum) wurden zum OV "Blitz" in Halle Ermittlungen geführt und eine Absprache mit dem Gen. (Klarname) von der Abt. XX/7 der BV Halle durchgeführt.
Im Ergebnis der Absprache wurde bekannt, daß der Verdächtige im Bereich Galerietechnik der *Staatlichen Galerie Moritzburg* in Halle eingestellt wurde. Obwohl die Überprüfung durch den Gen. (Klarname) nocht nicht abgeschlossen war, entschloß sich der Leiter der Galerie, Prof. Hermann Raum, den Verdächtigen einzustellen. Der Arbeitsvertrag wurde aber nur bis zum (Datum) ausgestellt, so daß eine feste Anstellung vorerst nicht erfolgt.

Der Verdächtige hat die Aufgabe, Ausstellungen auf- und abzubauen, verschiedene Hilfsmittel zu beschaffen oder herzustellen sowie benötigte Ausstellungsgegenstände von anderen Museen zu holen, wobei er den *Barkas* der Galerie fährt. Durch diese Tätigkeit kommt er oft auch in andere Städte der DDR.
So ist er zum Beispiel sehr oft in Leipzig.

Bei einer solchen Fahrt nach Leipzig, an der ein IM der Abt. XX/7 der BV Halle teilnahm, suchte er ein Studentenwohnheim der KMU auf. Dort kannte er eine Reihe Studenten, besonders aber Studentinnen persönlich. Eine solche Studentin führte im Beisein des Verdächtigen und des IM ein Telefonat. Als sich der Teilnehmer meldete, sagte sie wörtlich, an eine vermutete dritte Person in der Leitung gewandt: "So, jetzt könnt Ihr Euer Tonband einschalten." Das Gespräch selbst war ohne Bedeutung. Aus der Bemerkung wurde aber ersichtlich, daß sie keine positive Meinung hat und vermutet, daß das Telefon abgehört wird.
(...)
Der Gen. (Klarname) übergab einen IM-Bericht, wo einiges über die Haltung des Verdächtigen deutlich wird. So befürwortet er unter anderem die Ziele der *Solidarnoscz* und ist mit vielen Dingen des realen Sozialismus nicht einverstanden. Durch seinen unmittelbaren Leiter, Koll. (Klarname), wurde er wiederholt aufgefordert, sich mit seinen Bemerkungen zurückzuhalten.
(...)
Im Arbeitskreis des Verdächtigen gibt es eine Reihe von Personen, die in seine politische Landschaft passen. Besonders der kirchliche Einfluß ist groß, und seitens des Leiters der Galerie wird auch bei der Auswahl der Kader auf solche Dinge kein großer Wert gelegt.

In erster Linie werden nur Leute eingestellt, die nach seiner Meinung etwas von Kunst verstehen. Politische Einstellung oder gesellschaftliches Engagement spielen keine Rolle.
So ist es auch zur Einstellung des Verdächtigen gekommen.
Zu den Mitarbeitern der Galerie hat der Verdächtige ein gutes Verhältnis, insbesondere zu den Kolleginnen und hier wiederum zu einer gewissen (Klarname, Vorname). Somit ist ihm auch der Zugang bzw. die Benutzung aller Schreibmaschinen in der Galerie Moritzburg möglich.
(...)
Der Verdächtige unterhält zu vielen Personen Verbindung. Es kommen auch täglich Personen in die Galerie und sprechen mit ihm. Der IM kennt diese jedoch nicht namentlich. Mit Personal der Galerie verkehrt er in der Freizeit kaum, mit Ausnahme der Antragstellerin (Klarname, Vorname), wo er von der Kollegin (Klarname) zufällig beim Fensterputzen beobachtet wurde.
Die (Klarname) hat einen Freund in West-Berlin, zu dem sie will. Sie ist Mitte zwanzig, und Donnerhack hat sie auch zu sich nach Plauen eingeladen.
(...)
Die Ermittlungen zu seinem Auftreten im Freizeitbereich ergaben, daß er sich in dem Haus (Straße und Hausnummer) illegal aufgehalten hat.
Die Häuser dieser Straße stehen auf Abbruch. Dort wohnen in der Regel nur noch Rentner, Asoziale und politisch schwankende Personen.
Die Häuser werden nach und nach freigezogen und dann abgebrochen.
In den leerstehenden Räumen des Hauses (Straße und Hausnummer) hat sich in letzter Zeit eine Reihe von Personen niedergelassen, die dort keinen genehmigten Wohnsitz haben. Sie haben am Abend häufig gesungen und stellten eine Belästigung anderer Mieter in den gegenüberliegenden Häusern dar. Diese wandten sich an die VP, und die Personen wurden aufgefordert, die Räume zu verlassen und die angelegten Schlafstellen zu beseitigen.
Dies wurde dann auch getan.
(...)
Nach Aussage des (Klarname, Vorname) haben sie dort aber nur geprobt.
Diese Personen, meist Intellektuelle und Studenten, haben eine Folklore-Gruppe gebildet. Es könnte sich dabei um die Gruppe "Notentritt" handeln, von der in einem IM-Bericht gesprochen wird. Diese Gruppe war einmal vor Studenten der MLU aufgetreten und bekam danach sofort Auftrittsverbot.
Über die Gruppe war dem ABV, Gen. (Klarname) nichts bekannt.
In letzter Zeit sind keine Beschwerden mehr gekommen.

Bei der eingetragenen Nebenwohnung des Verdächtigen in der (Straße und Hausnummer) handelt es sich um ein Wohnhaus, das hauptsächlich von Studenten bewohnt wird. Es gibt dort einen Hausverwalter und eine Familie, die noch mit in dem Haus wohnt. Alle anderen Räume sind von Studenten oder anderen Untermietern bewohnt.

(...)

In beiden Wohngebieten war es nicht möglich, mit Bürgern zu sprechen. Die soziale Zusammensetzung der Mieter ist so, daß ein Gespräch garantiert weitererzählt worden wäre. Dem Gen. (Klarname) als ABV wurde ein Foto vorgelegt, worauf er eine Person erkannte, die mit in dem Haus (Straße und Hausnummer) aufhältig gewesen war.

(...)

Die Studenten, die in der (Straße und Hausnummer) wohnen, gehören meist zur Hochschule für Industrielle Formgestaltung Burg Giebichenstein in Halle. An dieser Hochschule wollte die Ehefrau des Verdächtigen noch ein Studium aufnehmen. Dies sollte in der Sektion Textilgestaltung erfolgen. Leiter dieser Sektion ist Prof. Willi Sitte.

(...)

Durch den IM der Abt. XX/7 der BV Halle wird der Umgangskreis des Verdächtigen weiter aufgeklärt.

Mit dem Gen. (Klarname), stellvertretender Referatsleiter der Abt. XX/7 der BV Halle, wurde vereinbart, daß er seinem Abteilungsleiter den Sachverhalt darlegt. Nach den bisher bekannten Fakten ist sicher, daß es sich bei dem Verdächtigen um eine feindlich-negative Person handelt, die bearbeitet werden muß. Diese Entscheidung muß der Abteilungsleiter treffen. Er wird uns vom Ergebnis informieren.

* Referat PID, 1981

Staatliche
Galerie Moritzburg
Halle

25. September 1981

Eingegangen
06 OKT 1981
Rat der Stadt Plauen
7/10 Amt für Arbeit

B e u r t e i l u n g

Kollege Wolf Donnerhack war vom 19. 5. bis 27. 9. 1981 in der Abtl. Galerietechnik als Kraftfahrer und Techniker tätig. Die ihm übertragenen Aufgaben löste er umsichtig und gewissenhaft. In seinen Bemerkungen zu politischen Ereignissen ist er zum Teil unüberlegt, mehr Zurückhaltung wäre besser. !!! Das Arbeitsverhältnis wurde in beiderseitigem Einvernehmen wegen seiner Befristung gelöst.

BGL

Staatliche Galerie Moritzburg Halle DDR

amt. Direktor

Kenntnis genommen:

Aus einem Gespräch mit Claus Stedinger*

#

Frage:
Herr Stedinger, nach der Erstauflage der Dokumentation "Das Gewitter" gab es beileibe nicht nur zustimmende Zuschriften. Ein Internist aus Fürth zum Beispiel schrieb, es gäbe hier "viele Fragen und Unklarheiten" und forderte, bei einer Nachauflage die fraglichen Dokumente als Faksimile abzudrucken. Von einigen plumpen Drohbriefen abgesehen, hatte es aber auch Zuschriften, die unterstellten, die in "Das Gewitter" veröffentlichten "angeblichen Stasi-Dokumente" seien erfunden oder gefälscht worden. Was sagen Sie dazu?

Antwort:
Richtig ist nur soviel, daß es sich bei den Transkriptionen der Dokumente um keine 1:1-Übernahmen handelt. Hätten wir uns darauf eingelassen, wäre das Buch noch umfangreicher geworden: Den "Kopf" der Dokumente mit den üblichen Standards wie *Ministerium für Staatssicherheit/ Bezirksverwaltung/ Kreisdienststelle/ Referat/ Bestätigt: Name/ Dienstgrad/ Leiter der BV/ Datum/ Ort der Unterzeichnung* haben wir genauso konsequent weggelassen wie den "Fuß" sowie die Anrede oder die Grußformel. Das heißt, wir haben uns zumeist auf Auszüge mit den wesentlichen Inhalten beschränkt und auch alle ersichtlichen orthographischen Fehler stillschweigend korrigiert.
Was die mehrfach erhobene Forderung nach dem Abdruck von faksimilierten Dokumenten betrifft, so sei dazu gesagt, daß der Leser dann auch zahlreiche Schwärzungen (Anonymisierung von Dritten) hätte hinnehmen müssen.
Im übrigen: Der auf der folgenden Seite als Faksimile wiedergegebene Text, eine Information aus Teil II, Band 1 des von der BV Halle, Abteilung XX/7 geführten IM "Frank Bergmann" (Registrier-Nr. I 549/79, Archiv-Nr. AIM 1096/91) ist nur ein Beispiel dafür, wie unleserlich viele IM-Berichte sind...
Hier die von uns vorgenommene Transkription des Textes von 1981:
Wolf Donnerhack/ Ehemaliger Lehrer/ Sechs Monate ohne Arbeit, viele Absagen von Betrieben/ Stellte Antrag auf Arbeitslosenunterstützung beim Kreisvorstand des FDGB/ Am (Datum) Gespräch zwischen ihm und FDGB/ Dort wurde er als Dissident, Parteifeind und für den Schuldienst untauglich bezeichnet/ Arbeitet jetzt als Handwerker in der Moritzburg-Galerie/ Bekannter von (Vorname und Klarname)/ Schreibt an einem Buch wie LTI von Victor Klemperer über Sprache und Verhältnisse in der DDR/ Hauptwohnung 9900 Plauen, Postfach 278/ Tritt in Turm und Gose auf.
Einer von vielen Berichten, die nicht im OV "Blitz" abgeheftet wurden!

* 2003

Wolf Dornbach [?]

ehemaliger Lehrer

6 Monate ohne Arbeit – viele Absagen von Betrieben

stellte einen Antrag auf Arbeitslosenunterstützung beim Kreisvorstand des FDGB

Am 6.5. Gespräch zwischen ihm + FDGB

- Dort wurde er als Dissident, Pazifist und für den Schuldienst als untauglich bezeichnet

arbeitet jetzt als Handwerker [?] – der Moritzburggalerie

- Bekannter von Tini Harder [?]
- schreibt an einem Buch (soll der LTI von V. Klemperer) über Sprache + Verhältnisse – der DDR
- Hauptwohnung 8960 Plauen Postfach 278
- tritt mit Texten + Jazz [?] auf

Aus dem Bericht eines IM der KD Oelsnitz*

Bericht über Wolf Donnerhack

Am (Datum und Uhrzeit) suchte ich auftragsgemäß Frau Donnerhack auf. Ich erklärte ihr, daß ich mich mit ihr gern in einer privaten Sache unterhalten wolle, worauf sie mich in die Wohnung bat.
Ich berichtete ihr von meiner Absicht, mich selbständig zu machen und erkundigte mich, ob evtl. Material über mein Fachgebiet bei ihnen vorhanden sei. Sie konnte mir dbzgl. einige Bücher zeigen und fragte mich, wie ich auf sie gekommen wäre, worauf ich meine Frau angab, die Tochter von Dr. (Klarname), womit sie sich zufrieden gab.
Ich blätterte ein wenig in den Büchern und brach dann meinen Besuch ab, indem ich Frau Donnerhack mitteilte, daß ich mich eigentlich erst einmal nur so erkundigen wollte und bei Gelegenheit wiederkommen würde. Daraufhin schlug sie gleich den folgenden Samstag vor, da ihr Mann dann auch zu Hause sei.
Als ich am Samstag (Datum und Uhrzeit) klingelte, öffnete mir Herr Donnerhack mit der Bemerkung, daß ich schon angemeldet sei und führte mich in sein Arbeitszimmer. Ich hatte ein paar von meinen Materialien mit, die sie sich interessiert anschauten. Danach brachten sie mir einen ganzen Stapel Bücher, die ich alle durchsah und erst einmal zwei auswählte.
Nach ungefähr einer Stunde lud man mich noch zum Kaffeetrinken ein.
Dabei sprach ich vom Werdegang meines Gewerbeantrages und kritisierte in diesem Zusammenhang die Leute vom Rat der Stadt, worauf er mir beipflichtete und bemerkte, daß dort nur "Sesselfurzer" sitzen, die keine Ahnung haben. Seine Frau sagte, er solle nicht so laut schimpfen, da der Mieter unter ihnen für das MfS "spionieren" würde. In diesem Zusammenhang erzählten sie mir, daß sie durch Zufall dahintergekommen sind, daß ein Bekannter von ihnen für die "Firma" arbeitet. Dieser hätte eine neue Vollkomfortwohnung erhalten, und als dann ein anderer Bekannter, der unter viel schlechteren Bedingungen wohnt, sich im Rathaus deswegen beschwert hatte, teilte man ihm mit, daß diese Wohnung nicht vom Rat der Stadt bzw. vom Wohnungsamt vergeben worden sei. Aus dieser Unterhaltung war mein Eindruck, daß er das Gefühl hat, überwacht zu werden. Über seine Arbeit sagt er kaum etwas, ich vermute nur aus dem Gehörten, daß er als Kraftfahrer tätig ist.
Bezüglich meines Vorhabens wollte er sich bei einem Bekannten erkundigen, der in Halle als Restaurator arbeitet. Weiter war aus dem Gespräch noch zu entnehmen, daß er ab dem (Datum) wieder in Plauen ist.

* Referat PID, 1981

Aus dem Bericht eines ZI der StVE Plauen*

Information zu Wolf Donnerhack

Durch den Untersuchungsgefangenen (Klarname, Vorname und Grunddaten) erfuhr ich jetzt durch Unterhaltung in der UHA Plauen folgendes:

Der (Klarname) hat einen Freund und früheren Arbeitskollegen namens Wolf Donnerhack, welcher in Plauen, in der Nähe der sowjetischen Kasernen, wohnen soll. Dieser Wolf Donnerhack ist feindlich gegenüber der DDR eingestellt. In seinen Äußerungen kommt stets seine Sympathie gegenüber den konterrevolutionären Ereignissen in Polen zum Ausdruck. Donnerhack bringt in seinem engsten Freundeskreis ebenfalls zum Ausdruck, daß er nur deshalb in der DDR bliebe, um etwas gegen dieses System unternehmen zu können. Er sagt, er müsse hierbleiben, denn von der BRD aus könne er nichts gegen die DDR unternehmen.
Zu Wolf Donnerhack ist mir persönlich bekannt, daß dessen Bruder mit einem Segelflugzeug von Plauen aus in die BRD fliegen wollte. Dieser ist jedoch ertappt und inhaftiert worden und befindet sich jetzt in der BRD.

* 1981

Aus einem Dokument der KD Oelsnitz*

Information zu Wolf Donnerhack

Der IMS (Deckname) wurde während eines Treffens am (Datum) noch zu folgenden Problemen befragt:

1.
Hat der Donnerhack irgendwelche Verbindungen zu kirchlichen Kreisen?
Der IM erklärte, daß ihm darüber nichts bekannt sei, da er diesbezüglich mit Donnerhack keine Gespräche geführt habe.

2.
Sind Verbindungen des Donnerhack nach Karl-Marx-Stadt, Hohenstein-Ernstthal, Stollberg, Flöha, Zschopau und Einsiedel bekannt?
Der IM gab zu verstehen, daß ihm lediglich bekannt sei, daß die verstorbene Mutter des Donnerhack aus dem früheren Chemnitz stammt und dort noch ihre ganze Verwandtschaft zu wohnen hat.

3.
Wann wurde der Donnerhack letztmalig vom IM gesehen?
Der IM erklärte, daß er den Donnerhack nicht mehr in Tiefenbrunn gesehen hat, seit ihm der Passierschein entzogen wurde.

4.
Wie schätzt der IM die Familienverhältnisse bei den Donnerhacks ein?
(...)

5.
Wann wurde der *Trabant* der Donnerhacks aus Tiefenbrunn geholt?
Der IM erklärte, daß der *Trabant* Ende Juni von der Donnerhack, (Vorname) abgeholt wurde, da der Donnerhack selbst keinen Passierschein mehr besitzt und auch nicht wieder erhält.

* Referat PID, 1981

Volkspolizei-Kreisamt
Plauen -PM- Plauen, den 06.10.81

Polizeiliches Führungszeugnis

für Herrn ~~Frau~~ Frl. Wolf Donnerhack
Vorname Familienname Geburtsname

geboren am 05.10.52 in Plauen

polizeilich gemeldet in Plauen Krs.Plauen,Wilhelm-Pieck-Str. 111
Wohnort, Kreis, Straße und Hausnummer

zum Zwecke der Bewerbung

Aus einem Schreiben des Leiters der KD Plauen*

Information zu Wolf Donnerhack

Unsere Quelle informierte, daß Donnerhack am (Datum) mit Ehefrau zur Eröffnung der "Galerie 75" im Kulturbund in Plauen war.
Obwohl es aus der Vergangenheit her eine Differenz zwischen unserem IM und Donnerhack gab, begrüßte letzterer unsere Quelle. Zwischenzeitlich unterhielt sich Frau Donnerhack mit der Ehefrau des IM. Beide kennen sich aus gemeinsamer Kulturarbeit. Anschließend begab sich Familie Donnerhack ins Malzhaus zum Frühschoppen anläßlich des Folklorefestes.
Dort kam es zu einem längeren Gespräch zwischen Donnerhack und dem IM. Donnerhack erzählte, daß er einen befristeten Arbeitsvertrag bei der *Staatlichen Galerie Moritzburg* hat und bis zum (Datum) in Halle tätig ist.
(...)

In Plauen habe er sich mehrfach um eine Anstellung bemüht, jedoch vergebens, die Angebote wären lachhaft gewesen, beispielsweise Kraftfahrer beim Kohlehandel.
(...)
Seiner Frau werden seinetwegen auch schon Schwierigkeiten bereitet.
Die Ehefrau des IM hat Familie Donnerhack zu einem Besuch eingeladen.
Donnerhack sagte zu, ohne sich terminlich festzulegen.

* An den Leiter der KD Oelsnitz, 1981

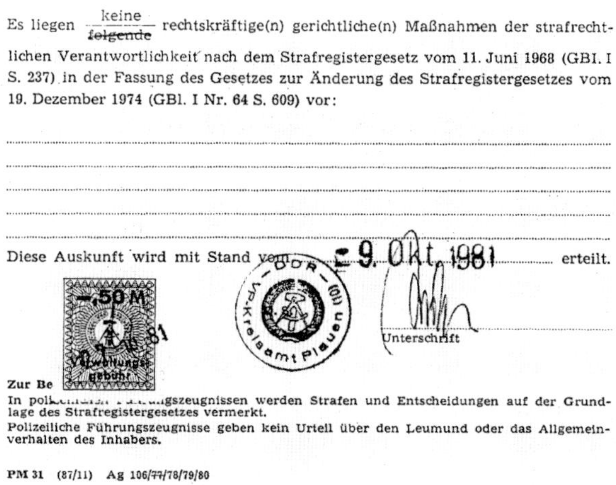
Es liegen keine ~~folgende~~ rechtskräftige(n) gerichtliche(n) Maßnahmen der strafrechtlichen Verantwortlichkeit nach dem Strafregistergesetz vom 11. Juni 1968 (GBl. I S. 237) in der Fassung des Gesetzes zur Änderung des Strafregistergesetzes vom 19. Dezember 1974 (GBl. I Nr. 64 S. 609) vor:

Diese Auskunft wird mit Stand vom 9. Okt. 1981 erteilt.

-,50 M Verwaltungsgebühr

DDR VP-Kreisamt Plauen (01)

Unterschrift

Zur Be

In poli[illegible]ngszeugnissen werden Strafen und Entscheidungen auf der Grundlage des Strafregistergesetzes vermerkt.
Polizeiliche Führungszeugnisse geben kein Urteil über den Leumund oder das Allgemeinverhalten des Inhabers.

PM 31 (87/11) Ag 106/~~77~~/78/79/80

Aus einem Dokument der KD Oelsnitz*

Absprachebericht

Am (Datum) wurde mit dem Gen. (Klarname) von der KD Plauen eine Absprache über den Verdächtigen des OV "Blitz" geführt.

Der Gen. (Klarname) wurde von der Leiterin der Stadtbibliothek in Plauen, der Genn. (Klarname), von folgendem Sachverhalt in Kenntnis gesetzt:

Eine Mitarbeiterin der Stadtbibliothek, Frau (Klarname), hatte der Genn. (Klarname) erzählt, daß ihr Sohn (Vorname und Klarname) von dem Verdächtigen zu sich in die Wohnung eingeladen wurde und was sich dort abgespielt hat.
Daraufhin informierte die Genn. (Klarname) den Gen. (Klarname) von der KD Plauen, und es fand ein Gespräch mit der Frau (Klarname) über den Besuch ihres Sohnes beim Verdächtigen statt. Dabei war die Frau (Klarname) sehr erregt und verängstigt, da sie negative Auswirkungen für ihren Sohn befürchtete, wenn sein Umgang an der TH Karl-Marx-Stadt, wo er studiert, bekannt wird. In dem Gespräch berichtete Frau (Klarname) dann folgendes:
Am (Datum) war ihr Sohn (Vorname und Klarname) von dem Verdächtigen in dessen Wohnung eingeladen worden. Mit ihm war noch sein ehemaliger Schulkamerad (Vorname und Klarname) dieser Einladung gefolgt.
Im Verlaufe dieses Gespräches schilderte ihnen der Verdächtige,
daß er Berufsverbot hat und daß es das in der DDR auch gibt.
Er sagte u.a., daß man hier seine Meinung nicht äußern dürfe.
(...)

Zum Schluß hat der Verdächtige dem (Vorname und Klarname) noch zwei Bücher mitgegeben.
Der Autor des einen Buches war der Franzose Robert Merle. Sein Buch mit dem Titel "Hinter Glas" befaßt sich mit Studenten-Unruhen bzw. Aufständen im Jahre 1968. In welchem Land, war der Frau (Klarname) nicht bekannt.
Das andere Buch war von dem DDR-Schriftsteller Erich Loest, und es soll darin eine Schüler-Demonstration in Leipzig behandelt werden.
Diese beiden Bücher hat er dem (Vorname und Klarname) mitgegeben.
Die Frau (Klarname) sagte weiter, daß ihr Sohn und der (Vorname und Klarname) begeistert waren von der Intelligenz des Verdächtigen.
Der Verdächtige kennt die beiden von der POS her. Er hat während seines Studiums oft in dieser Klasse an der (Name der) Oberschule unterrichtet und hat zu einigen ehemaligen Schülern noch heute Kontakt.
Wo und wie er den (Vorname und Klarname) und den (Vorname und Klarname) zu sich eingeladen hat, ist nicht bekannt geworden. (...)

Von der gleichen Quelle ist auch bekannt geworden, daß der Verdächtige engen Kontakt zu seinem ausgesiedelten Bruder hat. Er soll sämtliche Formalitäten hinsichtlich Geburtsurkunde, Fahrerlaubnis, Schweißerpaß usw. mit dem Rechtsanwalt geklärt haben, der seinen Bruder bei der Entlassung aus der Staatsbürgerschaft rechtlich vertreten hat.

Im Ergebnis der Aussprache muß eingeschätzt werden, daß der Verdächtige vermutlich andere Jugendliche und Jungerwachsene mit in seine Feindtätigkeit einbeziehen will.

* Referat PID, 1981

#

Faksimile:

Der historische Handzettel, mit dem zur (Schüler-) Demonstration auf dem Leipziger Leuschnerplatz aufgerufen wurde - am 31. Oktober 1965.
Anlaß war das kurz zuvor offiziell verhängte *Beat-Verbot* in der DDR.
Für die junge Generation von heute unvorstellbar, daß es so etwas gab - sollte man meinen. Aber als Wolf Donnerhack in einer Diskussionsrunde mit Gymnasiasten aus Dresden am 23. Mai 2003 davon sprach, daß 1988/1989 ein Spitzenschleier an der Autoantenne schon ausreichte, um für anderthalb Jahre wegen der "Beeinträchtigung staatlicher Tätigkeit" ins Gefängnis geschickt zu werden, verließ ein Neunzehnjähriger demonstrativ den Raum, wobei er die Anwesenden (in breitestem Sächsisch) wissen ließ: "Nein, das glaube ich nicht. Niemals! Das ist doch alles nur Hetze hier und Lügerei..."

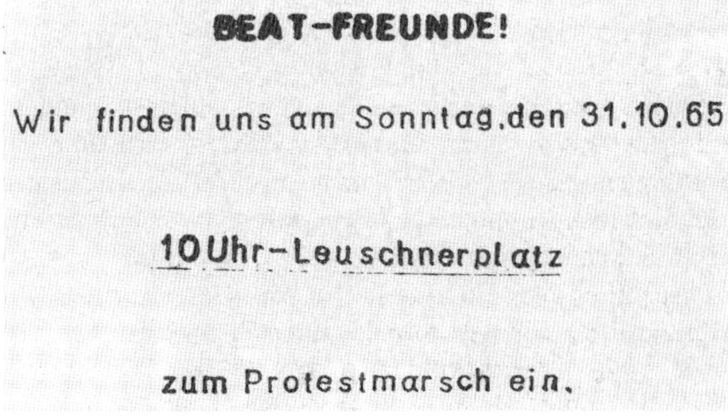
BEAT-FREUNDE!

Wir finden uns am Sonntag.den 31.10.65

10Uhr-Leuschnerplatz

zum Protestmarsch ein.

Aus einem Dokument der KD Oelsnitz*

Zwischensachstandsbericht zum OV "Blitz"

Die Zielstellung, den IM (Deckname) in den OV einzuführen und unter einer Legende mit dem Verdächtigen bekannt zu machen, wurde mit dem Besuch des IM am (Datum) realisiert.
Der IM festigte in Vorbereitung dieses Besuches seine Beziehungen zum Museumsdirektor (Klarname) in Plauen sowie zum Leiter des Museums in Oelsnitz, (Klarname). Beide Personen kennen den Verdächtigen und sollten als empfehlende Personen genutzt werden. Da beide aber zur Zeit fast keinen Kontakt haben, nahm der IM von sich aus Verbindung zur Ehefrau des Verdächtigen auf, unter der Legende des Interesses für Bauernmalerei.
Dieses erste Gespräch fand am (Datum) statt, wo die Ehefrau dann die Einladung für den (Datum) aussprach.
(...)
In mehreren Aussprachen mit dem Kader für das WR *Feliks Dzierzynski* wurden einige operativ wertvolle Informationen erarbeitet. Dieser Kader hat seit einigen Jahren einen guten Kontakt zu dem Verdächtigen. Er sagte aus, daß dieser oftmals sehr merkwürdige Ansichten zu politischen Problemen hat. So hat er u.a. die Maßnahmen der *Solidarnoscz* in Polen befürwortet.
(...)
Bereits während seines Praktikums an der (Name der) Oberschule in Plauen brachte der Verdächtige Bücher von Schriftstellern mit in den Unterricht, die zwar bei uns verlegt worden waren, aber versteckte Angriffe auf den Sozialismus in der DDR enthielten. Anhand verschiedener kritischer Zitate hat er dargelegt, wie "wirkliche" Kommunisten aussehen. In verschiedenen Gesprächen hat er Fürsprache für solche Liedermacher und Schriftsteller wie Biermann und Fuchs genommen. Diese bezeichnete er als "anständige" bzw. "wahre" Kommunisten und nicht solche "Trittbrett"-Kommunisten, wie wir sie haben. Er tritt für eine "Verbesserung" des Sozialismus in der DDR ein. Konkret geht es ihm um mehr "Freiheit" in der DDR.
(...)
Der Verdächtige unterhält eine ständige Verbindung zu seinem Bruder Donnerhack, Lutz in Würzburg. Seitens des Bruders wird ein regelmäßiges Zusammentreffen angestrebt. Über Termine und Trefforte ist aus den Briefen wenig ersichtlich, da sich die beiden Brüder sehr vorsichtig ausdrücken. Es werden nur Abkürzungen von Namen genannt bzw. Spitznamen wie "Joe". Des weiteren bittet der Donnerhack, Lutz seinen Bruder Wolf, ihm Anschriften und Telefonnummern von einigen Personen zu beschaffen. (...)

Außerdem
bezieht der Verdächtige die jugoslawische Zeitschrift *Internationale Politik*. Anhand der dort abgedruckten Autoren aller politischen Schattierungen wie Opportunisten, Revisionisten und dergleichen sucht und findet er eine Bestätigung für seine Meinung zu bestimmten politischen Ereignissen.
So ist er auch gegen den "Einmarsch der Russen" in Afghanistan.

Weitere operativ bedeutsame Fakten
wurden im Berichtszeitraum nicht erarbeitet.

* Referat PID, 1981

#
Streifband der jugoslawischen Zeitschrift *Medjunarodna Politika*.
Man beachte die Anschrift: *Wolf D.; Postfach 278, 99 Plauen/BRD*!

Aus einem Schreiben des Leiters der KD Oelsnitz*

<u>Antrag für eine konspirative Hausdurchsuchung</u>

Hiermit beantrage ich eine konspirative Hausdurchsuchung zum OV "Blitz", Reg.-Nr. XIV 2928/80 (§ 106 StGB).

Begründung:

Im Prozeß der politisch-operativen Bearbeitung wurde bekannt, daß der Verdächtige eine Reihe von Verbindungen zu feindlich-negativen Personen unterhält.

- Von ihm werden Verbindungen in den "Malzhaus-Club" in Plauen
- und zu der Folklore-Gruppe "Notentritt" aus Halle unterhalten.
- Weiterhin steht er in Verbindung mit polnischen Mädchen
- und seinem in Bayern lebenden Bruder Donnerhack, Lutz.

Wie inoffiziell bekannt wurde, hat der Verdächtige in seinem Arbeitszimmer einen Bücherschrank stehen, den er selbst als "Giftschrank" bezeichnet. Hier werden von ihm persönliche Dinge wie Literatur, Korrespondenz, Adreßbücher und Tonträger aufbewahrt, zu denen nur er Zugang hat.

Zielstellung:

Die Zielstellung besteht darin, den Nachweis zu erbringen, daß der Verdächtige im Besitz von Büchern verbotener Autoren sowie von anderer Literatur mit staatsfeindlichem Inhalt ist. Weiterhin, ob er Tonträger besitzt, auf denen Reden bzw. Lieder mit gleichem Inhalt gespeichert sind. Nach inoffiziellen Informationen bewahrt der Verdächtige solche Materialien im unteren Teil seines Bücherschrankes auf. Bei den Schlössern handelt es sich nach Kenntnis von Personen um normale ältere Schrankschlösser mit Schlüsseln, die einen gezackten Bart haben. Der Bart ist aber nicht so glatt wie bei heute üblichen Schrankschlössern. Des weiteren müßten sowohl die im Arbeitszimmer als auch im links daneben liegenden zweiten Wohnraum befindlichen Möbelstücke in die Durchsuchung einbezogen werden.

Realisierungsplan:

Die Hausbewohner wurden in der Abteilung XII und M überprüft. Die Überprüfung in der Abteilung XII ergab, daß der Mieter unter dem Verdächtigen positiv für die KD Plauen, Gen. (Klarname) erfaßt ist. Das Ergebnis der Überprüfung in der Abteilung M liegt noch nicht vor.

Der in der Wohnung des Verdächtigen verkehrende (Klarname, Vorname) ist als Kader für das Wachregiment *Feliks Dzierzynski* vorgesehen. Er besitzt einen Wohnungsschlüssel.

Der (Klarname) soll unter der Legende einer notwendigen fachärztlichen Untersuchung zum MD der BV Karl-Marx-Stadt gebracht werden.
Während der Untersuchung soll ein Abdruck des Schlüssels gemacht werden. Mittels dieses Zweitschlüsels ist dann der Zugang zur Wohnung möglich.

Die Wohnungsskizze wurde anhand der Befragung des Mieters (Klarname, Vorname) angefertigt. Die Richtigkeit derselben wurde in einem Gespräch über die Wohnung des Verdächtigen und das Niveau der Einrichtung durch den IM (Deckname) bestätigt.

Zur Realisierung der Maßnahme wäre noch notwendig, daß sich die Mieter der Nachbarwohnung außer Haus befinden und an ihrem Aufenthaltsort unter Kontrolle gehalten werden.
Der Mieter über dem Verdächtigen (Erkerwohnung) hat eine normale Arbeitszeit und muß ebenso am Arbeitsplatz durch Mitarbeiter oder eine andere geeignete Person gebunden werden.
Bei dem Mieter unter der Wohnung des Verdächtigen handelt es sich um den Rentner (Klarname, Vorname). Dieser ist positiv für die KD Plauen erfaßt und könnte als Stützpunkt für die Abteilung VIII genutzt werden.

Zur Absicherung der Maßnahme kann ein Posten in der Wohnung eines OM der HA I Plauen/GR 10 eingerichtet werden. Diese Wohnung besitzt Telefon, und von der Wohnung besteht Sicht- und Funkverbindungsmöglichkeit zur Wohnung des Verdächtigen. Beim Verlassen einer Person vom Aufenthaltsort, wo eine Gefährdung der Maßnahme eintreten kann, könnte der MA, der die betreffende Person unter Kontrolle hält, anrufen, und die MA in der Wohnung des Verdächtigen können gewarnt werden und sich in die Wohnung des Mieters unter dem Verdächtigen begeben. Nach der Klärung der Gefahr können die MA dann wieder ihrer Aufgabe nachkommen. Das Zeitlimit von vier Stunden kann durch vorher geplante Maßnahmen gewährleistet werden.

Aufträge für die beteiligten IM ergehen besonders.

Der auftraggebende Mitarbeiter hält sich während des Zeitraumes der Maßnahme im beabsichtigten Stützpunkt in der (Straße und Hausnummer) in der Wohnung des OM der HA I Plauen/GR 10 auf.

* An den Leiter der Abteilung VIII der BV Karl-Marx-Stadt, 1981

Aus einem Dokument der BV Karl-Marx-Stadt*

Feststellung eines sogenannten Unzufriedenen

Sachverhalt:
Der Donnerhack, Wolf (Grunddaten) reiste gemeinsam mit seiner Ehefrau Donnerhack, (Vorname und Grunddaten) am (Datum und Uhrzeit), aus der CSSR kommend, über die GÜSt Oberwiesenthal wieder in die DDR ein.
Im Rahmen der Abfertigung durch die PKE führte er aus, daß er mit seiner Frau sich drei Tage privat in Prag aufgehalten habe. Feststellbar war, daß sich die Ehefrau bereits während der Paßkontrolle ausschließlich auf die Zollkontrollmaßnahmen orientierte. Dabei wirkte sie äußerst nervös.
Bei der durchgeführten Zollkontrolle wurden ein Auto-Atlas aus der BRD im Handschuhfach sowie in der linken Türverkleidung sechs Taschenbücher mit folgenden Titeln festgestellt:
- "Ansichten eines Clowns" von Heinrich Böll,
- "Collin" von Stefan Heym,
- "Der Butt" von Günter Grass,
- "Die Blechtrommel" von Günter Grass,
- "Die Farm der Tiere" von George Orwell,
- "Die wunderbaren Jahre" von Reiner Kunze.

Diese Literatur hatte der Donnerhack trotz Befragen nicht angegeben.
Durch das GZA Oberwiesenthal erfolgte die entschädigungslose Einziehung aller festgestellten Literaturerzeugnisse aus der BRD und Einleitung eines OSV. Aufgrund der festgestellten Literaturerzeugnisse entstand insgesamt der Eindruck, daß der Donnerhack zu den Unzufriedenen zählt.
Dennoch hinterließ er einen ruhigen und teilweise sicheren Eindruck.
(...)
Der Donnerhack ist auf Grund des Besitzes eines Pkw sehr beweglich und in der Lage, in kurzer Zeit andere Ortschaften anzufahren.
Hinsichtlich seines Auftretens und Verhaltens im Rahmen der Kontrollmaßnahmen an der GÜSt entstand der Eindruck, daß der Donnerhack sich zu einer feindlich-negativen Person entwickelt hat, obwohl er versuchte, einen positiven Eindruck zu hinterlassen.
(...)
Insgesamt sind besonders die Verbindungen des Donnerhack nach der VRP und zu seinem Bruder in der BRD operativ interessant und zu beachten.
Die Überprüfung des BRD-Bürgers Donnerhack, Lutz in den Fahndungsmitteln des OLZ der Abteilung VI ergab, daß dieser unter der Nr. 328-368 als Sperrobjekt für die KD Plauen erfaßt ist.

* Abteilung VI, 1981

ZOLLVERWALTUNG DER
DEUTSCHEN DEMOKRATISCHEN REPUBLIK

Bezirksverwaltung Dresden
Abteilung Zollrecht

Herrn
Wolf Donnerhack

9900 Plauen
Wilhelm-Pieck-Str. 111

Ihre Zeichen	Ihre Nachricht vom	Unser Zeichen	Fernsprecher	Hausruf	Adresse Datum
		D 545/81 ZR stej-ka	52811	257	8060 Dresden Reichpietschufer 6. Nov. 1981

Sehr geehrter Herr Donnerhack!

Das gegen Sie am 18. Oktober 1981 durchgeführte Verfahren zur Verfolgung von Zoll- und Devisenverstößen wurde uns zur abschließenden Bearbeitung übergeben.

Wir überprüften den Sachverhalt und stellten fest, daß Sie vorsätzlich gesetzliche Bestimmungen der DDR verletzt haben und damit den Tatbestand des § 15 (1) Zollgesetz erfüllten.

Als rechtliche Maßnahme sprechen wir gegen Sie eine Strafverfügung in Höhe von 600,00 Mark aus.

Die Strafverfügung ist diesem Schreiben beigefügt.

Wir erwarten von Ihnen, daß Sie bei künftigen Auslandsreisen die bestehenden Rechtsvorschriften der DDR beachten.

Hochachtungsvoll

[redacted]

Oberkommissar

#

Zu dem faksimilierten Schreiben der Zollverwaltung auf der vorhergehenden Seite sei noch angemerkt, daß die Höhe der Strafverfügung (600,- Mark) in etwa dem durchschnittlichen Monatseinkommen eines Facharbeiters in der DDR entsprach. Außerdem war Wolf Donnerhack damals arbeitslos - und Arbeitslosengeld oder Sozialhilfe gab es nicht im Arbeiter-und-Bauern-Staat.

Aus dem Bericht eines IM der KD Plauen*

Information zu Wolf Donnerhack

Am (Datum) unterhielt ich mich mit dem Donnerhack, Wolf über das Treffen mit seinem Bruder Lutz in der CSSR.
Dabei berichtete er, daß bei der Rückreise aus der CSSR sein *Trabant* am Grenzübergang "gründlich auseinandergenommen" wurde. Dabei entdeckte man, daß sich in der Türverkleidung Bücher befanden, die aus der BRD stammen und in der DDR verboten sind. Konkrete Titel und Autoren nannte er nicht. Diese Artikel wurden alle eingezogen. Gegen den Wolf läuft jetzt ein Ordnungsstrafverfahren. Man kann einschätzen, daß diese Bücher für ihn selbst waren, da er von seinem Interessengebiet auch für solche Art Literatur zu haben ist. Der Wolf erzählte weiter, daß er den Eindruck hatte, daß die zuständigen Organe von seinem Aufenthalt in der CSSR und auch sonst genau über ihn Bescheid wußten und ihn ganz zielgerichtet kontrollierten.

* Referat PUT, 1981

Aus einem Dokument der KD Oelsnitz*

Aktennotiz

Bei dem Lehrerehepaar, das bei dem Verdächtigen des OV "Blitz" verkehrt, handelt es sich um (Klarname, Vorname und Grunddaten) und (Klarname, Vorname und Grunddaten). In der KD Plauen sind diese Personen nicht erfaßt

* Referat PID, 1981

Aus dem Bericht eines IM der KD Plauen*

Bericht über Wolf Donnerhack

Wolf Donnerhack ist seit dem (Datum) wieder in Plauen.
Angeblich bemüht er sich seit Monaten um Arbeit, jedoch vergeblich.
Er konnte zwar, wie ich von einem Informanten in Erfahrung brachte, eine umfangreiche Sammlung von Bewerbungsschreiben vorlegen, doch wurden Antworten der angeschriebenen Betriebe bzw. Einrichtungen nicht gesehen.
Während seine Frau arbeiten geht, macht er den Haushalt, ißt häufig zu Mittag im *Astoria* und trinkt danach Kaffee im *Ruprecht* oder im *Beierlein.*

Zu seinem Bruder Donnerhack, Lutz unterhält er festen und regelmäßigen brieflichen und persönlichen Kontakt. Sie treffen sich des öfteren in Prag.
Lutz geht in der BRD gleich drei Beschäftigungen zur gleichen Zeit nach.
Er arbeitet in einer Firma, die Spezialaufbauten für *Volvo*-Basisfahrzeuge (Lastwagen) herstellt und verdient dabei sehr gut.
Außerhalb der regulären Arbeit fertigt er Luftschrauben für Flugzeuge.
An den Wochenenden und manchmal auch nachts fliegt er als Pilot Charterflugzeuge für ein ausgewähltes Publikum aus Politik und Wirtschaft.
Dabei soll er häufig nach Paris fliegen, Flughafen *Charles de Gaulle.*
Zu den Treffs in Prag kommt Lutz mit einer amerikanischen Limousine vom Typ *Chrysler*. Während dieser Treffs werden Farbfotos mit einer *Polaroid*-Kamera gemacht. Wolf und (Vorname) Donnerhack fahren mit einer *Trabant*-Limousine zu diesen Treffs.

Diese Information ist nicht offiziell auswertbar,
da sonst Rückschlüsse auf meine Person gezogen werden könnten.

* Referat PUT, 1982

#

In einem der Briefe, die nach der Erstveröffentlichung von “Das Gewitter” beim Herausgeber eingingen, meinte ein pensionierter Oberarzt aus Bochum, wenn ein Arbeitsloser ohne eigenes Einkommen es sich habe leisten können, regelmäßig in einem Restaurant zu speisen, dann könne es in der DDR wohl nicht so schlimm gewesen sein. Doch das legendäre *Astoria* (vulgo “Beff”) in der Plauener Windmühlenstraße war kein herkömmliches Restaurant: Dort aßen in der Regel nur Schüler und Lehrlinge zu Mittag sowie Handwerker und Kraftfahrer - und es gab (neben Gulasch und Schnitzel) ein einziges Standardgericht: Beefsteak mit Semmel und Sauerkraut. Preis: Eine Mark.

Aus dem Bericht eines IM der KD Plauen*

Information zu Wolf Donnerhack

Ein gewisser Wolf Donnerhack fragte beim PFA um Arbeit nach.
Hat angeblich schon mehrere Jahre bei uns sonntags Zeitung ausgetragen. Nach Einsichtnahme in die Kaderakte, die beim Rat der Stadt Plauen liegt, wurde die Einstellung abgelehnt.
Wolf Donnerhack war zuletzt bei der *Staatlichen Galerie Moritzburg* als Kraftfahrer tätig. Er hat ein Hochschulstudium absolviert, war 1980 vom Rat der Stadt Oelsnitz fristlos entlassen und aus der SED ausgeschlossen worden. Er wohnt in Plauen, (Straße und Hausnummer) und hat das PSF 278.

* Referat PUT, 1982

#
Dieses Dokument wurde nicht in den zum OV "Blitz" angelegten Unterlagen aufgefunden, sondern in der sogenannten "Arbeitsakte" des IMS "Rau". Besagter "Rau", ehemals Kaderleiter im Post- und Fernmeldeamt Plauen, kann vor Lachen nicht mehr schlafen: Er ging 1992, mit Vollendung des 55. Lebensjahres, in den bestens dotierten Vorruhestand und kassierte obendrein noch eine wunderschöne Abfindung - und der ehemalige "Klassenfeind" zahlt sich dumm und dämlich...
Daß die Genossen von der Zollverwaltung der DDR vom Bundesfinanzministerium übernommen (und verbeamtet) wurden, versteht sich von selbst. Ein Plauener Zöllner, der früher (im Zuge der "Biermann-Affäre") entlassen worden war und nach der "Wende" seine Wiedereinstellung eingeklagt hatte, arbeitet heute beim Zoll in Bayern. Grund: Mobbing beim Zoll in Plauen (wo der frühere Leiter des Grenzzollamtes Gutenfürst in leitender Funktion tätig war, bis er nach Thüringen weggelobt wurde) - er mußte mit einem Kollegen Dienst tun, der ihn jahrelang als IM "Dieter Klein" bespitzelt hatte...

Aus dem Antwortschreiben des PFA Plauen*

Bewerbung

Auf Ihre Bewerbung teilen wir mit, daß wir auf eine Einstellung verzichten.

* Abteilung Kader und Bildung, 1982

#
Come Together. Deutsch-deutsches Treffen in Eger (tschechisch *Cheb*).
Im Hintergrund das Pachhölbelsche Haus (tschechisch *Pachelbelnuv dum*),
in dem anno 1635 Generalissimus Albrecht von Wallenstein ermordet wurde.

Aufnahme: Lutz Donnerhack, Würzburg (1982)

Aus dem Bericht eines IM der KD Plauen*

Bericht über Wolf Donnerhack

Am (Datum) fand, wie ich jetzt von meiner Frau erfuhr, wieder ein Treffen von Wolf Donnerhack mit seinem Bruder Lutz statt.
Man traf sich auf einem Zeltplatz in der CSSR.
Neben Wolf und seiner Frau kam auch ein ehemaliger Freund von Lutz, der (Vorname und Klarname) mit seiner Familie.
Zu (Vorname und Klarname) wäre zu sagen, daß er derzeit im Grenzgebiet (in oder bei Blankenstein, Bezirk Gera) arbeitet und einen Passierschein hat.
Zur besseren Tarnung fuhren die beiden Familien mit ihren Pkw *Trabant 601* getrennt, über verschiedene Grenzübergangsstellen, in die CSSR.
Das Treffen in der CSSR hatte den Charakter des Wiedersehens
und diente außerdem der Übergabe von Geld und Geschenken.

Von meiner Frau konnte ich weiterhin folgendes erfahren:
Das Treffen war lange vorher wieder von Wolf organisiert worden, der schon vor einiger Zeit auf dem Zeltplatz Absprachen geführt hatte. Die Bezahlung sollte in West erfolgen. Als die beiden Familien aus der DDR und der Lutz aus der BRD auf dem Zeltplatz eintrafen, wurden sie in zwei verschiedene Bungalows eingewiesen. Dazu sagte Wolf zu dem Zeltplatz-Verwalter, das wäre gegen die Abmachung. Vereinbart worden wäre ein gemeinsamer Bungalow. Sonst könnte hinter der Wand "die Stasi" lauern und "horchen".
Der Zeltplatz-Verwalter sagte darauf, es wäre nur für diese eine Nacht.
Dann zeigte er dem Wolf mehrere Autos mit DDR-Kennzeichen, Zelte und Bungalows, wo angeblich "die Stasi" campieren würde. Der Wolf fragte den Zeltplatz-Verwalter, woher er denn wissen will, daß die Autos und Zelte usw. zur "Stasi" gehören. Dieser sagte, "die Stasi" dürfe in der CSSR keine Festnahmen durchführen, deshalb müßten sie sich beim Zeltplatz-Verwalter zu erkennen geben, damit der im Notfall bei der tschechischen "Stasi" anruft. Das fand der Wolf "hervorragend". Er sagte, das wäre "echt Schwejk".
Obwohl er sonst meistens verstockt und schweigsam ist, lachte er und sagte, mit solchen Waffenbrüdern kann "die Stasi" keinen Krieg gewinnen.
Für diese Information bekam der Zeltplatz-Verwalter vom Lutz Westgeld!
Nach dem Treffen blieb der Wolf noch mehrere Tage allein in der CSSR.
Er studierte angeblich alte Akten im Archiv in "Eger", wo man ihn sogar übernachten ließ. Der Wolf sprach danach sehr begeistert von den Leuten in diesem Archiv. Sie hätten ihn nicht nur bewirtet und ihm die Schlüssel vom Archiv überlassen, sie hätten auch "viele Gemeinsamkeiten" entdeckt.
So wären sie sehr stolz auf ein Denkmal vom Kaiser Franz Joseph, das sie vor den "Russen" retten konnten. Wolf sagte weiter, daß sie auch viel über den "Prager Frühling" geredet haben. Dazu sollen diese Leute gesagt haben:
"Wir Tschechen sind ein trauriges Volk.
Der Westen hat uns 1938 verraten, und der Westen hat uns 1968 verraten."
Wolf sagte, daß diese "neuen Freunde" sehr wertvoll für ihn sind.
Er hat vor, wegen seiner Studien bald wieder in die CSSR zu fahren.

Handschriftlicher Vermerk:
Sofortinformation an OG Karlovy Vary!

* Referat PUT, 1982

Aus einem Schreiben der BV Karl-Marx-Stadt*

Negative Grundhaltung zur Politik von Partei und Regierung

Im Rahmen der Fahndungstätigkeit im nationalen Postverkehr wurde folgende Sendung der operativ-technischen Bearbeitung unterzogen:
Absender: Wolf Donnerhack, (Postanschrift) in 9900 Plauen.
Empfänger: Prof. Werner Bramke, (Postanschrift) in 7024 Leipzig.

Inhalt der Sendung:
Eine handschriftliche Mitteilung des Absenders für den Empfänger, zwei Schreiben sowie ein Lebenslauf des Absenders zu seiner persönlichen Entwicklung und mehrere Schriftstücke im Zusammenhang mit der Strafsache gegen den Bruder des Absenders, den Terroristen Lutz Donnerhack.

Sachverhalt:
Absender versucht, ihm angelastete Fehler auf politisch-ideologischem Gebiet auf Unvermögen und Unverständnis führender Funktionäre der Partei und des Staatsapparates im Kreis Oelsnitz abzuwälzen. Er beschuldigt die Genossen der SED-Kreisleitung Oelsnitz der Bürokratie und Herzlosigkeit.
(...)
In diesem Zusammenhang erscheint wesentlich, daß den Berichten und Schreiben über die persönlichen Probleme des Absenders noch andere Unterlagen, wie zum Beispiel ein Schreiben des Rechtsanwaltes (Klarname) zur Strafsache gegen den Bruder des Absenders, den Terroristen Lutz Donnerhack, beiliegen.
Es entsteht so der Eindruck, daß der Absender sein "Schicksal" mit dem seines Bruders vergleichen will und damit zu dem Schluß kommt, daß sie beide "Opfer" der gesellschaftlichen Verhältnisse in der DDR sind.
(...)
Sie erhalten die Sendung im Original sowie eine Kopie.

* Vom Leiter der Abteilung PZF an den Leiter der KD Oelsnitz, 1982

#
Auf den folgenden Seiten:
Bayrische Freunde und polnische Mädchen.
Die Fotos waren von der Abteilung M konfisziert worden;
sie wurden erst 1992 in den Unterlagen zum OV "Blitz" aufgefunden.

Alle Aufnahmen: Wolf Donnerhack, Plauen (1982)

Aus einer Bandabschrift der KD Plauen*

Bericht über Wolf Donnerhack

Auftragsgemäß führte ich am (Datum und Uhrzeit) und am (Datum und Uhrzeit) zwei Gespräche mit Wolf Donnerhack.
Er arbeitet seit dem (Datum) als Transportarbeiter im VEB *Vowetex*.
Seine Freizeit nutzt er nach wie vor dazu, weiter Bewerbungen an Betriebe und Einrichtungen zu richten, um eine andersgeartete Arbeit zu bekommen.
In diesem Zusammenhang hatte er auch am (Datum) eine Aussprache mit der Stadtschulrätin, Genn. (Klarname). Diese soll seine Einstellung mit den Worten abgelehnt haben: "Aufgabe unserer sozialistischen Pädagogen ist die Erziehung junger Kommunisten. Dafür bieten Sie uns keine Gewähr."
Auf die Probleme mit seiner Frau bezugnehmend und daß diese sich jetzt bei der Gewerkschaft Unterricht und Erziehung beschweren will, soll die Stadtschulrätin gesagt haben: "Die Gewerkschaft hat überhaupt nichts zu melden. Wir sind doch hier nicht in Polen." Meinerseits besteht kein Grund, an dieser Darstellung zu zweifeln, da ich die Art der Genn. (Klarname) kenne.
(...)
Nach wie vor fühlt sich Donnerhack durch Partei und Staat unterdrückt.
Seine Auffassung ist, wenn er etwas zu sagen hätte, dann würde er einiges verändern und anders machen. Zum Beispiel würde er systematisch den aufgeschwollenen Verwaltungsapparat in der DDR abbauen und diese Arbeitskräfte der Produktion zuführen. Er ist außerdem für Veränderungen in der Leitungstätigkeit und stellt insbesondere die Kompetenz der Partei in Bezug auf die Wirtschaft in Frage.
(...)
Donnerhack fühlt sich rundum beobachtet, einmal konkret von dem Hausbewohner in der Etage unter ihm, der ihn mehrfach durch die Glasscheibe seiner Wohnungstür beobachtet hat, und zum anderen fühlt er sich ständig observiert von den Genossen des MfS.
(...)
Darüber hinaus haben viele Einrichtungen und Privatpersonen, zu denen er früher Kontakte hatte, die Verbindung zu ihm abgebrochen.
Er nimmt an, daß diese von der Partei oder von der Staatssicherheit über seine Person "aufgeklärt" bzw. dementsprechend instruiert worden sind und ein Rede- oder Schreibverbot ihm gegenüber auferlegt bekommen haben.
(...)
Dennoch will er ständig darum bemüht sein, in seinem täglichen Handeln mit den Gesetzen der DDR nicht in Konflikt zu geraten.

Er fühlt sich isoliert und quasi im Berufsverbot, er sucht unbedingt eine seinen Fähigkeiten und seinem Ausbildungsstand entsprechende Arbeit, da er sich mit der Tätigkeit als Transportarbeiter in keiner Weise identifizieren kann.
(...)
Zu seiner sonstigen Freizeittätigkeit wäre noch zu sagen, daß er an einem Buch zum (Forschungsthema) arbeitet. Hierfür hat sich bereits ein Verlag aus Frankfurt am Main interessiert.
(...)
Immer mehr verdichtet sich bei mir die Auffassung, daß Wolf Donnerhack in der Richtung und Tendenz eines Wolf Biermann wirkt und sich auch dementsprechend äußert. Ich vermute außerdem, daß er sämtliche Dinge, die er mir erzählt und gezeigt hat, bei den Treffs in der CSSR auch seinem Bruder erzählt und zeigt. Es ist daher nicht auszuschließen, daß so ganz systematisch bestimmte Informationen über den Umweg CSSR in die BRD gelangen.
Donnerhack wurde von mir mehrfach und ausdrücklich darauf angesprochen, mit wem er sich über all das unterhält, was er auch mir gesagt und gezeigt hat, und er antwortete mir, daß das nur ein sehr kleiner und vertrauter Personenkreis ist, der von ihm solche Informationen erhält.

Handschriftlicher Vermerk:
Bei Auswertung durch die KD Oelsnitz
bitte Quellenschutz unserer Agentur beachten!

* Referat PUT, 1982

Exkurs

Widmung*

Für Wolf Donnerhack von Wolf Biermann:
Jetzt sind wir schon ein Rudel Wölfe!

* Von Wolf Biermann (Hamburg) zum Liederabend am 27.01.2001
anläßlich der “Langen Nacht der Museen” in Berlin im IDZ des BStU

Aus einem Dokument der KD Oelsnitz*

Zum gegenwärtigen Stand der Bearbeitung des OV "Blitz"

Seit Ablage des IM (Deckname) im Frühjahr 1982 basiert die Bearbeitung hauptsächlich auf Informationen von IM der KD Plauen, die seit längerem Kontakt zum Verdächtigen haben, sowie auf Ergebnissen von Maßnahmen der Abteilungen M und PZF.
Ausgehend von der Tatsache, daß der Verdächtige Kenntnis vom Interesse des MfS für seine Person erlangt hat und sich deshalb relativ abschirmt, wurde von der Anschleusung eines neuen IM vorerst Abstand genommen.
Durch IM der KD Plauen ist bekannt geworden, daß er sich genau überlegt, wem er was erzählt, um bei möglichen Problemen, die aus diesen Gesprächen herrühren, Rückschlüsse auf die eventuellen Quellen ziehen zu können.
Des weiteren ist zu beachten, daß der abgelegte IM (Deckname) durch seine persönlichen Probleme in vielen Fragen mit dem Verdächtigen übereinstimmt und sich vermutlich ebenfalls dementsprechend abschirmen wird.
Entsprechend der Festlegung des Leiters der KD wurde der abgelegte IM (Deckname) durch den Gen. Ultn. (Klarname) erneut ermittelt.
Im Ergebnis dieser Ermittlung wurde deutlich, daß sich die Probleme des IM bislang nicht geklärt haben und er sich, nicht zuletzt durch den Einfluß des Verdächtigen, in einem gespannten Verhältnis zu den Staatsorganen befindet.
Weiterhin wurde, entsprechend der Festlegung des Leiters der KD, der Gen. (Klarname) in Falkenstein aufgeklärt. Zu diesem hatte der Verdächtige im Rahmen seiner Diplomarbeit Verbindung aufgenommen und Unterstützung erfahren. Bei dem Gen. (Klarname) handelt es sich um einen alten Kämpfer, der sein ganzes Leben der Sache widmete, aber in praktischen Fragen der jetztigen Politik nicht mehr den richtigen Überblick hat. Das trifft auch auf den Gen. (Klarname) in Bad Elster zu, der seinerzeit das "Buchenwaldkind" gerettet hat, worüber in dem Buch "Nackt unter Wölfen" von Bruno Apitz geschrieben wird. Donnerhack hat diesen mehrfach aufgesucht und, ohne Genehmigung der Veteranenkommission der KL, auf Band sprechen lassen.
(...)
Durch die weitere Bearbeitung wurde bekannt, daß der Verdächtige bei einem Zusammentreffen mit seinem Bruder im Herbst 1981 in Prag zwei Familien aus der BRD kennengelernt hat. Diese waren vorher noch nicht in der DDR und weilten daher Anfang des Jahres bei ihm in Plauen zu Besuch. Dabei erhielten sie Kenntnis von seinen Problemen. Für den Sommer war eine weitere Einreise dieser Personen beantragt worden.
Dieser Antrag wurde abgelehnt.
(...)

Aus einer Information der GÜSt Gutenfürst geht hervor, daß die Pakete, die der Verdächtige von seinem Bruder erhält, nicht unter dem Absender Lutz Donnerhack, sondern unter dem Namen Walter Süß abgeschickt werden.
Das wurde bekannt durch die Bürgerin (Vorname und Klarname), die bei der Abwesenheit des Verdächtigen am Tage die Pakete von der Post entgegennimmt und dies der Ehefrau des Gen. (Klarname) von der GÜSt Gutenfürst erzählt hat. Eine Überprüfung der Person des Walter Süß bei der Abt. XII hatte folgendes Ergebnis:
Bei dem Süß handelt es sich um einen langjährigen Freund des Vaters von Lutz und Wolf Donnerhack, den 1980 verstorbenen Rudolf Donnerhack. Beide kannten sich durch gemeinsame Fahrten bzw. durch die Tätigkeit in der sogenannten "Bündischen Jugend".
Während der Rudolf Donnerhack während des Zweiten Weltkrieges eine Spezialeinheit der fasch. Luftwaffe befehligte, kommandierte der Walter Süß ein U-Boot der fasch. Kriegsmarine. Der Rudolf Donnerhack war in der sogenannten "Alpenfestung" in amerikanische Kriegsgefangenschaft geraten und dann in das damals noch von den Amerikanern besetzte Plauen gelangt. Nach dem Einmarsch der Roten Armee wurde er zum Arbeitseinsatz in der sowjetischen Kommandantur verpflichtet. Dort erhielt er auf ungeklärte Weise Kenntnis von der beabsichtigten Verbringung ehemaliger U-Boot-Fahrer nach Zwickau/Schloß Osterstein durch die sowjetischen Genossen. Da der Süß mit im selben Haus wohnte, gelang es ihm, diesen zu warnen und ihm bei der Flucht über die damalige Demarkationslinie behilflich zu sein.
Der Walter Süß wiederum war dafür dem Lutz Donnerhack behilflich, in der BRD Fuß zu fassen, indem er ihm in Würzburg eine Arbeitsstelle und eine Wohnung besorgte.
Über den Walter Süß ist weiterhin bekannt, daß er ein sogenannter "Leitwolf" und einer der Rädelsführer war, die am 05.05.1945 in der Geltinger Bucht insgesamt 40 U-Boote durch die eigene Besatzung versenken ließen und damit einer Auslieferung an die Alliierten zuvorkamen.
Der Süß soll bei bestimmten Kreisen in der BRD hohes "Ansehen" genießen, weil er noch in den letzten Wochen des Zweiten Weltkrieges aus Norwegen deutsche Gebirgsjäger und aus "Königsberg" außerdem zahlreiche Zivilisten mit seinem U-Boot evakuiert hat. Die Mannschaft von diesem U-Boot trifft sich jedes Jahr am (Datum) an der Eder-Talsperre in der BRD.
(...)

Bei einem Besuch des IM (Deckname) von der KD Plauen in der Wohnung des Donnerhack konnte ein Buch aus dem Militärverlag gesehen werden mit dem Titel "Der Tod auf allen Meeren".
Dort stand im Namensverzeichnis der besagte Süß mit folgenden Daten:
Oberleutnant Walter Süß, U 1304, Typ VII C, 05.05.1945, Geltinger Bucht, Verlust durch Selbstversenkung.
Außerdem konnte ein anderes Buch aus einem DDR-Verlag gesehen werden, in dem die kaiserliche U-Boot-Waffe glorifiziert wird, im Zusammenhang mit der Unterstützung von irischen Freiheitskämpfern durch das Deutsche Reich während des Ersten Weltkrieges.
Weiter konnten persönliche Aufzeichnungen bzw. Material aus dem Nachlaß des Rudolf Donnerhack gesehen werden. Darunter befanden sich auch Tuschzeichnungen, auf denen angreifende Flugzeuge der fasch. Luftwaffe bzw. abstürzende Flugzeuge der sowj. Luftverteidigung zu sehen waren.
Der IM (Deckname) konnte folgende Bildunterschriften notieren:
Anerkannter Abschuß 1358, 27.05.1942, Uffz. Donnerhack und
Anerkannter Abschuß 1420, 28.06.1942, Ufw. Donnerhack.
(...)

Über den 1980 verstorbenen Rudolf Donnerhack ist noch bekannt, daß er seine Stellung als Direktor des Vogtländischen Kreismuseums ausnutzte, um zwei teilinvalidisierte ehem. Angehörige der fasch. Wehrmacht als Hausmeister bzw. Restaurator sowie drei ehem. Lehrer, die wegen ihrer Mitgliedschaft in der NSDAP aus dem Schuldienst entlassen werden mußten, einzustellen.

Letzteren bot er hierdurch außerdem die Möglichkeit, in sogenannten "Museumsheften" heimatgeschichtliche Themen zu publizieren, z.B. über "Der Bauernkrieg 1525 im Vogtland" und "Die Revolution 1848/1849 im Vogtland" oder auch über "Vogtländische Musiker". Diese "Museumshefte" sollen inzwischen z.T. Seltenheits- bzw. Sammlerwert haben.
(...)
Zwischenzeitlich hat der Verdächtige seine Arbeitsstelle im VEB *Vowetex* gekündigt. Die Kaderunterlagen wurden aber bisher von keinem anderen Betrieb angefordert, woraus ersichtlich ist, daß von keinem anderen Betrieb eine Einstellung beabsichtigt ist.

* Referat PID, 1982

Paul Herbert Freyer

Der Tod auf allen Meeren

Ein Tatsachenbericht
zur Geschichte
des faschistischen U-Boot-Krieges

Militärverlag
der Deutschen Demokratischen
Republik

Exkurs

Danksagung*

Herr Kapitän, meine Herren Kameraden von U 1304!
Wenn ich heute und hier, dank Ihrer freundlichen Einladung, vor Ihnen stehe, so ist mir als Landratte im Augenblick ein bißchen unsicher zumute, leicht schwankend, eben schwumlig also, ganz nach dem Sprichwort "Wasser hat keine Balken". Aber unter all den erfahrenen Seeleuten hier macht es mir wiederum Mut, besonders, nachdem sie mich schon einmal an Bord gehievt und in Sicherheit gebracht haben. Ich darf also um ihr Verständnis bitten, sollte ich etwas aus dem Gleichgewicht geraten.
Ihre Einsatz- und Hilfsbereitschaft habe ich ja schon einmal erfahren dürfen: Es war am 14. Februar 1945 in der Ostsee, zwischen Swinemünde und Saßnitz. Eine Zeit der Not, des Elends und des Schreckens. Ich stamme aus Königsberg und befand mich auf der Flucht. Ein kleiner Lotsendampfer mit Namen *Dietmar Koehl* sollte mich, zusammen mit rund vierzig anderen Flüchtlingen, nach Kiel bringen. Da passierte es - das Boot lief auf zwei Minen und sank rasch. Ich sprang ins eiskalte Wasser und wurde von Ihnen aufgefischt. Noch heute sehe ich das U-Boot ganz langsam, für meine Begriffe viel zu langsam, in einem großen Bogen näher kommen. Sie, die Matrosen, standen aufgereiht in einer Reihe oben an Deck und warfen mir einen Rettungsring zu. In der Koje im Bug des U-Bootes bemühte man sich liebevoll um mich. Es ging dann zurück nach Swinemünde, und nach einigen Tagen konnte ich sogar noch mit einem Zug, der unterwegs mehrmals aus der Luft beschossen wurde, mein Ziel erreichen.
Ein ruheloses Odysseus-Leben blieb mir, trotz anfänglicher Turbulenzen, erspart. Ich lebe, auf mich selbst gestellt, seit 1953 in Ludwigsburg. Wunsch, Verlangen, Sehnsucht - sie ziehen mich, vielen anderen Heimatvertriebenen gleich, oft gedanklich an den Ort meiner Geburt und Kindheit, nach Königsberg, auch wenn dort nichts Vergleichbares mehr vorzufinden ist.
Es blieb eine Dankesschuld abzutragen, und so schaltete ich die *Deutsche Dienststelle* in Berlin ein, um endlich nach dem Wohnsitz des früheren Kommandanten des U-Bootes, Herrn Walter Süß, zu forschen. Heute nun hat sich dieser Wunsch erfüllt. Ich fühle mich aber nicht nur verpflichtet, sondern bin weit darüber hinaus Ihnen allen gegenüber aus tiefstem Herzen dankbar, dem Kommandanten wie seiner Besatzung. Jedem einzelnen von Ihnen also weiterhin "Gute Fahrt", sofern man das seemännisch so ausdrückt.
Glück und alles Gute auf Ihren einzelnen Lebenswegen! Danke!

* Von Fita Sprunk (Ludwigsburg) zum Begrüßungsabend am 18.09.1994 anläßlich des Bootstreffens von U 1304 in Hemfurth am Edersee

Ex libris

Das Leben des Sir Roger Casement*

An Bord von U 20 wurden Casement und seine beiden Begleiter (am 11.04.1916 - Anmerkung des Herausgebers) festlich willkommen geheißen. (...) Die Mannschaft bestand aus dreißig Offizieren und Soldaten, die fast ausnahmslos englisch sprachen und alles taten, um ihren Gästen die Reise froh und behaglich zu gestalten. Das Boot machte mit elektrischem Antrieb acht bis neun Knoten unter Wasser und mit den schweren Ölmotoren zwölf Knoten an der Oberfläche. Es führte zwei Torpedos, Laufröhren, zwei Periskope und die Einrichtung für drahtlose Telegraphie.

Nach dem Urteil von Captain Robert Monteith, dessen von Spannung strotzender Lebensbericht vor wenigen Wochen erst als Privatdruck in Amerika erschienen ist, hat es nie eine besser geschulte, in Disziplin und kameradschaftlichem Geist zugleich höherstehende Schiffsbesatzung gegeben, als er sie auf deutschen U-Booten antraf.
Roger Casements Stimmung wechselte, sein zuckendes Gesicht wurde ruhig, all sein Interesse galt jetzt dem Wunder eines deutschen Unterseebootes. Als das erste Tauchmanöver vorgenommen wurde, zeigte sein Gesicht den Ausdruck eines staunenden Kindes. Das wurde ein feierlicher Augenblick. An Bord herrschte bei emsigem Manövrieren tiefste Stille, eine Stille, die man beinahe fühlen konnte. Danach erklang ein leises, ratterndes Geräusch, dann das Rauschen von Wasser, welches die Tanks füllte. Scharf klang ein einziges Kommando: "Achtung!" Dann ging U 20 in die Tiefe.
In der Kapitänskajüte, in der die drei irischen Gäste untergebracht waren, sah man nichts von den mächtigen Tiefen, in die das Schiff versank; man fühlte nur, daß ein Wunderwerk der Technik sich bereitgestellt hatte, um Sir Roger Casement an sein Ziel zu bringen. Dies Wunderwerk war von deutschen Händen geschaffen, aber ein Irländer, John Paul Holland, hatte es erfunden! Sein Leben lang hatte Holland daran gearbeitet, und der ausgesprochene Zweck, dem er bei dieser Arbeit diente, war es, eine Waffe zu schmieden, die Englands Flotte vernichten und die Freiheit Irlands erzwingen konnte.

* Balder Olden: *Paradiese des Teufels.*
Schriften und Briefe aus dem Exil. Berlin/Ost 1977

#

Mosaik-Leser wissen mehr: Der Erbauer des ersten U-Bootes kam nicht aus Irland, sondern aus Bayern - es war, anno 1850, auch nicht Kapitän Nemo, sondern der Artillerie-Korporal Wilhelm Bauer mit seinem *Brandtaucher...*

war alles fertig. Körner lag in seinem eichenen Sarge auf Eichenblättern, und nun setzte sich vom Hirtenhäuschen aus der Trauerzug unter dem gedämpften Schall der Trommeln in Bewegung. Was im Lager abkommen konnte, schloß sich an, auch Offiziere von Regimentern des Wallmodischen Corps, die gerade vorbeimarschierten.

Als wir den Sarg in das Grab gesenkt hatten, sangen diejenigen, die vor Weinen singen konnten, noch einige Verse aus seinen Liedern, in denen er seinen Tod fürs Vaterland wiederholt vorausverkündigt hatte; dann warfen wir vier Freunde das Grab zu, und der alte Markworth von Berlin schnitt Körners Namen und Todestag so tief in die das Grab überschattende Eiche ein, daß diese Inschrift wohl bis auf den heutigen Tag noch nicht ganz verschwunden sein wird.

Was war das ganze Ergebnis des unglückseligen Zuges gewesen? Wir hatten unseren Körner, die Zierde unseres Korps, den Stolz der Jünglinge Deutschlands, hingeopfert, und was hatten wir dagegen gewonnen? — Eine Partie Zwieback! O Krieg! O menschlicher Wahnsinn!"

Ein vogtländischer Pädagoge als Freischärler

Ackermann nahm dann auch am weiteren Feldzug der Lützower aktiv teil und ist einer der Vogtländer aus dieser Zeit, auf die wir stolz sein können, denn er war nicht nur ein hervorragender Pädagoge, sondern auch ein sehr tapferer Soldat. So hat er u. a. in der für die Preußen

Der Vogtländer Ackermann an der Göhrde

erfolgreichen Septemberschlacht an der Göhrde in Hannover den Franzosen eine Haubitze weggenommen. Er selbst schildert in seinen schon erwähnten „Erinnerungen" den Vorgang wie folgt:

„Zwischen den schießenden Parteien stand die Haubitze, die uns vom Hügel aus mit ihren Kartätschen viel Schaden getan hatte. Die Bespannung war wahrscheinlich unbrauchbar geworden; so hatte man sie stehen lassen. Besorgt nun, daß einige Feinde aus dem nächsten Karré kommen und ihre Kanone in dasselbe hineinziehen könnten, eilte ich jetzt zu der bestrittenen Beute. Die Kugeln von Freund und Feind sausten um mich; viele der feindlichen schlugen vor und neben mir in die Erde. Ein paar Schritte von dem Geschütz standen zwei verlassene französische Kavalleriepferde. Ich wunderte mich, daß die Pferde so ruhig standen und suchte wenigstens einigen Schutz unter ihnen. Da sah ich, daß jedes nur noch drei Füße hatte. Einer war ihnen abgeschossen worden. Einzelne Feinde kamen aus ihrem Karré heraus. Ich sprang daher schnell wieder an die Haubitze. Sie schossen auf mich und traten in ihre Linie Ich fühlte ein Brennen am Schenkel; es war ein Streifschuß. Da stand ich mitten im Gewühl der Schlacht und doch einsam hinter dem alten Hühnengrabe. Der Tod umgab mich von allen Seiten; aber mir war in diesem großen Moment meines Lebens unendlich wohl, als gehöre ich der Erde schon nicht mehr an. Laut rief ich in das Schlachtgetümmel:

„Mit dem Hute der Freiheit gekrönt, mit dem Gurt des Himmels gegürtet setze ich fröhlich meinen Wanderstab weiter."

Aber die tödliche Kugel kam nicht; meine Kleider wurden von zwei Schüssen durchlöchert, ich blieb verschont. Ein Jäger gesellte sich zu mir und noch einer, und wir konnten die Haubitze drehen; noch ein paar Lützowsche Jäger und wir zogen sie aus dem Bereich der feindlichen Schüsse. Hier stand das Reich'sche Jägerbataillon in Schlachtlinie aufmarschiert. Man machte mir eine Öffnung, um das Geschütz durchzuziehen und ich beauftragte nun einen Oberjäger meiner Companie und sechs Mann, die Kanone dem General en chef Wallmoden in meinem Namen zu überbringen."

Aber auch auf anderen Gebieten hat Ackermann große Fähigkeiten entwickelt. So führte er die gesamte deutsche Korrespondenz der zwei englischen Hilfsgesellschaften, die sich durch Vermittlung seines in London lebenden Onkels in der City und in Westminster zur Unterstützung der durch den Krieg schwer geschädigten Deutschen gebildet hatten. Die Verteilung der finanziellen Mittel von London aus hatte viele Schwierigkeiten, da jeder Stadtrat die Not seiner Stadt als die größte schilderte, um möglichst viele der englischen Pfunde zu bekommen. Ackermann hatte die Aufgabe, die Verhältnisse an Ort und Stelle nachzuprüfen und dabei viel Ärger und Arbeit, konnte aber auch helfen, Not und Elend zu lindern. Von den für Sachsen bestimmten 27 900 Pfund Sterling entfielen nur 500 Pfund auf den gesamten „Voigtländischen Kreis". Ackermann war auf seiner Reise durch Deutschalnd dabei auch in seiner alten Heimat und anschließend bis zum Herbst 1815 in London. Von dort kehrte er wieder zu Pestalozzi nach Yverdon zurück. Vom Jahre 1820 bis zu seinem Todestag (27. März 1848) war er als gefeierter Lehrer an der berühmten humanistischen „Musterschule Frankfurt am Main" tätig.

Die Lützowschen Jäger hatten die ihnen gestellten Aufgaben glänzend gelöst und waren das volkstümlichste der deutschen Freikorps geworden.

aufhin Blücher die Fenster ein, und der alte Haudegen mußte durch die Hintertüre flüchten.

Das sächsische Gardebataillon wurde daraufhin sofort nach Namur in Marsch gesetzt. Ihm schlossen sich die nach anderen Orten befohlenen zwei Bataillone, nach Entfernung ihrer in preußische Dienste getretenen Offiziere, an und zogen ebenfalls nach Namur.

Das Regiment wurde aber dort von starken preußischen Kräften entwaffnet und aufgelöst, die Fahne des Regimentes vor versammelter Mannschaft verbrannt und der Befehl gegeben, jeden 10. Mann zu erschießen, da sich die „Rädelsführer" nicht gemeldet hatten. Sofort stellten sich daraufhin 6 Grenadiere und ein Tambour freiwillig. Sie wurden auf Befehl Blüchers am 6. Mai bei Huy in der Nähe von Namur erschossen. Einer der sieben „Aufrührer", die gegen die Teilung ihres Landes protestiert hatten und deshalb sterben mußte, war ein Vogtländer. Er hieß Gottlob Keller und war aus Chrieschwitz bei Plauen. Die anderen 6 waren aus den sog. „neupreußischen" Gebieten.

Der traurige Ausgang dieser Protestaktion ist sehr bedauerlich. Die Preußen sahen leider in den Demonstranten nur meuternde Soldaten und keine sächsischen Menschen, die gegen die gewaltsame Teilung ihres Landes protestierten. Diese „Strafe nach dem Siege" sieht (vom sächsischen Standpunkte aus) sehr nach einem kleinlichen Racheakt an den Sachsen aus.

Die weitere entstehende Folge der Protestaktion war die Entwaffnung sämtlicher sächsischer Bataillone und ihre Überführung nach der Festung Magdeburg. Anschließend wurden dort die sächsischen Truppen geteilt und die in „Neupreußen", der Provinz Sachsen, beheimateten zu rein preußischen Einheiten nach Jülich kommandiert.

176 000 Pfund Sterling für die sächsische Armee

Nach einem Vertrage vom 27. Mai stellte der armselige König von Sachsen, der seinem Volke so viel Unglück gebracht hatte, der englischen Truppenführung 16 000 Mann Infanterie und 3900 Mann Kavallerie für den weiteren Kampf zur Verfügung, allerdings erst, nachdem er von dem reichen England die Zusicherung erhalten hatte, daß er für jeden gestellten Mann auf Jahresfrist 22 Schillinge, also im ganzen 176 000 Pfund Sterling, bekäme. England hatte zuerst gar keine Verwendung für die Truppen, und Wellington, dem die Sachsen unterstellt werden sollten, erklärte, er könne Truppen von so „unruhigem Geist" wie die Sachsen nicht gebrauchen. Die Sachsen wurden dann aber doch noch bei Belagerungen französischer Festungen und als Besatzung in Frankreich eingesetzt und kehrten zum großen Teil erst Ende 1818, also nach 4 Jahren, in die Heimat zurück.

Auch das reußische Vogtland stellte in Schleiz Anfang 1814 ein Kontingent von 900 Mann, die ohne große Kämpfe bis nach Grenoble kamen und bereits am 24. August wieder nach Schleiz zurückkamen. Im nächsten Jahr nahmen diese Truppen am Feldzug in die Pfalz und an der Belagerung von Straßburg teil. Sie hatten nur wenig Verluste.

Sieben Jahre Landsknecht für Napoleon

Das sächsische Heer, die sächsischen Soldaten hatten in all den Jahren zwar tapfer, aber durch die Unfähigkeit ihres Monarchen und ihrer Politiker und Heerführer stets unglücklich und für eine verlorene Sache gekämpft. Sieben Jahre lang hatten die Söhne Sachsens durch die verkehrte Politik einer unfähigen Dynastie und ihrer Kamarilla ihr Blut für fremde Interessen, vor allem für die Interessen der französischen Großbourgeoisie vergießen müssen.

Heimkehrender sächsischer Soldat 1818 vor Altensalz

Zuerst war es das tapfere Ausharren bei Jena für den dem Verfall geweihten sächsisch-preußischen Feudalismus, dann anschließend die jahrelangen Kämpfe in allen Ländern Europas unter der Trikolore für die Interessen Frankreichs: in Preußen bei Danzig, in Oesterreich vor Wien, in Polen und in Rußland. Alle Feldzüge kosteten Tausende von Opfern, sinnlos dem Selbsterhaltungstrieb eines unfähigen Monarchen, des Königs von Sachsen, geopfert. Bis zum bitteren Ende kämpften die Sachsen in verzweifeltem Fechten und falsch verstandener Treue an der Seite der weichenden Scharen Napoleons.

Aus einem Schreiben des Leiters der KD Plauen*

Zum gegenwärtigen Stand der Bearbeitung des OV "Netzwerk"

Der OV "Netzwerk" wurde 1976 angelegt, Reg.-Nr. XIV 1743/76.
Die Zielstellung des OV bestand in der vorbeugenden politisch-operativen Abwehrarbeit unter negativ-dekadenten Jugendlichen und Jungerwachsenen.
(...)
Inoffiziell wurde bekannt und auch durch die Abteilung M bestätigt, daß auf Initiative der Klubleitung vom "Malzhaus-Club" am (Datum) in Plauen (Stadtkreis Reusaer Wald) ein sogenanntes "Seifenkistenrennen" veranstaltet werden soll. Nach bisherigen vorliegenden Erkenntnissen wurde die Idee zu dieser "Veranstaltung" durch in West-Berlin lebende Bürger inspiriert, die früher zu den aktiven Besuchern des Malzhauses gehörten, zum Teil auf Grund staatsfeindlicher Tätigkeit verurteilt wurden und aus der Haft nach West-Berlin übersiedelten. Diese "Rennveranstaltung" steht unter dem Motto "Internationale Seifenkisten-Föderation/Sektion Rallye Monte Plauen". Den bisher vorliegenden Erkenntnissen zufolge wird diese "Veranstaltung" über die im "Malzhaus-Club" entstandene und mit dem Klub eng verbundene Folklore-Gruppe "Landluper" an ihren jeweiligen Auftrittsorten in der DDR popularisiert. So soll sich ein Plakat der "Veranstaltung" bereits in Weimar (Studenten-Klub "Kasseturm") befinden.
Leiter der Gruppe "Landluper" ist der (Klarname, Vorname), Mitglied der Methodisten-Kirche in Plauen. Weitere Mitglieder der Gruppe "Landluper" sind der (Klarname, Vorname) und sein Bruder (Klarname, Vorname).
Diese drei Musiker werden seit 1981 von der KD Plauen in der OPK "Haus", Reg.-Nr. XIV 1625/81 bearbeitet.
Es muß eingeschätzt werden, daß auf Grund der noch verbleibenden Zeit zur Popularisierung der genannten "Veranstaltung" mit der Anreise einer großen Zahl negativ-dekadenter Jugendlicher und Jungerwachsener nach Plauen aus den Gebieten Berlin, Cottbus, Dresden, Erfurt, Halle, Jena, Leipzig, Weimar und Quedlinburg zu rechnen sein wird.
Der geplante Tag dieser "Veranstaltung" ist der vorletzte Veranstaltungstag des Plauener Spitzenfestes. Mit einer mindestens zweimaligen Übernachtung der Anreisenden in Plauen muß gerechnet werden, da die Anreise Freitag und die Abreise Sonntag erfolgen würde.
(...)
Obwohl der "Malzhaus-Club" offiziell als Jugendklub der FDJ geführt wird, ist in der Jugendarbeit seit Jahren kein Einfluß seitens der FDJ-Kreisleitung oder der staatlichen Trägereinrichtung, der Stadtbibliothek Plauen, spürbar. Seitens der FDJ wird seit Jahren nichts unternommen, um die Klubarbeit im Sinne einer sozialistischen Jugendpolitik zu lenken und zu steuern.

Vertreter der FDJ haben an Veranstaltungen des Jugendklubs in ihrer Eigenschaft als FDJ-Funktionäre seit längerer Zeit nicht teilgenommen. Seitens der FDJ-Kreisleitung wird zum Teil eine solche Auffassung vertreten, den Kräften der Klubleitung im Malzhaus nicht gewachsen zu sein.
Es mehren sich Anzeichen der Resignation, und man sieht keine Chance einer tatsächlichen Veränderung.
(...)
Aus operativer Sicht handelt es sich bei diesem Jugendklub eindeutig um einen Konzentrationspunkt negativ-dekadenter Personen mit oppositioneller Grundhaltung zu den gesellschaftlichen Verhältnissen in der DDR.
(...)
Die starke Anziehungskraft des Jugendklubs Malzhaus unter der Jugend ergibt sich aus der Tatsache, daß die Klubleitung äußerst aktiv wirkt und sich auf echtes Engagement ihrer Mitglieder stützen kann. Die Variationsbreite der Veranstaltungen, die im Jugendklub organisiert werden, ist sehr breit und entspricht damit vielseitigen Interessen der Jugendlichen. Auf diese Weise gewann der Jugendklub seine Popularität selbst über den Rahmen des Bezirkes Karl-Marx-Stadt hinaus. Zur Vergrößerung dieser Popularität trug nicht unwesentlich die Folklore-Gruppe "Landluper" bei, die im Malzhaus entstand, heute Kontakte unterhält zu allen bekannten Folklore-Gruppen der DDR und auch schon mehrfach für Rundfunk- und Fernsehaufführungen verpflichtet wurde. Die im Jugendklub durchgeführten Veranstaltungen haben den Charakter von Diskussionen und Gesprächen über die Rolle der Kunst und Kultur, Musik, Literatur sowie der Bildenden Kunst. Es erfolgen Tanz- und Folklore-Veranstaltungen sowie Schallplattenbesprechungen, Dia-Ton-Vorträge, gesellige Zusammenkünfte, Wanderungen, Fahrten ins Blaue und auch gemeinsame Feiern zu Silvester und anderen Anlässen.
Es wurde versucht, einen stabilen Arbeitskontakt zum Theater der Stadt Plauen zu entwickeln. Die Schauspielerin (Klarname, Vorname) realisiert Vorstellungen ihres Puppentheaters mit Jugendlichen aus dem Malzhaus.
Insgesamt kann eingeschätzt werden, daß alle Veranstaltungen die Tendenz erkennen lassen, bestimmte oppositionelle Gedanken zu verbreiten, den Jugendlichen ein sogenanntes kritisches Verhalten gegenüber den gesellschaftlichen Verhältnissen in der DDR zu vermitteln und rein gar nichts unternommen wird, um ein gesellschaftliches Engagement der Teilnehmer an den Veranstaltungen im "Malzhaus-Club" zu erhöhen.

* An den Leiter der BV Karl-Marx-Stadt, 1982

Exkurs

Bis zum großen Andersrum*

“Der Bauernhimmel”

...ist in Liedsammlungen meist mit dem Zusatz “schlesisch” versehen, als hätten es die Ländler anderswo besser gehabt.
Unser Gesang pendelte somit zwischen Quasi-Schlesisch und Salon-Vogtländisch, denn das Stück zu verhochdeutschen verbot sich damals aus puristischen Gründen. Mitgeschnitten wurde es zur Werkstatt der DDR-Singeklubs 1978 im *Haus Auensee* in Leipzig. Daß man den Folkloristen damals einen ganzen Abend dort einräumte, war ein Zeichen dafür, daß man sich durchgerungen hatte, unsere Szene fürderhin ernst zu nehmen.
In Erinnerung geblieben ist uns das Konzert durch eine Randglosse:
Man hatte uns jungschen Folkies von “Wacholder”, “Liedehrlich” und “Folkländer” den Gott des Mitsingens, Perry Friedman, als kompetenten Volksliedkenner zur Seite gestellt. Offenbar wollte man uns das Folkfeld nicht völlig kampflos überlassen. Für die gemeinsame Zugabe einigten wir uns auf “Es, es, es und es”. Jedoch wollten wir es in unserer brünstigen Speedfassung spielen, während Perry auf elegischer Breite bestand - für alle zum Mitschallern. Da er partout nicht mit sich reden ließ, beschlossen wir, ihn gründlich zu blamieren. Just als er großgestig in sein Banjo fischte und brusttief “Es, es, es und es” anstimmte, schmetterten alle anderen a capella “Auf einem Baum ein Kuckuck saß”. Zornrot ging der Meister ab.
Und hat sich später gerächt.

“Wenn die Folkloristen tanzen”

Um 1981 begannen die DDR-Kulturgewaltigen die Folkies als sogenannte “Musikfolkloristen” zu fördern. Was uns, die wir bis dahin als buntes und unangepaßtes Häufchen galten, in eine gewisse Orientierungslosigkeit trieb. Die Resignation gipfelte unter anderem in dem Versuch, zur 3. Folklore-Werkstatt im Januar 1982 eine “Folk-Oper” mit dem Titel “Die Boten des Todes” aufführen zu wollen. Sie hatte das Ende des Folk-Revivals zum Thema, nach dem Schema des gleichnamigen Märchens der Brüder Grimm, und alle wichtigen Vertreter der Szene sollten dabei mitwirken. Allerdings wurde die Premiere von fädenziehenden Funktionären (Perry Friedman!) untersagt, was dem Werk einen gewissen Ruhm einbrachte. Tondokumente der (meist neu verfaßten) Songs existieren höchstens noch in den Wühlkisten der Berliner Gauck-Behörde: Horch & Guck soll damals flächendeckend mitgeschnitten haben. Einzige Ausnahme ist dieses Stück. Wir nutzten unser Konzert beim “Festival des politischen Liedes” 1982, um wenigstens eines der verbotenen Lieder an die ahnungslose Weltöffentlichkeit zu bringen.

"Hans Beimler/Nach der Schlacht"
Finale des 82er Konzertes war dieses Potpourri über die Vergeblichkeit revolutionären Eifers. Wissenswert mag sein, daß Manfred (Wagenbreth) in seinen Studententagen kurzzeitig bei der legendären Renft-Combo gespielt hatte, deren Songs, seit ihrem Verbot Mitte der 70er, auf dem Index standen. Daß wir nun "Nach der Schlacht" spielten, war somit ein Politikumchen der dritten Art.

"Wahre Freundschaft"
So ist das mit jugendlichem Ungestüm: Nachdem wir ganze Archivstapel nach recycelbarem Volksgut um- und umgewühlt hatten, kamen wir dort an, wo der gemeine Traditionalist seit jeher zu Hause war, nämlich beim unverwüstlichen Seelenbalsam der deutschen Romantik. Was wiederum einige "Erbe-Wächter" verunsicherte, die nicht glauben mochten, daß wir ein Liedchen wie dieses ohne jeden Hintergedanken gespielt haben wollten...

"Waltzing Mathilda"
Wo ging es hin mit der unbekümmerten Folk-Welle zu Beginn der achtziger Jahre? Einige Bands begannen selbst zu schreiben oder auch durchgeistigte Konzeptprogramme zu ersinnen. Für die "Folkländer" schien beides keine Lösung zu sein. Wir waren eine Band, die Lieder spielte; in tiefschürfenden Fragen gingen unsere Ansichten zu weit auseinander. Immerhin gab es ein Stück, für das sich alle erwärmen konnten, nämlich die Nachdichtung des Eric-Bogle-Klassikers "And The Band Played Waltzing Mathilda", dessen anrührenden Text Jürgen (Wolff) in gemäßigt-vogtländische Mundart übertragen hatte. So kam es denn, daß die Türken im Ersten Weltkrieg an den Dardanellen plötzlich gegen die Vogtländer kämpften...

* Aus dem Begleittext zu einem Doppelalbum mit dem Titel
"Folkländer & Bierfiedler/Das Beste und Reste, 1976-2001"
Verlag *Loewenzahn*, Leipzig & Vertrieb *Buschfunk*, Berlin

#

In der dänischen Hauptstadt Kopenhagen sprach Wolf Donnerhack am 24. Oktober 2000 im *Raadhus Frederiksberg* vor zahlreichen, meist jugendlichen Zuhörern zum Thema "*Trotz alledem!* Widerstand mit Volksliedern"...

Aus einem Schreiben des Leiters der KD Oelsnitz*

Ablehnung einer Touristenreise nach Ungarn

Durch den Donnerhack, Wolf (Grunddaten) wurde für den (Zeitraum) eine Touristenreise in die VR Ungarn beantragt. Diese Reise wird abgelehnt.
Die Gründe hierfür sind, daß der Donnerhack, Wolf aktive Verbindungen zu seinem in die BRD übersiedelten Bruder Donnerhack, Lutz unterhält und sich mit diesem wiederholt in Prag getroffen hat.
Des weiteren hat er persönliche Verbindungen zu zwei BRD-Bürgern, die er bei einem Aufenthalt in Prag kennengelernt hat und die Anfang 1982 bei ihm zu Besuch weilten.
Eine weitere beabsichtigte Einreise dieser BRD-Bürger wurde unterbunden.
Donnerhack nutzte 1981 eine Reise nach Prag, um verbotene Literatur in die DDR einzuführen. Diese Literatur wurde bei seiner Einreise über die GÜSt Oberwiesenthal vom Zoll eingezogen.
In einer Briefsendung an seinen Bruder versandte er ein Paßfoto von sich. Außerdem versandte er einen Zeitungsausschnitt aus dem Bezirksorgan *Freie Presse* mit den Losungen zum Kampf- und Feiertag der Werktätigen. Hierbei war die Losung zu den Schutz- und Sicherheitsorganen unterstrichen!
Mit der Ablehnung soll vorbeugend ein Mißbrauch der Reise zu kriminellen Handlungen verhindert werden.

Hanschriftlicher Vermerk:
Urschriftlich zurück.
Die Ablehnung der Reise des Donnerhack
wurde am (Datum) bei der Abt. P/M des VPKA Plauen eingeleitet.

* An den Leiter der KD Plauen, 1982

#
Nowhere Man. Paßbild aus dem Jahr 1982 - in den Akten entdeckt 1992.

BEZIRKSBEHÖRDE
DER DEUTSCHEN VOLKSPOLIZEI
Karl-Marx-Stadt
Abt. Paß- und Meldewesen

BDVP · 9040 Karl-Marx-Stadt · Hainstraße 142 · Postfach 19

Herrn
Wolf Donnerhack

9900 P l a u e n
Wilhelm-Pieck-Str. 111

Ihre Zeichen	Ihre Nachricht vom	Hausapparat	Unsere Zeichen	Datum
			Ri/Me	20.09.1982

Betreff:

Sehr geehrter Herr Donnerhack!

Ihr Schreiben vom 27.8.82 wurde unserer Dienststelle zuständigkeitshalber zur Bearbeitung und Beantwortung übersandt.
Zum Ergebnis der gründlichen Prüfung Ihrer vier geschilderten Anliegen teilen wir Ihnen mit, daß die Entscheidung jedes unter Pkt. 1-4 in Ihrem Schreiben genannten Antrages seine Richtigkeit hat und keiner Änderung bedarf.
Wir betrachten hiermit Ihr o.g. Schreiben als erledigt.

Hochachtungsvoll
Im Auftrag

Aus einem Rundschreiben des Leiters der BV Gera*

Sonderzug nach Pankow

Am 03.01.1983 um 15:30 wurde im *RIAS II* und am 06.01.1983 um 21:20 im *ZDF*, “Kennzeichen D”, ein Liedtext gesendet, als dessen Verfasser der BRD-Liedermacher und Rocksänger Udo Lindenberg bezeichnet wurde.

In dem vorliegenden Text wird unterstellt, daß für den Sänger Udo Lindenberg in der DDR ein Auftrittsverbot bestehe, weshalb sich der Verfasser mittels dieses Textes an die Person des Generalsekretärs des ZK der SED, Genossen Erich Honecker, in seiner Eigenschaft als Vorsitzender des Staatsrates der DDR wendet. Außerdem wird am Ende des Liedes durch einen in Russisch gesprochenen Text, wonach der Oberste Sowjet der UdSSR nichts gegen ein Gastspiel von Udo Lindenberg in der DDR einzuwenden habe, eine Abhängigkeit des Vorsitzenden des Staatsrates der DDR von der Staatsführung der UdSSR suggeriert.
Ausgehend davon ist einzuschätzen, daß diese Passagen des Textes objektiv geeignet sind, die persönliche Würde eines Menschen grob zu verletzen und zugleich das gesellschaftliche Ansehen des Vorsitzenden des Staatsrates der DDR wegen seiner staatlichen Tätigkeit herabzusetzen.
Eine Verbreitung dieses Liedtextes in der Öffentlichkeit stellt somit objektiv eine Straftat der Beleidigung im Sinne des § 139 (3) StGB dar.

Dabei ist jedoch unter Berücksichtigung der Täterpersönlichkeit sowie der konkreten Umstände und Motive der Tat genau zu prüfen, inwieweit gleichfalls die subjektiven Voraussetzungen, insbesondere eine bewußt vorsätzlich begangene öffentliche Beleidigung wegen der staatlichen Tätigkeit des Vorsitzenden des Staatsrates der DDR vorliegen.
Kann eine derartige subjektive Zielstellung nicht nachgewiesen werden oder ist die Einleitung eines Ermittlungsverfahrens auf dieser Rechtsgrundlage nicht zweckmäßig, so bestehen weitere rechtliche Möglichkeiten zur Unterbindung bzw. Maßregelung einer öffentlichen Verbreitung dieses Textes, die im Falle eines öffentlichen Abspielens dieses Liedes durch Berufsmusiker, Laienmusiker oder nebenberuflich tätige Musiker, frei- oder nebenberuflich tätige Schallplattenunterhalter oder andere Personen im Rahmen öffentlicher Tanz- und Unterhaltungsveranstaltungen sowie von Diskoveranstaltungen in Kulturhäusern, Schulen, Wohnheimen oder anderen Gebäuden im Interesse des Schutzes der staatlichen Ordnung sowie der Rechte und Interessen der Bürger und ihres sozialistischen Zusammenlebens zu prüfen sind.

In jedem bekannt werdenden Fall eines solchen Auftretens ist vor Einleitung strafrechtlicher Maßnahmen oder anderer Sanktionen umgehend die Abteilung IX der Bezirksverwaltung zu informieren und deren Entscheidung abzuwarten.
Ebenso ist zu gewährleisten, daß die Einleitung strafrechtlicher Maßnahmen durch die DVP ohne Entscheidung unseres Organs nicht zugelassen wird. Für die Entscheidungsfindung ist eine detaillierte Aufklärung zur Persönlichkeit der Tatpersonen unerläßlich, die der Abteilung IX mit vorzulegen ist.

* An alle Leiter der KD, OD und OA im Bezirk Gera, 1983

Exkurs

Mädchen aus Ost-Berlin*

Ich schickte, in Sorge um das Schicksal meiner Fast-Verlobten, Kundschafter aus. Sie meldeten, das Mädchen aus Pankow sei wohlauf.
Wenig später überbrachten sie die nicht wirklich frohe Kunde von ihrer Hochzeit. Sie hatte einen Offizier der Nationalen Volksarmee geheiratet. Den Typen im Silberrahmen auf dem Nachtschrank. Die geahnte Wirklichkeit wurde nach der Wende zur Gewißheit: Sie hat für die Stasi gearbeitet...
Vielleicht hatte man sie dazu erpreßt. Oder sie war es dem Kommunismus schuldig gewesen. Oder ihr NVA-Bräutigam hatte sie dazu gebracht. Die von mir gewünschte aufklärende Aussprache fand nicht statt. Man solle die Wunden des Kalten Krieges vernarben lassen... Im übrigen sei die DDR-Staatsmacht damals nicht zufällig so gnädig mit mir umgesprungen...
Nein, ich werde Dich nicht outen, Du einst Geliebte und nun Gealterte.
Meine Nachforschungen haben ergeben, daß Du eine durchschnittliche Ehe führst, in einem bescheidenen Bungalow im Berliner Speckgürtel. Das ist Strafe genug. Du hast drei Kinder, und der Älteste heißt Udo und soll ein sehr markantes Profil haben. Dein Gatte ist von der Bundeswehr übernommen worden und steht nach einem Kosovo-Einsatz vor der Pensionierung.
Danken wir also beide unserem gnädigen Schicksal.

* Udo Lindenberg, in:
Berliner Morgenpost (Berlin) vom 18.01.2004

Hinsichtlich der Verbindung zu seinem Bruder konnte folgendes erarbeitet werden: Seit dessen Übersiedlung nach Würzburg unterhält er regelmäßige persönliche und postalische Verbindung zu diesem. Da der Donnerhack keiner geregelten Arbeit nachgeht und dies auch an seinen finanziellen Mitteln zehrt, bekommt er von seinem Bruder ständig Pakete, besonders mit Genußmitteln und Kleidung. Er schickt ihm dafür Bücher aus dem Nachlaß seines Vaters bzw. solche Bücher aus dem Besitz seines Bruders, die dieser bei seiner Übersiedlung in die BRD nicht mitnehmen konnte.
(...)
Bei einem Zusammentreffen mit seinem Bruder in Prag lernte Donnerhack zwei Ehepaare aus Passau kennen. Diese waren noch nie in der DDR und besuchten den Donnerhack und dessen Ehefrau Anfang 1982. Bei diesem Besuch zeigte ihnen Donnerhack "sein" Plauen und Umgebung, und aus dem Briefwechsel ist zu schließen, daß sich ein engerer Kontakt ergeben hat.
Eine erneute Einreise in die DDR zu dem Donnerhack wurde unsererseits abgelehnt. Bei diesen Personen handelt es sich um gleichaltrige Männer, deren Ehefrauen die österreichische Staatsbürgerschaft haben.
Die Überprüfung in den Speichern der Abt. VI ergab, daß sie vor ihrem Besuch bei dem Donnerhack noch nicht in der DDR weilten. An den Zusammenkünften mit diesen Personen aus Passau nahmen auch andere Freunde des Donnerhack und seiner Ehefrau teil, so der Lehrer (Klarname, Vorname) mit Ehefrau und der Lehrschweißer (Klarname, Vorname) mit Ehefrau. Man muß einschätzen, daß es sich bei diesen Freunden des Donnerhack um Personen handelt, die mehr oder weniger die negative Grundeinstellung des Donnerhack teilen und ebenfalls für mehr "Freiheit" in der DDR eintreten. Der (Klarname, Vorname), genannt "Joe" und dessen Ehefrau (Vorname) nahmen ebenfalls an Zusammenkünften des Donnerhack, Wolf mit dessen Bruder Donnerhack, Lutz in der CSSR teil.
Bei der weiteren Bearbeitung ist unbedingt zu beachten, daß die Freunde des Donnerhack diesen bei Bedarf uneigennützig unterstützen.
(...)
Hinsichtlich der Aufdeckung von Inspiratoren und Hintermännern der Handlungen des Donnerhack gibt es keine Hinweise. Die politische Grundeinstellung des Donnerhack bildete sich systematisch heraus. Zwar wurde er von seinem Vater im fortschrittlichen Sinne erzogen, jedoch wurde zuviel Toleranz geduldet. Durch seinen Umgang mit negativen und schwankenden Kreisen in Halle und Leipzig sowie im Malzhaus Plauen und bei anderen Gelegenheiten verfestigte sich die Grundhaltung des Donnerhack

Durch sein Studium bekam der Donnerhack auch Kontakt zu einer Reihe von Lektoren und Professoren, die, bedingt durch ihre Tätigkeit, mit bestimmten Ursachen und begünstigenden Umständen für Mißstände vertraut sind. Dadurch sieht sich der Donnerhack in seinen Auffassungen von der Reformbedürftigkeit des Sozialismus in der DDR bestärkt und bestätigt. Man kann diese Personen aber nicht direkt als Inspiratoren und Hintermänner seiner Handlungen sehen, sondern lediglich als begünstigende Umstände.

Handschriftlicher Vermerk:
Welche Maßnahmen wurden geplant,
um Zielstellung der Bearbeitung für 1983 erreichen?
Was soll mit welchen Mitteln und Methoden
der tschekistischen Arbeit durchgeführt werden?

* Referat PID, 1983

Aus einem Gespräch mit Wolf Donnerhack*

#

Frage:
Wolf, außer dem Deinen ist bis zum heutigen Tag kein einziger weiterer Fall eines Benutzungsverbotes für die staatlichen Archive in der DDR bekannt oder gar dokumentiert worden. Wie kam es denn überhaupt dazu?

Antwort:
Ich bin im Zentralen Staatsarchiv der DDR, Dienststelle Merseburg, beim Exzerpieren des sogenannten "Sindermann-Befehls" erwischt worden.
Dabei ging es um Kurt Sindermann. Der Bruder des späteren SED-Politbüro-Mitgliedes und Volkskammer-Präsidenten Horst Sindermann, besagter Kurt Sindermann also, war Politischer Leiter des Parteibezirkes Halle-Merseburg der KPD und wurde nach der Machtergreifung Adolf Hitlers von der Gestapo verhaftet. Schwer mißhandelt, gab er im Zustand totaler Erschöpfung und unter unerträglichen Schmerzen Namen und Organisationsstrukturen preis.
Das hatte dann die Inhaftierung der gesamten Bezirksleitung zur Folge - und Kurt Sindermann wurde nach 1945 von den "Befreiern" zu Tode gefoltert...

Weil er in deren Augen ein "Verräter" war. In dem 1951/1952 von seinem Bruder Horst Sindermann erlassenen und in den staatlichen Archiven der DDR streng unter Verschluß gehaltenen sogenannten "Sindermann-Befehl" wurde er zur Unperson erklärt, die fortan nicht mehr erwähnt werden durfte.

* (2003)

Aus einem Schreiben des Leiters der KD Oelsnitz*

Antrag auf Versagung der Benutzungserlaubnis

Durch offizielle und inoffizielle Informationen bei der Bearbeitung eines OV nach § 106 StGB wurde bekannt, daß der Verdächtige des von unserer DE bearbeiteten OV "Blitz" Zugang zu verschiedenen Archiven der DDR hat.
Dieser Zugang resultiert wahrscheinlich noch aus seiner Studienzeit an der KMU Leipzig.
Der Verdächtige beschäftigt sich z.Z. mit privaten Forschungen und nutzt zu diesem Zweck die noch vorhandenen Möglichkeiten des Zugangs zu den Archiven.
Inoffiziell wurde bekannt, daß er dabei auch Sachverhalte herausgearbeitet hat, die, wenn sie veröffentlicht werden, nicht im Interesse unseres Staates sein können. Da der Verdächtige enge Beziehungen in die BRD unterhält, ist nicht ausgeschlossen, daß seine so erworbenen Kenntnisse dorthin gelangen.
Aus inoffiziellen Informationen ist ersichtlich, daß er die Staatsarchive in Dresden und Merseburg sowie das Militärarchiv Potsdam und vermutlich noch andere Archive genutzt hat bzw. weiter nutzt.
Da sich die Gesamtverwaltung der Staatsarchive in Potsdam befindet, bitte ich Sie, über die Sicherheitsabteilung entsprechende Maßnahmen einzuleiten damit dem Verdächtigen unseres OV "Blitz" der Zugang zu den genannten Archiven und darüber hinaus zu allen anderen Archiven im Verantwortungsbereich des Staatsarchivs Potsdam verwehrt wird.

Bei dem Verdächtigen unseres OV "Blitz" handelt es sich um die Person Donnerhack, Wolf (Grunddaten).

* An den Leiter der Abteilung XX der BV Potsdam, 1983

Rat der Stadt Plauen

(Bezirk Karl-Marx-Stadt)

Stellv. des OB für Inneres

9900 Plauen, Unterer Graben 1

Herrn
Wolf Donnerhack

9900 Plauen
Wilh.-Pieck-Str. 111

Ihre Zeichen	Ihre Nachricht vom	Unsere Zeichen	Unsere Nachricht vom	Tag
			11. 2. 1983	

Betreff:

Werter Herr Donnerhack!

Ihre Eingabe vom 3. 2. 1983 liegt mir vor. Gemäß § 7 Ziff. 1 der 2. DB zur VO über das staatliche Archivwesen vom 19.3.76 (GBl. T. I Nr. 10 v. 31.3.76) besteht die Versagung der Benutzungserlaubnis im Sinne Ihrer Antragstellung vom 9.3.82 zu Recht und schließt diese auch künftig aus.

Ich betrachte Ihre Eingabe damit als erledigt.

Mit sozialistischem Gruß

[redacted]

Stellvertreter des
Oberbürgermeisters
für Inneres

Aus einem Schreiben der HA I*

Übersendung einer Information

In der Anlage erhalten Sie eine inoffizielle Information über den Bürger Donnerhack, Wolf (Grunddaten), der sich mit militärischen Fragen und/oder militärgeschichtlichen Problemen befaßt und sich außerdem schriftstellerisch betätigen soll.
Wir bitten um Kenntnisnahme.

* Vom Leiter des Kommandos GT an den Leiter der KD Oelsnitz, 1983

Aus dem Bericht eines IM der HA I*

Information zu Wolf Donnerhack

Gespräch mit dem Donnerhack, Teilnehmer am Englisch-Intensivkurs an der VHS Plauen (Sprachkundigen-Prüfung) am (Datum und Uhrzeit):
Am (Datum und Uhrzeit) mehrere Dokumente (Fotokopien) einer Militär-Aktion gegen Sachsen im Frühjahr 1920 (Unternehmen "Entscheidung", Unternehmen "Radreifenergänzung", Unternehmen "Technische Messe") an den Donnerhack zurückgegeben. Diese Dokumente hatte ich vor ca. vier Wochen von Donnerhack erhalten mit der Bitte, ihm einzelne taktische Zeichen, die ihm unverständlich waren (z.B. *Haubitze*, *Kanone*) zu erklären.
Seine Aussagen dazu:
Die Dokumente stammen aus dem Militärarchiv der NVA in Potsdam.
Sie sind ihm großzügig und freundlichst zur Verfügung gestellt worden.
Er wurde unkompliziert als Leser/Nutzer des Militärarchivs zugelassen; ihm wurde auch eine Benutzerkarte (habe ich nicht gesehen) ausgestellt.
Wozu braucht er solche Dokumente?
Seit einiger Zeit arbeitet er angeblich zum (Forschungsthema).
Bei den Fotokopien handelt es sich um militärtaktische Detailfragen, um bei der genannten Arbeit bei der historischen Wahrheit, bei sachlich und fachlich richtigen Aussagen zu bleiben.
Dazu wollte Donnerhack von mir einige taktische Zeichen (z.B. die Zeichen, die heute für *Haubitze* und *Kanone* stehen) gedeutet wissen.
Ich verwies Donnerhack höflich, aber bestimmt an das Militärarchiv.
Das Gespräch hörten etwa fünf Teilnehmer des Intensivkurses mit.

* Kommando GT/Unterabteilung OHS, 1983

Aus einem Schreiben des Leiters der KD Oelsnitz*

Informationsaustausch

Einer Information der Abt. M zufolge wurde der mit Anschreiben vom (Datum und Tagebuch-Nummer) genannte (Klarname, Vorname) von der in unserem OV "Blitz" bearbeiteten Person kontaktiert. Bisher konnte nur diese einmalige Verbindung dokumentiert werden. Der Brief des Verdächtigen vom (Datum) an den (Klarname, Vorname und Postanschrift) in 6900 Jena hatte folgenden Inhalt:

(Komplette Abschrift des Briefes)

Weitere Angaben zum Charakter der Verbindung sind nicht bekannt.
Der Verdächtige unseres OV "Blitz" fährt einen Pkw *Trabant* vom Typ 601, Farbe delphingrau, schwarzer Grill, pol. Kennzeichen XH 21-88.
Als Anlage zum Schreiben übersende ich Ihnen ein Paßfoto des Verdächtigen zur Unterstützung bei der Ermittlungsführung hinsichtlich der Klärung von bestehenden Rückverbindungen. Bitte senden Sie dieses Paßfoto nach Realisierung der Ermittlungen an uns zurück.

* An den Leiter der OD Zeiss, 1983

Aus einem Schreiben der OD Zeiss*

Informationsaustausch

In der Anlage übersenden wir Ihnen gemäß Ihrem Schreiben vom (Datum und Tagebuch-Nummer) ein Paßfoto (OV "Blitz") zurück. Hinweise über Kontakte des (Klarname, Vorname) in Jena zur abgebildeten Person auf dem Paßfoto wurden bisher nicht festgestellt.
Der in dem von Ihnen zitierten Brief eines Verdächtigen angeführte "LD" ist nach einem Material der Abt. M der BRD-Bürger Donnerhack, Lutz; wh. in D-8700 Würzburg, als Sperrobjekt Nr. 328-368 erfaßt für die KD Plauen.
Mit dem (Klarname, Vorname) wurde daraufhin durch seinen Vorgesetzten eine Aussprache durchgeführt, wo dieser nochmals auf die Geheimhaltungsbestimmungen und insbesondere auf die Meldepflicht von Kontakten ins NSA hingewiesen wurde. Die Belehrung erfolgte schriftlich.

* Vom Leiter der OD Zeiss an den Leiter der KD Oelsnitz, 1983

Aus einer Bandabschrift der KD Plauen*

Bericht über Wolf Donnerhack

Vergangene Woche ergab sich ein erneutes langes Gespräch mit Donnerhack. Grundsätzlich wirkte er so wie stets, nämlich die Politik unseres Staates zu verlachen, ironisch zu ignorieren und alles für Stümperei zu halten.
In Leipzig habe es neulich eine FDJ-Kulturkonferenz gegeben, auf der ein sogenannter "FDJ-Sputnik" namens Hartmut König gesprochen habe. Das Fazit dieser Konferenz sei: Verbot aller kritischen Schriftsteller in der DDR, Schluß mit kritischen Darstellungen des real existierenden Sozialismus in der Bildenden Kunst, Rückkehr zum harten Kurs der fünfziger Jahre im Kulturleben der DDR. Donnerhack sucht und findet auch ständig Erscheinungen in unserem politischen Alltag, die er scharf kritisiert, für absolut unmöglich hält und von denen er meint, daß sie die Entwicklung nur bremsen.
Er bestätigte wörtlich, daß zwischen den Familien (Klarname), (Klarname) und (Klarname) und der Familie Donnerhack regelmäßig Kontakte gepflegt werden. Man trifft sich im Preißelpöhl. Er wußte auch, daß die (Klarname, Vorname), Teilkonstrukteur im VEB *Wema*, eine schriftliche Eingabe an den Betriebsdirektor, Gen. (Klarname), gemacht hat, in der sie sich über die angeblich ungerechte Lohn- und Gehaltspolitik im Bereich Forschung und Entwicklung beschwerte. Donnerhack stellte dies so dar: "Stimmt es, daß bei der (Vorname) im Bereich Leute eingestellt wurden, die keine Ahnung haben, aber über eintausend Mark netto im Monat kassieren, nur weil sie von der Armee kommen, während ausgebildete Teilkonstrukteure mit bis zu dreißig Jahren Berufserfahrung rund dreihundertfünfzig Mark weniger verdienen?"
Seine Kontakte zu den polnischen Studenten seien nahezu abgebrochen.
Obwohl er ständig schreiben würde, bekäme er keine Antwort. Er glaubt, daß seine Post "abgefangen" wird. So sei es schon vorgekommen, daß zwei verschiedene Briefe mit demselben Absender und demselben Aufgabeort und -datum mit vierzehn Tagen Differenz in Plauen angekommen wären - erst der an seine Frau adressierte Brief und dann der für ihn bestimmte, mit vierzehn Tagen Verspätung.
In den letzten drei Wochen habe er sich in Bad Elster aufgehalten und dort bei Bekannten oder Verwandten ein Haus mit vorgerichtet. Dadurch sei er auch wieder "zu ein paar Pfennigen" gekommen. Ansonsten arbeitet er nicht zum Gelderwerb, er brauche so gut wie nichts und lebt tatsächlich auch sehr bescheiden.
Über einen längeren Zeitraum konnte beobachtet werden, daß er die NVA für einen Haufen dummer und lächerlicher Figuren hält, die nur zu Kriegsspielen im Sandkasten fähig sind. Er könne auch nur jedem Jugendlichen davon abraten, länger als unbedingt notwendig zu diesem "Haufen" zu gehen.

In bestimmten politischen Situationen, bei besonderen Höhepunkten innerhalb von Gesprächen, kam öfters eine aggresiv-terroristische Grundhaltung zum Vorschein, die begleitet war von Worten wie “Mit der Vierzehn-Fünf ‘reinhalten, bis der letzte Gurtkasten leer ist!”. Das bezog er insbesondere auf die “Gesellschaft der Menschenfreunde in der Gabelsbergerstraße”, womit er die Kreisdienststelle des MfS in Plauen meinte. Dort würde er gern einmal mit seinem alten “Puszta-Kampfwagen”, wie er ihn während seiner Armeezeit gefahren hat, in Stellung gehen und den “Jungs” mal “ordentlich Zunder geben”.
Seine Handschrift ist mir bekannt, auch kann ich erforderlichenfalls eine Schriftprobe beibringen. Seine Handschrift ist sehr gedehnt, fast unleserlich, ähnlich arabischen Schriftzeichen. Norm- oder Blockschrift habe ich bei ihm noch nie gesehen. Er schreibt Schreibmaschine und dies sehr häufig und auch gekonnt.

* Referat PUT, 1983

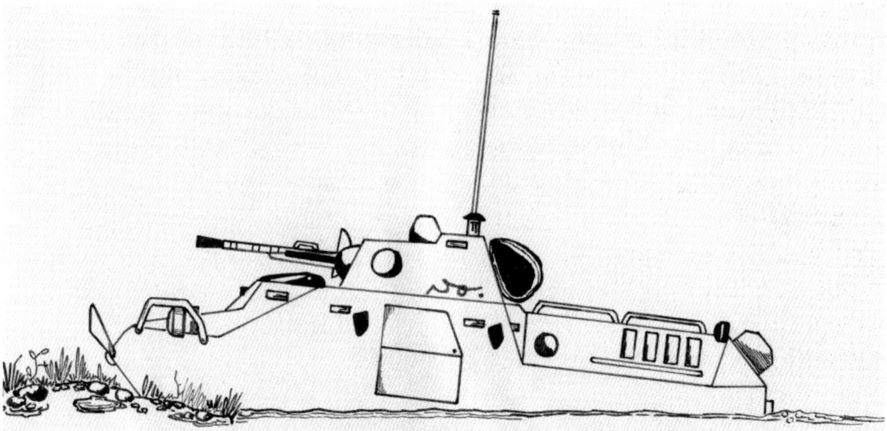

#
Ein sogenannter “Puszta-Kampfwagen” (“Genosse Major, PSzH 8360 einsatz- und gefechtsbereit! Fahrzeug aufmunitioniert und vollgetankt, Funkgerät auf der befohlenen Frequenz. Es meldet Gefreiter Donnerhack.”) beim Anlanden nach dem Überwinden der Talsperre Pöhl, August 1973.
Tuschzeichnung von Wolf Donnerhack, Plauen (1973)

Aus einem Dokument der KD Oelsnitz*

Bericht zur Absprache zum OV "Blitz"

Am (Datum) wurde mit dem Gen. Hptm. (Klarname) von der KD Plauen eine kurze Absprache durchgeführt.
Im Mittelpunkt stand die Beschaffung von neuem Schriftvergleichsmaterial vom Verdächtigen des OV "Blitz".
Hinsichtlich des Vergleichsmaterials sagte Gen. (Klarname), daß er seinen IMB (Deckname) im Zusammenhang mit der Schmiererei in Plauen bereits auf dieses Problem gelenkt hat. Zur Handschrift des Verdächtigen war dieser der Meinung, daß er eine sehr gezogene, fast arabische Schreibschrift hat.
Eine Schreibweise mit Druckbuchstaben ist ihm beim Verdächtigen noch nicht aufgefallen.
(...)
Im weiteren informierte Gen. (Klarname), daß die Ehefrau des Verdächtigen auch immer mehr auf den Kurs ihres Ehemannes einschwenkt.
Von irgendwelchen Scheidungsabsichten ist überhaupt nichts zu spüren.
Sie trägt modische Kleidung, die vermutlich aus der BRD stammt. So scheint sie auch etwas vom Bruder ihres Mannes abzubekommen, was offenbar mit ein Grund dafür ist, daß sie mit ihrer Einstellung schwankt.
Fest steht weiter, daß der Verdächtige von seinem Bruder auch Westgeld bekommt. Die Frage ist nur, ob der Bruder wirklich so wohlhabend ist oder ob das Geld möglicherweise von anderen Stellen stammt.
Gen. (Klarname) wird uns bei Erhalt neuer Informationen zum Verdächtigen des OV "Blitz" sofort informieren.

* Referat PID, 1983

Aus dem Bericht eines OM der KD Plauen*

Information zu Wolf Donnerhack

Am (Datum) suchte ich die seit der Schließung des "Malzhaus-Club" als Treff- und Anlaufpunkt von negativ-dekadenten Jugendlichen und Jungerwachsenen bekanntgewordene Gaststätte *Harmonie* (*Klub der Intelligenz*) auf. Dabei konnte ich folgendes Gespräch am Nachbartisch verfolgen:
Der mir persönlich bekannte Donnerhack, Wolf unterhielt sich mit drei mir namentlich nicht bekannten Personen (eine junge Frau, zwei junge Männer) über ein Konzert der Gruppe "Hammer-Revue" (phonetisch).

Auf die Frage eines der beiden jungen Männer, Spitzname "Hassan", ob es, wie abgesprochen, gelungen sei, Karten für die Veranstaltung am fünften Mai in Annaberg zu bestellen, "explodierte" Donnerhack und erzählte folgendes: Er habe im *Eduard-von-Winterstein-Theater* in Annaberg angerufen und dort Karten für die Gruppe "Hammer-Revue" bestellen wollen. Daraufhin sei ihm gesagt worden, daß es keine Karten mehr gäbe und die Vorstellung restlos ausverkauft sei. Donnerhack habe sich dann als Angehöriger der Musikgruppe "Notentritt" ausgegeben, die jetzt erst von einem Auslandsaufenthalt in der BRD zurückgekehrt sei und unbedingt das Konzert von der "Hammer-Revue" sehen wollte. Außerdem könne er sich wirklich nicht vorstellen, daß im Erzgebirge eine Vorstellung der "Hammer-Revue" ausverkauft sein soll.
Die Frau von der Theaterkasse in Annaberg hätte ihm gesagt, daß sämtliche Karten von der FDJ-Kreisleitung aufgekauft worden seien. Man wolle nicht, daß die Gruppe "Hammer-Revue" die Jugendlichen ideologisch verwirrt und deshalb sollten nur politisch zuverlässige Jugendfunktionäre zu diesem Konzert kommen. Daraufhin brach die junge Frau, Spitzname "Angie", in lautes Gelächter aus und sagte (nicht wörtlich): "So was gibt's doch gar nicht, die müssen doch total bescheuert sein, die müssen aber eine Angst haben."
Donnerhack sagte darauf, ihm bliebe das Lachen im Halse stecken, wenn er sich vorstellt, daß solche "Arschgeigen" wie (Klarname) und (Klarname) im Theater in Annaberg "die Luft verpesten", während die echten Fans draußen bleiben müssen. Dabei wies er mit dem Kopf in Richtung eines Ecktisches, wo tatsächlich die mir persönlich bekannten Mitarbeiter (Klarname, Vorname) und (Klarname, Vorname) von der FDJ-Kreisleitung saßen.
Donnerhack erging sich des weiteren in übelsten Beschimpfungen unserer Jugendorganisation. So bezeichnete er die FDJ-Kreisleitung in Plauen als "Faultierfarm". Wenn er könnte, wie er wollte, dann würde er die Mitarbeiter alle in den Steinbruch jagen und er würde sie gerne "ein bißchen quälen", damit "dieses Gelump" mal lernt, was Arbeit heißt. Dieses "Gelichter" habe er während seiner Tätigkeit in Oelsnitz aus nächster Nähe studieren können, das sei alles nur "Geprassel".
Diesen Ausfällen pflichteten die anwesenden Personen offen bei. Auch wenn alle schon leicht angetrunken waren, so muß doch eingeschätzt werden, daß sie hier ihre wahre Meinung zu unserer sozialistischen Jugendorganisation ganz offen und unverblümt zum Ausdruck brachten.
Das Gespräch kann offiziell ausgewertet werden.

* Referat PUT, 1983

Aus einem Dokument der BV Cottbus*

Bericht über eine Veranstaltung im Kulturhaus "Glück auf" in Cottbus

Unter Leitung des Bezirkskabinetts für Kulturarbeit fand am (Datum) im Kulturhaus "Glück auf" in Cottbus eine Veranstaltung statt. Es handelte sich dabei um einen Beitrag des Bezirkskabinetts zu den "Werkstatt-Tagen" der Jugendklubs im Bezirk Cottbus.

Das Programm stand unter dem Motto "Hammer-Revue" (Schreibweise: "Hammer-Rewüh") und wurde von den Gruppen "Karls Enkel" aus Berlin und "Wacholder" aus Cottbus gemeinschaftlich erarbeitet und zum ersten Mal in Cottbus vorgeführt. Die Schreibweise des Mottos wurde von den beiden Gruppen in der dargestellten Weise vorsätzlich gewählt.
Beide Gruppen gehören zu den in der DDR bekanntesten Folklore-Gruppen und traten bisher des öfteren zu gesellschaftlich bedeutenden Höhepunkten auf, darunter auch beim "Festival des politischen Liedes". Gegenwärtig wird auf Vorschlag des Zentralrates der FDJ der Einsatz der beiden Folklore-Gruppen für Reisen in das NSA geprüft.

Zur Gruppe "Wacholder" unseres Bezirkes
gehören die freiberuflich tätigen Musiker
- Kießling, Matthias (Grunddaten),
- Kokott, Jörg (Grunddaten),
- Seeboldt, Scarlett (Grunddaten),
- Walther, Almut (Grunddaten).

Die etwa zweihundert Besucher der betreffenden Veranstaltung sind überwiegend in Jugendklubs unseres Bezirkes tätig und reagierten auf die nachfolgend dargelegten Einzelheiten des Programms differenziert.
Die Aussagen des Programmes wurden überwiegend mit großem Beifall bedacht. Am Abend erfolgte jedoch seitens der Veranstaltungsleitung des Bezirkskabinetts als auch der Klubhausleitung keinerlei Reaktion auf die Darbietungen.

Der erste Programmteil befaßte sich mit der Entwicklung der DDR, wobei solche Titel wie "Weimar-Lied" oder "Halle-Neustadt" einbezogen wurden. Nach uns vorliegenden Hinweisen zufolge bemerkte das Jugendmagazin *Neues Leben* bereits in seiner Ausgabe 2/1983 kritisch, daß der Inhalt dieser Titel eine zweideutige Auslegung der Entwicklung der DDR zulasse.

Solche Textzeilen wie "Wir wissen immer nur aus der Zeitung, wie gut es uns geht" begrüßte das Publikum mit lautem Beifall. Die Pausenankündigung erfolgte mit der Bemerkung "Pause für Hörer und Horcher!"

Nach der Pause marschierten die Mitwirkenden mit dem Gesang ein "Wir tragen unser Schicksal mit Geduld, an der ganzen Scheiße sind wir selber schuld!". Dieser Titel umrahmte gewissermaßen den gesamten zweiten Teil und seine Wiederholung erfolgte mehrfach sowohl durch Gesang als auch nur instrumental.

Weitere Darbietungen enthielten unter anderem folgende Texte, deren negative Aussagen durch entsprechendes Agieren auf der Bühne verstärkt wurde:

Ein Lied mit dem Refrain "Seid erschütterbar, aber leistet Widerstand" enthielt Aussagen über "das große Berlin", welches "nicht durch Stahl und Pappmache, sondern durch die Spree" getrennt wird. Hierin wurden nach uns vorliegenden Hinweisen die Partei- und Staatsführung der DDR sowie die internationalen Beziehungen verspottet.

Zur Melodie "Kleine weiße Friedenstaube" interpretierte man einen Text über "Eine kleine Bürgermeise", worin ebenfalls der Friedenskampf diskreditiert wurde. Dieses Lied wurde verbunden mit dem Text des Volksliedes "Ja, ja, ja; es ist traurig, aber wahr - nein, nein, nein; es darf doch gar nicht sein".

Verschiedene Darbietungen empfanden einzelne Besucher der Veranstaltung als unmoralisch. So zum Beispiel die Ankündigung vom "Mittelteil" des Kulturprogramms, während dessen ein Mitglied der Gruppe "Karls Enkel" etwa fünf Minuten lang vor dem Publikum seine Hose pausenlos auf- und zuknöpfte.

Die nächste Ankündigung bezog sich auf einen sogenannten "internationalen Superstar", einen "Rocksänger aus der Mongolischen Volksrepublik".
Darauf folgte minutenlanges wüstes und ruckartiges Musizieren.
Der den "Superstar" aus der MVR darstellende (Klarname, Vorname) von der Gruppe "Wacholder" steigerte sich mit wilden Schreien und undefinierbaren Gebärden, begleitet von völlig unverständlichen Texten, und stellte zweifelsfrei eine Diskreditierung der Kultur unseres sozialistischen Bruderlandes dar.

Dabei wälzte er sich abschließend auf der Bühne herum und zerstörte einen bei der Vorführung verwendeten Schrubber.

In einem weiteren Lied wurde berichtet, was alles im Leben nicht klappen kann. Dabei wurde das Publikum aufgefordert, es trotzdem "noch tausendmal wieder zu versuchen". Als Beispiel erwähnte man die Möglichkeit, "einen Staatsfunktionär zu bekichern".

Während des zweiten Teiles der Vorführung gestikulierte ein Mitwirkender ständig mit einer Pistole. So wurde zum Beispiel bei dem "Lied über das Meer" sowohl die Pistole als auch von einem weiteren Mitwirkenden eine Klarinette wie ein Gewehr im Anschlag auf das Publikum gerichtet, damit mehrmals eindringlich Applaus einfordernd. Das Spiel mit Pistole und Gewehr beziehungsweise Klarinette endete mit dem Text "Das Meer paßt in keine Zipfelmütze, es läßt sich nicht bezwingen - ich bin das Meer". Bei dem Wort "Meer" zeigte man mit der Pistole auf das Publikum und stellte dann die Frage "Wer ist das Meer?". Dabei zeigte der Künstler wieder auf sich selbst und schrie, die Pistole beidarmig hochreißend, "Ich bin das Meer!"

Das Programm endete mit dem mehrmaligen Absingen der bereits genannten Textzeile "Wir tragen unser Schicksal mit Geduld, an der ganzen Scheiße sind wir selber schuld".

* Abteilung XX, 1983

Aus dem Bericht eines IM der KD Plauen*

Information zu Wolf Donnerhack

Im Verlauf eines in den letzten Tagen geführten Gespräches mit Donnerhack äußerte sich dieser wieder äußerst ironisch und schadenfroh über die zurückliegenden Versorgungsprobleme in der DDR.
Es handele sich dabei seiner Meinung nach um die typischen Folgen der "miserablen Planwirtschaft" bzw. der "planmäßigen Mißwirtschaft".

Wie er aus dem Munde von Experten erfahren habe, würde die gegenwärtige "Scheinstabilisierung" auch nur von kurzer Dauer sein, da die DDR nicht mehr in der Lage sei, die Versorgung der Bevölkerung aus eigener Kraft zu sichern. Sein "spezieller Freund" Erich Honecker habe zwar bei seiner Reise nach Kuweit Erdöl gekauft, doch hätte dieses die DDR nie erreicht, sondern wäre nach Dänemark gegangen. Dänemark wiederum hätte für das Erdöl vom EG-"Butterberg" Butter gekauft und der DDR für die sogenannte Staatsreserve zur Verfügung gestellt. Diese Bedarfsdeckung würde aber nur bis zum Jahreswechsel ausreichen, danach würde die gleiche "Misere" in noch viel stärkerem Ausmaß auftreten, und für deren Abwendung sei bis dato noch lange keine Lösung in Sicht.
Diese seine Darstellungen waren voller Hohn, Ironie und Schadenfreude.
Mein Eindruck: Donnerhack freut sich über alles, was uns als DDR schadet bzw. was die Bürgerstimmung und -meinung aufheizt oder erregt.

* Referat PUT, 1983

Aus einem Dokument der KD Oelsnitz*

<u>Ergänzung zum letzten Sachstandsbericht</u>

Zum 17. Juni ist der Verdächtige nicht in Erscheinung getreten.
Am Vormittag hielt er sich in seiner Wohnung auf. Gegen (Uhrzeit) verließ die Ehefrau das Haus. Nachmittags begab er sich in Richtung Naturschutzgebiet Syratal. Zu bemerken wäre noch, daß die Donnerhacks grundsätzlich nicht flaggen. Von einer inoffiziellen Verbindung darauf angesprochen, weshalb er denn nicht wenigstens zum 1. Mai die Fahne der Arbeiterklasse heraushängt, sagte der Verdächtige wörtlich: "Das fehlt mir gerade noch!"

Hanschriftlicher Vermerk:
Ist Donnerhack wirklich so naturverbunden?
Durch das Syratal führt die Panzertrasse vom SMO zum OB!
Donnerhack ist nachweislich an militärischen Fragen interessiert.
Bitte nachprüfen, was er im Syratal treibt! Information an Freunde!

* Referat PID, 1983

Aus einem Schreiben der HA I*

<u>Information zu Wolf Donnerhack</u>

Nach Rückfrage seitens der HA I, MB V/UA 9. PD wurde uns mitgeteilt, daß der Donnerhack für Ihre DE erfaßt ist.
In der Bearbeitung des Gefr. (Klarname, Vorname) im OV "Schauspieler" wurde eine aktive briefliche und persönliche Verbindung zwischen beiden Personen erarbeitet. Bei einer am (Datum) durchgeführten Schrankkontrolle wurden zwei Briefe des Donnerhack festgestellt. Die Briefe dokumentieren eine politisch negative Einstellung des Absenders. Interessant scheint vor allem der folgende Auszug aus dem zweiten Brief des Donnerhack. Zitat:
Es ist nicht zu übersehen, daß die während der letzten Kulturkonferenz gehaltenen Brandreden eine direkte Rückkehr zu den Praktiken der finsteren fünfziger Jahre verheißen dürften. Die ersten Resultate liegen bereits vor: Absetzung des Stückes "Die Schmitten" von Volker Braun in Leipzig und der Inszenierung von Shakespeares "Macbeth" durch Heiner Müller in Berlin, Verhinderung einer Lesung von Franz Fühmann in Jena, Absage mehrerer Lesungen von Volker Braun in Erfurt, Schließung des Malzhauses in Plauen und so weiter und so weiter und so fort. Wie lautete letzthin die Überschrift eines Leitartikels im Horizont? *"Stolz darauf, DDR-Bürger zu sein." Aha...*
Wir übersenden Ihnen hiermit die Kopien der beiden Briefe zur weiteren Veranlassung.

* Vom Leiter der Unterabteilung 9. PD an den Leiter der KD Oelsnitz, 1983

Aus einer Bandabschrift der KD Plauen*

<u>Bericht über Wolf Donnerhack</u>

Aus gegebenem Anlaß führte ich am (Datum und Uhrzeit) einige Gespräche mit Wolf und (Vorname) Donnerhack in deren Wohnung.
Bei meiner Ankunft hielten sich die beiden Personen in der gemeinsamen Wohnung in getrennten Räumen auf. Ihr *Trabant* mit den auffälligen gelb-schwarzen Aufklebern "Plauen - Spitzenstadt und Vogtlandmetropole" bzw. "Vogtland - schönes Land in Deutschland" stand vor dem Haus.
Zunächst hatte ich Gelegenheit, mich mit Wolf Donnerhack zu unterhalten.
Neben Allgemeinem zu Konkretem:
Nach außen hin gibt er sich bzw. "spielt" er äußerst optimistisch.

Der konkreten Beantwortung von Fragen nach seinen Absichten bzw. Plänen weicht er aber kategorisch aus und lenkt das Gespräch grundsätzlich auf eine andere Thematik
Mir schien es im Laufe des Gespräches, daß er aus mir unbekannten Gründen in Eile war. Ich hatte das Gefühl, im Wege zu sein. Verabschiedete mich, um noch mit (Vorname) Donnerhack zu sprechen. Zuvor konnte ich außerdem feststellen, daß er ca. zwanzig Briefe im Format A6 und etwa zehn Briefe im Format A5 geschrieben und frankiert auf seinem Schreibtisch liegen hatte. Die jeweils ersten bzw. obenauf liegenden Briefe waren adressiert an
(Vorname und Klarname, Postanschrift) in Schweden und
(Vorname und Klarname, Postanschrift) in der Schweiz.

Zum Inhalt des Gespräches mit Frau Donnerhack später mehr.
Nach ca. fünfzehn Minuten klingelte es mehrmals sehr heftig.
Sie verließ den Raum, machte die Küchentur zu und stieß im Vorsaal auf ihn. Verständigung, Rückkehr in die Küche. Nochmaliges, wiederum sehr heftiges Klingeln; sie reagierte diesmal nicht, da er die Wohnungstür öffnete und Besuch einließ. Sehr laute Stimmen eines Mannes und einer Frau, für erstmalige und fremde Besucher zu auffällig. Frau Donnerhack zeigte keine Reaktion. Ich konnte aus dem Vorsaal nur Bruchstücke der Begrüßung hören.
Frau Donnerhack und ich setzten das Gespräch fort, es war (Uhrzeit).
Gegen (Uhrzeit) kam Donnerhack mit dem fremden Paar in die Küche. Ich war nicht mehr vermutet worden, wurde vorgestellt.Männliche Person stellte sich vor mit lautem Jodeln und "Haus Vogtland im bayrischen Vogtland". Kurzes Gespräch, inhaltslos. Männliche Person sagte, es sei abends in Plauen "finsterer als in Abrahams Schoß"; hingegen wäre die Grenze "beleuchtet wie Las Vegas bei Nacht". Personenbeschreibung: (...) Sie sagten, daß sie gleich weiter wollten. Donnerhack nahm beide wieder mit in sein Arbeitszimmer, nachdem er seine Frau aufgefordert hatte, Kaffee zu kochen.
Fortsetzung des Gespräches mit Frau Donnerhack.
Dann plötzlich erneutes Klingeln. Sie öffnete, Küchentür war angelehnt.
Sie sprach den Besucher mit *Du* an und sagte "Geh' inzwischen hier 'rein, ich bin gleich fertig". Gegen (Uhrzeit) beendete ich mein Gespräch und ging.
Hinter dem Donnerhack-*Trabant* mit den schon beschriebenen Aufklebern stand ein BRD-BMW mit ebensolchen Aufklebern, die Autonummer war (pol. Kennzeichen). Auf der anderen Straßenseite, etwa ein bis zwei Autolängen unterhalb, parkte ein BRD-VW mit der Autonummer (pol. Kennzeichen). Vermute, daß dieses Fahrzeug zum zweiten Besucher gehörte.

Das erstgenannte Fahrzeug war auf der Heckklappe schwarz beschriftet mit "Haus Vogtland - Bayerisches Vogtland".

In dieser Situation beschloß ich, in kurzen Zeitabständen den Standort zu kontrollieren. Um (Uhrzeit), (Uhrzeit) und (Uhrzeit) standen beide Fahrzeuge noch immer dort. Um (Uhrzeit) waren sie dann weg.
Zum Gespräch mit Frau Donnerhack:
Sie ist nervlich sehr weit 'runter. Alle Umstände belasten sie sehr.
Seinetwegen hat sie auch Schwierigkeiten an ihrer Schule.
Konfrontiert mit meiner Aussage, er bereite heimlich die Antragstellung auf rechtswidrige Übersiedlung in die BRD vor, stieß sie ein "Waaas?!" aus.
Ich riet ihr, schleunigst die Scheidung einzureichen,
ihm aber auf keinen Fall etwas zu sagen von meinen Hinweisen.
Nähere Details waren auf Grund der Umstände nicht ermittelbar.

* Referat PUT, 1983

Aus einem Dokument der KD Oelsnitz*

<u>Information zu Wolf Donnerhack</u>

Am (Datum) ergab sich eine neue Verbindung des Verdächtigen.
Er hatte schon vor einiger Zeit Kontakt zu einem (Klarname, Vorname und Grunddaten) in der BRD aufgenommen. Diesen hatte der Verdächtige angeschrieben, um Material zum (Forschungsthema) im Raum Hof zu erhalten.
Von (Klarname) erhielt er daraufhin auch einige Materialien, z.B. Kopien von alten Zeitungen aus dem Stadtarchiv in Hof. Jedoch wurde aus dieser anfangs zweckdienlichen Verbindung ein engerer Kontakt.
Die weitere Aufklärung des (Klarname) ergab:
Der (Klarname) ist der Leiter vom *Haus Vogtland* in Feilitzsch bei Hof, OT Unterhartmannsreuth. Dieses *Haus Vogtland* dient als Kommunikationszentrum der vogtländischen Heimatforschung in der BRD. Eigentümer ist der Landesverband der Sachsen, der zu den Landsmannschaften in der BRD gehört. Im Landesverband der Sachsen wiederum gibt es eine Teilgliederung der Vogtländer. Das Haus selbst war früher Eigentum des Grenzolldienstes und wurde durch Subvention des westdeutschen Staates erworben.
Die Aufklärungsergebnisse wurden 1978/1979 durch die HA I erarbeitet.

Zum damaligen Zeitpunkt leitete der ehemalige Plauener Kinderarzt Dr. (Klarname) den Landesverband der Sachsen. Hingegen war der (Klarname) bestrebt, selbst den Vorsitz zu übernehmen und die Teilgliederung der Vogtländer selbständig zu machen. Der Verband organisiert den Zusammenhalt der Vogtländer im Bundesgebiet und nutzt private Verbindungen in die DDR, um von dort alle nur möglichen Informationen zu erhalten. Es werden auch Schriften herausgegeben, und es finden sogar Treffen auf Bundesebene statt. Diese Treffen waren immer gut besucht. Aus Anlaß des letzten Treffens wurde wiederum eine Festschrift gedruckt. Darin wurde vorrangig die Geschichte des Vogtlandes dargestellt, besonders "die schwere Zeit" seit der "Teilung unseres Vaterlandes".
Personen aus der BRD und WB suchten das *Haus Vogtland* vor oder nach ihren Besuchsreisen in die DDR auf und hinterließen dort Mitteilungen und Informationen. Durch den (Klarname) wurde außerdem eine größere Anzahl von "Plauen"- bzw. "Vogtland"-Aufklebern an den Verdächtigen gebracht. Diese wurden über die Rentnerin (Klarname, Vorname und Grunddaten) aus Plauen verbracht, von wo der Verdächtige sie sich dann abholte.
Der (Klarname) war Plauener, hatte aber die DDR illegal verlassen.

Durch die Abt. M konnte vor einiger Zeit dokumentiert werden, daß der (Klarname) auch als "Initiator der Bürgeraktion *Wiedereröffnung der Autobahn Hof-Plauen*" in der BRD öffentlichkeitswirksam in Erscheinung getreten ist, (...). Ursprünglich sollte der (Klarname) von der HA I bearbeitet werden, war jedoch zu diesem Zeitpunkt bereits von der KD Plauen erfaßt. Am (Datum) weilte der (Klarname) persönlich bei dem Verdächtigen. Dem letzten Brief des Donnerhack, Lutz an den Verdächtigen ist zu entnehmen, daß dieser ebenfalls Verbindungen zum *Haus Vogtland* unterhält.

Zielstellung der weiteren Bearbeitung:
Ausgehend von der Rolle der revanchistischen Landsmannschaften bei der Umsetzung der sogenannten "Deutschlandpolitik" der BRD ist eine umfassende Aufklärung des Charakters und der Zielstellung der Verbindung des Verdächtigen zum *Haus Vogtland* notwendig. Dabei ist zu beachten, daß bis auf den Verdächtigen selbst alle engeren Verbindungen von der KD Plauen erfaßt sind und bearbeitet werden. Im Kreis Oelsnitz tritt der Verdächtige nicht mehr in Erscheinung. Es wird deshalb vorgeschlagen, den OV "Blitz" zur weiteren Bearbeitung an die KD Plauen zu übergeben.

* Referat PID, 1983

ÖFFENTLICHE BRIEFE AN DEN STAATSMINISTER BEIM BUNDESKANZLER

FÜR DIE WIEDERERÖFFNUNG DER AUTOBAHN HOF – PLAUEN

An den
Staatsminister beim Bundeskanzler
Herrn Hans-Jürgen Wischnewski
Bundeskanzleramt

5300 Bonn

WALTER G. TÜMPNER
Unterhartmannsreuth
Haus Vogtland
8671 Feilitzsch/Hof
Tel. 09295 - 500

Initiator der Bürgeraktion
Wiedereröffnung der Autobahn
Hof - Plauen

Hochverehrter Herr Staatsminister !

Herzlichen Dank für Ihr spontanes Interesse an unserer Bürgeraktion zur Wiedereröffnung der Autobahn Hof - Plauen.
Alle Bürger hier im 'Dreiländereck' wären mehr als glücklich, wenn es endlich gelänge die erdrückende Grenzwinkellage zu mildern.

Darf ich als Heimatgeschichtler noch anfügen, daß Hof und Plauen nicht nur zwei besonders nahegelegene Städte diesseits und jenseits der unglückseligen Grenze sind. Diese beiden Städte und ihr weiteres Umland waren jahrhundertelang kulturell und wirtschaftlich eng verbunden. Nach Beginn des Industriezeitalters, besonders nach der Erfindung der Plauener Spitzen, steigerten sich die wirtschaftlichen Verbindungen in einem Ausmaß, wie sie nirgendwo enger sein konnten.
Den beabsichtigten Zusammenschluß der beiden Theater in Hof und Plauen verhinderte letztendlich nur der Ausbruch des Zweiten Weltkrieges und seine schlimmen Folgen. Die neue innerdeutsche Grenze traf deshalb diesen Kulturraum und dieses wirtschaftlich so stark aufeinander ausgerichtete Gebiet besonders hart.

Sehr geehrter Herr Staatsminister, für Ihre sicher wohlwollende Prüfung zur Wiedereröffnung der Autobahn Hof - Plauen, möchte ich noch darauf hinweisen, daß an unserem hiesigen Grenzabschnitt - mit Abstand - die meisten Menschen an der Achse Hof - Plauen mitsamt Hinterland wohnen und daß infolgedessen da auch die meisten verwandtschaftlichen Beziehungen bestehen.
Allein der 'Kleine Grenzverkehr' würde bei der Wiedereröffnung der Autobahn nach Plauen sprunghaft ansteigen.

So ist es nicht verwunderlich, daß die von mir ins Leben gerufene Bürgeraktion große Resonanz findet. Obwohl sie vorerst nur die direkt zwischen Hof und Plauen gelegenen Grenzgemeinden umfaßt, Bereich Schulverband Bayerisches Vogtland, haben sich auch Bürger von weit außerhalb spontan in die Unterschriftenlisten eingetragen.
Von der Wiedereröffnung der Autobahn Hof - Plauen, die Teil der Europastraße 62 ist und darüber hinaus durch die sächsischen Ballungsräume nach Dresden weiterführt, würde ganz Süddeutschland profitieren.
Vor allem würden die Bürger hier in der extremen Grenzlage des Hofer Raumes, die sicher zu Recht auf Verkehrsverbesserungen bestehen, die direkte Straßenverbindung zur Vogtland-Metropole Plauen sehr dankbar zu schätzen wissen.

Mit vorzüglicher Hochachtung

Walter G. Tümpner

An den
Staatsminister beim Bundeskanzler
Herrn Hans-Jürgen Wischnewski
Bundeskanzleramt
Adenauerallee 141

5300 Bonn

HEINRICH GIEGOLD
Chefredakteur

FRANKENPOST VERLAG GMBH
867 Hof/Saale · Poststraße 9-11
Postfach 1320
Sammelruf 09281/1041

Sehr geehrter Herr Staatsminister,

ich beziehe mich auf den Brief, den Ihnen der Sprecher der Bürgeraktion zur Wiedereröffnung der Autobahn Hof - Plauen, Herr Walter G. Tümpner, geschrieben hat.

Wie alle Bemühungen, die darauf abzielen, die Isolierung des nordöstlichen Bayerns durch zwei Grenzen zu durchbrechen - im Norden die DDR (Sachsen und Thüringen), im Osten die Tschechoslowakei -, so wird auch diese Initiative von den Bürgern unseres Landstriches quer durch alle Parteien unterstützt.
Es ist auch die Pflicht der Frankenpost, ihren Teil dazu beizutragen, daß die Deutschland-Politik, wie sie im Berliner Vertrag von 1971 festgeschrieben worden ist, fortentwickelt wird: zum Nutzen der Bürger, die an der Grenze leben.

Ich bitte Sie, sehr geehrter Herr Staatsminister, Ihr Augenmerk besonders darauf zu richten, daß ein Autobahn-Grenzübergang Hof - Plauen ein verkehrspolitisches Interesse für ganz Süddeutschland gewinnen könnte: über die Autobahn ab Hof, und dann weiter über Plauen, Zwickau, Chemnitz, Dresden und Görlitz ließe sich Polen direkt und viel rascher erreichen als auf dem Umweg über die Tschechoslowakei, wo es außerdem keine Autobahn gibt. Dies wäre eine wirkliche europäische Straßenverbindung.

Wir wissen, wie schwierig Verhandlungen mit der DDR sind. Aber die Bundesregierung sollte den Anstoß der Bürgeraktion als Hilfe verstehen, als Wille des Volkes, der immer wieder verständlich gemacht werden muß. Die Menschen Nordostbayerns wollen langsam aber sicher aus ihrer Halbinsel-Lage heraus. Und dazu erbitten sie Ihre Hilfe.

Mit den besten Wünschen und Grüßen

Ihr Heinrich Giegold

Liebe Mitbürger!

Herzlichen Dank allen die das Anliegen der Bürgeraktion zur Wiedereröffnung der Autobahn Hof - Plauen unterstützen, bzw. mit ihrer Unterschrift bekräftigen.

Wollen wir gemeinsam, unbeirrt und mit Geduld und Besonnenheit, nicht in unseren Bemühungen nachlassen, damit dieser wichtige deutsche und europäische Verkehrsweg zum Nutzen der Menschen wieder erschlossen wird.

Bürgeraktion Wiedereröffnung der Autobahn Hof - Plauen

Aus einem Dokument der KD Oelsnitz*

Aktennotiz

Durch die Ehefrau des Verdächtigen unseres OV "Blitz", die Donnerhack (Vorname) wurde für den (Zeitraum) ein Antrag auf ein Visum nach der VR Ungarn gestellt. Sie wollte zu einer Ärztin in Budapest. Nach Rücksprache mit dem stellvertretenden Leiter, Gen. Major (Klarname), wurde entschieden, den Antrag nicht zu befürworten. Diese Entscheidung wurde noch am gleichen Tag dem Gen. (Klarname) von der KD Plauen mitgeteilt. Er gab zu verstehen, daß sie am (Datum) eine DB hatten, auf der gesagt wurde, daß mit Ungarn-Reisen toleranter verfahren werden soll.
Selbst bei Vorliegen eines Antrages auf Übersiedlung braucht noch keine Ablehnung ausgesprochen zu werden, wenn nicht Hinweise auf § 213 vorliegen.
Nach nochmaliger Rücksprache mit der KD Plauen, daß o.g. Entscheidung unsere Zielstellung unter Umständen erschwert, wurde entschieden, daß die Reise doch genehmigt wird. Im Nachhinein wurde jedoch bekannt, daß die Donnerhack, (Vorname) bereits in der DDR unterwegs war und somit nur Kenntnis von ihrer Ablehnung hatte.

* Referat PID, 1983

Ex libris

Die Zielrichtungen der Spionage*

Im Bundesgrenzschutz, Grenzschutzdirektion Koblenz, war im März 1983 der HVA-Perspektivagent Franz Roski (Deckname "Donnerhack") Dezernatsleiter geworden.
Er verriet eine Vielzahl schriftlicher Vorgänge aus den Bereichen Sicherheit, westdeutsche Fahndungs- und Überwachungslisten sowie zahlreiche Details zur Entwicklung eines neuen, fälschungssicheren Personalausweises.
Durch seine Spionage konnte die Hauptabteilung I des MfS den Code des Datenfunks des BGS an der Demarkationslinie abhören; das Ziel war es ganz offensichtlich, in das bundesdeutsche Funksystem einzubrechen.
War dies der einzige Fall eines "Maulwurfs" im Bundesgrenzschutz?

Friedrich Wilhelm Schlomann: *Operationsgebiet Bundesrepublik. Spionage, Sabotage und Subversion.* München 1984

Aus einem Dokument der KD Plauen*

Auftrag für einen IMB zur Arbeit am OV "Blitz"

Sie erhalten vom Ministerium für Staatssicherheit den Auftrag, die persönlichen und beruflichen Ziele sowie Absichten des Ihnen bekannten Donnerhack, Wolf (Grunddaten) in Erfahrung zu zu bringen.
Nutzen Sie die bestehende Verbindung zu der o.g. Person, um Ihren Kontakt noch enger zu gestalten und um auch kurzfristige Besuche bei ihr möglich zu machen. Sprechen Sie mit dem Genannten über seine persönlichen Probleme, um über folgende Fragen Auskunft zu erhalten:

- Was beabsichtigt der Genannte hinsichtlich einer beruflichen Anstellung zu unternehmen und mit wem tritt er deshalb in Verbindung?
- Welche persönlichen Pläne hat er; trägt er sich mit dem Gedanken, die DDR legal oder illegal zu verlassen?
- Welche Rolle spielt dabei die Verbindung zu seinem Bruder in der BRD und welcher Einfluß geht von diesem aus?
- Wie verhält sich die Ehefrau zu den genannten Problemen und in welchen Fragen stimmt sie nicht mit ihm überein?
- Wie betätigt sich der Genannte schriftstellerisch, was schreibt er und wo bzw. über wen möchte er seine Arbeiten veröffentlichen lassen?
- Zu welchen Personen unterhält der Genannte Verbindungen, wie werden diese Verbindungen gewährleistet und um welche Personen handelt es sich?
- Wie äußert sich der Genannte zu Fragen der Innen- und Außenpolitik der DDR und der sozialistischen Bruderländer?
- Welche Gewohnheiten hat der Genannte und wie zeigen sich diese im täglichen Leben?

Beachten Sie bei allen Gesprächen, daß der Genannte nicht schlußfolgert, daß Sie für das MfS arbeiten. Lassen Sie erkennen, daß Sie in einigen Fragen durchaus die gleiche Position beziehen wie der Genannte, um das Vertrauen zu festigen. Beachten Sie bei Ihren Gesprächen immer, mit wem der Genannte über die gleichen Probleme gesprochen hat und wer bei ihren Gesprächen noch zugegen ist. Verhalten Sie sich so, daß der Genannte von sich aus Interesse an Ihnen findet und ergreifen Sie erst bei Stagnation des Gesprächs die Initiative.
Für die Durchführung des Auftrages erhalten Sie einen Betrag von 50,- Mark.

Handschriftliche Aufträgsbestätigung durch den IMB:
Der Auftrag wurde mit mir durchgesprochen. Ich bin bereit, ihn zu erfüllen.

* Referat PUT, 1983

Aus einem Schreiben des Leiters der KD Oelsnitz*

Prüfung von Entscheidungsvorschlägen auf Übersiedlung

Entsprechend der Weisung des Leiters der BV vom (Datum) schlage ich vor, aus politisch-operativen Gründen die Übersiedlung folgender Person vorzunehmen: Donnerhack, Wolf (Grunddaten); Erfassungsverhältnis: OV "Blitz", Reg.-Nr. XIV 2928/80.

Ausschließungsgründe und Zahlungsverpflichtungen wurden geprüft und liegen nicht vor. Der Donnerhack hat eine feindlich-negative Einstellung zur DDR und ihrer sozialistischen Gesellschaftsordnung. Auf Grund seiner politischen Haltung und Einstellung sowie auch seiner charakterlichen Eigenschaften ist bei einer offiziellen Antragstellung die kurzfristige Übersiedlung anzustreben.

* An den Leiter der BKG Karl-Marx-Stadt, 1983

Aus einem Dokument der KD Oelsnitz*

Maßnahmeplan zum OV "Blitz"

Ausgehend vom gegenwärtigen Stand der Bearbeitung des OV "Blitz" machen sich folgende operative Maßnahmen erforderlich:

1.
Der IMS (Deckname) ist zu beauftragen, die Gaststätte *Freundschaft* in Plauen aufzusuchen. Bei diesem Gaststättenbesuch wird er den Verdächtigen treffen. Darüber muß der IM verwundert tun und in einem Gespräch den Verdächtigen wissen lassen, daß er von zuverlässigen Quellen vernommen hat, daß gegenwärtig noch günstige Möglichkeiten einer Übersiedlung in die BRD bestehen, die sich bei der weiteren Entwicklung der Beziehungen zur BRD schon bald verschlechtern könnten. Der IM muß den Verdächtigen überzeugen, daß er in der BRD bei seinen Vorstellungen doch viel bessere Möglichkeiten hätte und muß ihn dazu bewegen, recht bald einen Antrag auf Übersiedlung zu stellen.
Zwecks Vorbereitung und Durchführung der Maßnahme erfolgt noch eine konkrete Beauftragung und Absprache mit dem Gen. Hptm. (Klarname).

2.
Auf der Grundlage einer Absprache mit den verantwortlichen Mitarbeitern der KD Plauen ist zu gewährleisten, daß die beiden IMB (Deckname) und (Deckname) entsprechend ihres erhaltenen Auftrages den Verdächtigen weiterhin unter Kontrolle halten und ebenfalls Einfluß auf ihn nehmen, daß er einen Antrag auf Übersiedlung stellt.

3.
Zur Realisierung der Maßnahme ist bis zum (Datum) eine Absprache mit den Genossen der KD Plauen durchzuführen.

4.
Der Kontakt zu dem Verdächtigen ist ganz besonders nach dem (Datum) zu aktivieren, da an diesem Tag der Scheidungstermin ist; die Verhandlung wird durch die KD Plauen kontrolliert.

Termin: (Datum)
Verantwortlich: (Klarname), Oltn.
Kontrolle: (Klarname), Hptm.

* Referat PID, 1983

#

Im August 1983 war vom Referat PUT der KD Plauen eine OPK mit dem Decknamen "Donnerhack" eingeleitet worden, Reg.-Nr. XIV 1743/83, in der ein mit Wolf Donnerhack befreundeter Lehrer "bearbeitet" wurde.

Die Zielstellung der OPK bestand in der "Klärung des Verdachtes, inwieweit der (Klarname, Vorname) im Sinne des politischen Untergrundes tätig ist und welchen Charakter die Zusammenkünfte mit seinem Umgangskreis tragen".

Ende Februar 1986 wurde die OPK "Donnerhack" wegen "Nichtbestätigung" eingestellt.

Auf meine Bemerkung, daß doch durch Andropow jetzt einiges in Bewegung geraten sei, sagte Donnerhack, das glaube er nicht und meinte, "neue Besen kehren gut". Von einem Freund wisse er, wie "katastrophal" es in der SU aussehen würde. Meine Frage, wieso, beantwortete Donnerhack damit, daß ein Freund von ihm aus der *Wema* öfters dienstlich in die SU fahren muß, um festzustellen, ob es sich bei Schäden an Taktstraßen bzw. Komplexen von Sondermaschinen, die von der *Wema* geliefert wurden, um Garantieleistungen handelt. Seine Frau hat dieselbe Aufgabe bei *Carl Zeiss Jena.*
Von daher wisse er, daß es "die Russen" schon fertiggebracht hätten, ganze Industrieanlagen nur zur Besichtigung für ein paar Funktionäre aufzubauen, um sie hinterher vergammeln zu lassen.
Eine solche Erfahrung hätte bereits sein Großvater machen müssen, der Vater seiner Mutter. Dieser habe zwangsweise bei der Demontage eines großen Textilbetriebes in Chemnitz mitmachen müssen. Als er später in die SU kam, um den Wiederaufbau zu beaufsichtigen, hätte die Hälfte der Maschinen gefehlt. Die andere Hälfte wäre nur noch Schrott gewesen, weil die Waggons zwei Jahre in der Steppe herumgestanden hätten. Dafür wollten "die Russen" seinen Großvater dann wegen Sabotage erschießen.
Er sei mit Mühe und Not davongekommen. (...)
Donnerhack meinte, daß die Vogtländer ja eigentlich schon immer ein sehr bodenständiges Volk gewesen seien und daß er doch ganz schön an seiner Heimat hängt. Als Beispiel führte er an, er habe neulich zwei Postkarten erhalten. Und zwar eine knallbunte Postkarte aus Italien und eine einfache Schwarzweißkarte vom Vogtlandsee. Mit einer solchen Bilderbuchlandschaft und dem ganzen Massentourismus am Mittelmeer könne er überhaupt nichts anfangen, hingegen hätte er beim Betrachten der Karte vom Vogtlandsee sofort den Nadelduft seines geliebten Vogtlandwaldes in der Nase.
Ich versuchte daraufhin, Donnerhack klarzumachen, daß er ja noch das ganze Leben vor sich hat und ob es nicht vielleicht doch besser ist, wenn er seinen Lebensweg in der BRD fortsetzt. Bei diesen Ausführungen merkte ich, wie Donnerhack etwas Unruhe zeigte gegenüber der Ruhe, die er bei dem Gespräch bisher ausgestrahlt hatte. An dieser Stelle brach ich das Gespräch ab mit dem Bemerken, daß ich mich mal wieder um meine Frau kümmern muß, ehe sie mit mir böse wird. Beim Verlassen der HO-Gaststätte *Freundschaft* verabschiedete ich mich von Donnerhack mit dem Bemerken, daß er die Ohren steif halten soll. Darauf Donnerhack: "Das andere sowieso."

* Referat PID, 1983

FREIER DEUTSCHER GEWERKSCHAFTSBUND
BEZIRKSVORSTAND KARL-MARX-STADT

FDGB

Bezirksrevisionskommission

FDGB-Bezirksvorstand · 9001 Karl-Marx-Stadt, Augustusburger Str. 33
Postschließfach 239

Wolf Donnerhack

9900 Plauen

Postfach 298

Ihre Zeichen	Ihre Nachricht vom	Fernsprechangabe 65 90	Unsere Zeichen	Datum
			Ba/Hg	2. 12. 1983

Ihr Schreiben vom 04. 11. 1983 an die ZRK des FDGB

Die ZRK des FDGB hat uns informiert, daß Sie Ihren Austritt aus dem FDGB erklärt haben.
Wir nehmen das zur Kenntnis und teilen Ihnen mit, daß Sie lt. Satzung des FDGB bereits seit 1982 Ihre gewerkschaftlichen Rechte und Vorteile verloren haben, da Sie länger als drei Monate keine Mitgliedsbeiträge bezahlt haben.

Damit betrachten wir Ihre Angelegenheit als abgeschlossen.

[redacted]

Vorsitzender

Aus einem Dokument des FDGB-Kreisvorstandes Plauen

Präzisierung des Themas für ein Auftragswerk*

Die Gewerkschaften sind Kampfgefährten der marxistisch-leninistischen Partei der Arbeiterklasse. Unter ihrer Führung, an ihrer Seite arbeiten und kämpfen sie für den gesellschaftlichen Fortschritt und für die Interessen der Werktätigen. Da grundlegende Entscheidungen für den Fortschritt in der Sphäre der materiellen Produktion getroffen werden, sollte das Bild Werktätige dieses Bereiches darstellen, eventuell bei der Diskussion über die Durchsetzung des wissenschaftlich-technischen Fortschritts, also möglichst Produktionsarbeiter gemeinsam mit Ingenieuren und Technologen.
Das Auftragswerk soll die Thematik realistisch, parteilich, volksverbunden behandeln. Es soll die Betrachter zum Nachdenken anregen, sie erfreuen und ihren Optimismus bestärken. Sichtbar muß werden, daß sich die Arbeit im Kollektiv widersprüchlich vollzieht, daß das Bewußtsein der einzelnen Kollegen unterschiedlich entwickelt ist, daß aber das Vertrauen zur Partei, zu den Gewerkschaften vorhanden ist und daß die Probleme zu lösen sind.
Im Bild sollte der Bezug zum Territorium, zum konkreten Betrieb erkennbar sein. Wir schlagen vor, daß die Thematik des Auftragswerkes im VEB *Plauener Gardine* oder im VEB *Plauener Spitze* angesiedelt wird.
Diese Präzisierung des Themas wurde in der Sitzung des Sekretariats des FDGB-Kreisvorstandes am (Datum) bestätigt.

* Für einen Bildenden Künstler aus Plauen, 1984

Aus dem Bericht eines IM der KD Plauen*

Information zu Wolf Donnerhack

Am (Datum) hatte ich Gelegenheit, von meiner Frau Informationen zu und über Wolf Donnerhack zu erfahren.
In der Gaststätte des HdA hat nämlich ein gewisser (Vorname und Klarname) seinem Gesprächspartner folgendes berichtet:

Der (Klarname) brüstete sich damit, gute Beziehungen zu einflußreichen Genossen der SED-Kreisleitung und der Kreisdienststelle des MfS zu haben. Er wisse aus zuverlässiger und sicherer Quelle, daß Donnerhack ein Feind unseres Staates sei. Dieser habe seit längerer Zeit in seiner Wohnung sehr aktive und umfangreiche Westkontakte.

Seit Bekanntwerden dieser Treffs und Empfänge werden alle Personen, die mit Donnerhack Kontakt und Berührung haben und die mit ihm gesehen werden, erfaßt und registriert. Auch Westbesuch dieser Personen würde mit Donnerhack in Verbindung gebracht bzw. als Informanten und Kuriere oder Auftragnehmer Donnerhacks betrachtet. Der starke Einreise- und Besucherverkehr bei Donnerhack stünde mit seinen wahren politischen Absichten in ursächlichem Zusammenhang. Jeder, der weiterhin bei Donnerhack verkehrt oder mit diesem Umgang pflegt, würde politisch unglaubwürdig und von unseren Organen als Mitwisser oder Helfershelfer eingestuft. Alle Personen, die zu Donnerhack irgendwelche Beziehungen oder Verbindungen unterhalten, gefährden ihre berufliche und gesellschaftliche Stellung. Er könne nur jeden zu dem Entschluß beglückwünschen, alle Kontakte zu diesem Feind unserer Gesellschaft abzubrechen.

* Referat PUT, 1984

Aus dem Bericht eines IKM des VPKA Plauen*

<u>Information zu Wolf Donnerhack</u>

Am (Datum) traf ich den Donnerhack auf dem Trödelmarkt in Plauen.
Er stand schräg gegenüber vom *An- und Verkauf* und bot eine Art Karabiner vom Typ 98 an, besser gesagt, ein Luftdruckgewehr, eine Ausbildungswaffe der Nazis für die HJ.
Von einer Streife der Schutzpolizei wurde er des Marktes verwiesen und eine Anzeige wegen unerlaubten Waffenbesitzes angedroht. Donnerhack verließ den Markt fluchtartig, um die Waffe irgendwo zu verstecken.
Woher er diesen Karabiner hat - ich muß dazu sagen, daß ich zunächst auch der Meinung war, daß es sich um einen echten handelt - kann ich nicht sagen.
Zwei Tage später traf ich Donnerhack zufällig im *Berliner Hof.*
Im geführten Gespräch mit ihm erkundigte ich mich, ob es ihm gelungen ist, das Teil zu verkaufen. Darauf sagte er mir, daß der Käufer der "Stift" sei, der Wirt vom *Cafe Reißig*.

* Abteilung K, 1984

Aus einem Dokument der KD Oelsnitz*

Zwischensachstandsbericht zum OV "Blitz"

Ausgehend vom Stand der Bearbeitung entsprechend dem Sachstandsbericht vom (Datum) und der Ergänzung zum Sachstandsbericht vom (Datum) wurden folgende operative Informationen zum OV "Blitz" erarbeitet:

Durch die Vernehmung des (Klarname, Vorname) und dessen Ehefrau (Vorname) durch die Abt. IX der BV Karl-Marx-Stadt am (Datum) wurde bekannt, daß der Verdächtige zwar von dem Willen der Fam. (Klarname), die DDR illegal zu verlassen, Kenntnis hatte, jedoch nichts Glaubwürdiges von den Vorbereitungshandlungen wußte.
Durch die Vernehmung der o.g. Personen wurde jedoch bekannt, daß der Verdächtige Bücher besitzt, deren Weitergabe gesetzlich verboten ist, diese jedoch ungeachtet dessen an andere Personen weitergibt. Dabei handelt es sich um das Buch "Mein Kampf" von Adolf Hitler, Bücher von Günter Kunert und Reiner Kunze sowie das Buch "Ein Tag im Leben des Iwan Denissowitsch" und noch weitere Bücher, deren genauer Titel den beiden Beschuldigten aber nicht mehr erinnerlich ist. In einem Schreiben der Abt. IX wird mitgeteilt, daß die Vernehmung des (Klarname, Vorname) zu Donnerhack keine auswertbaren Fakten ergeben hat, obwohl eine Weiterverbreitung verbotener Literatur eindeutig vorliegt.
Durch die Vernehmung des (Klarname, Vorname) wurde weiter bekannt, daß der Verdächtige über seinen Bruder Verbindung zum Bundesministerium für innerdeutsche Beziehungen aufgenommen hat. Dieses Ministerium soll sich bei einer eventuellen Inhaftierung des Verdächtigen für diesen einsetzen.
Der Verdächtige soll dem (Klarname, Vorname) zu verstehen gegeben haben, daß es für ihn eine Kleinigkeit wäre, zu übersiedeln; gegenwärtig sieht er dazu aber keine Veranlassung.

Handschriftlicher Vermerk:
Nach Rücksprache mit dem Leiter nochmals prüfen,
ob die Weitergabe von faschistischer Literatur,
wofür es jetzt einen Zeugen gibt,
strafrechtlich noch verwertbar ist.
Durch vorhandene IM Beweise erarbeiten,
daß der Verdächtige auch jetzt noch
die entsprechenden Bücher
an andere Personen weitergibt.

* Referat PID, 1984

Aus einem Schreiben der BV Karl-Marx-Stadt*

Neuerliche Aktivitäten vom "Haus Vogtland"

Im Rahmen der Fahndungstätigkeit im internationalen Postverkehr wurde folgende Sendung der operativ-technischen Bearbeitung unterzogen:
Absender: Walter Tümpner, (Postanschrift) in D-8671 Feilitzsch.
Empfänger: Wolf Donnerhack, (Postanschrift) in DDR-9900 Plauen.

Inhalt der Sendung:
Vogtland-Aufkleber und Vogtland-Postkarten sowie ein sogenanntes "Rundschreiben an die Heimatfreunde und Freunde des Vogtlandes".
Sie erhalten die Sendung im Original sowie eine Kopie.

Goldener Löwe auf schwarzem Grund - das Wappen der Vögte!

Heute übersende ich Ihnen eine Vogtland-Postkarte, die ich nach längerer Arbeit erstellt habe. Sie soll dazu beitragen, daß Plauen und das Vogtland - unser Heimatland - auch in politisch schweren Zeiten überall und weiterhin in Erinnerung bleibt, und sie soll zur besseren Selbstdarstellung des Vogtlandes und auch der Vogtländer verhelfen. (...)
In der Gegenwart, mit den tief einschneidenden Grenzen im Vogtland, gilt es erst recht, alles erdenklich Gute für unser Heimatland zu tun.
Die neue Postkarte soll ein Baustein dazu sein.
Mit zahlreichem Versand dieser Vogtland-Karte können Sie, liebe Heimatfreunde und Freunde des Vogtlandes, viel dazu beitragen, daß Plauen und das Vogtland - das Land zwischen Frankenwald und Erzgebirge, von Weida bis zum Fichtelgebirge - in seiner Gesamtheit nicht in Vergessenheit gerät.
Die DDR hat bisher auf Landkarten aller Art aus der Bundesrepublik leider meist äußerst allergisch reagiert. Hoffen wir, daß dieser unpolitischen und grundehrlichen Graphik Besseres widerfährt. Für Sendungen ins DDR-Gebiet sollten die Vogtland-Postkarten dennoch sicherheitshalber in verschlossenen Briefumschlägen versandt werden.
Zur Karte selbst noch einige Anmerkungen:
Die punktierte Linie über den Burgstein stellt eine der alten Straßen des Vogtlandes dar. Auf ihr zogen beispielsweise die Hussiten weiter, nachdem sie Plauen zerstört hatten. Die heute leider gesperrte Landstraße Plauen-Hof ist sicher noch älter, wie der Name "Ullitz" an der Grenze bezeugt.
Die ersten Autobahnen wurden parallel zu wichtigen alten Handelsstraßen gebaut, so auch im Vogtland. Eine Autobahn vom Hermsdorfer Kreuz über Plauen nach Eger (und weiter über Regensburg via Pilsen oder Budweis nach Wien) kam leider nicht über die Planung hinaus.

Schade, denn südlich des Hermsdorfer Kreuzes schwenkt die Autobahn Berlin-München deutlich in Richtung Plauen ein. Die Autobahnbrücke über das Elstertal bei Pirk im Kreis Plauen, zur Bauzeit die größte Europas, wartet infolge des Krieges und der Teilung Deutschlands auch noch auf ihre Vollendung.
Wie angebracht eine richtige Darstellung des Vogtlandes ist, zeigt ein mir zugesandter "Bildband Vogtland". Während ganze vogtländische Landstriche unterschlagen werden, wird fälschlicherweise "Zwickau mit seinen Steinkohlenzechen" dem Vogtland zugerechnet.
Zum heutigen Vogtland gehören die Kreise Plauen, Reichenbach, Auerbach, Klingenthal, Oelsnitz, Greiz, Zeulenroda, Schleiz, Lobenstein, das Gebiet um Asch und große Teile des Kreises Hof. Der östliche Teil des Naturparks Frankenwald gehört ebenfalls zum Vogtland, was in amtlichen Erklärungen der Regierungen von Bayern und Oberfranken auch immer wieder betont wird. Der Kreis Gera gehört nicht zum heutigen Vogtland. Dennoch zählt Weida, der alte Stammsitz der Vögte, zumindest zum historischen Vogtland. Im Besitz der Vögte waren ferner auch die Herrschaften Selb und Graslitz sowie Burg und Stadt Ziegenrück, welche ebenfalls zum historischen Vogtland gehören.
Goldener Löwe auf schwarzem Grund - das Wappen der Vögte!
Gold-Schwarz wie das Wappen (und nicht Gold-Blau!) sind deshalb auch die Stadtfarben von Plauen und einigen anderen Vogtland-Städten.
Im Reußischen Vogtland kam später noch zusätzlich ein Kranich in das Wappen. Der Kreistag des neuen Großlandkreises Hof (bestehend aus den ehemaligen Landkreisen Hof, Münchberg, Naila und Rehau) beschloß mit großer Mehrheit, das alte Wappen der Vögte beizubehalten. Das Regnitz-Hofer-Vogtland, das im vierzehnten Jahrhundert an die Burggrafen von Nürnberg gefallen war und unter Napoleon zu Bayern kam, wird heute Bayerisches Vogtland genannt.

Liebe Heimatfreunde und Freunde unserer Heimat, bitte helfen Sie mit, damit Plauen und das Vogtland - unser Heimatland - nicht in Vergessenheit gerät. Für die Kartenbestellungen und Unterstützungsspenden besten Dank.

Mit herzlichen und heimatverbundenen Grüßen
Ihr Walter Tümpner

* Vom Leiter der Abteilung PZF an den Leiter der KD Oelsnitz, 1984

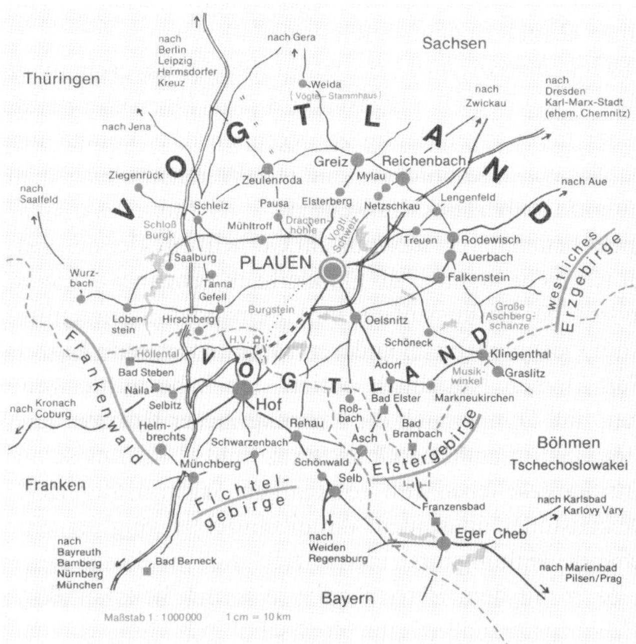

Vogtland - Wappen

Gestaltet von Walter Tümpner, Unterhartmannsreuth (1984)

Aus einem Dokument der KD Oelsnitz*

<u>Aktennotiz</u>

Am (Datum) wurde entsprechend des Schreibens des Leiters der BV Karl-Marx-Stadt vom (Datum) das Schriftmaterial über die Hetzschrift zum OV "Kleber" vom (Datum) bzw. (Datum) mit dem vorliegenden Schriftmaterial des Donnerhack verglichen. Dabei mußte festgestellt werden, daß der Donnerhack als Täter ausscheidet.

* Referat PID, 1984

Sie fragte auch, ob er irgendwann mal wieder heiraten wollte und welche Vorstellungen er von einer zukünftigen Partnerin habe. Darauf antwortete er:
Der Adler fliegt allein, der Rabe scharenweise -
Gesellschaft sucht der Narr und Einsamkeit der Weise.
Die weibliche Person sagte, das wäre sehr hart. Donnerhack gab zur Antwort, er hätte in seinem Leben genug einstecken müssen, "das reicht erst mal".
Es kam dann die Straßenbahn, und Donnerhack und die weibliche Person stiegen ein. Ich setzte mich mit dem Genossen (Klarname) so, daß ich das Gespräch zwischen Donnerhack und der weiblichen Person weiter verfolgen konnte. Als die Straßenbahn am VPKA vorbeifuhr, sagte Donnerhack, er wäre erst in der vorigen Woche wieder in diesem "Irrenhaus" gewesen. Er habe einen Passierschein für das Sperrgebiet im Kreis Plauen beantragen wollen, für einen Besuch in Krebes. Auf die Frage einer "Tante" hätte er geantwortet, er wolle das Grab von Hermann Vogel besuchen. Die "Tante" hätte darauf gesagt, ob er nicht mal zum Psychiater gehen will, der sei eher für ihn zuständig als das VPKA. Dann hätte man ihn des Raumes verwiesen. Donnerhack sagte, wenn jemand reif für die Klapsmühle sei, dann wären das "die roten Strolche". Der Beweis dafür sei die Schule in Krebes, die nicht nach Hermann Vogel, sondern nach "einem" Nikolai Ostrowski benannt wurde. Das sei aber kein Wunder in einem Land, wo jede Dorfstraße nach Ernst Thälmann benannt ist. Am Otto-Grotewohl-Platz stieg Donnerhack aus

Im Nachgang wurde, in Absprache mit dem Genossen (Klarname) folgendes erarbeitet: Es ist prizipiell möglich, die weibliche Person als Zeugin zu einem Gespräch auf das VPKA zu bestellen. Zum Zwecke einer Aussprache mit der weiblichen Person besteht die Möglichkeit, ein Zimmer im VPKA zu nutzen. Die Vorladung dieser Person kann über den Genossen (Klarname) erfolgen.
Zur Person Donnerhack selbst gibt es sonst nichts wesentlich Neues.
Der Verdächtige arbeitet jetzt am Büffet der HO-Gaststätte *Freundschaft.*
Über den Zeitraum der *Aktion* "Symbol" ist er nicht in Erscheinung getreten.

* Referat PUT, 1984

#
Zur gegenüberliegenden Seite:
Heute braucht man keinen Passierschein mehr,
wenn man das Grab von Hermann Vogel besuchen will...

Frank Tanner

Über den vogtländischen Malerpoeten Hermann Vogel und seine Künstlerklause in Krebes

projektgruppe.m@berlin.de

Als 1955 Georg Ehrenfried Groß (1893 - 1959), besser bekannt unter seinem Künstlernamen George Grosz und als einer der bissigsten Kritiker der Weimarer Republik, seine Autobiographie vorlegte (George Grosz: *Ein kleines Ja und ein großes Nein/Sein Leben von ihm selbst erzählt*), kam er nicht umhin, auch eines Künstlers zu gedenken, der ihn in seinen jungen Jahren stark beeindruckt hatte. In seinen Memoiren heißt es dazu:
„Auch Hermann Vogel - Plauen, ein Mitarbeiter der *Fliegenden Blätter*, beeinflußte mich. Herr Chefdekorationsmaler Grot hatte mich schon in Stolp, als ich noch auf der Schule war und seinen sonntäglichen Zeichenkurs in Linienstilistik besuchte, auf Vogel - Plauen hingewiesen. Grot hatte ihn einmal in Plauen besucht und erzählte faszinierend von dem kleinen Buckligen, dessen Blätter späte Früchte der großen romantischen Zeichnertradition Moritz von Schwinds und Ludwig Richters waren. Er konnte alle Tiere zeichnen: Eichhörnchen, Hasen, Eulen, Stare und den schlauen Fuchs in seinem Bau.
Wie ein Schwindscher Eremit war er im deutschen Wald zu Hause. Ich liebte ihn sehr..."
Die vorliegende Schrift will an Leben und Werk des heute weitgehend in Vergessenheit geratenen vogtländischen Malerpoeten erinnern und zugleich die wechselvolle Geschichte seiner Künstlerklause in Krebes beleuchten. Eine kleine Auswahl von Zeichnungen aus dem umfangreichen Werk des Meisters soll diese biographische Skizze vervollständigen.
Sie illustriert, und zwar so beeindruckend wie unaufdringlich zugleich, das Anliegen des Einsiedlers vom Kirchpöhl, der vor gut einhundert Jahren in nahezu prophetischer Voraussicht gemahnt hatte:

Betrittst Du, Mensch der Autozeit,
dies Burgsteinwaldrevier,
laß in der Städte Brodem weit
die Unrast hinter Dir!
's ist heil'ge Statt hier, Menschenkind!
Tritt leis und beug' das Knie:
Hier schläft, umrauscht von Wald und Wind,
der Heimat Poesie.

Frank Tanner — Loschwitz, im Mai 2001

ISBN 3-00-009300-1

Aus einem Schreiben des Leiters der KD Oelsnitz*

Antrag auf Versagung der Benutzungserlaubnis

In einem Schreiben vom (Datum) teilte ich Ihnen mit, daß ein Verdächtiger eines OV nach § 106 StGB unserer DE Zugang zu Archiven der DDR hat. Dieser Zugang resultiert offenbar noch aus der Studienzeit des Verdächtigen an der KMU Leipzig.
Da der Verdächtige die gewonnenen Erkenntnisse mißbräuchlich verwendet, war die Mitteilung mit der Bitte verbunden, über die Sicherheitsabteilung des Staatsarchivs Potsdam zu veranlassen, daß dem Verdächtigen die Nutzung der Archive in Dresden und Merseburg sowie in Potsdam verwehrt wird.
Aus neuesten inoffiziellen Informationen ist jedoch ersichtlich, daß der Verdächtige Donnerhack, Wolf (Grunddaten) es auch weiterhin versteht, sich unter einem Vorwand Zugang zu den genannten Archiven zu verschaffen und Material für seine gegen die Interessen der DDR gerichteten Studien zu beziehen.
Ich bitte Sie nochmals dringend, zu veranlassen, daß dem Verdächtigen der Zugang zu den Archiven verwehrt wird.

* An den Leiter der Abteilung XX der BV Potsdam, 1984

Aus einem Schreiben vom Rat des Bezirkes Karl-Marx-Stadt*

Versagung der Benutzungserlaubnis für Wolf Donnerhack, Plauen

Nur für den Dienstgebrauch!

Auf Grund einer Weisung des Leiters der HA Innere Angelegenheiten des MdI vom (Datum) ist dem Bürger Donnerhack, Wolf (Grunddaten) bis auf Widerruf keine Benutzungserlaubnis zu erteilen bzw. sind auch keine schriftlichen Auskünfte aus Archiven Ihres Zuständigkeitsbereiches entsprechend §§ 7 und 16 der 2. DB zur VO über das staatliche Archivwesen zu geben. Jede Antragstellung auf Direktbenutzung oder schriftliche Anfragen sind uns unverzüglich schriftlich mitzuteilen.

* Vom Leiter des Sektors Archivwesen der Abteilung Inneres -
An den Leiter der Abteilung Inneres beim Rat des Kreises Plauen, 1984

Aus einer Bandabschrift der KD Plauen*

Bericht über Wolf Donnerhack

Seit Ende 1984 hat der Donnerhack ein Verhältnis mit der (Klarname, Vorname und Grunddaten). Dieses Verhältnis läßt aber beiden Partnern genügend Spielraum für ihre eigenen Intentionen.
Donnerhack beansprucht vor allem Zeit für seine schriftstellerische Tätigkeit. Seit geraumer Zeit befaßt er sich mit verschiedenen Themen, vor allem zum (Forschungsthema). Dabei arbeitet er größtenteils abends und in der Nacht und schläft dann entsprechend länger.
Die Schriftstellerei ist sein Hobby, dem er alles andere unterordnet.
So sucht er sich meist nur solche Arbeit, die ihm Zeit läßt zum Schreiben.
Bis Ende Januar arbeitet er derzeit beim Bahnpostamt im Schichtbetrieb.
Mit dem Verdienst bei der Post kommt er dann wieder ein Stück hin. Er lebt sehr bescheiden und asketisch und ernährt sich vor allem von Tütensuppen.
Unter Pseudonym hat Donnerhack vor kurzem erst wieder einen Artikel in der *Weltbühne* veröffentlicht.
Er ist ein sehr komplizierter und widerspruchsvoller Mensch.
Donnerhack gehörte zum "Malzhaus-Club" und identifizierte sich mit dem Fluchtversuch seines Bruders bzw. verteidigte diesen.
Er vertritt recht komische Auffassungen von der "Freiheit"; er will selbst entscheiden können, auch auf die Gefahr hin, daß er dabei auf die Nase fällt.
Ihm mißfällt vieles am real existierenden Sozialismus: Versorgungsmängel, Schlangestehen, "geistige Bevormundung" usw.
Hinsichtlich seiner politischen Bekenntnisse äußert er sich wenig und zeigt sich gehemmt.

Enge freundschaftliche Verbindungen unterhält Donnerhack gegenwärtig nicht, obwohl er wirklich viele Personen kennt, z.B. den Maler Rolf Andiel vom Bärenstein, der ihn auch schon porträtiert hat, einen Hobby-Historiker mit dem Spitznamen "Napoleon", den Moderator der Fernsehsendung "Auf Schusters Rappen", die Gruppen "Notentritt" und "Landluper" und den Kunstsammler (Vorname und Klarname) in Karl-Marx-Stadt. Außerdem betreut er eine alte Frau, die in der Nähe des Malzhauses wohnt. Er selbst ist in Plauen "bekannt wie ein bunter Hund".

Handschriftlicher Vermerk:
Bunter Hund oder krummer Hund?

* Referat PUT, 1985

BUCHVERLAG DER MORGEN

BETRIEB DER VOB „AUFWÄRTS"

Buchverlag Der Morgen, 1170 Berlin, Seelenbinderstraße 152

Herrn

Wolf Donnerhack

9900 P l a u e n

Postfach 298

Ihr Zeichen	Ihr Schreiben	Telefon 6 50 41 51 App.	Unser Zeichen	Datum
			gri-ol	12. 4. 85

Sehr geehrter Herr Donnerhack!

[redacted]

Sie werden also verstehen, daß wir dem editorischen Bemühen anderer Verlage nicht noch etwas Weiteres hinzufügen möchten.

Wir danken dennoch für Ihr Angebot und verbleiben

Mit freundlichem Gruß
BUCHVERLAG DER MORGEN

[redacted]

Lektor

1 Anlage

Aus einem Dokument der KD Oelsnitz*

Bericht über Aktivitäten des Verdächtigen im OV "Blitz"

In einem Brief vom (Datum) schlug ihm sein Bruder Lutz ein neuerliches Treffen in der CSSR vor. Als Treffort wurde Karlovy Vary vereinbart. Außerdem soll auch seine Freundin (Vorname) mitkommen, da er diese noch nicht kennt. Lutz wiederum will seine Freundin (Vorname) mitbringen. Neben dem Verdächtigen erwartet der Bruder Lutz weiterhin seine Schwester (Klarname, Vorname) und deren Sohn (Klarname, Vorname).
In Vorbereitung dieses Treffens gab es teils widersprüchliche inoffizielle Informationen durch verschiedene IM der KD Plauen, wonach das Treffen nicht zustande kommen könnte und andererseits doch stattfindet. Ungeachtet dessen wurden über die GÜSt Schönberg Kontrollmaßnahmen eingeleitet. Die Reise sollte mit der Eisenbahn erfolgen.
Am (Datum) erfolgte die Ausreise der o.g. Personen über Vojtanov nach der CSSR. Der Personenkreis wurde einer Zollkontrolle unterzogen. Dabei wurde bei dem Verdächtigen eine Ahnentafel der Familie festgestellt. Weitere Unterlagen oder Dokumente wurden nicht mitgeführt. Gegenüber den Organen benahm sich der Verdächtige ruhig und sachlich. Die Wiedereinreise erfolgte am (Datum). Bei einer erneuten Kontrolle wurde die Ahnentafel nicht mehr mitgeführt. Ein vom Verdächtigen mitgeführter Prospekt über ein medizinisches Gerät wurde eingezogen, des weiteren zwei Kopien aus einer *Schweinfurter Volkszeitung*. Die von der Begleiterin des Verdächtigen bei der Zollkontrolle vorgeführten Artikel wie Kaffee und Strumpfhosen wurden ihr belassen.
Nach dem Zusammentreffen des Verdächtigen mit seinem Bruder Lutz wurde eine Reihe inoffizieller Informationen durch IM der KD Plauen zum Inhalt und Verlauf des Treffens erarbeitet. Des weiteren liegen von der Abteilung M Briefe von Donnerhack, Lutz an den Verdächtigen vor, die sich ebenfalls mit dem Treffen, den dort besprochenen Plänen und weiteren Vorhaben befassen. Aus anderen IM-Informationen geht hervor, daß der Verdächtige gegenüber der PKE und dem Zollorgan frech und provozierend aufgetreten sein soll.
In einem Bericht der Abteilung VI hingegen wird geschrieben, daß er ruhig und sachlich war und allen Forderungen der Organe nachkam.
Entsprechend eines IM-Berichtes hat die Schwester des Verdächtigen ihrem Bruder Lutz die Augen über ihren Bruder Wolf geöffnet. Sie hat ihm erzählt, daß er keiner geregelten Arbeit nachgeht, nur an seinen Büchern schreibt und sich von Tütensuppen ernährt. Des weiteren würde er viel Wodka zu sich nehmen. Sie sagte ihrem Bruder Lutz weiterhin, daß der Verdächtige den Namen Donnerhack in Plauen in Verruf gebracht hat und daß sie sich schämt, wenn der Name Donnerhack fällt.

Der Verdächtige wäre gesundheitlich stark angeschlagen, was auf seinen unsoliden Lebenswandel zurückzuführen wäre. Für den Verdächtigen wäre es am besten, wenn er sich den Strick nehmen würde.
Der Lutz sagte gegenüber der (Klarname, Vorname), daß er sich mitschuldig fühlt an der Situation seines Bruders Wolf. Er wüßte, daß der Verdächtige nur wegen ihm in der DDR “politisch verfolgt” würde.
Während einem Gespräch im Hotel sagte der Verdächtige zu seinem Bruder Lutz, daß sie ruhig einmal mit dem Auto herumfahren sollten, da man sich dort ungestört unterhalten könnte. In dem Hotel wären doch überall Wanzen. Daraufhin hat ihn der Lutz für verrückt erklärt. Der Verdächtige schlug dem Lutz auch einen Geheimcode vor, um ihre Briefe entsprechend verschlüsseln zu können.
Der Verfolgungswahn des Verdächtigen kommt auch in einem Gespräch des IM (Deckname) mit ihm am (Datum) zum Ausdruck, indem er sagte, bei ihm in der Wohnung war während seiner Abwesenheit “die Stasi”. Das hätte er an bestimmten Veränderungen gemerkt, das würde er sich nicht bloß einbilden.

Aus einem von der Abteilung M übergebenen Brief des Donnerhack, Lutz an den Verdächtigen vom (Datum) ist folgendes zu entnehmen: Er bedankt sich erst einmal für das Kommen nach “Karlsbad”. Weiter stellt er fest, daß Briefeschreiben kein Ersatz für persönliche Begegnungen sein kann. (...) Über den Gesundheitszustand des Verdächtigen war der Lutz überrascht.
Die Ursachen dafür sieht er in dem “psychischen Druck”, der auf ihm lastet. In einem weiteren Brief vom (Datum) schreibt der Donnerhack, Lutz seinem Bruder, er würde ihm noch diese Woche ein großes Paket zusammenstellen, “damit Du mir nicht an Mangelerscheinungen leidest”.
Einem IM-Bericht vom (Datum) ist zu entnehmen, daß der Verdächtige zur Zeit von dem Geld lebt, was er durch seine Tätigkeit im Weihnachtspaketverkehr bei der Post verdient hat.
Der Verdächtige soll derzeit wieder eine zeitweilige Anstellung in der HOG *Freundschaft* in Plauen anstreben. Aus dem Bericht eines IKM des AG I der K in Plauen geht jedoch hervor, daß der Parteisekretär (Klarname) des HO-Kreisbetriebes angewiesen hat, daß eine Wiedereinstellung des Verdächtigen zu unterbleiben hat, da dieser versucht haben soll, geheime Dokumente über die CSSR in die BRD zu verbringen. Woher er diese Information hat, ist nicht bekannt. Bei der Zollkontrolle am (Datum) wurden jedenfalls keinerlei Dokumente oder geheimzuhaltende Unterlagen festgestellt. (...) Am (Datum) suchte ein IM der KD Plauen den Verdächtigen in seiner Wohnung auf.

"Die drei Musketiere". Darin hätte Alexander Dumas den Kardinal Richelieu als finsteren Schurken dargestellt und den französischen König als eine Art freundlichen Deppen. In Wirklichkeit wäre der König eine "totale Pfeife" gewesen, und der Kardinal hätte viel Unheil von Frankreich abgewendet.
Wie "die Mächtigen" die Geschichte fälschen lassen, das hätte am besten Stefan Heym in dem Buch "Der König David Bericht" geschrieben.
Als "Meisterwerke" der Geschichtsfälschung bezeichnete Donnerhack die "Propaganda-Lügen" vom "angeblichen" Weltraumflug Juri Gagarins sowie von den zehntausend polnischen Offizieren, die von der Deutschen Wehrmacht erschossen worden sein sollen. In Wirklichkeit hätte nämlich Stalins Geheimdienst die polnischen Offiziere ermordet. Und die Engländer, die schließlich auch keine Waisenknaben seien und die ersten Konzentrationslager der Welt errichtet haben, hätten dann den Präsidenten der polnischen Exil-Regierung vor Gibraltar umgebracht, weil der die diplomatischen Beziehungen zu den sowjetischen Verbündeten abgebrochen hat.
Donnerhack erzählte weiter, daß sein Vater bei der Luftwaffe war und auch einmal zusammen mit einem gewissen Hans-Ulrich Rudel geflogen ist und wie sie sowjetische Flugzeuge abgeschossen haben. Später habe sein Vater in einer großen Schlacht eine Flakbatterie im Erdkampf kommandiert und eine Menge sowjetischer Panzer abgeschossen, aber ein paar wären trotzdem durchgekommen und hätten dann bei der Infanterie für Panik gesorgt.
Donnerhack sagte weiter, daß es "die Russen" vor allem ihrer Überlegenheit an Panzern zu verdanken haben, daß sie den Krieg gewinnen konnten. Sein Bruder würde deshalb derzeit an der Konstruktion einer neuen Generation von Panzerabwehr-Hubschraubern mitarbeiten. In diesem Zusammenhang erwähnte Donnerhack auch, daß er des öfteren wandern geht und sich dabei anschaut, wie "die Russen" mit ihren Panzern unser schönes Vogtland "schänden" würden. Dies wären für ihn interessante Studien. An den Objekten der "Russen" sei deutlich zu erkennen, daß sie immer mehr Kampftechnik stationieren, z.B. die neue "Kampfmaschine" vom Typ BMP. Das alles müßten wir mit unserem Geld bezahlen. Aus seinen Äußerungen konnte ich entnehmen, daß Donnerhack sich öfters an den Objekten der Sowjetarmee aufhält und sich ernsthaft mit allen damit zusammenhängenden Fragen beschäftigt. (...)
Ich wurde von Donnerhack wieder eingeladen, und ich habe den Eindruck, daß er keinerlei Mißtrauen gegenüber meiner Person hegt.

* Referat PUT, 1985

Aus dem Bericht eines IM der KD Plauen*

Bericht über Wolf Donnerhack

Am (Datum) suchte ich auftragsgemäß den Donnerhack, Wolf (Grunddaten) in seiner Wohnung auf. Dies war bereits der vierte Anlauf, da Donnerhack jedesmal nicht da war. Bei Donnerhack hielt sich außerdem seine Freundin (Vorname) auf, die dann jedoch zum Dienst mußte. Später brachte die geschiedene Ehefrau von Donnerhack noch selbstgebackenen Kuchen.
Im Verlaufe des Gespräches zeigte mir Donnerhack einen Brief seines Bruders Lutz, in dem dieser ankündigte, daß demnächst ein "reitender Bote" das Buch "Die Ästhetik des Widerstands" von Peter Weiss bei ihm vorbeibringen würde. Darin würde u.a. "die Wahrheit" über "die Verbrechen der Russen" im Spanienkrieg stehen. Dieses Buch wäre zwar auch in der DDR erschienen, aber in einer so geringen Auflage, daß kein Durchschnittsbürger herankommen könnte. Zu dem "reitenden Boten" befragt, sagte Donnerhack, daß er diesen durch den Austausch von Material zu sich berührenden bzw. überschneidenden Themen kennengelernt hat. Er wäre aus dem Ruhrgebiet und hätte eine Freundin in Berlin. Wenn er diese besucht, würde er auch schon mal einen "Abstecher" von der Transitstrecke machen, was aber nicht weiter auffiele, da er sich "clever abtarnen" und "einen auf fortschrittlich" machen würde, z.B. durch das Mitführen progressiver Literatur wie der DKP-Zeitung *Unsere Zeit* und einen Reisepaß der sogenannten "Republik Freies Wendland". Donnerhack lästerte, daß "die Deppen" von der PKE wohl demnächst noch die Hacken zusammenschlagen, wenn der vermeintliche "Kampfgefährte" in die DDR einreist. Dieser (Vorname) hätte ihm schon mal ein Buch gebracht, und zwar "Schwarzenberg" von Stefan Heym. Darin würde "die Wahrheit" stehen über das, was sich 1945 in der sogenannten "Republik Schwarzenberg" ereignet hat, im Gegensatz zu dem "Märchenbuch" von Johannes Arnold mit dem Titel "Aufstand der Totgesagten", wo hinten und vorne nichts stimmen würde. Weiter erzählte mir Donnerhack, daß er über den (Vorname) auch die Verbindung zum *Institut für Geschichte* an der Ruhr-Universität Bochum und zum *Institut für Sozialgeschichte* in Amsterdam hergestellt habe. Seine gesamte Korrespondenz läuft nur noch über Einschreiben, damit man nachkommen kann, wenn "die Stasi" wieder Post "verschwinden" läßt.
Die Verbindung zwischen Donnerhack und dem (Vorname) läuft über eine Freundin von diesem, die im *Volksliedarchiv* in Freiburg arbeitet und für Donnerhack bestimmte Post über dessen geschiedene Ehefrau gehen läßt.
Erst vor kurzem wäre auf diesem Weg wieder ein Brief bei ihm eingegangen. Donnerhack zeigte mir eine Stelle daraus, wo ihm von dem (Vorname) für eine Stadt- bzw. Museumsführung in Plauen gedankt wurde.

Folgende Sätze konnte ich mir merken: "Ich danke Dir sehr herzlich für die exzellente Führung - so sachkundig und lebendig habe ich noch nicht einmal meine eigene Heimatstadt vorgeführt bekommen. Du lebst und Du liebst in dieser Stadt, das merkt man, und Du gehörst dort auch hin, glaube ich."
Ich fragte ihn darauf nach seinem Bruder, worauf Donnerhack zur Antwort gab, daß dieser es ganz gern sehen würde, wenn er bald in die BRD käme. Er will aber nur dann gehen, wenn er alle seine Bücher und Bilder mitnehmen kann. Wenn auch nur ein einziges bei seiner "Abschiebung" fehlen würde, dann könnte er für nichts mehr garantieren.
Dabei funkelten Donnerhacks Augen, und sein Haß gegen unsere Organe, die sowieso nur "Posträuber und Bücherdiebe" wären, war offenkundig.
(...)
Einstweilen will er weiter als Hallenwart an der (Name der) Oberschule arbeiten, um pro forma ein ARV nachweisen zu können bzw. damit er von der Abteilung Inneres in Ruhe gelassen wird.
(...)
Meine Einschätzung ist, daß Donnerhack mittlerweile zu allem fähig ist. Bei ihm ist meiner Meinung nach die Grenze zwischen Wahnsinn und Intelligenz doch schon sehr verschwommen. Ich habe nach wie vor die Möglichkeit, Donnerhack in seiner Wohnung aufzusuchen.

Handschriftlicher Vermerk:
Wie lange soll dieser Psychopath noch frei herumlaufen?

* Referat PUT, 1985

Aus einem Dokument der KD Oelsnitz*

<u>Ergänzende Erfassungsangaben ZPDB</u>

IM der KD Plauen schätzt den Verdächtigen des OV "Blitz" als Person mit asozialem Verhalten und psychiatrischen Abnormitäten ein, die zu unberechenbaren Handlungen fähig sein kann.

* Bestätigt vom Leiter der KD Oelsnitz, 1985

Stefan Heym

Schwarzenberg

Roman

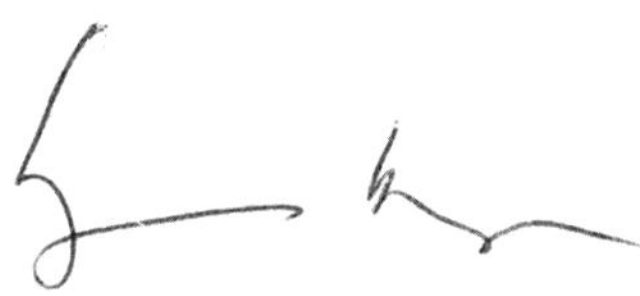

C. Bertelsmann

#

Zur vorhergehenden Seite:
Der Roman *Schwarzenberg* erschien 1984 in der BRD,
die Briefmarke *Burg Schwarzenberg* erschien 1985 in der DDR;
das Buch wurde signiert von Stefan Heym am 19.01.1999 in Berlin.

Ex libris

Schwarzenberg*

Republik Schwarzenberg,
ein kleines Dreieck in der kargen Erzgebirgslandschaft - Hintergrund für eine utopische Geschichte, die Realität hätte werden können.
Stefan Heym beginnt seinen neuen Roman in der Stunde Null, als die Waffen schweigen und in Schwarzenberg die Besatzer zu aller Überraschung die Macht nicht übernehmen. Die Drehung einer Münze hat über das Schicksal einer Stadt und ihrer Menschen entschieden. Sie sehen unerwartet die Chance, ihre Zukunft selbst zu gestalten. Männer und Frauen, über Jahre hin zum Schweigen verdammt, finden sich zusammen, um ihrem Land eine neue, verantwortungsbewußte Regierung zu geben.
Da ist Wolfram, der Todeszelle entronnen, ein Mann mit Idealen, der seinen Traum von einem gerechten Staat verwirklichen will.
Bei ihm ist das stumme Mädchen Paula, die immer wieder versucht, ihrer Menschlichkeit und ihrer Liebe Ausdruck zu verleihen.
Da ist Kadletz, der Chronist, ein Mann nüchterner Tatsachen, den dennoch die Leidenschaft packt.
Und da ist einer, der einen Auftrag hat.
Dieser Reinsiepe, aus der Sowjetunion zurückgekehrt, soll die unabhängige Republik Schwarzenberg in andere Bahnen lenken.
Der ungleiche Kampf zwischen dem Utopisten Max Wolfram und jenen, die sich ausschließlich an den realen Machtverhältnissen orientieren, läuft gegen Wolfram, und so wird eine Hoffnung begraben, die es für die Republik Schwarzenberg und damit für Deutschland niemals wieder geben wird.

* Klappentext des *Bertelsmann Verlages*, München 1984

#

Zum nachstehenden Text:
Der Roman "Aufstand der Totgesagten" erschien 1969 - sein Handlungsort damals hieß allerdings *Waldenberg*. Erst 1987, beim Erscheinen der fünften Auflage, wurde aus dem fiktiven *Waldenberg* das historische *Schwarzenberg*.

Ex libris

Aufstand der Totgesagten*

Die Ereignisse,
die in diesem Roman von Johannes Arnold erzählt werden, gehören zu den interessantesten und merkwürdigsten Geschehnissen des Jahres 1945:
Während überall in Deutschland die Truppen der Anti-Hitler-Koalition
das Territorium einnehmen, bleibt ein kleines Gebiet,
eben jener erzgebirgische Landkreis Schwarzenberg, unbesetzt.
Für gut sechs Wochen ist Schwarzenberg Niemandsland. Johannes Arnold erzählt vor dem Hintergrund dieser historischen Tatsache, wie eine Handvoll Männer und Frauen mit dem Aufbau einer neuen Ordnung beginnt.
Die Verwaltung, der Bahnhof, das Elektrizitätswerk müssen arbeiten.
Die Menschen der Stadt brauchen Nahrung, die Kranken Medikamente.
Die Totgesagten, Kommunisten und Antifaschisten, sind auferstanden.
Unter ihnen Georg Heinicke, der selbst krank ist und weiß,
daß er nur noch wenige Wochen oder Tage zu leben hat.
Sie alle haben keine Erfahrung, aber sie beginnen.
Nur fünf Tage schildert der Autor in einer fiktiven Handlung,
die jedoch der historischen Wahrheit, den Fakten verpflichtet ist.
Fünf Tage nur in Schwarzenberg,
aber diese fünf Tage sind der Beginn eines neuen Lebens.
Ein historisches Buch,
ein Roman, der Geschichte in erregenden Geschichten erzählt;
wahre Geschichten, die auch den jüngsten Versuchen,
die Schwarzenberger Ereignisse zu verfälschen, entgegenwirkt.

* Klappentext des *Mitteldeutschen Verlages*, Halle/Saale und Leipzig 1987

Aus dem Bericht eines IM der KD Leipzig-Stadt*

Information zu Wolf Donnerhack

Als ich am (Datum) die *Deutsche Bücherei* verließ, traf ich mit dem mir vom Studium bekannten Donnerhack, Wolf zusammen. Donnerhack führte ein älteres Kofferradio vom Typ *Stern-Recorder* mit sich. Ich eröffnete das Gespräch, indem ich auf das Kofferradio zeigte und ihn fragte, ob er dafür nicht schon zu alt sei. Donnerhack sagte, er sei nicht ganz so blöd, wie er aussieht. Aber "im Staate DäDäRä" sei es vielleicht besser, eine Narrenkappe zu tragen als eine blaue Uniform mit gelben Streifen.
Auf nochmaliges Nachfragen, wieso er mit einem Kofferradio unterwegs sei, antwortete er, daß er den *Recorder* verwendet, um "Lebensgeschichten" aufzuzeichnen. Damit habe er schon lange vor Maxie Wander angefangen.
Er käme gerade aus Gohlis, wo er eine alte Frau auf Band sprechen ließ.
Diese alte Frau wäre aus "Königsberg" und hätte mit ansehen müssen, wie ihre beiden zehn und zwölf Jahre alten Töchter von zwanzig bis dreißig "besoffenen Bottniks" vom Leben "befreit" wurden. Donnerhack wörtlich:
"Wenn Du das hörst, da gefriert Dir das Blut in den Adern."
Für ihn sind die Sowjetsoldaten, das sagt er ziemlich offen, keine Befreier, sondern "Mordbrenner und Notzuchtverbrecher". Ich sagte zu ihm, das soll er mal nicht zu laut sagen. Dann mußte ich das Gespräch abbrechen, weil ich noch einen Termin hatte. Wo Donnerhack übernachtet, ist mir nicht bekannt.

* Referat PID, 1985

Ex libris

Nach Osten fuhr keiner mehr*

Man war in jenen Jahren so daran gewöhnt, daß alles, was durch offizielle Stellen veröffentlicht oder mitgeteilt wurde, gelogen war, daß ich zunächst auch die Bilder von Nemmersdorf für gefälscht hielt.
Später stellte sich aber heraus, daß dies nicht der Fall war.
Tatsächlich waren nackte Frauen in gekreuzigter Stellung ans Scheunentor genagelt, zwölfjährige Mädchen vergewaltigt worden.

* Marion Gräfin Dönhoff: *Namen, die keiner mehr nennt. Ostpreußen - Menschen und Geschichte.* München 1964

Exkurs

Die Geschichte von Horst Arndt*

Mein Vater war im Ersten Weltkrieg und kannte sich in militärischen Dingen aus. Vor allem kannte er äußerlich die Anlage - im Gegensatz zum Kommandanten, der gerade erst aus dem Lazarett gekommen war. Und so hat er Einfluß genommen. Die beiden kamen überein, daß kein einziger Schuß fallen sollte, buchstäblich nichts.
So ist es dann auch gekommen, daß vom Bunker her kein Schuß fiel.
Die Wehrmachtssoldaten haben sich regelrecht ergeben - mit weißen Fahnen, also mit Laken usw. Und dann sind sie trotzdem draufgegangen: Die Russen haben sie gefangengenommen und in die Wälder abgeführt. Es waren so etwa sechzig Mann. Sie wurden in zwei Gruppen geteilt - ich habe das mit meinem Vater genau beobachtet - und in verschiedene Richtungen gebracht. Sie sind in die Wälder gebracht worden - und dort hat man sie einfach erschossen.
Die sind gar nicht erst in Gefangenschaft geraten...
So war das, und wir waren erschüttert.

Die Vergewaltigungen, die nun einsetzten, waren bestialisch, das kann man gar nicht schildern. Die Leute flüchteten hin und her, die Erfahrung ging ja von Mund zu Mund, und alle waren aufgescheucht wie ein Hühnerschwarm. Das war absolut nicht mehr auszuhalten, was sich da tat, und so versuchten etliche Familien in Liebenau, sich das Leben zu nehmen. Sowie eine Frau sich rührte und die Russen sie in die Hände bekamen, war es passiert. Meine Mutter und meine Schwester waren schon am zweiten Tag dran und auch die Nachbarsfrauen. Es war viehisch, und mein Vater und ich mußten dabei zusehen. Das Schlimme war, daß die russischen Soldaten besoffen waren wie die Stinte - die hatten die Schnapsbrennereien auf den umliegenden Rittergütern gestürmt und sich vollaufen lassen bis zum Geht-nicht-mehr. Danach ging es los...

Das habe ich drei Wochen lang erlebt, bevor ich verschleppt wurde, immer wieder Vergewaltigungen. Die erste Woche war die schlimmste, und wir mußten zusehen - mein Vater war dabei, ich war dabei, wie meine Mutter vergewaltigt wurde, wie meine Schwester vergewaltigt wurde, die Nachbarin und alte Frauen über siebzig...

(Dokumentiert von Freya Klier)

* Aus *Der Stacheldraht* (Berlin), Nr. 2/1997

Flüsterwitz*

Zum vierzigsten Jahrestag der Befreiung in Plauen

Zu den "Feierlichkeiten anläßlich des vierzigsten Jahrestages der Befreiung des deutschen Volkes vom Faschismus" in Plauen wird als Ehrengast auch der erste sowjetische Stadtkommandant von 1945, Oberstleutnant Komarow, erwartet. Als er mit seinem Gefolge, vom Hermsdorfer Kreuz kommend, am Plauener Stadtwald eintrifft, wird er vom 1. Sekretär der SED-Kreisleitung, Werner Schweigler (vulgo "Schweinebacke"), begrüßt, der zu Komarow in den Wagen steigt. Die Wagenkolonne setzt sich stadteinwärts in Bewegung, und der Genosse Komarow sieht angestrengt durch die Scheiben, versucht, nach so vielen Jahren Straßen und Plätze wiederzuerkennen.
"Ah, *Wartburgplatz*", entfährt es ihm denn auch bald.
Aber Werner Schweigler hält sofort dagegen:
"Genosse Komarow, zu Ehren der ruhmreichen und siegreichen Sowjetunion
heißt der Platz jetzt *Platz der Deutsch-Sowjetischen Freundschaft.*"
Die Fahrt geht weiter.
"Ah, *Albertplatz*", erinnert sich der sowjetische Ehrengast.
Werner Schweigler korrigiert natürlich:
"Genosse Komarow, zu Ehren der ruhmreichen und siegreichen Sowjetunion
heißt der Platz jetzt *Platz der Roten Armee.*"
Die Wagen nähern sich dem Stadtzentrum.
"Ah, *Dittrichplatz*", erkennt der ehemalige Stadtkommandant.
Werner Schweigler widerspricht erneut:
"Genosse Komarow, zu Ehren der ruhmreichen und siegreichen Sowjetunion
heißt der Platz jetzt *Leninplatz.*"
Die Wagenkolonne hält schließlich auf dem Neustadtplatz.
Bevor Werner Schweigler etwas sagen kann,
ergreift der Genosse Komarow das Wort:
"Gottverdammich, Schweinebacke; jetzt Du nur noch sagen,
daß *Neustadtplatz* ist *Roter Platz* - dann ich Dich packen
und werfen in *Wolga*, was früher gehießen hat *Syra...!*"

* Aus Plauen, 1985

#

Nach der "Wende" gehörte Wolf Donnerhack einer Arbeitsgruppe an, die dafür zuständig war, daß alle nach 1945 umbenannten Straßen und Plätze ihre historischen bzw. ursprünglichen Namen zurückerhielten. In Plauen gibt es jedenfalls keinen *Leninplatz* mehr und auch keinen *Platz der Roten Armee...*

Aus einer in Plauen verbreiteten Flugschrift

Dank Euch, Ihr Sowjetsoldaten*

Oh, Ihr Befreier!
Ihr nehmt uns die Eier,
die Milch und die Butter,
das Vieh und das Futter,
auch Uhren und Ringe
und andere Dinge.
Befreit uns von allen
Maschinen und Hallen,
nehmt mit auf die Reise
Waggons und Geleise.
Von all diesem Plunder habt Ihr uns befreit -
wir weinen vor Freude, wie nett Ihr doch seid.

Es hungern wieder dieselben Volksgenossen,
die Bonzen hungern nur im Geiste mit.
Die Braunen sind vertrieben,
die Roten sind am Ziel,
die Bonzen sind geblieben,
es war wohl nur ein Farbenspiel.
Schnauze halten, Köpfe senken
und immer an die Stasi denken!
Komm, Wilhelm Pieck, sei unser Gast
und gib, was Du uns versprochen hast.
Nicht nur Steckrüben und Kohl,
sondern was Du frißt mit Grotewohl.

Refrain:
Deutschland, Deutschland ohne alles,
ohne Butter, ohne Speck -
und das bißchen Marmelade
fressen uns die Russen weg...

* Autor unbekannt, 1952

Aus dem Bericht eines IM der KD Plauen*

Bericht über Wolf Donnerhack

Am (Datum) kontaktierte ich wiederum den Donnerhack, Wolf (Grunddaten) Dieser kochte einen Tee und zeigte mir dann voller Stolz das Buch "Die Ästhetik des Widerstands" aus der BRD. Vor einiger Zeit hatte er außerdem einen Brief an Stefan Heym geschrieben, worin er sich lobend über dessen Buch "Schwarzenberg" äußerte. Heym wiederum hat jetzt an Donnerhack geschrieben und sich bedankt und sinngemäß erklärt, daß es schade ist, daß dieses Buch nicht in der DDR erscheinen kann. Andererseits hätte das aber auch Vorteile und den Erfolg, daß man selbst in den entferntesten Winkeln der DDR, also im Vogtland, darüber sprechen würde.
(...)
Auf manchen Gebieten spinnt Donnerhack ganz offensichtlich, doch hat er wiederum klar umrissene Zielvorstellungen von einer Reihe von Vorhaben, ein umfangreiches Wissen und auch zahlreiche Kontakte zu Bibliotheken, Archiven und Museen sowie zu Schriftstellern und Wissenschaftlern.
Er besitzt ein Adreßbuch mit mindestens hundert verschiedenen Anschriften, darunter viele aus dem Westen. Finanziell fährt Donnerhack auf absoluter Sparflamme. Er hungert lieber, um sich ein ganz bestimmtes Buch leisten zu können. Weiterhin zeigte mir Donnerhack eine an ihn adressierte Karte aus der BRD, die von einer übergesiedelten Frau stammte und wo die Hoffnung ausgedrückt wurde, ihn auch bald im Westen begrüßen zu können.
Außerdem konnte ich in Erfahrung bringen, daß Donnerhack mit Hilfe eines Bekannten, des alten "Bilder-Geyer", für das *Cafe Reißig* einen Raum auf "Alt-Plauen" eingerichtet hat.
Ich vereinbarte mit ihm, daß ich beim nächsten Mal ohne Auto kommen und eine Flasche Wein mitbringen werde. Darüber zeigte sich Donnerhack sehr erfreut, was seinen finanziellen Krisenzustand deutlich dokumentiert.

* Referat PUT, 1985

STEFAN HEYM · RABINDRANATH-TAGORE-STRASSE 9 · 118 BERLIN-GRÜNAU

Wolf Donnerhack
Postfach 298
9900 Plauen

3. Okt. 1985

Lieber Herr Donnerhack,

Schönen Dank für Ihre guten Zeilen und den Zeitungsausschnitt.

Wenn nichts anderes, so hat mein Buch doch die Folge gehabt, dass in Ihrer Gegend plötzlich auch von offizieller Seite über die Ereignisse gesprochen wird - eine Art Gegenkampagne, aber doch generell nützlich.

Natürlich ist es schade, dass mein Buch jetzt nicht hier erscheinen kann. Aber es ist ja nicht das einzige Buch von mir, dem es so geht.

Bestens,

Ihr

Aus einem Dokument der KD Oelsnitz*

Zwischensachstandsbericht zum OV "Blitz"

Im Berichtszeitraum gingen vom Verdächtigen keine öffentlichkeitswirksamen Aktivitäten aus. Durch IM der KD Plauen und Oelsnitz sowie Abt. M wurden folgende Aktivitäten des Verdächtigen bzw. seiner Verbindungen bekannt:
Am (Datum) schrieb der (Klarname, Vorname) an den Verdächtigen.
In dem Brief wird erwähnt, daß ein Artikel, den er anläßlich des vierzigsten Jahrestages der Zerstörung Plauens durch alliierte Bomber geschrieben hat, in ganz Nordbayern abgedruckt wurde. Weiter ist dem Brief zu entnehmen, daß der (Klarname, Vorname) wieder ein Visum für die Einreise in die DDR beantragt hat, um in absehbarer Zeit eine Reise nach Plauen durchzuführen. Ein geplantes Zusammentreffen mit dem Verdächtigen ist offensichtlich.
Am (Datum) wurde der Verdächtige durch einem IM der KD Plauen in der Verkaufsstelle *Buch & Kunst* in Plauen gesehen. Er kaufte dort Bücher von Franz Werfel, Brigitte Reimann und Stefan Zweig. Neben dieser Literatur erwarb er auch eine Broschüre über das Fotografieren. Den Kauf dieser Broschüre könnte man evtl. in Zusammenhang mit den Fotografierversuchen des Verdächtigen bringen, die er in seinem Brief an den (Klarname, Vorname) vom (Datum) erwähnt. In diesem Brief schrieb er über seine Versuche, den "Verfall" der Plauener Altstadt zu dokumentieren, was aber nichts geworden ist, da mit dem Sucher etwas nicht hinzuhauen scheint. Diese Mängel will er vermutlich abstellen. Der Fakt mit dem Fotografieren wird aber operativ interessant, wenn man ihn im Zusammenhang mit seinen Äußerungen gegenüber dem IM (Deckname) der KD Plauen sieht. Der IM suchte den Verdächtigen am (Datum) in der Wohnung seiner Freundin (Klarname, Vorname) auf. Am Ende dieses Gespräches ließ sich der Verdächtige über die sowjetischen Truppen in Plauen aus. Er erzählte, daß er mit seiner Freundin öfters wandern geht und sich dabei anschaut, wie "die Russen" mit ihren Panzern unser schönes Vogtland "schänden" würden.
Der IM entnahm den Schilderungen des Verdächtigen, daß er sich öfters an den Objekten der Sowjetarmee aufhält und sich ernsthaft damit beschäftigt.
Schlußfolgerung für die weitere Beobachtung:
Klärung der Intensität der Beobachtungstätigkeit des Verdächtigen an den sowjetischen Militärobjekten in Plauen; in welchem Zusammenhang sind dabei die Fotografierversuche zu sehen und welchen Charakter tragen die neuerlichen Verbindungen zum *Haus Vogtland* in Unterhartmannsreuth als Bestandteil der revanchistischen Landsmannschaften in der BRD?

* Referat PID, 1985

Aus einer in Plauen verbreiteten Flugschrift

Von einem aus dem Krankenhaus*

Aus der Intensivstation bin ich ausgerissen,
Denn was mir passiert ist, sollen alle wissen:
Ich hab' nicht versucht, das Fliegen zu lern',
Durch Wände zu geh'n lag mir ebenfalls fern.
Auch bin ich kein Stuntman, nein; völlig verkehrt!
Ich hab' nur die Plauener Bahnhofstraße zu Fuß überquert.

Dort versuchen ein paar U-Bahn-Bau-Strategen
Krampfhaft, zwei Gleise zu verlegen.
Sie schütten auf und walzen nieder -
Da ham'se Arbeit immer wieder.
Das wird, weil so aus Sibirien bekannt,
Unter Freunden "Plauener Bim-BAM" genannt.

Doch bevor mir das Malheur ist passiert,
Bin ich mal die Bahnhofstraße hinab promeniert.
Der Name jedoch, und das finde ich schlecht,
Wird dem Niveau überhaupt nicht gerecht.
Straße der SED wäre besser, in der Tat -
Zu Ehren von "Shop" und "Ex" und "Delikat".

Um Schäden zu verhindern, ideologischer Natur,
Führt das "Capitol" eine Woche lang Sowjetfilme vor.
Um den finanziellen Verlust zu beheben,
Wird dann drei Wochen Didi Hallervorden gegeben.

Dann kam ich an das Schaufenster, das diffizile,
Worüber geschrieben steht "IFA-Mobile".
Die Warteliste im Fenster beweist rigoros:
In der DDR sind Terroristen chancenlos.
Denn wie woll'n die 'ne Entführung starten,
Wenn sie zwölf Jahre auf ein Fluchtfahrzeug warten?

Daraufhin bin ich zur Ecke gegenüber spaziert,
In den Laden, wo der Buchhandel stagniert.
"Buch & Kunst" - das muß man streng trennen,
Seit uns're Verlage nur noch Paperbacks kennen.

Unter Kunst beispielsweise ist heut' zu versteh'n,
Karl-May-Bücher zu verkaufen, ohne daß die Leute das seh'n.
Selbst mit dem Kalenderangebot
Herrscht heutzutage bitt're Not.
Die wollen wohl, es ist kaum zu fassen,
Daß wir den Ersten Mai verpassen?

Ich lief dann weiter und ziemlich schnell
Vorbei an "Deils" Schandfleck, teils Katastrophen-Hotel.
Die Drogerie gegenüber ist in ganz Plauen bekannt,
Ihr Inhaber wird Hugo Baldauf genannt.

Dort ging ich hinein mit frohem Schritte
Und sagte höflich: "Einmal Kräutertee, bitte!"
Als Antwort hat Hugo nur hämisch gestammelt:
"Ham'se überhaupt schon mal Kräuter gesammelt?"
Dabei hat er mich bösartig angegrient,
Und da war ich dann wirklich restlos bedient.

Geht man ins "Musikhaus Teuschler" 'rein,
Muß man hellwach und pfiffig sein
Und aufmerksam hinter den Ladentisch späh'n,
Ob dort nicht noch Lizenzplatten 'rumsteh'n.
Der Buschfunk funktioniert stets einwandfrei,
Und oft trifft man beim Teuschler halb Plauen um zwei.
Daneben folgt der "Plauener-Spitze"-Laden,
Dort sind die Preise astronomisch geraten.

Und gegenüber, wo der Strumpfladen ist,
Befindet sich die Kabine von "Jugendtourist".
"Jugendtourist" soll nicht nur bis Meißen,
Sondern auch viele Länder der Welt bereisen.
Für die Plauener Jugend jedoch, habe ich festgestellt,
Ist Oberwiesenthal das Ende der Welt.

Das Plauener Warenhaus “Konsument”
Bis Prag ein jeder Tscheche kennt.
So viele Tschechenbusse, wie am Neustadtplatz steh’n,
Hat der Kraftverkehr Plauen noch niemals geseh’n.
Ab August will das “Konsument” Lokaltage einführ’n,
Dann dürfen auch mal die Plauener den Eingang passier’n.
Am wirkungsvollsten würde freilich sein,
Man stellte als Verkäufer Hugo Baldauf ein.

Gegenüber in der Bank, da geht es munter,
Mit dem Dollar ‘rauf und ‘runter.
Die Fassaden sind jetzt, welche Gags,
So farbig wie die “Forum”-Schecks.

Zum Schluß will ich noch berichten ganz knapp,
Wie ich mich so zugerichtet hab’:
Ich lief entlang der Post und sah in die Höh’,
Damit ich die antiken Straßenlaternen seh’.
So trat ich fehl, worauf es kein Halten mehr gab,
Und stürzte in eine Baugrube ab.
Da lag ich dann auf dem Geleise,
Die Laternen drehten sich um mich im Kreise.
In Gestalt einer “Tatra”-Straßenbahn
Sah ich bereits mein Ende nah’n.
Da hab’ ich noch mit letzter Kraft
Einen Salto in den Fangzaun geschafft.
Dort hat mich dann, zerkratzt und zerschunden,
Der Notarzt schließlich aufgefunden...

* Autor unbekannt, 1985

EMIL KÄTZEL

Auerbach's
Keller

HOTEL
·H·A·M·M·E·R·K·L·A·U·S·E·

Bratwurstglöckle

#

Auf den vorhergehenden Seiten:
"Der Sozialismus siegt", "Alles für das Wohl des Volkes", "Für den Schutz der Arbeiter-und-Bauern-Macht" und "Wir sind die Sieger der Geschichte", "Die Lehre von Karl Marx ist allmächtig, weil sie wahr ist" - so oder ähnlich lauteten die Parolen auf den Spruchbändern, mit denen Plauen drapiert war - während die Stadt regelrecht verfaulte und verfiel. Aber so sah er aus, der *real existierende Sozialismus*. Ostalgiker sollten besonders gut hinschauen! Angemerkt sei dieses noch: Jede einzelne der abgebildeten "Bruchbuden" ist heute ein Schmuckstück - und das Malzhaus ist nachgeradezu ein Juwel...

Alle Aufnahmen: Wolf Donnerhack, Plauen (1985)

Aus einer Bandabschrift der BV Karl-Marx-Stadt*

Stimmungsbericht

Am Freitag, dem (Datum), erfuhr ich durch die Massenmedien der DDR vom Übertritt des ehemaligen Chefs der Bonner Spionageabwehr, Tiedgen.

Ich hatte seit diesem Zeitpunkt noch keine Gelegenheit, mit anderen Bürgern zusammenzutreffen und darüber zu diskutieren. Meine Ehefrau und ich waren sehr erfreut darüber, welche Verbindungen unser Organ geknüpft hat, denn wir gehen von der Annahme aus, daß Tiedgen sicherlich schon lange Zeit für unser Organ gearbeitet hat.
Damit hat sich wieder einmal herausgestellt, wie überlegen das Ministerium für Staatssicherheit über westliche Geheimdienste ist. Allerdings könnte ich mir auch vorstellen, daß es vielleicht besser gewesen wäre, wenn Tiedgen noch viele Jahre drüben geblieben und uns so weiter nützlich gewesen wäre. Soweit meine persönliche Meinung.

* Abteilung XV, 1985

Ex libris

Wie die Stickmaschine ins Vogtland kam*

Der Winter 1856 verging.
Im Frühjahr machten sich die Bauleute auf der Hofwiese ans Werk.
Tiefe Keller wurden ausgehoben. Die Häuser selbst blieben klein. Nur eines wuchs über das Erdgeschoß hinaus. Obwohl man das Geheimnis zunächst zu wahren suchte, wußte es bald schon ganz Plauen, daß hier Stickmaschinen aufgestellt werden sollten. Die Aufnahme des Gerüchtes war verschieden.
Die Fabrikanten nahmen an Schnorrs Vorhaben mit einer Spannung Anteil, der man die Besorgnis um das eigene Geschäft anmerken konnte. Die Handstickerinnen hörten es mit unverhohlenem Mißtrauen, daß nun auch ihrer Arbeit von der Maschine her Gefahr drohte. Zweifler erinnerten daran, daß vor mehr als zwanzig Jahren Christian, der Sohn des alten Böhler, im Elsaß bei einem gewissen Heilmann auch eine Stickmaschine gesehen und sogar darauf gestickt hatte. Er hatte dann nicht eher geruht, bis er solch ein Spielzeug in Plauen hatte. 1400 Taler hatte die Maschine gekostet, mit ihren 130 Nadeln sollte sie fünfzehnmal soviel wie die beste Stickerin leisten.
Aber obwohl Christian Böhler immer wieder daran herumexperimentiert hatte, war nichts dabei herausgekommen. Schließlich war er darob zornig geworden und hatte das unnütze Ding hinausgeworfen.
Wer weiß, wie es Herrn Schnorr ergehen würde!

Dieser wartete sehnlichst auf eine Nachricht aus der Schweiz.
Der Bau der Stickereigebäude schritt voran. Doch Albert Voigt ließ nichts von sich hören. Gustav Steinhäuser, der Schwager-Kompagnon, äußerte Bedenken, ob der risikofreudige Fedor nicht einem Schwindler zum Opfer gefallen sei, der sich mit der reichlichen Geldausstattung in der Schweiz oder sonst wo ein schönes Leben mache und schon gar nicht mehr an Herrn Schnorr und seine Stickmaschine denke. Schnorr selbst ließ den Mut nicht sinken, denn nach einem Schwindler hatte Voigt nicht ausgesehen. Die ganze Aktion war ja ohne Zweifel schwierig; man mußte Geduld haben.
Tatsächlich traf eines Tages eine Nachricht von Voigt ein.
Er teilte mit, daß es ihm gelungen sei, zwei Maschinen zu erwerben.
Schnorr wisse, wie besorgt die Schweizer darum seien. Deshalb müsse die Werkstatt, aus der man sie beziehe, streng geheim bleiben, und auch der Transport müsse mit aller Vorsicht bewerkstelligt werden.
Wiederum verging einige Zeit. Dann meldete Voigt in lakonischer Kürze: "Zwei Maschinen und einen Sticker bei Nacht und Nebel glücklich über den Bodensee gebracht." Alles weitere entwickelte sich schnell.
Am 27. Oktober 1857 traf Voigt mit den Maschinenkisten in Plauen ein.

Es war ein für das ganze Vogtland denkwürdiger Tag.
Der Händedruck, den die beiden "Verschworenen" Fedor Schnorr und Albert Voigt wechselten, war lang und herzlich. Sie waren sich der Bedeutung ihres Erfolges durchaus bewußt. Und doch konnten weder sie, noch der Schweizer Stickmeister Friedrich Roth, der sich von Voigt hatte bewegen lassen, mit Frau und Kind die Fahrt nach Sachsen anzutreten, die ungeahnten Folgen ermessen, die sich aus dieser Maschinen-Entführung ergeben sollten.
Da man so lange hatte warten müssen, hatte man's nun um so eiliger.
Die Stickereigebäude wurden schnellstens fertiggestellt, und dann schritt man zur Aufstellung der Maschinen. Dabei ging ein Schweizer Monteur, Johann Conrad Dietrich aus Wetzikon, mit zur Hand; weiß der Himmel, wo man ihn aufgetrieben hatte. Er war berufen, in der Zukunft der sächsischen Stickerei-Industrie noch ein gewichtiges Wort mitzureden.

Als sich in den späteren Jahrzehnten zeigte, welche lästige Konkurrenz den Schweizern im Vogtland erwachsen war, haben sie es ihren Landsleuten sehr verübelt, daß sie damals als "Reisläufer der eidgenössischen Wirtschaft" zur Auswanderung der Stickerei-Industrie die Hand geboten hatten. Man hat nicht nur Voigts "betrügerische Aktion" angeprangert, sondern man hat besonders den Sticker Roth moralisch verurteilt; auch hat man die Werkstatt ausfindig gemacht, aus der die beiden ersten Maschinen der Firma Schnorr & Steinhäuser stammten: Es war die Maschinenbaufabrik *Burkhard* in St. Fiden im Kanton St. Gallen.
Selbst der gemessen urteilende Ernest Ikle wirft in seinem bekannten Werk "La Broderie Mechanique" den beiden Schweizern (Burkhard und Roth) vor, daß sie "die Interessen ihrer nationalen Industrie schlecht verteidigt" hätten.
(...)
Am 2. Januar 1858, reichlich zwei Monate nach ihrer Ankunft, lief die erste arbeitsfähige Stickmaschine in Plauen an. Ein langer und abenteuerlicher Weg lag hinter ihr, ehe sie im Vogtland ihre ersten Stiche machen konnte...

* Willy Erhardt: *Das Glück auf der Nadelspitze.*
Vom Schicksalsweg einer Industrie.
Die Geschichte der vogtländischen Spitzenstickerei.
Manuskript. Plauen 1951

Aus einem Dokument der KD Oelsnitz*

Aktennotiz

Im Mai 1985 nahm der Donnerhack eine Tätigkeit als Hallenwart an der (Name der) Oberschule in Plauen auf. Diese Schule befindet sich in unmittelbarer Nähe seiner Wohnung.
Dabei arbeitete er nur nachmittags und in den frühen Abendstunden und sicherte den außerschulischen und den Freizeitsport ab.
Somit blieb ihm der Vormittag für seine Erledigungen.
Nach der Ablösung des Gen. (Klarname, Vorname) als Schuldirektor und dem Einsatz des Gen. (Klarname, Vorname) als Direktor der (Name der) Oberschule kam es zum Zusammenstoß zwischen diesem und Donnerhack.
Und zwar deshalb, weil der Donnerhack im Sportlehrerzimmer der Turnhalle illegal seine Schreibmaschine stationiert hatte und dort noch nebenbei Geld verdiente, indem er verschiedene Belegarbeiten für Studenten der Fachschule für Ökonomie abschrieb.
Aus dem Bericht eines IKM des AG I der K in Plauen geht hervor, daß er vom Gen. (Klarname, Vorname) aufgefordert wurde, die Schreibmaschine zu entfernen, anderenfalls er sie verschwinden lassen würde.
Weiterhin versuchte der Donnerhack darzustellen, daß er von schulischen Dingen mehr versteht als der Gen. (Klarname, Vorname), welcher von der NVA kommt. Sein Angebot, Schüler einer neunten Klasse im Lager für Arbeit und Erholung zu betreuen, wurde von der Stadtschulrätin abgelehnt.
Nachdem der Donnerhack, der einen Nullschlüssel für die Schule im Besitz hatte, sich noch über einige Anweisungen bzw. Aushänge des Gen. (Klarname, Vorname) im Lehrerzimmer belustigt hatte, wurde ihm das Betreten dieser Räumlichkeiten verboten.
Weil er dann im Schulgarten Unkraut jäten sollte, schrieb der Donnerhack einen provozierenden Brief an die Abteilung Volksbildung, wo stand, daß er es nicht nötig hat, sich "wie ein dummer Junge" behandeln zu lassen und aus diesem Grund kündigt. Seit Oktober ist er deshalb wieder ohne Arbeit.
Wie es heißt, soll er aber nachts in der *Freundschaft* saubermachen.

* Referat PID, 1985

Aus einem Schreiben des Leiters der KD Oelsnitz*

Strafrechtliche und strafpolitische Einschätzung des OV "Blitz"

Durch die KD Oelsnitz wird seit dem 15.12.1980 der OV "Blitz", Reg.-Nr. XIV 2928/80 mit der Zielstellung der Beweisführung gem. § 106 StGB bearbeitet.
Beim Verdächtigen handelt es sich um den Donnerhack, Wolf (Grunddaten).
Durch eine inoffizielle Verbindung konnte in Erfahrung gebracht werden, daß er beabsichtigt, zum Redakteur der Zeitschrift *Der Spiegel* in WB, einem gewissen Ulrich Schwarz, Verbindung aufzunehmen.
Dazu habe ihm der Folklore-Forscher Jürgen Wolff geraten.
Dieser Jürgen Wolff betreibt zusammen mit dem Dieter Beckert in der DDR ein Kabarett bzw. Singspiel mit dem Namen "Duo Sonnenschirm" und hält sich öfters im kapitalistischen Ausland auf.
Ich bitte Sie, prüfen zu lassen, inwieweit die Person Ulrich Schwarz eine feindliche Stelle im Sinne des § 97 StGB ist und welche strafrechtlichen Faktoren entsprechend der politischen und politisch-operativen Situation Einfluß auf den Vorgangsabschluß haben.

* An den Leiter der Abteilung IX der BV Karl-Marx-Stadt, 1985

Aus einem Schreiben der BV Karl-Marx-Stadt*

Stellungnahme zum OV "Blitz" Ihrer Diensteinheit

Bezug nehmend auf Ihr Schreiben vom (Datum und Tagebuch-Nummer) teile ich ihnen mit, daß beim gegenwärtigen Bearbeitungsstand des OV keine Möglichkeiten zur Einleitung strafprozessualer Maßnahmen gegen den Verdächtigen bestehen.
Nach den unserer DE vorliegenden Informationen handelt es sich zwar beim *Springer-Verlag* in WB als Herausgeber der Zeitschrift *Der Spiegel* um eine Stelle im Sinne des § 97 StGB. Zur Einleitung strafrechtlicher Maßnahmen gegen den Verdächtigen des OV "Blitz" ist allerdings der Nachweis der Tatbestandsmäßigkeit des § 100 StGB erforderlich. Eine Absichtsbekundung des Verdächtigen allein ist strafrechtlich nicht relevant.
Im Ergebnis dieser Maßnahmen sollte gegebenenfalls noch einmal eine Konsultation mit unserer DE erfolgen.

* Vom Leiter der Abteilung IX an den Leiter der KD Oelsnitz, 1985

Aus einem Schreiben des Leiters der KD Oelsnitz*

Operative Maßnahme zum OV "Blitz"

Seit 1981 wird in unserer Diensteinheit der OV "Blitz" bearbeitet.
Der Verdächtige beschäftigt sich seit dieser Zeit mit dem (Forschungsthema). Dabei will er neue Aspekte im Wirken dieses "Robin Hood vom Vogtland" herausarbeiten und schriftstellerisch verarbeiten.
Ein dementsprechendes Expose hat er, seinen eigenen Angaben zufolge, mehreren Verlagen in der DDR angeboten, aber durchweg Absagen erhalten. Deshalb trägt er sich mit dem Gedanken, sein Werk einem Verlag in der BRD oder WB anzubieten, wobei u.a. vom Verlag *Der Spiegel* und von einem *Oberbaum-Verlag* die Rede war.
Hinsichtlich der strafrechtlichen Relevanz seiner Vorhaben wurde bereits mit der Abteilung IX der BV Rücksprache genommen. Demnach wäre bereits die Verbindungsaufnahme zum Verlag *Der Spiegel* eine strafbare Handlung.
Entsprechend des Antwortschreibens der Abteilung IX der BV ist es aber erforderlich, Beweise für eine erfolgte Verbindungsaufnahme zum Verlag *Der Spiegel* zu erarbeiten und eine Einschätzung hinsichtlich des Inhalts des Buches des Verdächtigen zu treffen. Dazu macht es sich notwendig, in den Besitz des Manuskriptes zu gelangen. Jedoch ist allgemein bekannt, daß der Verdächtige gegenüber seiner Umwelt ziemlich mißtrauisch ist und sein Manuskript einem Kulturfunktionär der Stadt Plauen niemals aushändigen würde, da er diese als "Stümper und Nichtskönner" betrachtet.
In das Gesichtsfeld des Verdächtigen müßte deshalb ein IM treten, dessen Betätigungsfeld der Schriftstellerverband und hier wiederum besonders die Nachwuchsarbeit ist.
Unter der Legende, in der Abteilung Kultur beim Rat der Stadt Plauen Absprachen zum schriftstellerischen Wirken in der Stadt zu führen, müßte der IM zielgerichtet auf den Verdächtigen zu sprechen kommen.
Hierbei kann er folgende glaubwürdige Legende verwenden:
Während seines Studiums und auch danach noch unterhielt der Donnerhack eine sehr gute Verbindung zu Professor Werner Bramke in Leipzig. (...)
Im Gespräch mit Verantwortlichen der Abteilung Kultur müßte der IM den Kulturfunktionären die Frage stellen, ob der von Professor Werner Bramke erwähnte Wolf Donnerhack in irgendeiner Beziehung zum ehemaligen Direktor des Vogtländischen Kreismuseums Rudolf Donnerhack steht.
Auf diese Frage werden ihn die Kulturfunktionäre detailliert über die Person des Verdächtigen aufklären. Dabei werden sie den IM in Kenntnis setzen, daß dieser Wolf Donnerhack aus der Partei ausgeschlossen wurde, daß sein Bruder den Versuch unternommen hat, mit einem selbstgebauten Flugzeug in die BRD zu gelangen und noch mehrere andere Angaben zur Person.

Ohne gegenüber den Kulturfunktionären zu erwähnen, daß er sich mit diesem Donnerhack gern einmal unterhalten würde, müßte der IM den Verdächtigen dann in seiner Wohnung aufsuchen.
Dem Donnerhack gegenüber wird er angeben müssen, wieso er ihn aufsucht und was er von ihm will. Darauf kann der IM, trotz der bekannten Antipathie des Donnerhack gegenüber den Funktionären vom Rat der Stadt, sagen, daß man in der Abteilung Kultur auf seine Person zu sprechen kam. Der IM muß dabei mit erwähnen, daß er den Vater des Donnerhack als Museumsdirektor in Plauen gekannt hat und dessen verdienstvolles Wirken zu schätzen weiß.
Der IM wird von Donnerhack im ersten Gespräch zwar nicht akzeptiert, aber der Verdächtige wird dem IM schildern, daß er "unterdrückt" wird usw. und daß alle Institutionen verhindern wollen, daß er wieder festen Boden unter die Füße bekommt. Der IM muß im weiteren Verlauf des Gesprächs, bei passender Gelegenheit, auf die von Professor Werner Bramke erwähnte Arbeit zu sprechen kommen. Dabei wird er dann vermutlich erfahren, daß der Verdächtige daraus eine größere Arbeit verfaßt hat, die ihm aber kein Verlag in der DDR abnimmt.
Das Ziel besteht darin, daß der IM bei dem Verdächtigen als ein Vertreter des Schriftstellerverbandes erscheint, der ohne Vorurteile (und auch über die vorhandenen Vorurteile beim Rat der Stadt Plauen hinweg) sich einmal mit dem Verdächtigen in aller Ruhe über dessen Probleme unterhalten will.
Dem Verdächtigen ist eine Prüfung bei Verlagen der DDR in Aussicht zu stellen, wozu allerdings eine vorherige Einsichtnahme in das Manuskript Voraussetzung ist. Die Möglichkeit einer Einsichtnahme in das Manuskript durch Aushändigung an den IM ist durch beharrliche Arbeit und im Verlauf mehrerer umfassender Gespräche zu erreichen.
Eine Einschätzung des Inhaltes erfolgt durch die Abteilung IX der BV.
Die Reaktion des Verdächtigen auf die Gespräche mit dem IM und seine Aktivitäten nach bzw. zwischen diesen Gesprächen können durch zwei IM der KD Plauen festgestellt und miteinander verglichen werden.
Durch den Kontakt des IM zum Verdächtigen soll weiterhin erreicht werden, daß sich der Verdächtige hinsichtlich seiner bereits eingeleiteten Schritte zur Verbindungsaufnahme mit Verlagen in der BRD oder WB äußert.
Ich bitte Sie zu prüfen, ob in Ihrem Verantwortungsbereich ein IM vorhanden ist, der einen solchen Auftrag übernehmen und durchführen kann.
Die OM ist für einen Abschluß unseres OV "Blitz" notwendig.

* An den Leiter der Abteilung XX der BV Karl-Marx-Stadt, 1985

Aus dem Bericht eines IM der KD Auerbach*

Bericht über ein Gespräch in der Abteilung Kultur beim Rat der Stadt Plauen

Am (Datum) war ich gegen (Uhrzeit) im Rat der Stadt Plauen, Abt. Kultur, um ein Gespräch mit dem Ratsmitglied für Kultur zu führen.
Die Dame im Sekretariat versuchte mich abzuwimmeln.
Erst nach einem Telefongespräch mit dem Ökonomischen Direktor des Stadttheaters, der bestätigte, daß ich mich mit einem geplanten Theaterstück zunächst an die Abt. Kultur wenden müsse, erklärte sie sich bereit, mir einen Termin beim Ratsmitglied für Kultur zu besorgen.
Am (Datum) rief sie mich zu Hause an und teilte mir einen Termin mit.

* Referat PID, 1985

Aus dem Bericht eines IM der KD Auerbach*

Bericht über ein Gespräch in der Abteilung Kultur beim Rat der Stadt Plauen

Den Auftrag zur Person Donnerhack betreffend, suchte ich am (Datum) die Abt. Kultur beim Rat der Stadt Plauen auf.
Ich traf aber weder das Ratsmitglied, noch dessen Stellvertreterin an.
Eine Frau, deren Namen ich vergessen habe, gab mir die Auskunft, daß der Rudolf Donnerhack schon vor Jahren gestorben sei. Sie und ihre Kollegin könnten nicht sagen, ob ein Wolf Donnerhack wissenschaftlich arbeitet. Ich sollte mich an die Stadtbibliothek wenden, dort wüßte man vielleicht mehr.

* Referat PID, 1985

Aus dem Bericht eines IM der KD Auerbach*

Bericht über ein Gespräch in der Abteilung Kultur beim Rat der Stadt Plauen

Wie langfristig telefonisch vereinbart, suchte ich am (Datum) die Abteilung Kultur beim Rat der Stadt Plauen auf.
Das Ratsmitglied für Kultur, Stadtrat (Vorname und Klarname), empfing mich mit ca. anderthalbstündiger Verspätung. Trotz vorheriger Anmeldung!
Da ich Verständnis zeigte, gestaltete sich das Gespräch offen und herzlich.

Zunächst sprachen wir über die Möglichkeiten eines Autors in Plauen und die Absicht der Stadt, einen Schriftsteller in Plauen anzusiedeln.
Mein "Monolog" wurde mit großem Interesse aufgenommen, er soll in den nächsten Tagen mit dem Intendanten und der Dramaturgin des Stadttheaters besprochen werden. Darüber hinaus sei ein Gespräch mit Kolln. (Klarname), Entwicklungsdramaturgin des Bezirksliteraturzentrums Karl-Marx-Stadt, vorgesehen, wo man meinen "Monolog" ebenfalls besprechen könne.
Der Stadtrat versprach, bald wieder von sich hören zu lassen.

Im zweiten Teil des Gesprächs unterhielten wir uns über Wolf Donnerhack. Dabei ging der Stadtrat zum *Du* über. Er sagte: "Ich will ganz offen sein." Vorher hatte ich gefragt, was davon zu halten sei, daß Donnerhack vorhat, im *Klub der Intelligenz* in gewissen Abständen einen Literarischen Abend zu gestalten. Der Stadtrat sagte, wenn man Donnerhack hier freie Hand ließe, müsse damit gerechnet werden, daß er seinen "Anhang" mitbringt. Dann könnten bzw. würden mit ziemlicher Sicherheit Fragen gestellt und Probleme aufgeworfen werden, die uns im Moment wenig nützen und den Rahmen einer solchen Veranstaltung sprengen würden. Außerdem dürfe man nicht vergessen, daß Donnerhack enge Verbindungen zu seinem Bruder in der BRD unterhält und wo man nicht genau sagen könne, was da der Hintergrund sei. Unter "Anhang" verstand der Stadtrat Leute, für die Donnerhack wegen seiner Belesenheit eine Art "Guru" darstellt. Namen nannte er nicht.
Weitere Einzelheiten zum Sachverhalt Donnerhack teilte er nicht mit.
Der Stadtrat wollte es mir selbst überlassen, ob ich Literarische Abende im *Klub der Intelligenz* gestalten möchte und ob ich dann den Donnerhack dabei mit einbeziehen wolle. Nach der immer noch viel diskutierten Schließung des "Malzhaus-Club" kann kein politisch Verantwortlicher ein Interesse an der Schaffung eines neuen "Treffpunktes" für "gewisse Grüppchen" haben.
Ich gab zu verstehen, daß man in einer solchen Angelegenheit sicher mit viel Fingerspitzengefühl vorgehen müsse.
Wir kamen überein, uns in einem kürzeren Zeitabstand wieder zu treffen.

Handschriftlicher Vermerk:
Handelt der IM evtl. nur aus egoistischen oder karrieristischen Gründen?
Bitte Teil I des IM "Heine", Reg.-Nr. XIV 1130/72 zur Einsicht vorlegen!

* Referat PID, 1985

Aus einem Dokument der KD Plauen*

Information zu Wolf Donnerhack

Bei einem Gespräch mit dem Donnerhack, Wolf (Grunddaten) am (Datum) konnte ich in Erfahrung bringen, daß er zu einem gewissen (Klarname, Vorname) in Schöneck Verbindung hat.
Es soll sich hierbei um einen "alten Pyromanen" handeln, der während des Zweiten Weltkrieges in einem Strafbataillon war.
Nach der Entlassung aus sowjetischer Kriegsgefangenschaft soll er bei der VP gewesen sein. Er ist ein altes KPD-Mitglied und hat gute Verbindungen zum Vogtländischen Bauernmuseum in Landwüst und zu den Instrumentenbauern in der Gegend. Dadurch kennen ihn wieder viele Musiker, u.a. auch von solchen Gruppen wie "Landluper" und "Notentritt". Von ihm will Donnerhack billig "alte Raritäten" wie Schußwaffen und *Märklin*-Eisenbahn kaufen. Der (Klarname, Vorname) hat Donnerhack auch mit Material zum (Forschungsthema) geholfen. Das Verhältnis zwischen Donnerhack und dem (Klarname, Vorname) soll ein ungewöhnlich herzliches sein.

Handschriftlicher Vermerk:
Was für Schußwaffen?! Sofort überprüfen!!

* Referat PUT, 1985

Aus einem Dokument der KD Oelsnitz*

Aktennotiz

Der Donnerhack, Wolf (Grunddaten) hat sich jetzt um eine Arbeitsstelle im Museum bzw. Schloß Greiz beworben, wo sich eine Außenstelle vom Staatsarchiv Weimar befindet. Er kennt dort einen Doktor oder Professor, für den er Archivschriften sichten und aufbereiten soll. Er will auch versuchen, im Schloß eine Wohnung oder ein Zimmer zu erhalten.

Donnerhack pflegt gegenwärtig eine umfangreiche Korrespondenz zum *Institut für Geschichte* an der Ruhr-Universität in Bochum.
Hierhin wandte er sich mit der Bitte um Material zum (Forschungsthema).
Im Rücklauf bekam er auch Zeitungsausschnitte zur Verfügung gestellt.

* Referat PID, 1985

Aus einem Dokument der BV Karl-Marx-Stadt*

Erklärung über das Verhalten vor feindlichen Organen

Im Ergebnis der mit mir durchgeführten Ausbildung über das Verhalten vor feindlichen Organen bin ich mir bewußt, daß ich auch dann voll meinen Pflichten als Genosse, Bürger der DDR und Inoffizieller Mitarbeiter des MfS nachzukommen habe, wenn es dem Feind gelingen sollte, mich im Operationsgebiet zu inhaftieren. Ich verpflichte mich, in einem solchen Falle standhaft zu bleiben und dem Feind keinerlei operatives Wissen zu offenbaren. Auch auf Abwerbungsversuche werde ich mich nicht einlassen. Mir ist bewußt, daß ich mich bei einem Verrat von Geheimnissen gegebenenfalls vor der Partei und den zuständigen Staatsorganen der DDR zu verantworten habe.

Ich werde mich bemühen, die Ursache der feindlichen Bearbeitung festzustellen und darüber hinaus möglichst viel Wissen über die feindlichen Organe und ihre Mitarbeiter zu erlangen.

Wenn es zum Erlaß eines Haftbefehls kommt, werde ich nur den Namen und die Heimatanschrift angeben und jede Aussage zur Person und zur Sache verweigern, sowohl vor der Politischen Polizei als auch vor dem Ermittlungsrichter und in der Hauptverhandlung.

Ich werde mich nicht täuschen lassen, wenn mir der Feind höflich und freundlich gegenübertritt.

Ich werde so bald als möglich an meine Angehörigen schreiben.

Ich werde unverzüglich einen Rechtsanwalt beauftragen und veranlassen, daß er sofort meine Angehörigen benachrichtigt. Wenn sich später ein anderer Anwalt meldet und sich auf den Auftrag eines DDR-Anwaltes beruft, werde ich diesem Anwalt die Vollmacht erteilen und den ersten Anwalt entlassen. Mir ist bewußt, daß ich keinem im Operationsgebiet ansässigen Rechtsanwalt operative Probleme anvertrauen darf. Ich weiß, daß die Zentrale alles tun wird, um mich aus der Hand des Feindes zu befreien.

Handschriftlicher Zusatz:
Nach der Haftentlassung werde ich sofort in die DDR zurückkehren.

* Abteilung XV, 1985

Exkurs

Wir haben zu viele Asylanten*

In den ersten zehn Monaten dieses Jahres sind 60.000 Asylanten in die Bundesrepublik gekommen, davon 20.000 allein nach West-Berlin. Insgesamt leben 605.000 dieser entwurzelten und heimatlosen Menschen unter uns - buchstäblich "unter uns".
Bei uns kommt ein Asylant oder Flüchtling auf 100 Einwohner.
Niederlande: Einer auf 995. Frankreich: Einer auf 440. Großbritannien: Einer auf 400. Schweiz: Einer auf 200. Schweden: Einer auf 195...
Wir sind also das am meisten belastete europäische Land.
Wir zahlen im Jahr zwei Milliarden Mark für diese Menschen.
Die Bundesrepublik hat die freieste Asyl-Gesetzgebung der Welt.
Wer nur das Wort "Asyl" ausspricht, dem öffnen sich die Tore dieses kleinen, dicht bevölkerten Landes - "auch wenn er Khomeini hieße oder ein Rotarmist wäre", wie Berlins Innensenator Lummer im *Quick*-Gespräch bitter vermerkt
Das Grundgesetz steht für diese Menschlichkeit allen Verfolgten gegenüber. Das ist bewundernswert. Man bedenke: Alle Länder, die von Hitler verschont wurden, nahmen insgesamt 800.000 Flüchtlinge der Nazi-Diktatur auf - und wir beherbergen jetzt 600.000 Asylanten zusätzlich zu den Millionen unserer Vertriebenen und Ostflüchtlinge, die wir integrieren mußten. Eine historische Leistung, würdig eines Friedens-Nobelpreises für ein ganzes Land. Die USA, Kanada, Australien, diese weiträumigen, vergleichsweise "menschenleeren" klassischen Einwanderungsländer, würden sich das nicht im Traum aufladen.
Der Skandal dabei ist, daß diese Freiheit in eine Vision von Elend, Haß, Hoffnungslosigkeit und Gier verkehrt worden ist - durch Mißbrauch.
Und durch Scharen von Aasgeiern aller Art. (...)

Es ist traurig, aber erwiesen: Etwa jeder zweite Libanese, der Asyl fordert, ist kriminell. Am Heroin-Schmuggel über 100 Gramm sind zu 99 Prozent Ausländer beteiligt - Ceylonesen, Libanesen, Palästinenser, Staatenlose.
"Rauschgift-Container" nennt man sie in der brutalen Szene Sprache.
Drei Viertel aller Asylsuchenden treiben laut Innensenator Heinrich Lummer mit unserer Freiheit Mißbrauch: Nackte, grausame Statistik.
Es finden sich immer und überall Rechtsanwälte, die sich dieser "Asylanten" annehmen, die die Verfahren von Instanz zu Instanz, von Einspruch zu Widerspruch Jahr um Jahr verschleppen - und kassieren. Es finden sich immer Leute, die die Hilflosen als Arbeitssklaven verschachern. Es finden sich immer Wucherer, die die letzten Verschläge zu astronomischen Mieten als Behausung anbieten - und nach Sardinenbüchsen-Prinzip vollpressen.

Ein ganzes Geschwader von Aasgeiern nährt sich da von der Asylanten-Tragödie und lebt nicht schlecht davon. Damit muß endlich Schluß sein!

Unser kleines Land ist erschöpft. Und wir dürfen uns nicht gegenseitig als "inhuman" diffamieren, wenn wir an das Asylanten-Problem herangehen. Wir müssen den eigentlichen Sinn des Grundgesetzes wieder zum Tragen bringen - die in ihrer Heimat wirklich Verfolgten zu schützen. (...)
Es ist übrigens erwiesen, daß die Sowjetunion die "Asylanten-Schiene" nur gar zu gern mißbraucht, um politische Untergrundkräfte unbemerkt in die Bundesrepublik einzuschleusen. (...)
Wir müssen unsere Gesellschaft aber auch davor schützen, daß wegen Überfüllung mit Pseudo-Asylanten ein neues Minderheitenproblem entsteht. Daß sich bei vielen Bürgern irrationaler Haß breit macht. Das ist wie Krebs für eine Gesellschaft. Es gibt rund 65 "Problem-Regionen" auf dieser Welt. Die Bundesrepublik kann nicht für sie alle Abladeplatz sein - so schön das wäre, wenn am deutschen Wohlstandswesen die Welt genesen könnte.
Was ist zu tun? (...) Es gibt genug zu tun. Tun wir was - sofort!

* Raimund le Viseur, in:
Quick (München), Nr. 49/1985

Aus dem Bericht eines IM der KD Plauen*

Bericht über Wolf Donnerhack

Zufällig sah ich am (Datum) den mir persönlich bekannten Donnerhack, Wolf in der *Altstadtklause* am Tresen sitzen. Er war allein und hatte ein Bier vor sich stehen, daneben lagen verschiedene Zeitungen (*Morning Star, Horizont, Sächsisches Tageblatt)*), die er genauestens durchlas. Ich setzte mich zu ihm und fragte ihn nach seiner Meinung zu der Katastrophe im Heysel-Stadion. Donnerhack war nicht besonders gesprächig. Er sagte nur, Fußball hätte ihn noch nie interessiert; es sei ihm völlig egal, wer wem "in die Waden holzt". Die alten Römer hätten schon gewußt, was "der Plebs" braucht, nämlich "Brot und Spiele". Inzwischen wäre die Menschheit einen Schritt weiter, heute wäre "der Pöbel" glücklich "bei Bockwurst, Bier und Bundesliga". Dabei lachte er zynisch. Dann las er wieder Zeitung, ohne mich zu beachten. Auf Grund dieser Situation trank ich aus und verabschiedete mich.

* Referat PID, 1985

Exkurs

Aus einem Schreiben an Erich Honecker*

Werter Genosse Honecker!

Der schwedische Botschafter in der DDR sprach heute im Ministerium für Auswärtige Angelegenheiten vor und erklärte im Namen der schwedischen Regierung, daß Schweden Maßnahmen von der DDR erwarte, um den wachsenden Asylantenstrom nach Schweden einzudämmen, anderenfalls würde dieses Problem zu einer Belastung in den Beziehungen zwischen beiden Staaten führen.

Unsererseits wurde gegenüber dem schwedischen Botschafter bekräftigt, daß die DDR stets in Übereinstimmung mit der internationalen Praxis und entsprechend der Paß- und Transitgesetzgebung handelt.

Die für Schweden entstehenden Probleme ergeben sich ausschließlich aus der schwedischen Gesetzgebung.

* Von Oskar Fischer, 1985

Aus einer ADN-Information*

Schweden protestiert bei DDR gegen Transit für Flüchtlinge

Schweden erwartet von der DDR Maßnahmen gegen den ständig wachsenden und unkontrollierten Strom von Flüchtlingen, die mit einem DDR-Transitvisum Asyl in Schweden suchen.

Der Staatssekretär im Außenministerium, Pierre Schori, hat den DDR-Botschafter in Stockholm, Manfred Schmidt, am vergangenen Freitag zu sich gerufen und mündlich gegen die Untätigkeit der DDR-Behörden protestiert. Schori habe seine Verwunderung ausgedrückt, daß die DDR den Flüchtlingen Transitvisa aushändige, ohne vorher kontrolliert zu haben, ob diese auch ein schwedisches Einreisevisum vorweisen können, bestätigte ein Sprecher des Außenministeriums am Dienstag. Den schwedischen Behörden liegen Berichte vor, wonach viele Ausländer beim Betreten der Fähre in Saßnitz ihre Pässe verbrennen oder über Bord werfen, um zu vermeiden, daß ein früherer Aufenthalt (beispielsweise in der Türkei) bekannt wird. Anderenfalls hätte Schweden das Recht, die Asylsuchenden dorthin zurückzuschicken.

Schweden möchte erreichen, daß die Kapitäne der DDR-Schiffe die Pässe der Flüchtlinge in Verwahrung nehmen und sie dann den schwedischen Behörden beim Einlaufen in Trelleborg aushändigen.

Ein ähnliches Verfahren sei mit Polen vereinbart worden, das eine Fährverbindung von Swinemünde nach Ystad unterhält.
Der Leiter der Politischen Abteilung im schwedischen Außenministerium, Jan Eliasson, hatte erst beim letzten Besuch von DDR-Vize-Außenminister Kurt Nier in Stockholm auf die nach schwedischer Auffassung unhaltbaren Zustände hingewiesen.

* Interne Dienstmeldung, 1985

Aus einer ADN-Information*

Erklärung eines Sprechers des schwedischen Außenministeriums

Schweden will angesichts des nicht abreißenden Stromes arabischer Flüchtlinge, die zumeist über die DDR in das skandinavische Land kommen, die Kontrollen verschärfen.

Wie ein Sprecher des schwedischen Außenministeriums am Dienstag in Stockholm erklärte, werde von offizieller Seite die Einstellung des Fährverkehrs zwischen den Häfen Saßnitz (DDR) und Trelleborg (Schweden) zunächst nicht erwogen. Entsprechende Fernsehberichte bezeichnete der Sprecher als "voreilige Schlußfolgerungen".

Gleichzeitig wies das Außenministerium aber darauf hin, daß, falls die neuen Maßnahmen zu keinem Erfolg führten, eine Einstellung des Fährverkehrs zwischen Saßnitz und Trelleborg eine der Möglichkeiten sein könnte. Der Sprecher des schwedischen Außenministeriums machte in diesem Zusammenhang auf ein zwischenstaatliches Abkommen über den Fährverkehr zwischen beiden Ländern aufmerksam, das im Bedarfsfall gekündigt werden könne.
Um des Flüchtlings- und Asylantenstromes aus dem Nahen Osten Herr zu werden, wollen die Schweden in Zukunft die Papiere dieser Personen bereits auf den Fähren überprüfen. Nach schwedischer Darstellung kommen zahlreiche Araber entweder mit unleserlichen oder gefälschten Ausweisen.
Die Regierung in Stockholm hat die DDR wiederholt gebeten, die Kontrolle der Papiere zu verschärfen, was offenbar aber nur unzulänglich geschieht.

* Interne Dienstmeldung, 1985

Aus einem Dokument der ZAIG*

Übersicht zu Transitreisen von sogenannten Asylanten

Personen aus nachfolgend aufgeführten Staaten (vorwiegend sogenannte Asylanten) benutzten im Jahr 1984 den Transit über die GÜSt Flughafen Berlin-Schönefeld nach West-Berlin:

Sri Lanka	11.660 Personen
Iran	4.453 Personen
Libanon	3.260 Personen
Ghana	2.972 Personen
Pakistan	1.224 Personen
Syrien	1.110 Personen

Die Anreise dieser Personen zum Flughafen Berlin-Schönefeld erfolgte überwiegend mit Luftfahrzeugen der *Interflug* aus Richtung Beirut, Damaskus, Moskau, Kopenhagen, Wien, Sofia, Bukarest und Ankara.
Bei diesen Personen handelt es sich zu ca. zehn Prozent um Familien und zu ca. neunzig Prozent um männliche Einzelpersonen. In der Altersstruktur überwiegt der Anteil der Personen im Alter von achtzehn bis vierzig Jahren.

Der größte Teil dieser Personen ist nicht im Besitz von Zahlungsmitteln, verfügt über wenig Gepäck und kein Übersiedlungsgut.

Nach vorliegenden Erkenntnissen handelt es sich überwiegend um Asylantenströme, die von in der BRD und WB ansässigen Personen und/oder Gruppen organisiert werden. Von einhundert Asylanten, so wird eingeschätzt, sind höchstens ein oder zwei tatsächlich verfolgt.
Allerdings nicht von der Politischen, sondern von der Kriminalpolizei.
Diese "Wirtschaftsflüchtlinge" weisen in der Regel eine niedrige Hemmschwelle und ein hohes Konflikt- bzw. Gewaltpotential auf.

* 1985

Exkurs

Kanzler beklagt sich über die DDR*

Bundeskanzler Helmut Kohl hat den illegalen Zustrom von Ausländern über den DDR-Flughafen Schönefeld nach West-Berlin vor der Bonner Presse gestern als "gänzlich inakzeptabel" bezeichnet.

Nach seinen Angaben sind allein in den ersten fünf Monaten dieses Jahres 17.000 illegale Einreisen auf diesem Wege verzeichnet worden. Das habe mit dem Asylrecht, wie es im Grundgesetz niedergelegt sei, nichts mehr zu tun. Kohl äußerte die dringende Hoffnung, daß die mit der DDR eingeleiteten intensiven Gespräche darüber zu "vernünftigen Ergebnissen" führen würden.

* Aus *Die Welt* (Bonn) vom 05.07.1985

Aus einem Dokument der HVA*

Gefährdung schweizerischer Einrichtungen in der BRD

Im Rahmen der operativen Arbeit gelangte zur Kenntnis, daß die gegnerischen Staatsschutzorgane derzeit von einer möglichen Gefährdung schweizerischer Einrichtungen in der BRD ausgehen.

Nach einer dem Gegner vorliegenden Information begann am 20.01.1986 vor einem Gericht in Basel (Schweiz) ein Prozeß gegen mehrere türkische Staatsbürger, die am 25.08.1985 in Basel an gewaltsamen Auseinandersetzungen zwischen Mitgliedern verschiedener türkischer Organisationen beteiligt waren. Den Angeklagten würden Haftstrafen und Ausweisung aus der Schweiz drohen. Auf Grund des Prozesses müsse davon ausgegangen werden, daß türkische Extremisten gewaltsame Aktionen gegen schweizerische Einrichtungen in der BRD realisieren werden.

Im Zusammenhang mit diesem Prozeß war vom Bundeskriminalamt (BKA) Wiesbaden, Abteilung Staatsschutz Meckenheim/Referat ST 33 (Ermittlung und Auswertung Staatsgefährdung/ Politisch motivierte Ausländerkriminalität) bereits am 14.01.1986 eine Aktion türkischer Staatsbürger in Stuttgart registriert worden. Wie dazu bekannt wurde, hatten zwölf Personen das Generalkonsulat der Schweiz in Stuttgart betreten. Durch diese Personengruppe waren dem Generalkonsul mehrere in deutscher Sprache abgefaßte Flugblätter übergeben worden, die sich mit den insgesamt sechzehn am 25.08.1985 in Basel festgenommenen Anhängern der türkischen Gruppierung *Partizan* befaßt hatten.

* Abteilung III, 1986

Darauf äußerte Donnerhack, Thälmann sei nichts anderes als ein williges Werkzeug der Kommando-Zentrale in Moskau und "Feldwebel Stalins" gewesen. Alle seine Reden hätten andere für ihn schreiben müssen. Einmal habe ihm sein Sekretär Heinz Neumann vorsätzlich die Seiten einer Rede vor dem höchsten Gremium der Komintern vertauscht und Thälmann habe das nicht einmal gemerkt. Dafür hätte Thälmann dann hinterher den Neumann "mörderisch vertrimmt". Im übrigen hätte Hitler die Freilassung Thälmanns angeboten, und zwar zu der Zeit, als die Sowjetunion mehrere Hundert Kommunisten an die Gestapo ausgeliefert hat, darunter auch die Frau von dem Heinz Neumann. Von einem Rosa-Luxemburg-Forscher in Berlin wisse er aber, daß Walter Ulbricht die Freilassung Thälmanns mit allen Mitteln hintertrieben hat. Er soll sinngemäß gesagt haben, daß Thälmann sozusagen die Symbolfigur des antifaschistischen Widerstandes darstellt und damit auch für all die namenlosen Gefangenen in den deutschen Konzentrationslagern steht. In Haft wäre Ernst Thälmann wichtiger wie als Emigrant in Moskau, darüber sollen in einem Archiv in der Sowjetunion auch streng geheime Aufzeichnungen existieren.
Im weiteren Verlauf des Gespräches behauptete Donnerhack, die Abkürzung KZ sei von dem "Kalmücken" Lenin "ersonnen" worden und wäre nichts anderes als die Abkürzung von "Konzlager", was wiederum das Kurzwort für "Konzentratsionny lager" sei. Bei seinen Forschungen in den verschiedenen Archiven hätte er für die deutschen Konzentrationslager immer nur die amtliche Bezeichnung KL gefunden. Auch hätte es zu keiner Zeit Viehwaggons gegeben. Er sagte, er hätte mal in einem Handbuch der Trapo gelesen, daß es bei der Reichsbahn grundsätzlich nur Eisenbahnwagen gibt. Diese würden unterteilt in Personenwagen und Güterwagen, und bei den Güterwagen würde man nur noch unterscheiden zwischen offenen und gedeckten Güterwagen. In einem gedeckten Güterwagen könnte man ebensogut Westpakete und Zementsäcke transportieren wie Pferde oder Soldaten bzw. Gefangene. Die "Mär" mit den Viehwaggons wäre von dem "Khassaren" Stalin "ausgeheckt" worden. Die "Braunen" hätten jedenfalls von den "Roten" viel gelernt, und Hitler und Stalin hätten nicht umsonst einen Pakt abgeschlossen.
(...)
Ich äußerte dann, daß ich nicht weiter stören will und verabschiedete mich. Beim Gehen stellte mir Donnerhack ein weiteres Kapitel zum Lesen in Aussicht, aber zu einem anderen (Arbeitsthema).

* Referat PUT, 1986

NATIONALE VOLKSARMEE
militärarchiv
DER DEUTSCHEN DEMOKRATISCHEN REPUBLIK
DER DIREKTOR
Az.:

Genossen
Wolf Donnerhack
9900 P l a u e n
Postfach 278

[redacted]

Werter Genosse Donnerhack !

[redacted]

Ich erteile Ihnen hiermit die Genehmigung zur Benutzung dieser Archivdokumente. Für die Benutzung ist ein Auftragsschreiben mit der Angabe des Forschungsthemas erforderlich.
Das Militärarchiv der DDR ist montags bis freitags von 08.00 Uhr bis 15.30 Uhr geöffnet. Noch offene Fragen können mit dem Benutzerdienst (Telefon Potsdam 914244) geklärt werden.

Mit sozialistischem Gruß

[redacted]

Kapitän zur See

Aus einem Dokument der KD Plauen*

Einschätzung der Wirksamkeit eines IM bei der Bearbeitung des OV "Blitz"

Der IMS (Deckname) wird seit 1983 zielgerichtet zur Bearbeitung des OV "Blitz" eingesetzt. Durch eine beharrliche Arbeit ist es gelungen, das anfänglich lose Verhältnis des IM zum Verdächtigen zu einer engeren Verbindung zu gestalten. Bei dem IM handelt es sich um einen ehemaligen Schulkameraden des Verdächtigen, der auch in dessen Elternhaus verkehrte.

Den Informationen des IM ist zu entnehmen, daß sich der Kontakt zum Verdächtigen zwischenzeitlich so eng gestaltet hat, daß sich der Verdächtige auch mit internen Problemen an den IM wendet. Die Grundlagen für den Ausbau zu vertraulichen Beziehungen sind somit gelegt.

Die Wertigkeit der durch den IM erarbeiteten Informationen kann mit "gut" eingeschätzt werden. Durch seine Informationen wird der vorgangführende Mitarbeiter in die Lage versetzt, die notwendigen Entscheidungen für weitere Bearbeitungsrichtungen und Etappenziele zu treffen.
Durch den IM wurde eine Reihe op. bedeutsamer Informationen erarbeitet, die Auskunft über bereits vom Verdächtigen durchgeführte Handlungen und über geplante Vorhaben geben. Dabei handelt es sich bislang aber nicht um strafrechtlich relevante Handlungen.

Die Einschätzung des Wahrheitsgehaltes der vom IM (Deckname) erarbeiteten Informationen hat folgendes Ergebnis: Ein Vergleich mit den Informationen anderer IM ergibt in der Regel Übereinstimmung. Abweichungen gibt es nur in einigen Detailfragen. Dabei muß aber eingeschätzt werden, daß die Informationen des IM (Deckname) meist realistischer sind als die vorliegenden Vergleichsinformationen. In den anderen Informationen sind zu viele Fehler bei bereits erwiesenen Fakten vorhanden. Diese Abweichungen treten beim IM (Deckname) nicht auf.

Ein Vergleich mit den Ergebnissen anderer IM und operativer Mittel ergibt, daß der IM ehrlich berichtet.
Beim Einsatz des IM (Deckname) bei der Bearbeitung des OV "Blitz" muß in der nächsten Zeit mehr die Frage der offiziellen Auswertbarkeit der Informationen in den Mittelpunkt gestellt werden. Das heißt, es müssen Voraussetzungen geschaffen werden, daß über bestimmte Fakten auch noch andere Personen Kenntnis erhalten bzw. daß bekannt wird, welche anderen Personen die bereits erarbeiteten Fakten ebenfalls kennen.

Zusammenfassend kann eingeschätzt werden, daß die Arbeit des IMS (Deckname) am OV "Blitz" von hohem op. Wert ist. Es wird daher vorgeschlagen, den IMS zum IMB umzuregistrieren.

* Referat PUT, 1986

#

Faksimile:

759 ausgewachsene Schneesieber leckten Speichel, befeuchteten eine Briefmarke mit selbigem, klebten diese dann auf eine Postkarte und schickten die anschließend ans *Bezirksorgan*, um zu zeigen: Genossen, ich weiß was!

Die "Tscheka" (*Tschreswitschainaja kommissija = Außerordentliche Kommission*) war demzufolge "Schild und Schwert der Partei" - und die "Gulag" (*Glawnoje uprawlenije lager = Hauptverwaltung der Lager*) eine böswillige Erfindung des Klassenfeindes...

HEUTE FÜR MORGEN / 1. AUGUST 1986 / SEITE 2

Auflösung unserer Leserpreisfrage

Die Tscheka erlangte durch ihre vielen Erfolge legendären Ruhm

Auf unserer Seite am 11. Juli 1986 erinnerten wir an Felkis Edmundowitsch Dzierzynski, dessen Todestag sich am 20. Juli zum 60. Mal jährte. Er leitete die 1917 zum Schutz des jungen Sowjetstaates gegründete Außerordentliche Kommission. Als leidenschaftlicher Agitator und Propagandist mobilisierte er zugleich die Werktätigen zu hoher revolutionärer Wachsamkeit. Die Erfolge der Tschreswytschainaja kommissija bestätigten die Richtigkeit dieses Weges.

Unter ihrem Kurznamen Tscheka erlangte die Außerordentliche Kommission legendären Ruhm.

Insgesamt beteiligten sich 759 Leser an unserer Preisfrage. Auf 56 Postkarten wurde eine falsche Antwort gegeben.

Einige Leser nannten z. B. als Antwort die Abkürzung GPU („Staatliche Politische Verwaltung"). Die GPU wurde jedoch erst 1922 gegründet und löste die Tscheka ab. Daher konnten wir diese Antworten nicht als richtig werten.

Wir danken allen Einsendern herzlich für ihre Zuschriften. Als Gewinner der 5 Bücherschecks im Wert von je 20 Mark ermittelten wir (unter Ausschluß des Rechts- [redacted]

Herzlichen Glückwunsch!

Dafür bräuchte man aber kein Museum, solche Texte kann man in jedem Geschichtsbuch nachlesen. Als krasses Beispiel nannte Donnerhack, daß eine Kanone, mit der die Vogtländer "anno dazumal" vor Wien die Türken "dezimiert" hätten, nicht mehr ausgestellt würde. Dabei hätte sein Vater damals von einem befreundeten Tischler extra eine neue Lafette für diese Kanone anfertigen lassen, weil die alte völlig vermorscht war.
Besonders empörte sich Donnerhack darüber, daß sich der Hausmeister in den Museumsgarten ein Gewächshaus hingestellt hat, was er als "Denkmalsschändung" bezeichnete.
Außerdem monierte er, daß sein Vater früher ein Modell von der *Vomag* hätte bauen lassen und daß aber dieses Modell auf Weisung der Kreisleitung jetzt entfernt werden mußte. Der Grund sei, in der *Vomag* wären Fabrikate von Weltruf gebaut worden, Druckmaschinen, Stickmaschinen, Werkzeugmaschinen, Lastwagen und Omnibusse sowie zuletzt die berühmten *Tiger*-Panzer, woran sich aber heute niemand mehr erinnern soll. Und zwar deshalb, weil dieses Riesenwerk im Zweiten Weltkrieg nur ein paar völlig unbedeutende Bombentreffer abbekommen habe und den "Russen" somit nahezu intakt in die Hände gefallen sei. Diese hätten aber das gesamte Werk zum Rüstungsbetrieb erklärt und einfach in die Luft gejagt, anstatt wieder die zivile Produktion von Lastwagen und Werkzeugmaschinen anzukurbeln. (...)
Als ich auf den bevorstehenden Besuch von Erich Honecker in Karl-Marx-Stadt zu sprechen kam, meinte Donnerhack, daß das ja sein Wahlkreis sei und daß man dort "die übliche Show" abziehen werde. So wisse er, daß "Erwin Horndreher" - so verunglimpfte der Donnerhack den Generalsekretär - vor Jahren einmal an der TH in Karl-Marx-Stadt "umjubelt" werden sollte, wo aber die Studenten demonstrativ nicht geklatscht hätten, so daß der Beifall über Lautsprecher vom Tonband ins Audimax eingespielt wurde, was aber "der Dachdecker" gar nicht gemerkt hätte, so sehr sei er daran gewöhnt, daß für ihn nur Theater gespielt wird. Er hätte sowieso keine Ahnung von den tatsächlichen Verhältnissen, weil ihm seine "Hofschranzen" immer nur frisierte Erfolgsmeldungen präsentieren würden. In diesem Zusammenhang nannte Donnerhack das ZK der SED "Zentrales Invalidenkomitee"; die Genossen gehörten alle ins Altersheim oder auf die Pflegestation.
Ich fragte Donnerhack zum Schluß, ob er bei Gelegenheit nicht mal mit zu einer Grillparty bei mir im Garten kommen wolle, wo eventuell auch ein paar "kritische Geister" anwesend wären. Dazu sagte er, das wäre nicht schlecht.

* Referat PUT, 1986

#

September 1968:
Museumsdirektor Rudolf Donnerhack erläutert Schulkameraden von Wolf Donnerhack (rechts) das Vorgehen der sächsischen Artillerie während des Kampfes gegen die Türken in der Schlacht am Kahlenberg (bei Wien) - im September 1683.

Aufnahme: Johanna Falk, Plauen (1968)

Exkurs

Cem Özdemir distanziert sich von umstrittenem Zitat*

Die unter Türken in Deutschland weit verbreitete Tageszeitung *Hürriyet* hatte in ihrer Ausgabe vom 8. September über einen Wahlauftritt Özdemirs in München berichtet und den Abgeordneten mit den Worten zitiert: "Was unsere Urväter vor den Toren von Wien nicht geschafft haben, werden wir mit unserem Verstand schaffen."

* Aus *Junge Freiheit* (Berlin) vom 25.09.1998

Aus einem Gespräch mit Wolf Donnerhack*

#

Frage:
Cem Özdemir, ein in Schwaben aufgewachsener Türke mit deutschem Paß, sprach davon, daß die Türken heute das schaffen wollten, was ihren Urvätern vor den Toren von Wien nicht gelungen ist.

Antwort:
Ist es etwa nicht so? Man hat ihnen den kleinen Finger gereicht - und sie haben die ganze Hand genommen. Die Entsendeverträge enthielten samt und sonders eine Rücknahmeklausel, die die Entsendestaaten (auch die Türkei) verpflichtete, ihre Landsleute nach getaner Arbeit zurückzunehmen.
Wie hieß es doch in den achtziger Jahren in West-Berlin?
Früher kamen sie mit Krummschwert und Sturmleiter, stürmten gegen die Stadtmauern von Wien und schrien "Allahu Akbar". Heute kommen sie mit Sack und Pack, stürmen die Sozialämter von Berlin und stammeln "Ali Asyl".

Frage:
Immer wieder sprechen manche deutsche Politiker davon, daß Deutschland ein Einwanderungsland sei und daß die Türkei früher oder später Mitglied der Europäischen Union werden sollte. Wie siehst Du das?

Antwort:
Wer da allen Ernstes meint, ein so dicht besiedeltes Land wie Deutschland (mit mehreren Millionen Arbeitslosen) sei ein Einwanderungsland, der ist entweder völlig bescheuert oder mit Blindheit geschlagen - oder er handelt im Auftrag einer feindlichen Macht. Ihr kennt doch die *Feindstaatenklausel*?
Europa hat im übrigen Grenzen. In vielerlei Hinsicht. Geographisch endet Europa im Norden am Nordkap, im Osten am Ural, im Süden am Bosporus, im Westen am Atlantik. Die Türkei gehört definitiv nicht zu Europa - nicht geographisch, nicht politisch und schon gar nicht kulturell. Beispiel Zypern: 1974 haben türkische Truppen die Mittelmeerinsel überfallen. Seither halten sie den nördlichen Teil besetzt, haben den gar zu einem eigenen Staat ausgerufen. Alle UNO-Resolutionen, in denen die Türkei aufgefordert wurde, ihre Truppen abzuziehen - Makulatur pur. Auf Zypern gibt's halt kein Öl, sonst hätte *Uncle Sam* wahrscheinlich längst seine *Marines* geschickt...
Daß die Türkei kulturell nicht zu Europa gehört, beweisen nicht zuletzt die Zustände in dem von den Türken besetzten Nordteil von Zypern: Nahezu alle christlichen Kirchen wurden von den Türken geschändet und geplündert, zum Teil sogar in Viehställe umgewandelt. Und die wollen nach Europa?

Noch etwas, und das scheint mir besonders wichtig:
1984 beschlossen die zweiundvierzig Mitgliedsstaaten des Welt-Islam-Rates unter dem Vorsitz der Türkei, bis zum Jahre 2000 das Christentum in den islamischen Ländern auszurotten. Dieses Ziel haben sie ja weitestgehend erreicht. Oder? Wie war das mit *Tur Abdin*? Und während es im Jahre 1970 in Deutschland gerade mal drei Moscheen gab, sind es heute fast dreitausend. Dort werden ganz gewiß keine europäischen Wertvorstellungen gepredigt, keine Menschenrechte und schon gar nicht die Gleichberechtigung der Frau oder das Grundgesetz. Und der Angriff auf Amerika vom elften September 2001 wurde zwar von Schwarzbärten und Schmutzkitteln ausgeheckt - aber bekanntlich nicht in einer Hütte am Hindukusch, sondern in einer Moschee in Hamburg-Harburg. Die Moscheen in Europa sind schließlich auch keine normalen Moscheen. Die Mohammedaner nennen sie *Fatih*. *Fatih* heißt soviel wie *Brückenkopf* oder *Trutzburg im Land der Ungläubigen*. Alles klar?

Frage:
Du sagst nicht *Moslems* oder *Muslime*, sondern *Mohammedaner*. Warum?

Antwort:
Ist doch ganz einfach. Religionsstifter Buddha: *Buddhisten*. Religionsstifter Christus: *Christen*. Religionsstifter Mohammed: *Mohammedaner*...
Islam heißt übrigens nichts anderes als *Unterwerfung*, und natürlich wollen sie, daß wir uns unterwerfen und sie *Muslime* nennen. *Muslim* heißt nämlich soviel wie *Rechtgläubiger*, und was ein *Rechtgläubiger* mit *Ungläubigen* (als da wären Atheisten, Buddhisten, Christen und noch andere "minderwertige" Menschen...) tun darf, hat ein gewisser Khomeini weiland sehr klar und sehr deutlich formuliert: *Ungläubige zu töten ist süß und ehrenvoll*. Nett, nicht?
Ansonsten ist Europa das christliche *Abendland*. Das *Morgenland* heißt auf altgriechisch *Anatolia*, türkisch *Anadolu*, deutsch *Anatolien*. Es will mir doch wohl niemand einreden wollen, daß Anatolien zu Europa gehört? Anatolien gehört genausowenig zu Europa wie Persien und Mesopotamien, Tunesien oder Algerien. Natürlich wollen sie alle leben wie die Deutschen, am besten in Deutschland und auf Kosten des deutschen Steuerzahlers. In Kappadokien schneiden sie Frauen *wegen der Ehre* die Kehle durch, und wenn's dann brenzlig wird, setzen sie sich nach Deutschland ab. Weil Halsabschneider tatsächlich *verfolgt* werden, ist dann der Dauerurlaub in *Almanya* garantiert...

* 2003

Aus einem Dokument der AGM/S*

Zum Charakter der Koran-Kurse

In der Türkei selbst erfolgt der Koran-Unterricht erst von der 4. Klasse an. Nach dem türkischen Grundgesetz darf keine Person oder Einrichtung im Zusammenhang mit der Religion Druck ausüben oder Propaganda betreiben.

Für die Durchführung von Koran-Kursen gibt es bestimmte Auflagen, deren Einhaltung für alle Kurse verbindlich ist.
Im Erlaß für Koran-Kurse von 1971 heißt es:
- Ein Koran-Kurs darf nur vom Staat eröffnet werden.
- Der Koran-Lehrer (Hodscha) wird vom Staat eingesetzt und bezahlt, er darf kein Geld von anderen Personen annehmen.
- Die Koran-Kurse müssen überparteilich sein.

Wie sieht nun die Wirklichkeit aus?
In der BRD gibt es in jeder Stadt und in jedem Vorort mit türkischen Einwohnern Koran-Kurse, die ohne jede staatliche Genehmigung und ohne Kontrolle staatlicher Stellen arbeiten.
Die Kinder werden von den Hodschas mit Stöcken geschlagen.
Die Hodschas nehmen von den Eltern der Kinder Geld (ohne Quittung).

Die in den Koran-Kursen verbreiteten Lehrsätze lauten:
- Das türkische Volk ist heldenhaft und allen anderen Völkern überlegen.
- Der Islam ist die beste, schönste und ehrlichste aller Religionen; was andere Religionen lehren, ist falsch.
- Der Islam wird die ganze Welt erobern.
- Lehrer, die gegen die Koran-Kurse sind, dürfen getötet werden.
- Türkische Kinder dürfen mit deutschen keine Freundschaft schließen, da diese Ungläubige sind.
- Eine Frau darf ihrem Mann nicht widersprechen.
- Außerhalb der Koran-Kurse darf nicht erzählt werden, was dort gelehrt wird und wo er stattfindet und wie der Hodscha heißt.

Die Koran-Kurse sind gerichtet auf
- die Ausprägung des Nationalismus bereits unter Kindern,
- die Verstärkung der Feindgefühle zwischen Türken und Deutschen,
- die Erziehung der Kinder zu Kadavergehorsam durch die Hodschas,
- die Einschränkung der Teilnahme türkischer Kinder an bestimmten schulischen Maßnahmen (z.B. Sport- und Musikunterricht).

* 1986

Exkurs

Köpfe einschlagen*

Die islamischen Fundamentalisten rüsten für den Bürgerkrieg.

Ein Prediger ruft die Gläubigen auf, "die schmutzigen Köpfe von Frauen einzuschlagen, die ihr Haar zeigen, und die Köpfe von Männern zu zerschmettern, die ihre Bärte abrasieren." Die Tonbandkassette trägt den Titel "Die Erde reinigen". Mit ihr und ähnlichen Machwerken verbreiten die islamischen Fundamentalisten in Algerien ihre Ideologie voll beißender Propaganda, brutaler Hetze und leidenschaftlicher Koran-Zitate. Die meist in Deutschland und Belgien hergestellten Bänder werden ins Land geschmuggelt. Die Folgen sind mörderisch.
Die beliebteste Waffe der Islamisten ist der Krummdolch. Mit dem Messer schneiden sie ihren Gegnern die Kehle durch. Die "Streiter Gottes" verfügen aber auch über *Kalaschnikow*-Gewehre und Panzerfäuste aus dem Sudan und aus Afghanistan.

* Aus *Focus* (München), Nr. 41/1994

Exkurs

Einpeitscher in der Mensa*

Der Saal kocht.
Immer neue Einpeitscher versetzen die rund 600 Muslime (Anmerkung des Herausgebers: Gemeint sind Mohammedaner), ein Viertel von ihnen Frauen mit Kopftüchern und weiten Gewändern, in Ekstase.
"Juden, wir werden Euch vertreiben aus unserem Land!",
brüllt ein Aktivist voller Haß: "Wir sind auf dem Weg -
mit unseren Gewehren und mit unseren Selbstmordkommandos!"
Keine der üblichen Szenen aus einer Moschee im Gazastreifen.
Die hitzige Großveranstaltung der palästinensischen Terrororganisation *Hamas* fand eine Woche vor Weihnachten in der Alten Mensa der Technischen Universität Berlin in der Charlottenburger Hardenbergstraße statt. Berlins islamische Fundamentalisten treffen sich dort regelmäßig, geduldet vom Senat und dem Präsidium der Technischen Universität.

* Aus *Focus* (München), Nr. 16/1996

Exkurs

Leserbrief - *BZ**

Wunderbar.
Moslemische Mitbürger fordern ein Verbot für Nackedeis *im Grillbereich*. Dabei ist meines Wissens doch das Grillen im Berliner Tiergarten verboten und erst recht natürlich vor Schloß Bellevue, dem Amtssitz des Bundespräsidenten. Nur hält sich leider, wie allgemein bekannt, kein *moslemischer Mitbürger* an dieses Verbot. Und unsere Politiker, meine nicht nur ich, sind ohnehin viel zu feige, das durchzusetzen.
Bleibt zu fragen: Wie würde denn die Bevölkerung von Ankara reagieren, wenn, allen Verboten zum Trotz, viele tausend Deutsche (etliche davon in bayrischer Tracht, im Dirndl oder mit Krachledernen) im Regierungsviertel der türkischen Hauptstadt grillen (und obendrein tonnenweise Müll hinterlassen) würden? Und nicht nur im Regierungsviertel, sondern auch noch direkt vor dem Amtssitz des türkischen Staatspräsidenten...?!
Des weiteren wird ein Herr Burkan Kesici vom *Verwaltungsrat der Islamischen Föderation* in Berlin zitiert mit den Worten: "Ein gläubiger Moslem würde niemals einem anderen Menschen vorschreiben, wie er zu leben hat." Donner und Doria! Ist das wirklich wahr?
Die Berichte über den Terror der teuflischen Taliban in Afghanistan, über die Massaker der hinterhältigen Halsabschneider von der *Islamistischen Heilsfront* in Algerien, über Verhaftung und Verhör im Machtbereich der Jünger Khomeinis sind dann wohl alle erstunken und erlogen, quasi *Märchen aus tausendundeiner Nacht*? In Wirklichkeit geht es doch um etwas anderes: Gestern schon wollten uns *moslemische Mitbürger* vorschreiben, was wir zu tun und zu lassen haben. *Stop CDU, stop CSU!* titelte da etwa das türkische Massenblatt *Hürriyet* (vom 07.01.1999) wegen der Unterschriftensammlung der Unionsparteien gegen die doppelte Staatsbürgerschaft.
Preisfrage: Wie würde denn die Bevölkerung von Istanbul darauf reagieren, wenn ein deutsches Massenblatt mit der Schlagzeile *Stop ATF, stop MHP!* (ATF = *Almanya Türk Federasyon/Föderation der Türken in Deutschland*, MHP = *Milliyetci Haraket Partisi/Partei der Nationalistischen Bewegung*) erschiene?
Heute wollen uns *moslemische Mitbürger* verbieten, was uns Spaß macht. Zum Beispiel nackend in der Sonne liegen.
Werden *moslemische Mitbürger* morgen fordern, daß auch deutsche Frauen den *Tschador* zu tragen haben, das mittelalterlich-muselmanische Kopftuch? Oder die *Burka*, die Vollvermummung mit Sehschlitz, wie sie in Afghanistan und Belutschistan Pflicht ist; verbunden mit einem totalen Ausgeh- und Berufsverbot für alle Frauen?

Vielleicht werden *moslemische Mitbürger* übermorgen fordern, daß das 1934 (zusammen mit der Fuchsjagd) verbotene Schächten wieder erlaubt wird? Daß es ihnen erlaubt wird, das Geheul des Muezzins vom Minarett ihrer Moscheen über Lautsprecher zu hören? Oder daß alle Straßennamen in Deutschland zweisprachig sein müssen, deutsch und türkisch?
Ich meine (und noch darf ich meine Meinung in Wort, Schrift und Bild frei äußern - im Gegensatz zu den Niederungen, in denen die *Scharia* Gesetz ist): Wenn es Herrn Burkan Kesici und seinen *moslemischen Mitbürgern* in Deutschland nicht gefällt, so steht es ihm frei, in die von den Mullahs und Muftis beherrschten Ländereien zurückzukehren. Mit Turban und Kaftan oder ohne, ganz wie es dem Hadschi Kesici beliebt.
Aber hier in Deutschland hat ein Hadschi Kesici nichts zu fordern, und von *moslemischen Mitbürgern* lassen wir uns gleich gar nichts verbieten.
Denn wie titelt *Hürriyet* tagtäglich im Kopf des Blattes?
Türkiye Türklerindir! Das heißt: *Die Türkei gehört den Türken!*
Deutschland aber ist immer noch das Land der Deutschen.

* Von Wolf Donnerhack, 1999

Exkurs

Leserbrief - *Berliner Zeitung**

Echt ätzend, das Interview mit dem zugereisten, zuletzt staatenlosen Zigeunerbaron Rudko Kawczynski alias "Romani Rose". Wann folgt der Kotau vor dem Zigeunerkönig Bulibasha?
Wann ein Interview mit jenen Hererohäuptlingen, die neuerdings ebenfalls meinen, so unsägliche finanzielle Ansprüche gegenüber Deutschland geltend machen zu dürfen wie irgendwelche Dörfer in Griechenland?
Eins und eins ist zwei - wie lange ist der Krieg vorbei?
Und wo steht eigentlich der Goldesel, der Tag und Nacht Dukaten scheißt, damit die Forderungen aus aller Welt nach deutschem Geld, mehr deutschem Geld und immer noch mehr deutschem Geld erfüllt werden können?
Ich bin Jahrgang '52 und ich sage: Es reicht!

* Von Wolf Donnerhack, 2000

Exkurs

Leserbrief - *Freie Presse**

Im Internet stieß ich in der letzten Februarwoche auf mehrere Beiträge Ihrer Zeitung, die einen "offenbar rechtsextremistisch motivierten Überfall" auf einen friedliebenden jungen Mann aus Plauen zum Thema hatten...

In Jena war's, im Januar.
Da randalierte in einer Kneipe und zu vorgerückter Stunde ein besoffener Bottnik. Doch Gäste und Personal ließen sich das nicht gefallen, und nach einer kurzen Rangelei wurde der russische Trunkenbold vor die Tür und an die frische Luft gesetzt. Eine alltägliche Geschichte, sollte man meinen.
Weit gefehlt. Aus der harmlosen Wirtshausrauferei wurde, nahezu über Nacht und wie so oft in letzter Zeit, ein "fremdenfeindlicher Übergriff".
Reflexmäßig marschierten ein paar tausend *Gutmenschen* auf -
und demonstrierten "gegen Rechts".

Das hat einigen friedliebenden jungen Männern aus Plauen gut gefallen.
Sehr gut sogar. Die langweilten sich nämlich in der *Volxwirtschaft* des von ihnen verwalteten linksradikalen Projektes *Schuldenberg* und meinten, man müßte "wieder mal was machen", wie aus einer vertraulichen Information für den *Silbernen Schild* hervorgeht, "eine Demo gegen Rechts oder so".
Schließlich und endlich sei es noch eine ganze Weile hin bis zum Ersten Mai (wo man einige der friedliebenden jungen Männer aus der Plauener *Volxwirtschaft* dann beim ganz und gar nicht friedlichen *Volxsport* in Berlin-Kreuzberg beobachten kann). Und es sei schon viel zu lange her, daß in Plauen "was passiert" sei. Stimmt: Ende März 1992 hatten fast drei Dutzend der friedliebenden jungen Männer vom *Schuldenberg* einer Handvoll Andersdenkender aufgelauert, diese mit Eisenstangen und Hartholzknüppeln angegriffen und teilweise schwer verletzt.
Deshalb standen 1994, in der zweiten Novemberhälfte, insgesamt zwanzig friedliebende junge Männer vom *Schuldenberg* auf dem Amtsberg und vor Gericht - wegen schweren Landfriedensbruchs, schwerer Körperverletzung und Widerstandes gegen Vollstreckungsbeamte...*Volxsport* also. Kurz vorher, Ende Oktober 1994, hatten sie, unterstützt von anderen friedliebenden jungen Männern und auch einigen friedliebenden jungen Frauen, vor allem von den "GenossInnen der Autonomen Antifa Göttingen", die sogenannte *Rote Hilfe Plauen* gegründet. So gewappnet, konnten sie Anfang 1994 zu einer bundesweiten Demonstration in Plauen aufrufen, die unter dem Motto stand "Keine Kriminalisierung des antifaschistischen Widerstandes!"
Ein großer Tag für die friedliebenden jungen Männer vom *Schuldenberg*.

Ganz besonders aber für die beiden Hauptangeklagten, deren Verfahren später abgetrennt wurde: Trug der eine dereinst die Uniform vom Wachregiment *Feliks Dzierzynski* des Ministeriums für Staatssicherheit, so verfaßte der andere Spitzelberichte für besagtes Ministerium, die er mit dem Decknamen "Jens Schreier" unterzeichnete. Angeworben worden war "Trotzki", wie er von seinen GenossInnen genannt wird, von den Mannen des Mörders Mielke im Gefängnis, "im Rahmen der Wiedergutmachung".
Hinter Gittern saß er nämlich, weil er einfach mal so die Klofrau vom Oberen Bahnhof zusammengeschlagen hatte - nur weil die partout den Groschen für die Toilettenbenutzung haben wollte...

* Von Wolf Donnerhack, 2002

#
Der Renaissance-Giebel des Alten Rathauses in Plauen
als Staffage für einen Aufmarsch vermummter Verbrecher:
Ausriß aus einem Pamphlet der sogenannten "Antifa" (1994)

Aus einem Dokument der KD Oelsnitz*

Aktennotiz

Am (Datum) wurde mit dem Gen. (Klarname) in Plauen eine weitere Aussprache durchgeführt. Gen. (Klarname) berichtete, daß der Donnerhack am letzten Wochenende zu Hause war.
Im weiteren Verlauf der Aussprache wurde dem Gen. (Klarname) die Frage gestellt, inwieweit der Donnerhack an den Wochenenden zu Hause sei.
Gen. (Klarname) erklärte, daß er den Donnerhack zumindest in den letzten drei Wochen jedes Wochenende gesehen habe.
Zum Abschluß der Aussprache informierte der Gen. (Klarname), daß er sich erkundigt habe, ob der Donnerhack an der Wahl teilgenommen hat.
Vom Vorsitzenden der Wahlkommission, dem Gen. (Klarname), Wahllokal (Name der) Oberschule, wurde diesbezüglich mitgeteilt, daß der Donnerhack zur Wahl nicht erschien.

* Referat PID, 1986

Aus einem Schreiben des Leiters der KD Oelsnitz*

Strafrechtliche und strafpolitische Einschätzung des OV "Blitz"

Entsprechend unserer telefonischen Absprache vom (Datum) übersende ich Ihnen die uns vorliegende Kopie eines Kapitels zum (Forschungsthema).
Der Verfasser dieser Schrift ist der Verdächtige des OV "Blitz" unserer DE.
(...) Ich bitte Sie um eine strafrechtliche Einschätzung des vorliegenden Manuskriptes. Die Beschaffung weiterer Kapitel durch IM wird vorbereitet.

* An den Leiter der Abteilung IX der BV Karl-Marx-Stadt, 1986

#
Es wäre zweifelsohne interessant (und sicher auch ganz amüsant) gewesen, an dieser Stelle eine strafrechtliche Einschätzung des ersten Kapitels aus dem Buch "Das schwarze Herz" nachzulesen.
Seit 2002 ist dieses Kapitel im Buchhandel erhältlich (Christian Heisenberg: *Erinnerungen an Hoelz-Max*. Projektgruppe M, Berlin 2002).
Trotz intensivster Nachforschungen bei der Berliner Gauck-Behörde ist es aber bislang nicht gelungen, der fraglichen Einschätzung habhaft zu werden.

Fußnoten und Fußspuren

ERINNERUNGEN AN
HOELZ-MAX

Gedichte und Gesänge

projektgruppe.m@berlin.de

Bei der vorliegenden Publikation handelt es sich um einen Vorabdruck aus einer wissenschaftlichen Arbeit zum Thema

Das schwarze Herz
oder
Die wahre Geschichte
vom Leben und Sterben
des
Max Hoelz

*

Eine politische Biographie
von Christian Heisenberg

ISBN 3-00-009658-2

Aus einem Dokument der KD Plauen*

Aktennotiz

Der Verdächtige des OV “Blitz” der KD Oelsnitz verkehrt jetzt regelmäßig im “Jazz-Keller” vom *Klub der Intelligenz.* Zu seinem Umgangskreis zählen der bekannte “Hassan”, ein gewisser “Napoleon”, der Bauingenieur “Gerald” und der Kunsttöpfer “Leo” (Pfeifenraucher). Beim Zusammentreffen dieser Personen werden häufig größere Mengen Alkohol konsumiert.

* Referat PUT, 1986

Aus einem Dokument der KD Oelsnitz*

Bericht über eine Absprache zum OV “Blitz” mit der KD Plauen

Am (Datum) wurde mit dem RL-PID der KD Plauen, Gen. Major (Klarname), eine Absprache zum OV “Blitz” geführt.
Aus verschiedenen IM-Informationen des Referats geht hervor, daß der Verdächtige neuerdings im “Jazz-Keller” des Klubs der Intelligenz verkehrt. Ein IM des Referats, der zum ersten Mal in diesem Keller war, kam dabei mit zwei Personen ins Gespräch.
Anhand der Personenbeschreibung handelte es sich dabei um den Verdächtigen des OV “Blitz” und um einen gewissen (Klarname, Vorname), der als großer “Napoleon-Fan” bekannt ist und als Pförtner im VEB *Plauener Gardine* arbeitet. Der (Klarname) gilt als Freund des Verdächtigen.
Hinsichtlich der Regimefragen im “Jazz-Keller” wurde folgendes bekannt:
Der Zutritt zum Keller ist normalerweise jedem möglich.
Nur wenn das Platzangebot erschöpft ist, erfolgt kein Einlaß mehr.
Es wurden aber auch schon Personen abgewiesen mit der Begründung, es sei alles besetzt, obwohl andere wenige Minuten später eingelassen worden sind. Hier besteht die Vermutung, daß es sich um Veranstaltungen handelt, wo ein bestimmter Kreis unter sich sein will. Der Eintritt kostet neunundneunzig Pfennige. Eine Mark wird nicht genommen. Man legt größten Wert darauf, daß der eine Pfennig ausgezahlt wird.
Entsprechend den Möglichkeiten des IM wird die Person des Verdächtigen und seines Umgangs im “Jazz-Keller” weiterhin mit beobachtet.
Vom Inhalt des Berichtes wird eine Abschrift gefertigt.

* Referat PID, 1986

Aus dem Bericht eines IM der KD Plauen*

Bericht über Wolf Donnerhack

Am (Datum und Uhrzeit) suchte ich auftragsgemäß den Donnerhack, Wolf (Grunddaten) in seiner Wohnung auf. Bei ihm befand sich wiederum die männliche Person mit dem Spitznamen "Willi". Es herrschten in Bezug auf diese Person recht komische Verhältnisse, da "Willi" es sich im Nachbar-zimmer, wo keine Tür vorhanden ist, bequem gemacht hatte, zusammen mit (Vorname), der geschiedenen Frau von Donnerhack, und seiner letzten Freundin, der (Vorname), Krankenschwester am *Krankenhaus Bethanien*.
Sie blödelten alle drei herum, zogen Donnerhack auf und schienen sich ganz gut zu verstehen. Nach ca. dreißig Minuten verließen alle drei die Wohnung von Donnerhack, um bei seiner geschiedenen Frau, ein Stockwerk tiefer, Kaffee zu trinken.
Solange die genannten Personen noch in der Wohnung waren, sprachen wir über das letzte Klassentreffen, an dem ich aber wegen Krankheit nicht teilnehmen konnte. Danach kam das Gespräch besser in Gang. Donnerhack saß währenddessen an seiner Schreibmaschine. Er brachte die Hoffnung zum Ausdruck, daß ihm nächstes Jahr eine NSA-Reise zur Hochzeit seines Bruders genehmigt wird. Er sagte diesbezüglich, daß er auf jeden Fall zurükkkehren wird, da er ohne seine Bücher und Bilder nie ausreisen würde.
In diesem Zusammenhang erklärte Donnerhack, daß es bei der Bekämpfung der "Antragsteller-Szene" jetzt neue Praktiken gäbe. Die Anträge würden gar nicht erst bearbeitet, sondern gleich so abgelehnt, da "angeblich" die vorgebrachten Gründe für eine Ausreise nicht ausreichen würden. Bei Wiedervorsprache auf der Abteilung Inneres würde dies dann als "Nötigung der Staatsorgane" oder "Beeinträchtigung staatlicher Tätigkeit" gewertet und "gnadenlos" strafrechtlich verfolgt. Man hoffe, auf diese Weise die Antragsteller einzuschüchtern und "die Antragswelle" wenigstens etwas einzudämmen, da inzwischen ein echtes Defizit an Fachkräften besteht. Über "die Zwecklüge" von "angeblich" zwanzigtausend Rückkehrwilligen, die ins "Arbeiter-und-Bauern-Paradies" zurück wollen, würden doch die Pferde wiehern.
Die SED hätte jede Verbindung zur Basis verloren und hätte absolut keine Beziehung zur gesellschaftlichen Realität mehr; die 3. Tagung des ZK wäre dafür das beste Beispiel. Kaum jemand reagiert auf das Plenum und noch weniger lesen es überhaupt. Selbst ihm bekannte Genossen, die vor zehn Jahren noch voll überzeugt waren von der Sache, zweifeln inzwischen an der Richtigkeit der Politik der Führungsspitze. Das könne nicht mehr lange gut gehen, und vielleicht gäbe es schon in naher Zukunft den "Zusammenbruch".

In diesem Zusammenhang steht Donnerhack der Linie von Gorbatschow positiv gegenüber und hofft auf "Glasnost" und "Perestrojka" für die DDR. Wir vereinbarten, bei Gelegenheit mal wieder ein Bier trinken zu gehen.

* Referat PUT, 1986

Aus einem Dokument der KD Oelsnitz*

Ergänzende Erfassungsangaben ZPDB

Von IM wird eingeschätzt, daß der Verdächtige des OV "Blitz" keinerlei reale Vorstellungen vom Leben mehr besitzt.

* Bestätigt vom Leiter der KD Oelsnitz, 1986

Aus einem Schreiben der ZKG*

Information zu Wolf Donnerhack

Durch eine zuverlässige und überprüfte Quelle wurde erarbeitet, daß Donnerhack Verbindungen zu den Brüdern (Klarname, Vorname und Geburtsdatum) und (Klarname, Vorname und Geburtsdatum) in 9900 Plauen unterhält und gemeinsam mit den Künstlerformationen "Landluper" und "Tanztölpel" Veranstaltungen besuchte.
Donnerhack wird von der Quelle als politisch negativ zur DDR eingestellt sowie als "zwielichtige Gestalt" eingeschätzt. Sein von der Quelle festgestellter Aufenthalt am (Datum) bei den beiden Formationen, die zusammen auftraten und ein Programm gestalteten, stand in keinem Zusammenhang mit den künstlerischen Darbietungen der "Landluper" und "Tanztölpel" und war der Quelle nicht erklärbar.
Bei der Auswertung der Information ist unbedingter Quellenschutz zu gewährleisten. Die KD Plauen wurde gleichfalls vom Sachverhalt informiert.

* Vom Leiter der Abteilung 5 an den Leiter der KD Oelsnitz, 1986

Exkurs

Das Mysterium der unbekannten U-Boote*

Von Juli bis August 1986 drangen fünfzehnmal fremde U-Boote in Schwedens Gewässer ein. Die Nationalität konnte nie festgestellt werden.

* Aus *Deutsche Militärzeitschrift* (Bad Soden-Salmünster), Nr. 26 (2001)

Aus einem Rundschreiben von Lutz Donnerhack*

Informazione

Liebe Freunde,
die Katze läßt das Mausen nicht - so muß man wohl die in letzter Zeit immer wieder erschienenen Meldungen von angeblich "unbekannten U-Booten" in den schwedischen Schären interpretieren. Dabei konnte doch alle Welt sehen, wer da vor Karlskrona auf einer Sandbank festsaß, am 28./29. Oktober 1981: Ein *podwodnaja lodka* der "Whiskey"-Klasse, S-137 von *Wodka-Kolja*, das sich, beim entbehrungsreichen Kampf um die Erhaltung des Weltfriedens, in die schwedischen Hoheitsgewässer "verirrt" hatte. Rein zufällig natürlich... Anbei noch ein paar Fotos von "unbekannten U-Booten", die ich letzthin im Schärengarten geschossen habe. Die Bastarde konnten sich gerade noch in den Keller fallen lassen - genutzt hat es ihnen trotzdem nichts: Man kann, denke ich, sehr genau erkennen, daß es Boote der "Whiskey"-Klasse sind und eben nicht irgendwelche "unbekannten U-Boote". Aufwachen! Aufpassen!

* 1986

#

Auf Wunsch eines einzelnen Herrn mußte von der Veröffentlichung der o.g. Fotos Abstand genommen werden. Statt dessen drucken wir als Faksimile ein Hinweisblatt ab, das überall in einem neutralen Land im Norden ausliegt. Wie der Buschfunk meldet, soll es 1987 einer Station der dänischen Abwehr gelungen sein, Funksprüche der sowjetischen Marinebasis Pillau (russisch *Baltijsk*) zu entschlüsseln, in denen die Fahrenden Einheiten der Baltischen Rotbannerflotte vor einem "Erkannten Terroristen" gewarnt werden, dem von den Russen der Codename "Fliegender Vogtländer" verpaßt wurde...

Rapportera vad du sett

Det är viktigt att alla iakttagelser som kan vara av värde för vårt lands försvar blir rapporterade.

För ett otränat öga kan det vara svårt att avgöra vad en flyktig iakttagelse under dåliga siktförhållanden egentligen är, hav och vatten kan bjuda på svårtolkade synintryck som bara marinens experter kan analysera rätt.

Ubåt eller inte?

Det viktiga är att du ringer och rapporterar vad du sett, så gott du kan. Gör gärna en skiss medan din minnesbild är säker. Eller använd din kamera– hellre en snabbt tagen bild än ingen bild alls.

För att din rapport på snabbaste sätt ska nå fram till rätt försvarsenhet kan du i första hand sätta dig i kontakt med någon av marinens sjöbevakningscentraler som har öppet dygnet runt. Där tar man hand om din iaktagelse och ser till att den följs upp.

Norrlandskusten, MKN	**0611-850 06**
Ostkusten, MKO	**08-502 650 00**
Gotland, MKG	**0498-29 50 00**
Sydkusten, MKS	**0455-850 00**
Västkusten, MKV	**031-69 20 00**

Du kan också kontakta närmaste militära förband eller polisen.

Aus dem Bericht eines IM der KD Oelsnitz*

<u>Information zu Wolf Donnerhack</u>

Entsprechend einer Information des Gen. Hptm. (Klarname) von der KD Plauen sprach der Donnerhack, Wolf (Grunddaten) wieder einmal im Amt für Arbeit beim Rat der Stadt Plauen vor

Um nähere Angaben zum Sachverhalt zu erhalten, wurde am (Datum und Uhrzeit) mit den Genossinnen im Amt für Arbeit über das Auftreten des Donnerhack gesprochen. Die Leiterin des Amtes für Arbeit, Genn. (Klarname), war nicht anwesend. Daraufhin wurde mit den Genossinen (Klarname) und (Klarname) gesprochen. Beide waren bei dem Auftritt des Donnerhack zugegen und haben erst danach die Leiterin vom Sachverhalt informiert.

Der Donnerhack erschien am Dienstag, dem (Datum und Uhrzeit) im Amt für Arbeit beim Rat der Stadt Plauen. Seine Ausführungen hatten ungefähr den folgenden Inhalt, nicht wörtlich übernommen:

In der Verfassung würde doch eigentlich jedem Bürger der DDR das Recht auf Arbeit entsprechend seiner Qualifikation garantiert, und deshalb möchte er eine Arbeit entsprechend seinen Fähigkeiten haben.

Auf die Frage, was er denn gegenwärtig tue, meinte er, daß er bei der *Volkssolidarität* angestellt sei. Hinsichtlich seiner Qualifikation teilte er mit, daß er Germanistik und Geschichte studiert hätte und auch diesbezüglich eingesetzt werden möchte. Ihm wurde mitgeteilt, daß auf dieser Strecke derzeit nichts frei sei. Darauf verlangte er, daß man ihm schriftlich bescheinigt, daß für ihn keine entsprechende Arbeit vorhanden sei. Er wurde gefragt, wozu er dies brauche, worauf er sagte, er möchte nur schriftlich haben, daß er nicht entsprechend seiner Qualifikation eingesetzt werden kann. Die Genn. (Klarname) hielt ihm vor, daß er damit auch unnützen kann und deshalb nichts Schriftliches erhält. Daraufhin grinste er nur. Sie erklärte ihm noch, daß er doch eine Reihe anderer Tätigkeiten annehmen könnte, was er aber ablehnte. Er versprach, in einer Woche wiederzukommen, um sich dann sein Schriftstück abzuholen.

Am nächsten Sprechtag, dem (Datum und Uhrzeit) schaute er kurz ins Sprechzimmer des Amtes für Arbeit. Da aber noch zwei andere Bürger im Raum waren, schloß er die Tür wieder und ging. Als die beiden Bürger die Räumlichkeiten verlassen hatten, war Donnerhack nicht mehr auf dem Flur. Beide Genossinnen schätzen ein, daß Donnerhack nüchtern war.

* Referat PID, 1986

Aus einem Dokument der KD Oelsnitz*

Bericht zur Aussprache mit dem Stadtrat für Kultur im Rat der Stadt Plauen

Am (Datum) wurde mit dem Gen. (Klarname) eine Aussprache entsprechend dem Maßnahmeplan zum OV "Blitz" durchgeführt.
Das Ziel bestand darin, zu erreichen, daß ein verantwortlicher Funktionär des Rates der Stadt Plauen mit dem Verdächtigen eine Aussprache führt und der Verdächtige im Ergebnis dieser Aussprache auf Konsequenzen und rechtliche Sanktionen hingewiesen wird. Am Gespräch nahm der zuständige Genosse der KD Plauen, der Gen. Hptm. (Klarname) teil.

Eingangs des Gespräches wurde festgestellt, daß der Gen. (Klarname) den Verdächtigen nicht persönlich kennt, er ihm aber durch seine frühere Mitgliedschaft im "Malzhaus-Club" bekannt ist.
Den Vater des Verdächtigen hat der Gen. (Klarname) in seiner Amtszeit nur noch ganz kurz kennengelernt
Auf die Frage, in welcher Weise schriftstellerisch tätige Personen in Plauen betreut werden bzw. überhaupt zentral erfaßt sind, sagte Gen. (Klarname), daß es in Plauen keine Schriftsteller gibt.
Es wurde dann dem Gen. (Klarname) das Anliegen des Gespräches erläutert und ihm wurden einige notwendige Angaben zur Person des Verdächtigen zur Kenntnis gegeben. So unter anderem, daß er sich mit dem (Forschungsthema) beschäftigt und die Absicht hat, die bisher in der DDR zu diesem Thema erschienenen Bücher als Unwahrheit zu entlarven.
Für den Fall der Nichtveröffentlichung plant er eine Auflage im NSW.

Anhand des § 219 StGB wurde dem Gen. (Klarname) erläutert, daß es notwendig ist, ein Erscheinen dieses Buches zu verhindern und den Verdächtigen durch ein Staatsorgan auf strafrechtliche Folgen hinzuweisen.
Hinsichtlich der Person des Verdächtigen befürchtete der Gen. (Klarname), daß es sich bei dem Donnerhack ja nicht um einen dummen Jungen handelt und daß er sich nicht mit unfundamentierten Argumenten abspeisen läßt.
Zum Beispiel bei der Warnung, daß er sich an bestehende Rechtsvorschriften halten müsse, könnte vom Verdächtigen die Frage gestellt werden:
"Na, dann sagen Sie mir doch mal, wie diese Rechtsvorschriften aussehen."
Deshalb ist es erforderlich, die Dinge genau zu kennen und weshalb der Gen. (Klarname) sich über die Verfahrensweise mit einem zuverlässigen Genossen des Ministeriums für Kultur beraten wird. Er schlug vor, da er am (Datum) in Berlin ist und Gelegenheit hat, dieses Problem dort zur Sprache zu bringen, daß wir die geplante Aussprache bis zum (Datum) aufschieben.
Die Aussprache mit dem Verdächtigen wird er im Beisein eines weiteren Genossen von der Abt. Kultur beim Rat der Stadt Plauen führen und uns anschließend vom Ergebnis informieren.

Im weiteren Verlauf des Gespräches wurden noch einige Fragen des Kulturlebens und der Pflege kultureller Güter und Gebäude, wie zum Beispiel des Plauener Museums, besprochen.
Dabei ging es vorrangig um Dinge, die vom Verdächtigen immer wieder angeprangert werden. Hierzu wurde die sachkundige Meinung des Gen. (Klarname) zur Kenntnis genommen.

* Referat PID, 1986

Aus einem Dokument der KD Oelsnitz*

Bericht zur Aussprache mit dem Stadtrat für Kultur im Rat der Stadt Plauen

Am (Datum) wurde mit dem Gen. (Klarname) eine weitere Aussprache zur Person Donnerhack, Wolf (Erfassungsverhältnis: OV "Blitz") geführt.
Diese war notwendig geworden, nachdem sich Gen. (Klarname) bei seinem Aufenthalt in Berlin mit Genossen des Ministeriums für Kultur über einige rechtliche Fragen der Zusammenarbeit mit Verlagen im NSW unterhalten und sachkundig machen wollte.
Bei seinem Aufenthalt in Berlin und auch in Karl-Marx-Stadt hat er sich über die rechtlichen Regelungen sachkundig gemacht. Demnach ist ein Bürger der DDR offiziell überhaupt nicht berechtigt, zu Verlagen im Ausland Verbindung aufzunehmen.
(...)
Der Gen. (Klarname) informierte den OM darüber, daß er am (Datum) bereits eine Aussprache mit dem Donnerhack geführt hat.
Er hat durch den Gen. (Klarname, Vorname) bei der *Volkssolidarität* anrufen lassen, und zufällig war der Donnerhack dort anwesend. Ihm wurde gesagt, daß der Stadtrat Interesse an einem Gespräch mit ihm habe.
Auf seine Frage nach dem Inhalt wurde Unkenntnis vorgegeben.
Der Donnerhack erschien dann auch am (Datum) zu der Aussprache beim Stadtrat. Am Gespräch nahm noch die Stellvertreterin des Stadtrates, Genn. (Klarname, Vorname) und Gen. (Klarname, Vorname) teil. Gen. (Klarname) ist Sachverständiger für Kulturgüter und regelt die Ausfuhr von Kulturgütern bei Übersiedlungen in die BRD.

Der Gen. (Klarname) unterbreitete dem Donnerhack, daß er davon gehört habe, daß er schriftstellerisch tätig ist, was der Donnerhack auch eingestand. Als Grund für dies Gespräch nannte Gen. (Klarname) folgende Überlegung: Er möchte verhindern, daß ihn irgendwann einmal eine Person aus dem Verlagswesen oder dem Schriftstellerverband anspricht und ihm sagt, daß in seinem Verantwortungsbereich junge Leute arbeiten und wieso er davon keine Kenntnis hat. Darüber hinaus wäre es schon einmal interessant zu erfahren, mit was sich der Donnerhack denn so beschäftigt, um eventuell eine erforderliche Unterstützung bzw. Fördermaßnahmen erwägen zu können.
Da der Donnerhack bereits zu einigen Personen über seine Ambitionen in der Vergangenheit gesprochen hat, war die Begründung für ihn einleuchtend.

Der Donnerhack vermutete jedoch, daß diese Aussprache durch sein erneutes Vorsprechen im Amt für Arbeit angeregt wurde. Hier nannte er den Fakt, daß er neulich erst wieder beim Amt für Arbeit vorgesprochen hat, ihn die Tätigkeit bei der *Volkssolidarität* auf Dauer nicht befriedigt und er eine andere Arbeit sucht. Im weiteren Verlauf berichtete Donnerhack dann erst einmal, mit welchen Themen er sich so befaßt und mit wem er deswegen schon Kontakt aufgenommen hat. (...)
In diesem Zusammenhang nannte er auch die Zusammenarbeit mit Archiven und Bibliotheken in der DDR, der BRD, der CSSR und in den Niederlanden. Nach Schilderung dieser Aktivitäten hat Gen. (Klarname) dem Donnerhack geraten, von solchen Kontakten Abstand zu nehmen. Auch eigenmächtige Kontaktaufnahmen zu Verlagen stehen ihm rechtlich nicht zu.
Solche Kontakte sind nur über das Ministerium für Kultur und dabei auch nur für Mitglieder des Schriftstellerverbandes möglich. Darauf hingewiesen, daß dies auch strafrechtliche Konsequenzen haben kann, gestand er ein, dies zu wissen. Gen. (Klarname) sagte ihm weiter, daß sie als Abt. Kultur durchaus aufgeschlossen sind gegenüber Leuten, die etwas schreiben wollen, aber mit Verrätern gibt es keinen Kontakt. Er erläuterte noch, wie er dies meine.
Wenn der Donnerhack ehrlich gewillt ist, etwas zu schreiben, so soll er dies auf der Grundlage unserer Gesetze tun, hierbei könne er sogar eine Förderung erfahren. Andere Mittel gibt es aber für diejenigen, die sich über unsere Gesetze hinwegsetzen. (...) Donnerhack wich daraufhin aus und erklärte, daß es seinerseits Gedanken gäbe, eine Gedenkstätte für Kurt Arnold Findeisen einzurichten und am Gebäude der Berufsschule in der Seminarstraße eine Gedenktafel für Karl May anzubringen.
Er sagte, es wisse heute kein Mensch mehr, daß Karl May in Plauen studiert und hier auch sein Examen als Lehrer gemacht hat. (...)

Abschließend faßte der Gen. (Klarname) nochmals zusammen.
Er begrüßte dem Donnerhack gegenüber erst einmal den Fakt, daß dieses Gespräch stattgefunden hat und der Donnerhack gekommen ist.
Er ließ ihn wissen, daß im Bereich der Stadt Plauen keine weiteren Personen existieren, die schriftstellerisch tätig sind. Für ihn war es erst einmal wichtig, überhaupt zu erfahren, was er in seinem Bereich für Personen hat, die sich mit so etwas beschäftigen. Damit wurde die Aussprache beendet.
Der Donnerhack hinterließ einen aufgeschlossenen Eindruck, obwohl er bekanntlich eine ablehnende Haltung zum Gen. (Klarname) hat und diesen wiederholt als "Schauspieler" bezeichnete. Der Gen. (Klarname) ist auch von Beruf Schauspieler. - Ausgehend vom Ergebnis der Aussprache wird mit der Abt. XX der BV Rücksprache geführt.

* Referat PID, 1987

Ex libris

<u>Nach dem Rocky Ground</u>*

(...)
"Wir sind also een Leib und eene Seele, eene Drossel und eene Philomele!
Und nun sprechen Sie ergebenst weiter!
Sie wollten mir vorhin eine Freude machen?"
"Ja, und zwar dadurch,
daß ich Dir in diesen beiden Herren zwei Landsleute vorstelle."
"Was, wirklich? Also Deutsche?"
"Sogar Sachsen!"
"Ist es die Möglichkeit! Sachsen? Woher denn?"
"Hier Herr Hasael Benjamin Timpe aus Plauen."
"Plauen im Vogtland?"
"Ja."
"Das freut mich ungeheuer, ja wirklich ungeheuer.
Plauen ist mir nämlich sehr ans Herz gewachsen,
denn dort habe ich bei *Anders* im Glassalon mein schönstes Bier getrunken
und meine besten Schweinsknöcheln a la Omelette gegessen;
vogtländische Klöße, so grüngeknüffte, waren, gloobe ich, ooch dabei.

Und der andere Herr?"
"Ist Herr Kasimir Obadja Timpe, ein Vetter von ihm aus Hof."
"Aus Hof? Hm! Soso. Das gehört doch eegentlich nach Bayern; es liegt also eegentlich eene geographisch-ornithologische Landkartenverwechslung vor. Aber in diesem Fall macht es keenen Schaden, weil die Eisenbahnlinie von Plauen nach Hof ganz sächsisch ist. Ich kann also Herrn Kasimir Obadja immerhin als Landsmann gelten lassen."

(...)
"Was war das? Was sagten Sie? *Hannibal at Boardinghouse?*"
"Das ist doch falsch", sagte der lange Kas, "so grundfalsch,
wie man sich etwas Falscheres gar nicht denken kann."
"Inwiefern is denn das, was ich gesagt habe, falsch gewesen, he?"
"Es muß heißen: *Hannibal ante portas*."
"So? Inwiefern denn wohl?"
"*Hannibal ist vor den Toren!* Das war damals der Schreckensruf der Römer."
"I, wie Sie das nur so hübsch sagen können!
Wer hat Ihnen denn diesen Blödsinn weisgemacht?"
"Von Weismachen kann keine Rede sein.
Wir haben das in der Geschichtsstunde gehört."
"Ach so!
Und wer war der gute Mann, der Ihnen solche Geschichten erzählt hat?"
"Unser Geschichtslehrer natürlich."
"Also een Deutscher wohl, aus Plauen im Vogtland;
een Angehöriger des neunzehnten Säkulariums?"
"Selbstverständlich!"
"Dieser geistreiche Lehrer der Weltgeschichte
ist also keen alter Römer gewesen?"
"Nein."
"Na, da hat man's ja; da hört man's ja!
So een Gimpel, dem noch die grünen Walnußschalen
der neuesten Jahrzehnte hinter den Ohren hängen,
will wissen, wie die alten Römer gesprochen haben!"

* Karl May: *Der schwarze Mustang.*
Stuttgart 1897

Ex libris

Ex-Stadtrat Seeburg im Gespräch: Goodbye und Amen*

Frage:
Gab's denn Gespräche Ihrerseits mit der Staatssicherheit?
Also mit Steudel oder mit der Kreisdienststelle?

Antwort:
Mein Wort drauf:
Mit der Staatssicherheit direkt - mit Steudel oder was weiß ich wem - nie!

* Ute Gotter/Ulrich Wolff/Jürgen Wolff (Hrsg.): *Das Malzhaus in Plauen. Von Grafen, Mälzern, Kulturhungrigen und der Kunst durchzuhalten.* Die Geschichte eines Kulturzentrums. Leipzig 2000

#
Anmerkung des Herausgebers:
Oberst Steudel war der Leiter der KD Plauen.

Aus einem Dokument der KD Oelsnitz*

Aktennotiz

Durch Nutzung des IMB (Deckname) der KD Plauen wurde bekannt, daß der Verdächtige des OV "Blitz" im Besitz von Aufklebern "1122-1987: 865 Jahre Plauen" ist. Hinsichtlich der Herkunft konnte erarbeitet werden, daß diese Aufkleber aus Hof bzw. vom *Haus Vogtland* kommen und über den Verdächtigen vertrieben werden.
In den nächsten Tagen soll wieder eine größere Sendung erwartet werden.
Er erklärt offen, daß man damit etwas gegen die 750-Jahr-Feier von Berlin unternehmen und zeigen wolle, daß Plauen älter als Berlin ist.
Außerdem verschickt er "Vogtland"-Postkarten, die er ebenfalls vom *Haus Vogtland* erhält. An diesen Postkarten fällt auf, daß keinerlei Staatsgrenzen eingezeichnet sind, sondern nur die sogenannten "Landesgrenzen" zwischen Bayern, "Böhmen", Sachsen und Thüringen.

* Referat PID, 1987

Gestaltet von Walter Tümpner, Unterhartmannsreuth (1987)

Aus einer in Plauen verbreiteten Flugschrift

<u>Berliner Jubiläum</u>*

Teure Hauptstadt, sei gepriesen:
Alle wollen wir Dich begrüßen!
Alles wollen wir Dir geben,
Woll'n Dich hüten, woll'n Dich pflegen,
Wollen Dir Paläste bau'n,
Selbst gern in die Röhre schau'n,
Woll'n Dir mit Stuck und Gold verzieren
Deine Häuser, Deine Türen.
Dir zu Füßen woll'n wir knie'n -
Wir geben alles für Berlin.

In Berlin gibt es Berliner,
Alle and'ren sind die Diener,
Die man sich für unser Geld
Aus der Republik bestellt.
So rührt manch wack'rer Handwerksmeister
Jetzt in der Hauptstadt seinen Kleister,
Derweil daheim in Lengenfeld
Die Tapete von den Wänden fällt.
Ist manches Haus im Land auch hin -
Wir geben alles für Berlin!

...zig Jahre schafften Kollektive
Bei der Berlin-Initiative.
Jüngst gab es Orden und viel Ehr',
Da blieb kaum eine Börse leer.
Wir and'ren kriegten auch was ab:
Für uns gab's Arbeit, nicht zu knapp!
Daheimgeblieb'ne dürfen schuften
Für die, die nach Berlin verduften,
Sich dort an Land die Orden zieh'n -
Wir geben alles für Berlin!

Ein Telefon im eig'nen Heim,
Das kann des Bürgers Herz erfreu'n.
Telefone - dreihunderttausend Stück -
Sind jetzt geplant, was für ein Glück!

Zweihunderttausend kriegt Berlin,
Weil dort die bess'ren Menschen sin':
Bleiben noch hunderttausend Stück
Für den Rest der Republik.
Dafür plant man uns Provinzler ein
Jetzt für den Schluchtenjodler-Schein.
Ist damit auch kein Fernruf drin -
Wir geben alles für Berlin!

Es zieh'n Provinzler-Karawanen
Mit Reichsbahn und auf Autobahnen,
Um in der Hauptstadt einzukaufen,
Wonach sie sonst vergeblich laufen.
Der kleinste Obst-Gemüse-Stand
Ist dort fast wie's Schlaraffenland.
Auch gibt es Aal, für Vater Schuhe,
Für Mutter Kleid und Tiefkühltruhe:
So mancher wundert sich gar sehr,
Was alles "Made in GDR".
Wozu nur werden solche Waren
Erst noch übers Land gefahren?
Bringt alle Sachen nach Berlin
Und unser Handel spart Benzin -
Wir geben alles für Berlin!

Kommt man als simpler Wandersmann
Mal in die Hauptstadt dann und wann,
So wird man meist vergeblich suchen,
Um ein Nachtquartier zu buchen.
Die Voranmeldung scheitert schon,
Denn da braucht man ein Telefon.
Die Schriftform, sicher angemessen,
Wird oftmals hier wie dort vergessen.
Drum sollte man sich vorbereiten,
Berlin besonders nachts zu meiden.
Man wird auch stets vergeblich hoffen:
Provinzler soll'n zurück sich zieh'n
Und alles geben für Berlin!

In die allerhöchste Höh'
Lob ich mir den BFC.
Ist's international auch knapp -
Das sieht man beim Europa-Cup -
So ist in uns'rer Oberliga
Er stets bestimmt zum ersten Sieger.
Läuft die Mannschaft auf das Feld,
Ist der Kurs auf Sieg gestellt,
Denn im Mannschaftsaufgebot
Steh'n drei in Schwarz und elf in Rot.
Wird's für elf Rote auch mal dünn,
Die drei in Schwarz, die dreh'n das hin:
Ein Pfiff, ein Elfer, der Gewinn -
Wir geben alles für Berlin!

Weil unser Friedrichstadt-Palast
Auch eine Eistanzfläche hat,
Schwingen jetzt Seifert, Pötzsch und Co.
Das Röckchen dort und zeigen Po:
Christine Errath schwebt dahin,
Wie eine Elfenkönigin.
Nur uns're Katharina Witt
Hält sich als Amateur (noch) fit.
Wie sagte Gaby Seifert immer?
"Nie wer'n wir Profis, nie und nimmer!"
Jetzt tanzt man gern für Geld Revuen -
Wir geben alles für Berlin!

Die Hauptstadt hat Berliner Luft
Auch mal von selten strengem Duft,
In West-Berlin ist es dann immer -
Ganz klar - um vieles, vieles schlimmer!
Die Menschen dort sind wirklich arm
Dran: Die haben öfter Smog-Alarm.
Doch uns're Grenzen, die sind dicht:
Den Smog, den lassen wir nicht 'rin -
Wir geben alles für Berlin!

Bismarck ist im Aufersteh'n,
Bald schon wird man Wilhelm seh'n,
Und das ist - bei Marx - kein Witz:
Vis-a-vis vom Alten Fritz.
Denn alte Preußen gelten heute
Bei uns als wahre Ehrenleute.
Was in der Schule ich gelernt,
War meilenweit davon entfernt;
Doch heut' beseelt uns preuß'scher Sinn -
Wir geben alles für Berlin!

Manch Regen ohne Unterlaß
Macht uns're schöne Hauptstadt naß.
Vor Regen und vor großen Pfützen
Muß man die Hauptstadt endlich schützen,
Da muß man endlich etwas machen:
Man muß die Hauptstadt überdachen!
Dann wär' Berlin auf dieser Welt
Das allergrößte Zirkuszelt.
Man ließe nur Besucher ein
Mit Westmark und mit Dollarschein,
Und kämen wir auch nicht mehr hin -
Wir geben alles für Berlin!

Unser Traumschiff sticht in See,
Doch immer noch nicht von der Spree.
Wie muß das die Berliner plagen!
Höchste Zeit wird's vorzuschlagen,
Einen Schiffskanal zu bauen,
Um das Traumschiff zu vertauen
Vorm Palast der Republik -
Das wär' unser Meisterstück.
Die Wartburg in den Plänterwald,
Den Zwinger nach Marzahn geknallt:
Wir lassen alles uns entzieh'n -
Wir geben alles für Berlin!

Die Aktuelle Kamera
Bringt Nachrichten von fern und nah;
Doch ist man mächtig angeschmiert,
Wenn in der Welt nicht viel passiert.
Dann wird die Sendezeit zum Zwang,
Man zieht leicht jede Nachricht lang
Und sagt tausendmal und mehr:
Berlin, Hauptstadt der DDR.
Verlängern kann man noch ein Stück,
Benennt man uns're Republik:
Die soll wachsen, die soll blüh'n -
Wir geben alles für Berlin.

Siebenhundertfünfzig Jahre
Wird uns're Hauptstadt - keine Frage,
Daß wir dafür das Letzte geben
In Komitees und Arbeitsstäben.
Ein Jahr lang soll die Feier geh'n,
Da fließt das Geld nach Spree-Athen.
Bringt es fürs Land auch manchmal Schmerzen -
Die Hauptstadt liegt uns so am Herzen.
Wie schön fürs Land - kaum zu ermessen -
Hätt' man die Gründung einst vergessen:
Dann würd' auch unser Vogtland blüh'n -
Nichts gäb' es da mehr für Berlin...

* Autor unbekannt, 1987

Aus einem Schreiben des Leiters der KD Plauen*

Information zu Wolf Donnerhack

Von irgendeiner Absicht der o.g. Person, in der Methodisten-Kirche in Plauen Literaturabende durchzuführen, ist hier derzeit nichts bekannt.

* An den Leiter der KD Zwickau-Land, 1987

Aus einem Schreiben der HA I*

Information zu Wolf Donnerhack

Durch einen operativen Kontakt aus dem GAR 12 wurde folgendes bekannt: Die o.g. Person ist bei der *Volkssolidarität* in Plauen beschäftigt.
Gilt bei einigen Leuten als “Märtyrer” nach dem Motto: Hochschulabschluß, aber keine entsprechende Arbeitsstelle und angeblich “Berufsverbot”.
Hat selbst bei NVA/GT gedient, verfügt über umfangreiche militärische und militärhistorische Kenntnisse, auch an militärischen Fragen sehr interessiert. Als am (Datum) von einigen Stammgästen der HOG *Grüner Kranz* (Plauen) die Behauptung aufgestellt wurde, das Vogtland sei 1945 gegen West-Berlin “eingetauscht” worden, wurde die o.g. Person als “Experte” gefragt. Dabei äußerte sie, das wäre “Quatsch”, die Alliierten hätten in Jalta die Aufteilung des “Reiches” auf der Grundlage der “alten Länder” beschlossen. Bei der “Zerschlagung der Länder” in der DDR im Jahr 1952 wären die neuen Bezirke die alten Parteibezirke der KPD gewesen. Deshalb wäre vor einigen Jahren auch die OHS/GT von Plauen nach Suhl verlegt worden. Dabei sagte o.g. Person wörtlich: “Im grünen Wald die rote Stadt, die ein zerschoss’nes Rathaus hat.” Der “Schiedsspruch” wurde von den Stammgästen akzeptiert.

* Vom Leiter der Unterabteilung GAR 12 an den Leiter der KD Plauen, 1987

Aus dem Bericht eines IM der KD Plauen*

Bericht über Wolf Donnerhack

Auftragsgemäß hatte ich dreimal Kontakt mit dem Donnerhack, Wolf. Am (Datum) suchte ich ihn das erste Mal auf; da war er sehr optimistisch, daß sein jetzt eingereichter Antrag auf Besuchsreise zu seinem Bruder Donnerhack, Lutz genehmigt wird. Er äußerte dazu, daß man diesen Antrag auf Grund von “Helsinki” gar nicht ablehnen könnte. Er hätte in Vorbereitung dieser Reise die Registratur seines Besitzes an Büchern und Bildern endlich abgeschlossen. Die Liste will er bei seiner geschiedenen Frau hinterlegen. Als ich am (Datum) den Donnerhack traf, war er völlig niedergeschlagen. Haßerfüllt äußerte er, “die elenden Verbrecher” hätten alles abgelehnt.
Aber “denen” ihre letzte Stunde rückt immer näher. Die DDR ist bankrott und “die Banditen” machen es keine drei Jahre mehr. Wenn “die Russen” mit ihren Panzern nicht gewesen wären, dann wäre 1953 schon Schluß gewesen mit den “roten Strolchen”.

Weiter äußerte Donnerhack, er will sich beschweren, und da dies bei den "Plauener Plattköpfen" keinen Zweck habe, will er nach Berlin fahren, zum MdI und zum Staatsrat. Auch hätte er mit Lutz telefoniert, damit er sich noch vor der Leipziger Frühjahrsmesse an Strauß wendet, daß Strauß dieses Problem mit beim Gen. Honecker vorbringt. Donnerhack sagte, daß er eigentlich selbst nach Leipzig, zu Strauß fahren wollte, jedoch würde der DDR so etwas wie in Dresden, wo Strauß Briefe zugesteckt bekam, nicht wieder passieren, und deshalb verwarf er diese Möglichkeit. Nach wie vor hofft er auf Aktivitäten seines Bruders, um doch noch an dessen Hochzeit teilnehmen zu können.
Als ich Donnerhack dann am (Datum) traf, erzählte er mir von einem Gespräch mit Stadtrat (Klarname). Dieser hätte ihm angeblich Unterstützung angeboten, jedoch ist Donnerhack sehr skeptisch und bezeichnete diese Sache als "Ablenkungsmanöver", welches von der "Stasi" gesteuert sei.
Donnerhack war inzwischen auch in Berlin und seine Beschwerde wurde abgewiesen, was auch noch schriftlich erfolgte. Dazu zeigte mir Donnerhack einen Brief vom MdI.
Donnerhack äußerte weiter, daß er in den nächsten Tagen einen Brief an den Staatsratsvorsitzenden schreiben will. Darin will er klarstellen, daß die Friedensinitiativen der DDR nichts wert sind. Nach seiner Meinung beginnt Frieden nicht im Großen, bei der Abrüstung, sondern im Kleinen, also bei der Behandlung der Menschen im eigenen Land. Ein "Regime" wie die DDR, das sogar etwas dagegen hat, daß man an der Hochzeit des leiblichen Bruders teilnimmt, kann den Frieden nicht ernstlich wollen. Die "kranken Greise" vom ZK müßte man in ihrem "Ghetto" in Wandlitz zubetonieren und dann verhungern lassen.
Donnerhack will sich jetzt nicht mehr länger ruhig verhalten. Er sagt, er hat sich schon viel zu viel gefallen lassen und das Maß wäre jetzt voll.
Als nächstes will er eine Dokumentation über die "Berufsverbote" in der DDR erarbeiten und dann über die Schweizer Botschaft an seinen Bruder in der Schweiz weiterleiten lassen. Sein Bruder hätte mit den "roten Strolchen" sowieso noch eine Rechnung offen.
In der gegenwärtigen Verfassung von Donnerhack schätze ich ihn als besonders gefährlich ein, da er sehr stark haßerfüllt gegenüber den Verhältnissen in der DDR ist.

* Referat PUT, 1987

MINISTERRAT
DER DEUTSCHEN DEMOKRATISCHEN REPUBLIK
MINISTERIUM DES INNERN
Leiter des Büros für
Paß- und Ausländerangelegenheiten

Postanschrift: Ministerium des Innern · 1086 Berlin · BPAA

Herrn
Wolf Donnerhack
Wilh.-Pieck-Str. 111
P l a u e n

9 9 0 0

Ihre Zeichen	Ihre Nachricht vom	Fernsprecher	Unsere Zeichen	Datum
		22 57/	kr/3-006-87	17. März 1987

Betreff:

Sehr geehrter Herr Donnerhack!

Bezug nehmend auf Ihre Vorsprache am 5.3.1987 in unserer Dienststelle teilen wir nach Überprüfung der von Ihnen geschilderten Angelegenheit mit, daß keine Änderung der Ihnen bekannten Entscheidung erfolgen kann.

Wir bitten um Verständnis, daß auch unter Berücksichtigung Ihrer dargelegten persönlichen Gründe dem Wunsche nicht entsprochen werden konnte.

Hochachtungsvoll
i. A.
Krause

Bei persönlicher Vorsprache: Büro für Paß- und Ausländerangelegenheiten, 1026 Berlin, Hans-Beimler-Straße 27–37

Aus einem Schreiben des BMB*

Besuchsweise Ausreise von Deutschen aus der DDR

Sehr geehrter Herr Donnerhack,
vielen Dank für Ihr Schreiben vom (Datum).
Ich bitte zunächst um Verständnis dafür, daß ich Ihnen wegen der Vielzahl der hier eingehenden Anfragen erst heute antworten kann.
Im übrigen verstehe ich Ihren Unmut. Auch ich bedaure es, daß der Besuch Ihrer Geschwister anläßlich Ihrer Eheschließung von den DDR-Behörden nicht erlaubt worden ist. Erlauben Sie mir jedoch bitte einige Klarstellungen, die ich für unbedingt notwendig halte:
Die Einreisemodalitäten in die DDR und auch die besuchsweise Ausreise von Deutschen aus der DDR sind kein Bestandteil von Verträgen, die zwischen der Bundesregierung und der Regierung der DDR abgeschlossen wurden.
Die Bundesregierung hätte keiner Vereinbarung zustimmen können, in denen das Recht auf Freizügigkeit der Deutschen in der DDR beschränkt wird.
So blieb nur übrig, daß die Regierung der DDR von sich aus und im Zuge der Vertragsverhandlungen Reiseregelungen in Kraft setzte, die zwar gegenüber dem bisherigen Zustand ein gewisser Fortschritt waren, ohne aber völlige Freizügigkeit für alle Deutschen herzustellen. Dazu sah sich die Regierung der DDR nicht in der Lage, weil sie durch Freizügigkeit noch immer Bestand und Sicherheit ihres Staates für gefährdet hält.
Auch wegen der besuchsweisen Ausreise Ihrer Geschwister kann die Bundesregierung nicht bei der Regierung der DDR vorstellig werden.
Diese lehnt es ab, Reiseverweigerungen von Deutschen aus der DDR mit der Ständigen Vertretung der Bundesrepublik Deutschland überhaupt zu erörtern.
Ich rate Ihnen jedoch, daß Ihre Geschwister in der DDR die Beschwerdemöglichkeiten nutzen, die es dort gibt.
Sie können sich demzufolge an die zuständige Bezirksverwaltung der Deutschen Volkspolizei, an das Ministerium des Innern der DDR, an den Ministerrat der DDR, aber auch an den Staatsratsvorsitzenden der DDR, Herrn Erich Honecker, Marx-Engels-Platz, DDR-1020 Berlin wenden.
Eine derartige Beschwerde bringt nach den hier vorliegenden Erkenntnissen keine Nachteile, hat dagegen manchmal Erfolg.
Ob Sie sich in der Bundesrepublik Deutschland an die Presse wenden, haben nur Sie selbst zu entscheiden. Die Bundesregierung macht Ihnen keinerlei Vorschriften, denn die Pressefreiheit darf jeder uneingeschränkt in Anspruch nehmen. Im übrigen weiß jeder, daß es Freizügigkeit für alle Deutschen gäbe, wenn es allein nach dem politischen Willen der Bundesregierung ginge.

* An Lutz Donnerhack, 1987

Bayerische Staatskanzlei

Nr. AIII7-BE-498-2
(Im Antwortschreiben bitte angeben)

München, 12.5.87
Durchwahl-Nr.
(089) 21 65- 543

Herrn
Lutz Donnerhack
Gässle 10

7859 Efringen-Kirchen

Sehr geehrter Herr Donnerhack!

Ministerpräsident Dr.h.c. Strauß läßt Ihnen für Ihr Schreiben, mit dem Sie um Unterstützung für eine Reiseerlaubnis der DDR bitten, verbindlich danken.
Er hat bei seinen Gesprächen mit Vertretern der DDR-Regierung wiederholt darauf hingewiesen, daß die Erweiterung der Reisemöglichkeiten sowohl von hier in die DDR wie auch in umgekehrter Richtung sehr wesentlich zu einer Verbesserung der innerdeutschen Beziehungen beitragen würde. Es ist auch feststellbar, daß sich die Reiseerleichterungen vom Juli 1984 positiv auswirken.
Ministerpräsident Strauß wird sich weiterhin für Verbesserungen im Reiseverkehr einsetzen. Allerdings nimmt die DDR-Regierung in konkreten Einzelfällen stets den Standpunkt ein, daß die Entscheidung über die Ausreise und die Einreise zu Besuchszwecken ihre innerstaatliche Angelegenheit sei.
Ich habe den Bundesminister für innerdeutsche Beziehungen, der für die Verbindungen zur DDR zuständig ist, von Ihrem Schreiben unterrichtet. Dieser wird Ihnen nach Überprüfung des Anliegens eine Antwort zukommen lassen.

Mit freundlichen Grüßen
Im Auftrag

[redacted]

Ministerialrat

Aus einem Schreiben der BV Karl-Marx-Stadt*

<u>Geplante Großveranstaltung oppositioneller Kräfte im Bezirk Erfurt</u>

Im Rahmen der Fahndungstätigkeit im nationalen Postverkehr wurde folgende Sendung der operativ-technischen Bearbeitung unterzogen:
Absender: Jürgen Wolff, (Postanschrift) in 7050 Leipzig.
Empfänger: Wolf Donnerhack, (Postanschrift) in 9900 Plauen.

Inhalt der Sendung:
Zweifarbig gedruckte Faltkarte mit dem Titel "Duo Sonnenschirm lädt vor", Untertitel "Man soll die Feiern festlegen wie Jack der Fallensteller".
Im Innern der Karte "Kulturprogramm" einer geplanten Großveranstaltung oppositioneller Kräfte für den 04.04.1987 im Filmtheater Ohrdruf bei Gotha.
Die BV Erfurt wurde vom Sachverhalt informiert.
Sie erhalten eine Abschrift der Sendung.

Duo Sonnenschirm lädt vor zum Kinobesuch mit Kulturprogramm am Samstag, dem 04.04.1987/19:00 im Filmtheater Ohrdruf bei Gotha

Speisenkarte/Protokollfolge

§ 1 Begrüßungstoast mit Überraschelung
§ 2 Vorsülze/Eröffnungsansprache des Direktors
§ 3 Kleinkunstspeise
Gruppe Heureka: Ausschnitt aus "Orakel"
Wolf Donnerhack: Eine Max-Hoelz-Episode
Jörk Kokott & Almut Walther: Ausschnitt aus "Lieder von der Leiter"
Franziska Göppner: Beitrag zur Soljanka-Forschung, mit Verkostung
§ 4 Hauptspeise
Kurze Einführung in die Handhabung von Blau und Himmel, es spricht Laiencineast Dieter Beckert
"Das Blaue vom Himmel"
Sowjetische Filmsatire von Eldar Schengelaja/Grusia-Film 1983
§ 5 Dessert mit Würzbissen
Samowargespräche der anwesenden Zweibeiner zu bilapidaren Fragen; dazu Lichtbildschau, russische Lieder von Platte und Stimmband sowie Tanz um die Soljanka
§ 6 00:00 Verbrüderung

Des weiteren spontan anzumeldende Kurzbeiträge der anwesenden Freunde und Ignoranten

Um zahllosen Anrücken wird ersucht! Um Übernachtung sind wir besorgt!
Per Bahn erreichbar über Gotha, umsteigen in Richtung Gräfenroda.
Vom Bahnhof zum Kino rund sieben Minuten Fußmarsch.

Der Kinodirektor/Die Multimuse/Das Duo Sonnenschirm

* Vom Leiter der Abteilung PZF an den Leiter der KD Oelsnitz, 1987

Gestaltet von Jürgen Wolff, Leipzig (1987)

Aus einem Dokument der KD Oelsnitz*

Bericht über eine Absprache zum OV "Blitz" mit der KD Plauen

Am (Datum) wurde mit dem Gen. (Klarname) von der KD Plauen eine Absprache zum Einsatz seines IM (Deckname) am OV "Blitz" geführt. Der IM (Deckname) kennt den Verdächtigen durch die gemeinsame Tätigkeit bei der *Volkssolidarität*. Beide haben den selben Ausgabestützpunkt. Hier treffen sie sich jeden Mittag. Der IM ist in gleicher Weise kulturinteressiert und hat in einigen Punkten ähnliche Ansichten wie der Verdächtige.
Die Werbung dieses IM erfolgte auf der Basis der Wiedergutmachung. Seine Zuverlässigkeit ist gegeben. Der IM sagt zwar ganz offen, daß er über seinen Freundeskreis nicht berichten wird. Sein Bericht über den Verdächtigen beweist aber, daß er ihn nicht zu seinen Freunden zählt. Die dort enthaltenen Informationen decken sich mit einem Bericht des IMB (Deckname) des Gen. (Klarname). Beide Berichte werden der KD Oelsnitz zugeschickt.
In der Absprache ergänzte der Gen. (Klarname) die beiden Berichte noch durch Angaben aus Gesprächen mit seinem IM. So betonte der Verdächtige dem IM (Deckname) gegenüber auch schon, daß "die Stasi" hinter ihm her sei. Er sagte zum IM u.a., daß "die" bei ihm jederzeit eine Hausdurchsuchung machen könnten, sie würden nichts finden. Wo er der Meinung ist, daß ihm dies angelastet werden könnte, solche Dinge bewahrt er woanders auf.
In der Absprache wurde deshalb auch noch einmal über die Möglichkeit einer konspirativen Wohnungsdurchsuchung gesprochen. Beide Genossen, der Gen. (Klarname) und der Referatsleiter, Gen. (Klarname), zweifelten an einem Erfolg, da sie vermuten, daß die Rederei von den anderen Orten nicht nur so dahergesagt ist. Der Verdächtige hat sich zweifellos etwas abgesichert. Sein Freundeskreis ist dermaßen umfangreich, daß er praktisch überall etwas hinterlegen kann.
Durch den IMB (Deckname) konnte diesbezüglich noch erarbeitet werden, daß der Verdächtige des OV "Blitz" Mitglied in einem sogenannten BFC ist. Dieser "Beatles-Fan-Club" soll in vielen Städten der DDR eine Agentur haben und Mitglied kann nur werden, wer Digedag-Hefte bzw. das "Mosaik von Hannes Hegen" sammelt und Beatles-Fan ist.
Operativ bedeutsam dürfte hierbei die Verbindung des Verdächtigen zu einem (Klarname, Vorname) in 2044 Reuterstadt Stavenhagen sein.
Mit dem Gen. (Klarname) wurde vereinbart, daß er, ausgehend von dieser Absprache und dem Inhalt der beiden Berichte, einen Informationsbedarf für den IM (Deckname) bekommt. Mit dem Gen. (Klarname) wurde festgelegt, daß in absehbarer Zeit weitere Absprachen geführt werden.

* Referat PID, 1987

Exkurs

Widmung*

Die Beatles; Dig, Dag, Digedag,
die führten mich zum Donnerhack -
'nem Vogtland-Zeugen des Jahrhunderts:
Die Freundschaft hält schon lang, wen wundert's...

* Von Tamas Hajduk (Bitterfeld) zum Malzhaus-Jubiläum am 22.03.2003 anläßlich "Dreißig Jahre Malzhaus-Kultur" in Plauen im K-K Malzhaus

#

Tamas Hajduk hat, über viele Jahre hinweg, die Plattenhüllen zu den Beatles-Langspielplatten neu gestaltet - mit den Digedags. Der erste Versuch stammt aus dem Jahr '87 und galt der letzten Beatles-LP *Let It Be*. Im Uhrzeigersinn: Als Paul: *Dig*, als George: *Digedag*, als Ringo: *Ritter Runkel*, als John: *Dag*.

Gestaltet von Tamas Hajduk, Bitterfeld (1987)

Ex libris

Wölfchen, Wolfi, Wolf*

Doch nun zu dem Erlebnis, mit dem ich in die Weltgeschichte eintrat, als die Welt zu mir vordrang, denn vorher gab es nichts als Mutter und das bißchen Schule. Von einem Tag auf den anderen war in unserer Klasse von nichts sonst die Rede: Die Beatles, die Beatles, yeah!
Bei uns stießen sich damals drei Mädchen gegenseitig an die Klassenspitze vor, eine war immer lerngieriger als die andere, sie ödeten jede Minute von ihrem Leistungsdurchschnitt: 1,2 oder 1,03 oder 1,3623 und ich wartete immerzu darauf, eine explodierte auf 0,99. Der Vierzehntbeste war ich.
Die drei Mustermädchen beteten als erste alle Namen und Vornamen der Götter aus Liverpool herunter, sie gluckten in der Pause zusammen und murksten mehrstimmig an *Mister Postman* herum. Ich hatte den Sound der Beatles haarscharf im Ohr, und als dann die Stones kamen, genügten für mich zwei Akkorde, um die beiden zu unterscheiden.
Begreifst Du das, Huppel, alter Gewandhaus-Fan?

Jetzt aber hübsch ordentlich und überschaubar:
Wolfgang Wülff, geboren im Herbst 1949 in Leipzig; dazwischen liegen sechsundzwanzig Jahre, sie sind am Anfang verschwommen und immer belanglos, dann rollen die Jahre ab, die für mich die wichtigsten sind, die die Welt je erlebte - was bedeutet dagegen der Dreißigjährige Krieg?
Also die Beatles: Sie waren mit einem Schlag in allen Ohren und Hitparaden, alle redeten über sie und kannten sie, jede Woche produzierten sie einen Hit, es war wie ein Fieber, packte uns und schüttelte uns und schmiß uns hin und machte uns anders, als wir gewesen waren. Die Beatles waren dabei, wenn ich mein Fahrrad flickte, waren background, als ich den Aufsatz über Superman Kortschagin schrieb und Rüben verzog, ich hatte ihren Sound im Ohr beim Abtrocknen und Makkaroni-Schaufeln und natürlich abends im Bett.
Morgens: Ich wurde wach und erinnerte mich allmählich, wer ich war, Wolfi Wülff, ich äugte zum Globus auf dem Schrank und begriff, daß ich in die Schule mußte, war sauer und fand, daß ja auch Ferien sein könnten, und dann war da noch etwas, Stille, Vakuum, ich wunderte mich und wußte schon, alles würde sich aufklären. Mit einem Schlag war es da:
She loves you, yeah, yeah, yeah. Die Post ging ab.

* Erich Loest: *Es geht seinen Gang oder Mühen in unserer Ebene.* Roman. Rudolstadt 1978

THE
BEATLES
Ain't She Sweet, Foxtrott
(Ager-Yellen)
John Lennon (voc)
Cry For A Shadow, Moderato-Twist
(Harrison-Lennon)
The Beatles
4 50 466

Exkurs

Mosaik früher Freuden*

Allseitig gebildete Bürger mit No-Hau fangen besser erst gar nicht an, diese tiefsinnig-oberflächlichen Darlegungen zu lesen, und wenden sich einem der nächsten Beiträge zu, der, sagen wir, Feierlichkeiten der Feuerland-Fakire verspricht. So, jetzt sind wir unter uns.

Man muß nunmehr zu den Urgründen der Persönlichkeitsentwicklung gelangen. Die fand zum Beispiel in den fünfziger und sechziger Jahren statt. Und woran denken wir in erster Linie, wenn wir die Kultur- und Geisteswelt jener Jahre, die prägenden Bildungserlebnisse dieser Zeiten im Auge haben? Richtig, wir denken sofort: Digedags!

Digedags - das Erregerwort für einen intensiven Erfahrungsaustausch, der fest aus dem Boden der Republik herausgewachsen ist. Erwachsen geworden ist. So wird man sich also gegenseitig erinnern können, daß Koch Teutobold in der Nummer 13 erstmalig auftauchte - falsch, das war Sinus Tangentus, der Syrakus erobern half - stimmt nicht, damit kann bloß Rostus Klamottus, der Sero-Händler im Alten Rom gemeint sein. Als Bhur Yham das Raumschiff in Gefahr brachte - die Mondluft, die kostbare Mondluft war hin - obwohl das die Schuld von Peer Tyla war, weil sich die Republikanische Union und das Großneonische Reich befehdeten und die Herstellung von Digedanium vorerst mißglückte, denn Professor Knilch - falsch, das verwechselst Du mit Doktor Knilch und Professor Schlick, dem Algenforscher... Aber Fiesling McGips, der war prima, denn er machte abstrakte Plastiken, war folglich ein obskurer Spion, bis dann Balduin Stopfer, der Saurierdermoplastiker...

Die literarische Ur-Erlebniswelt taucht wieder auf, gebrochen durch zwischenzeitliche berufliche Erfahrung. Eine unversiegbare Erlebnissphäre ist garantiert, allein durch die Erinnerung ans Goldene Digedag-Zeitalter.

Dig, Dag und Digedag: Tiefe Furchen im Geiste der Männer in den engen Stuben. Was die Digedags dereinst ins Gemüt einbrachten, noch Jahre und Jahrzehnte später befruchtet es uns zu geistigen Eruptionen - in Nummer 7 und in Nummer 69 gab's Vulkanausbrüche -, trägt zur Überwindung von Sprachlosigkeit bei, hilft an langen Tagen voller geheimer Haltungen - wie doch Major Treskow, genialer Preuße, die Geheimunterlagen schmuggelt - und läßt die Zeit intensiv verfliegen.

Wäre es nicht an der Zeit, daß ein Institut zur Erforschung der Digedag-Kulturerfahrungen gegründet würde?

* Matthias Biskupek, in:
Die Weltbühne (Berlin/Ost), Nr. 51-52/1985

MOSAIC
HANNES
Hegen
MISSISSIPPIQUEEN
THE DIGEDAGS
IN AMERICA

#

Zu den vorhergehenden Seiten:
Der in dem Text von Erich Loest erwähnte "Superman Kortschagin" war der "Held" Pawel Kortschagin aus dem Buch "Wie der Stahl gehärtet wurde" des sowjetischen Autors Nikolai Ostrowski und außerdem Pflichtliteratur an allen Polytechnischen Oberschulen der DDR - sowie leidiges Aufsatzthema... Als Wolf Donnerhack während des Großen Schulpraktikums an einer POS in Plauen (1980) mit (s)einer 10. Klasse eine Verfilmung (vulgo "Russenfilm") dieses Propagandaschinkens besuchen sollte, organisierte er den Kinobesuch so, daß er mit seinen Schülern "versehentlich" in der ersten und einzigen Vorführung von "Einer flog über das Kuckucksnest" (mit Jack Nicholson) im Plauener Filmtheater *Tivoli* landete - zur Freude der Jugendlichen und zum Argwohn einiger Eltern, die sich danach bei der Schulleitung beschwerten...

Das Cover mit den *Pilzköpfen* ist eine Montage von Vorder- und Rückseite der ersten (von insgesamt drei) in der DDR erschienenen Beatles-Singles.

Bei dem Begriff *No-Hau* in dem Textauszug von Matthias Biskupek handelt es sich um eine Verballhornung von *know how*.
Mit "Männer in den engen Stuben" sind Reservisten der NVA gemeint.

"The Digedags in America" war eine Produktion, die eigens für den USA-Markt aufgelegt worden war, um an Devisen (Dollars!) heranzukommen. Gedruckt wurden die Bücher im VEB *Sachsendruck* in Plauen/Vogtland.

Exkurs

Kein Denkmal für Ritter Runkel*

Der *Leninplatz* in Berlin-Friedrichshain hatte gestern für wenige Stunden einen neuen Namen: *Ritter-Runkel-Platz*. Ein anonymes "Referat Denk mal des Senats von unten" hatte die Straßenschilder in einer nächtlichen Aktion überklebt. Es kündigte an, auf dem Platz solle ein Denkmal der beliebten DDR-Comicfigur und ihrer beiden Knappen Dig und Dag errichtet werden. Gestern mittag wurden die falschen Namen wieder entfernt.

* Aus *Berliner Kurier am Morgen* (Berlin) vom 15.02.1992

0 NUMMER
MOSAIK VON ULF
FÜR HANNES Hegen
ACHTUNG! DIESES HEFT IST EINE NATURGETREUE FÄLSCHUNG!
DIE GEBURT DER DIGEDAGS

#

Auf der vorhergehenden Seite:
Hommage an "Hannes Hegen" (d.i. Johannes Hegenbarth) aus dem Jahr 1990 anläßlich des fünfundsechzigsten Geburtstages des Schöpfers der Digedags, von Ulf Graupner.

Aus dem Bericht eines IM der KD Plauen*

Bericht über Wolf Donnerhack

In der vorigen Woche traf ich mich verabredungsgemäß mit dem Donnerhack, Wolf (Grunddaten) in der *Harmonie*.
Donnerhack war schon vor mir da. Er eröffnete das Gespräch, indem er mir einen Artikel aus der *Freien Presse* zeigte, über den er sich mächtig aufregte Der Artikel war von einem Schriftsteller aus Plauen, der in Nordhausen lebt. Sinngemäß stand in dem Artikel, Plauen wäre heute schöner als je zuvor, weil es die Herren vom Bärenstein und vom *Cafe Trömel* nicht mehr gibt.
Donnerhack sagte, er würde diesen Schriftsteller gern einmal "ordentlich in den Arsch treten". Es hätte ihn schon "angestunken", daß dieser Schriftsteller über die Einnahme von Plauen durch die Hussiten "lauter Lügen" verbreitet hätte. Donnerhack ließ sich dann dahingehend aus, daß die Plauener bzw. die Vogtländer schon immer tapfer gekämpft hätten und daß sie nur durch Verrat oder eine erdrückende Übermacht besiegt worden seien. Als Beispiel für die Tapferkeit der Vogtländer nannte Donnerhack eine Burg, die von dreihundert Vogtländern gegen dreißigtausend Polen verteidigt wurde. Donnerhack ließ sich dann über die Feigheit und den Verrat der Hussiten aus und kam vom Hundertsten ins Tausendste, indem er noch vom Dreißigjährigen Krieg erzählte und wie dann beinahe Napoleon in Plauen ums Leben gekommen ist. Ich meinte zu ihm, daß es doch eigentlich schade ist, daß er nicht als Geschichtslehrer arbeiten kann, wo er doch so viel von der Plauener Geschichte weiß. Dazu winkte er nur ab und sagte, das wäre schon immer so gewesen, "der Prophet gilt nichts im eigenen Land".

Handschriftlicher Vermerk:
Augenmerk richten auf Pläne, Ziele und Absichten, Kontakte, Verbindungen!

* Referat PUT, 1987

4. AUGUST 1987

MEINUNG ZUM THEMA:

Plauen ist meine Heimatstadt

Ich kam nach vielen Jahren wieder in meine Heimatstadt. Kindheit, erste Jugend, Schule, Spielkameraden, Wohnhäuser, in denen ich lebte, dies alles ließ sich nicht vergessen. Ich kenne Plauen noch als stolze Metropole des Vogtlandes und erlebte auch den schrecklichen Untergang während des Faschismus. Diese Stadt würde nie wieder zum Leben erwachen, dachte ich damals, 1945, als Halbwüchsiger.

Ich habe nun nach Jahren, die ich in Nordhausen lebte, mein Plauen wiedergefunden. Meine Heimatstadt, einst zu drei Vierteln zerstört, lebt. Und wie sie lebt! Freundliche Anlagen, Straßen, Plätze. Kühne Neubauvorhaben, die auch realisiert wurden. Und daneben Altes, sorgsam erneuert oder in Erneuerung begriffen.

Ich habe unzählige Dias gefertigt von meinem neuen und quicklebendigen Plauen. Mindestens 50 zeigen den Stadtpark zu allen Jahreszeiten. Immer wieder ringt mir die Mühe, mit der diese Anlage gepflegt wird, höchste Bewunderung ab. Klar gibt es in Plauen auch Ecken, die man ungern vorzeigt. Aber man erkennt, daß sich auch dort etwas tut.

Mein Plauen ist schöner geworden als zuvor, auch ohne Kaffee „Trömel". Aber das war eben nur möglich, weil die Leute, die früher im „Trömel" verkehrten und auf dem Bärenstein wohnten, nicht mehr das Sagen haben. Dafür haben wir das Restaurant „Stadt Plauen", das Terrassencafé und auch unsere gute alte „Tennera", die heute „Vogtlandschänke" heißt. Und die Leute, die dort verkehren, vergnügt essen, trinken und diskutieren, die haben das alles zuwege gebracht. Aus der einst totgeglaubten Stadt wurde ein schöneres und lebendigeres Plauen.

Die Plauener waren stärker als der Krieg. Sie haben gezeigt, was sie zu leisten in der Lage sind, wenn sie nicht mehr für die Herren von Trömel und Bärenstein arbeiten müssen. Ich freue mich auf jede Stunde in meiner Heimatstadt.

Alexander Jesch, Schriftsteller

#

Auf den vorhergehenden Seiten:
Unklare Verhältnisse -
Der böse Wolf, der kleine Prinz und der erzgebirgische Raubkater...

Alle Aufnahmen: Heike Buffo, Berlin (1987)

Aus dem Bericht eines IM der KD Plauen*

Bericht über Wolf Donnerhack

Durch innerbetriebliche Umstände in der VS lernte ich durch die (Klarname, Vorname und Grunddaten) den ebenfalls in der VS beschäftigten Donnerhack, Wolf (Grunddaten) kennen.
Er hat als Bereich das Westend.
Aus mehreren Gesprächen mit ihm wurde mir folgendes bekannt:
Donnerhack hat innerhalb von Plauen Verbindungen zu einer Gruppe von Antragstellern mit RWÜ, die sich in letzter Zeit, meistens in einheitlicher Kleidung (Frauen mit weißer Bluse), am *Tunnel* zusammenfand.
Diese Gruppe sucht gemeinsam Gaststätten auf und führt auch an den Wochenenden zusammen Wanderungen durch. Der Kontakt zu dieser Gruppe kam durch direktes Ansprechen seiner Person zustande. Konkret wurde er im Sommer zu einem Gartenfest eingeladen. Donnerhack scheint auch direkt oder indirekt daran beteiligt gewesen zu sein, daß diese Gruppe beim ersten Aufenthalt des Hofer Oberbürgermeisters in Plauen an diesen einen Brief übergab. Der Inhalt des Briefes soll sich mit Fragen der Ausreise sowie mit Umgangsmethoden der staatlichen Organe befaßt haben.
Donnerhack selbst ist noch kein Antragsteller, er hält Abstand von öffentlichen Auftritten der Gruppe und nimmt lediglich an vereinzelten Treffen teil. Mir wurde aber bekannt, daß er eine ganze Reihe von Antragstellern bei sich empfangen und beraten und z.T. auch seine Schreibmaschine zur Verfügung gestellt hat. Er ist der Auffassung, daß die Gruppe von den "Gummiohren" der "Stasi" durchsetzt ist, um die Stimmungen und Meinungen der einzelnen Mitglieder zu erforschen. Durch wen Donnerhack konkret angesprochen wurde bzw. wer namentlich zur Gruppe gehört, ist mir nicht bekannt.

* Referat PUT, 1987

Aus dem Bericht eines IM der KD Plauen*

Bericht über Wolf Donnerhack

Im Berichtszeitraum hatte ich dreimal Kontakt mit dem Donnerhack, Wolf (Grunddaten). Er absolviert zur Zeit Sonderschichten in der Paketabfertigung auf dem Bahnpostamt. Als ich ihn einmal mit meinem Auto mitnahm, zeigte er auf eine männliche Person und meinte, daß diese bei der "Stasi" arbeitet. Er würde in Plauen alle Mitarbeiter kennen, und "diese Bäckerburschen" würden ihn nicht so schnell austricksen. Auf meine Frage, woher er denn die Mitarbeiter von der KD kennt, sagte Donnerhack, daß er jeden Tag, wenn er zu seinem Ausgabestützpunkt von der VS geht, am Hintereingang vom VPKA vorbei muß, und dort könnte man, wie er sich ausdrückte, "diese Hunde" gleich "rudelweise" beobachten, wie sie zum "großen Freßnapf" im Speisesaal des VPKA unterwegs sind. Das gute Essen, das "diese Banditen" kriegen, das würde er sich mal für seine Rentner wünschen, aber das sind nur "unnütze Fresser"; Hauptsache, daß "die Kumpanei von Partei und Polizei" herrlich und in Freuden lebt, alles andere ist egal.
Am (Datum und Uhrzeit) trafen wir uns auf ein Bier in der *Altstadtklause.* Donnerhack meinte zum Washingtoner Gipfel, daß das zwar alles gut und schön sei, daß man aber nur hoffen kann, daß die Vernünftigen in den USA siegen, also "die Falken", die auf Abschreckung setzen, denn nur dies wäre die Grundlage für den Frieden. Ökonomisch kann der Sozialismus dem Kapitalismus schon lange nicht mehr das Wasser reichen, und der Sieger im Wettkampf der beiden Systeme stünde längst fest, nämlich der Kapitalismus. Der Sozialismus hätte sich dadurch sein eigenes Grab geschaufelt, daß nur die Mitgliedschaft in der Partei zählt und Spitzenkräfte zum Hofarbeiter degradiert werden, wenn sie mal laut nachdenken; es wäre nur noch eine Frage der Zeit, bis "dieses System" endgültig und für immer k.o. geht.
Weltniveau hätte der Sozialismus nur auf dem Gebiet der Rüstung, und seine einzige Möglichkeit zu siegen wäre eine kriegerische Auseinandersetzung mit dem Westen. Deshalb wäre die atomare Abschreckung für den Westen so wichtig, und wenn da in Mutlangen oder sonst wo ein paar "unverbesserliche Weltverbesserer" die Zufahrten zu amerikanischen Stützpunkten blockieren, dann kann er nur sagen, sollen sie doch mal in die DDR kommen und versuchen, eine sowjetische Kaserne zu blockieren, da würden sie aber ihr "blaues Wunder" erleben. Außerdem würden "die wildgewordenen Weiber", die in England den Stützpunkt *Greenham Common* belagern, vom sowjetischen Geheimdienst bezahlt und gesteuert, genauso wie der "sogenannte" Weltfriedensrat und der Weltbund der Demokratischen Jugend - das wären alles "Tarnorganisationen des Kreml"; wir würden eines Tages noch staunen, wo überall "die Einflußagenten Moskaus" sitzen.

Weiter erzählte Donnerhack, daß in letzter Zeit verschiedene Typen von Umwelt- und Friedensgruppen bei ihm aufgetaucht sind, die alle von ihm eine Unterschrift haben wollten. Donnerhack meinte, daß er sich da lieber heraushält, da man nie wissen kann, ob da nicht "die Stasi" dahintersteckt. Gleiches trifft für den "Klub der Ausreisewilligen" zu. Vor kurzem habe er die Frau (Klarname) mit ihrem Enkel getroffen und erfahren, daß deren Tochter und Schwiegersohn von der "Stasi" inhaftiert wurden.
(...)
Es sei praktisch so in der DDR, daß das, was erlaubt ist, auf einem Zettel Platz hat, während man für alles, was verboten ist, mindestens hundert Seiten braucht. Vor jedem halbwegs kritischen Schriftsteller hätten "die Bonzen" mehr Angst als vor den "vereinigten arabischen Terroristen".
(...)
Bei diesem Kontakt mit Donnerhack konnte ich weiter feststellen, daß er gute Verbindungen in eine Buchhandlung in der (Straße und Hausnummer) hat.
Die Verkäuferin dort heißt (Vorname),
mit ihr hat er offenbar auch intime Beziehungen.
(...)
Die Vorgänge in der Zionskirche in Berlin, speziell das Eingreifen des MfS, bezeichnete Donnerhack als Methoden der Nazizeit.

* Referat PUT, 1988

Exkurs

<u>Vor Greenham Common saß die Stasi</u>*

Einer der führenden Köpfe der Anti-Atomwaffenbewegung *Campaign for Nuclear Disarmement* (CND), Professor Vic Allen von der Universität Leeds, war nach einem Bericht der Zeitung *Sunday Telegraph* ein Agent der DDR-Staatssicherheit mit dem Auftrag, die Bewegung, die in den achtziger Jahren monatelang vor dem Luftwaffenstützpunkt *Greenham Common* gegen die Stationierung von atomaren US-Mittelstreckenraketen protestierte, auf moskautreuem Kurs zu halten.

* Aus *Thüringer Allgemeine* (Erfurt) vom 20.09.1999

Exkurs

Wie das MfS die dänische Außenpolitik manipulierte*

Ende der sechziger Jahre organisierte die populäre Bewegung gegen den Vietnam-Krieg in Dänemark Demonstrationen vor der amerikanischen Botschaft in Kopenhagen.
An der Spitze des Zuges marschiert ihr Chef Otto Sand. Später enthüllt er Standorte von Abhöranlagen des dänischen Geheimdienstes (Anmerkung des Herausgebers: Gemeint sind Einrichtungen von FE, der dänischen Abwehr, über welche der Funkverkehr der Schiffe der Warschauer-Pakt-Staaten in der Ostsee abgehört werden konnte). Was keiner ahnt: Otto Sand steht im Dienst der Hauptverwaltung Aufklärung (HVA) im Ministerium für Staatssicherheit.

Wie die Stasi in Dänemark spionierte, haben zwei dänische Journalisten jetzt in einem neuen Buch veröffentlicht (Mette Herborg/Per Michaelsen: “Stasi og Danmark”. *Kay Holkenfeldt Verlag*, Kopenhagen).
Bisher kaum bekannt war die von den dänischen Journalisten aufgezeigte Verstrickung der Demokratischen Bauern-Partei (DBD) mit der Stasi sowie die Einflußnahme der DBD auf die dänische Politik. Ob der Chefredakteur des *Bauern-Echo*, der Sekretär für internationale Beziehungen beim Parteivorstand, der Bürochef oder der Leiter des DBD-eigenen Ferienheimes im Vogtland - sie und andere standen früher oder später im Solde des MfS.
Die Bauernfunktionäre knüpften enge Kontakte zur *Radikalen Venstre* in Dänemark, einer Anti-NATO-Partei, die mit Sozialdemokraten und Volkssozialisten eine “alternative sicherheitspolitische Mehrheit” bildeten und den NATO-Doppelbeschluß von 1979 ablehnten. “Wir wußten, daß der Einfluß der *Radikalen Venstre* steigend war in der dänischen Politik”, zitieren die Autoren einen DBD-Funktionär. Und weiter: “Konnten wir da Fuß fassen, wäre es möglich, die dänische Außenpolitik mitzuentscheiden.”
Die Zusammenarbeit ging in den achtziger Jahren so weit, daß Funktionäre der *Radikalen Venstre* in einem DBD-Ferienheim Urlaub machten und daß Parteisekretär Jens Clausager auf dem 12. Kongreß der DBD 1987 erklärte: “Wir fühlen uns hier fast als Mitglieder Eurer Partei.”
Erschreckend findet Michaelsen, der 1968 als akkreditierter Korrespondent einer dänischen Zeitung auf Grund seiner kritischen Berichterstattung nicht mehr nach Ost-Berlin durfte, vor allem “die Selbstverständlichkeit, mit der dänische Politiker, Medien und Gewerkschaften die Zusammenarbeit mit einem Unrechtsstaat suchten”. Von dieser Zusammenarbeit, so die Erfahrung von Per Michaelsen, wolle in Dänemark heute keiner mehr etwas wissen.

* Lars-Broder Keil, in:
Welt am Sonntag (Hamburg) vom 29.09.1996

Exkurs

Geheuchelt, gelogen, gefälscht: Sechsundzwanzig Jahre im Dienst der Firma

Der frühere Oberstleutnant der Stasi-Hauptverwaltung Aufklärung (HVA) Günter Bohnsack gilt bei vielen seiner ehemaligen Genossen als Verräter und Nestbeschmutzer. Telefonisch erreichen ihn Beschimpfungen, schreckt man auch vor Bedrohungen nicht zurück. Begegnet er zufällig jemandem von der alten Wolfschen Garde, herrscht eine eisige Atmosphäre.
Weil der Stasi-Offizier, der sechsundzwanzig Jahre der "Firma" diente und dort psychologische Kriegsführung betrieb, restlos mit seiner Vergangenheit gebrochen hat, ist er in den Augen der einstigen Schild- und Schwertknappen zur Unperson geworden. Günter Bohnsack stellt heute unumwunden fest:
"Es waren verlorene Jahre in meinem Leben."

Fast genüßlich klingt es, wenn er auf die Zeit zu sprechen kommt, in der er für den inzwischen verstorbenen FDP-Politiker William Borm "das Schriftliche" erledigte. "Wenn Borm in West-Berlin eine Rede hielt oder einen Artikel veröffentlichte, arbeiteten wir ihm zu", berichtet der Ex-Oberstleutnant.

Anfang der achtziger Jahre gelang es der Stasi, in Westeuropa ein Komitee "Generäle für den Frieden" aus der Taufe zu heben (Anmerkung des Herausgebers: Federführend war hier u.a. der ehemalige Kommandeur der 12. PD in Veitshöchheim, Ex-General Gert Bastian - derselbe, der 1992 seine Gefährtin Petra Kelly meuchelte und sich anschließend selbst richtete). In ihm waren pensionierte hohe Militärs aus Italien, Frankreich, Portugal, England und der Bundesrepublik vereint. "Einige von ihnen wußten durchaus, daß wir dahinter steckten. Einer äußerte sogar, es sei egal, woher das Geld komme."

Die "gekauften Generäle" wurden von der Stasi als propagandistische Speerspitze gegen die geplante Nachrüstung der NATO benutzt.

"Wir haben in der Abteilung X der HVA geheuchelt, gelogen, gefälscht, vieles erfunden und versucht, dieses Material in den westlichen Medien unterzubringen. Wenn andere heute noch stolz auf diese Drecksarbeit sind, ich bin es nicht", sagt Günter Bohnsack.

* Werner Krause, in:
Berliner Morgenpost (Berlin) vom 22.12.1996

Ex libris

Einflußagenten*

Am 3. September 1987 stirbt im Alter von zweiundneunzig Jahren der bekannte FDP-Politiker William Borm.

Unbemerkt vom Westen, hat auch die HVA Grund zur Trauer. Gestorben ist nämlich ein guter Bekannter aus alter Zeit, der Markus Wolf bei vertraulichen Gesprächen in konspirativen Objekten stets soldatisch und über Jahre hinweg respektvoll mit “Herr General, ich freue mich aufrichtig über unsere Begegnung” zu begrüßen wußte. “Treffbericht IM ‘Olaf’”, formuliert danach der vorgangführende Mitarbeiter, Oberst Horst Hausmann

Im Sommer 1987 erklärte der Gorbatschow-Mitarbeiter Jakowlew vor den Chef-Ideologen der Bruderparteien zur Propaganda-Strategie, es sei nunmehr notwendig, “die ideologische und propagandistische Offensive der Länder des Sozialismus auf die Positionen des Imperialismus weiter zu koordinieren... Uns scheint, daß wir jetzt zusätzliche Möglichkeiten haben, um die herrschenden Kreise in den USA in die Schranken zu weisen, ihnen allmählich ihre Selbstsicherheit, ihren Dünkel gegenüber der übrigen Welt und ihren Glauben, daß ihnen alles erlaubt und alles möglich sei, abzugewöhnen.”

Auf welche geheimnisvollen Kampfreserven der Redner anspielt, wissen im einzelnen nur die Spezialisten des KGB-Generals Iwanow, die gemeinsam mit der HVA 1975 die *Aktion* “Nordlicht” ins Leben riefen.
Der Deckname ist eine Anspielung auf Finnland, das sich den europäischen Staaten sowie den USA und Kanada gegenüber als erfolgreicher Gastgeber der KSZE empfohlen hatte. Die Konfidenten beschließen, das “europäische Haus” mit geheimdienstlichen Mitteln und nach Moskauer Vorstellungen zu bauen. General Iwanow spricht Klartext: “Nachdem die Teilnahme der Amerikaner am Europatreffen nicht zu verhindern war, müssen wir jetzt in Westeuropa alle verfügbaren Reserven gegen die USA und deren Vormachtanspruch mobilisieren. Die Friedensbewegung, die erkennbar an Bedeutung in Westeuropa gewonnen hat, muß vorrangig gegen die amerikanische Hochrüstung gelenkt werden. Zum anderen sollten wir über entsprechende Einflußagenten den kleineren NATO-Staaten deutlich machen, daß sie von den USA dominiert und zu größeren Rüstungslasten veranlaßt werden.
In Belgien, Holland, Dänemark und Norwegen haben wir bereits Vorsorge getroffen.” - Die HVA klinkt sich vorbehaltlos in diese Stoßrichtung ein.

Keine Tagung hat sich bisher damit auseinandergesetzt.

Frage:
Findet ein Boykott von Geschichtsaufarbeitung statt?

Antwort:
Das große Schweigen geht jedenfalls nicht nur auf eine intensive Aktenvernichtung zurück, die dem Westen bisher eine Stasi-Debatte erspart hat. (...)

Frage:
Erwarten Sie noch Überraschungen?

Antwort:
Ein Beispiel.
Etwa ein Drittel aller HVA-Berichte an das SED-Politbüro stammt aus den Vorstandsetagen der westdeutschen Gewerkschaften. Wer hat dort spioniert?
In der IG Metall spielten SED-freundliche Kräfte eine große Rolle.
Ausgerechnet die von DKP-Mitgliedern beeinflußte IG-Metall-Jugend hat 1976 den SED-Feind Wolf Biermann zum Konzert nach Köln eingeladen.
Daraufhin konnte die DDR den unbequemen Liedermacher ausbürgern.
Da macht man sich schon Gedanken, was wohl im Vorfeld abgelaufen ist.

(Das Interview führte Jan von Flocken.)

* Aus *Focus* (München), Nr. 41/1999

Exkurs

Piraten unter falscher Flagge*

Westdeutsche Universitäten waren beliebtes Rekrutierungsfeld
für DDR-Spione - so mancher Ex-IM hat noch einen Lehrstuhl.

* Aus *Süddeutsche Zeitung* (München) vom 17.08.1999

Exkurs

Vogtland: Agenten-Schleuse für Stasi-Spione*

Die Akten lesen sich wie das perfekte Drehbuch für einen Agenten-Thriller: Stasi-Unterlagen, die unserer Zeitung exklusiv vorliegen, beweisen, daß der Todeszaun zwischen Hof und Plauen eine streng geheime Lücke hatte.
Eine Lücke, die Top-Agenten des Ministeriums für Staatssicherheit der DDR von 1977 bis 1985 als West-Ost-Schlupfloch diente.
Dieses Schlupfloch befand sich genau an jener Stelle, wo der "Eiserne Vorhang" bei der Ortschaft Ullitz die Bundesstraße 173 zwischen Hof und Plauen durchschnitt und wo seit der Grenzöffnung 1989 der Verkehr wieder rege rollt. Nur dreizehn mutmaßlich hochkarätige Stasi-Spione im Westen hatten Kenntnis von der im Stasi-Jargon "Konspirative Übergangsstelle Süd" genannten Agenten-Schleuse.
John le Carre und "Der Spion, der aus der Kälte kam" lassen grüßen:
Wie ernst es der Stasi mit der Agenten-Schleuse war, geht unter anderem aus den detaillierten Anweisungen für die potentiellen Benutzer des Schlupflochs hervor. Mehrfach wird darauf hingewiesen, daß die Spione selbst den DDR-Grenztruppen gegenüber ihre wahre Identität verschweigen müssen und erst dann Angaben machen dürfen, wenn sie ihrem MfS-Führungsoffizier aus Ost-Berlin Auge in Auge gegenüberstehen.
Genau beschrieben wird in der mehrseitigen Anweisung mit Foto- und Kartenmaterial in bestem Geheimdienst-Deutsch die Lage der Schleuse:
"Die Übertrittsstelle Süd zwischen der BRD und der DDR befindet sich unmittelbar an der Ortschaft Ullitz in nordöstlicher Richtung von Hof an der E 62/173. Die E 62/173 verläuft hier unmittelbar an der Staatsgrenze und führt auf dem Territorium der DDR in Richtung Plauen weiter. An den Grenzsicherungsanlagen ist die Straße durch einen Schlagbaum und ein Tor im Streckmetallzaun zwischen BRD und DDR getrennt und gesichert."
Just durch dieses Tor sollten die Agenten dann treten:
"An der Grenzsicherungsanlage ist sich am erwähnten Tor aufzuhalten und die Schleusung seitens der Organe der DDR abzuwarten."
Wären diese da, ginge es weiter:
"Sie geben dem Postenpaar gegenüber nur an, daß Sie BRD-Bürger sind und in die DDR wollen, um dort zu bleiben. Sie geben sich nicht zu erkennen, wer Sie wirklich sind, sondern halten sich an die festgelegte Legende, bis Sie mit dem Ihnen bekannten Mitarbeiter des MfS zusammentreffen."
Unter dem Punkt "Nutzung der Übertrittsstelle" werden die Anweisungen dann so richtig geheimdienstlich:
"Die Nutzung der Übertrittsstelle erfolgt nur in Situationen, wo eine andere Rückreise-Möglichkeit in die DDR ausgeschlossen ist." (...)

Stasi-Kenner (...) gehen davon aus, daß auch bei Bundesgrenzschutz, Zoll oder Grenzpolizei genügend Inoffizielle Mitarbeiter (IM) tätig waren (...). Wie etwa der Wirt jenes Gasthauses, der von jeder Zoll-Dienstversammlung in seiner Kneipe Tonbandprotokolle mitschnitt und diese per Flaschenpost - in einer leeren Bierflasche - an einer zuvor vereinbarten Stelle über den Sperrzaun auf DDR-Gebiet warf. Kommentar eines alten Grenzer-Hasen: "In jedem Dorf und in jeder Stadt entlang der Grenze zur DDR saßen Leute, die für das MfS arbeiteten." Auch im Grenzabschnitt bei Ullitz.

* Aus *Vogtland-Anzeiger* (Plauen) vom 22./23.06.1996

#

Hier die Decknamen der Top-Spione aus dem Westen, die sich im Notfall über die "Konspirative Übergangsstelle Süd" in den Osten absetzen sollten:

IME "Bernd Veit"	Reg.-Nr. XVIII 3308/66
IME "Hans Wendorf"	Reg.-Nr. XVIII /69
IME "Achim Helbig"	Reg.-Nr. XVIII /70
IME "Detlev Lehmann"	Reg.-Nr. XVIII 801/71
IME "Wolff Reich"	Reg.-Nr. XVIII 2972/72
IME "Winfried Adler"	Reg.-Nr. XVIII 2377/73
IME "Lutz Fricke"	Reg.-Nr. XVIII 2120/76
IME "Rolf Schreiber"	Reg.-Nr. XVIII 3459/76
IME "Max Forsch"	Reg.-Nr. XVIII 3303/78
IME "Gudrun Münch"	Reg.-Nr. XVIII 1317/80
IME "Franziska Roth"	Reg.-Nr. XVIII 1994/80
IME "Jürgen Schulz"	Reg.-Nr. XVIII 5604/80
IME "Klaus Reinhardt"	Reg.-Nr. XVIII 835/84

Enttarnt wurde bisher nur der IME "Max Forsch":
Der war 1978, unter der Legende der Fahnenflucht, in den Westen geschleust worden und sollte dort an der Liquidierung eines ehemaligen Deserteurs (Deckname "Terrorist") mitwirken. Der Generalbundesanwalt ließ ihn zwar, im Rahmen eines Ermittlungsverfahrens, im Mai 1993 in Köln festnehmen, doch wurde er auf Grund seiner Aussagebereitschaft von der Haft verschont. Und die anderen...spionieren jetzt vielleicht für FSB oder SWR, wer weiß?

Aus einem Dokument der KD Oelsnitz*

Zum Stand der gegenwärtigen Bearbeitung des OV "Blitz"

Beruflich ist der Verdächtige gegenwärtig bei der *Volkssolidarität* beschäftigt. In dieser Funktion betreut er eine Reihe von älteren Bürgern im Bereich Westend in Plauen. Diese Tätigkeit läßt ihm genügend Zeit, sich mit seinen "schriftstellerischen Arbeiten" zu befassen.

Inoffiziell wurde herausgearbeitet, daß er sich immer noch mit dem (Forschungsthema) beschäftigt, obwohl seitens der Verlage, denen er das Material angeboten hat, kein Bedarf besteht. Weiter wurde bekannt, daß er sich in seinem Manuskript zu sehr in Details verstrickt hat und daß er deshalb gegenwärtig daran arbeitet, den Inhalt etwas übersichtlicher zu gestalten. Ein Kapitel des Buches "Das schwarze Herz", das der Verdächtige 1986 kurzzeitig dem IM (Deckname) der KD Plauen überlassen hatte, wurde kopiert und der Abt. IX der BV zur strafrechtlichen Einschätzung übersandt. Ein Ergebnis liegt bisher noch nicht vor.

Zusammenfassend muß man einschätzen, daß die bekanntgewordenen Aktivitäten und Handlungen strafrechtlich nicht relevant sind. Der Verdächtige reagiert auf ihm zugefügtes "Unrecht" mitunter recht explosiv und bringt dabei - z.T. sehr drastisch - seine negative Grundeinstellung zum Ausdruck.

In der weiteren Bearbeitung gilt es, alle vorhandenen Möglichkeiten zu nutzen, um zu verhindern, daß er seine "schriftstellerischen Arbeiten" im NSA verlegen läßt. Des weiteren wäre es erforderlich, den Verdächtigen in eine feste berufliche Tätigkeit einzubinden, um bessere Kontrollmöglichkeiten zu haben und ihn auch des ständig gebrauchten Argumentes vom sogenannten "Berufsverbot" zu entledigen.

Insgesamt konnte durch enges POZW mit den örtlichen Organen erreicht werden, daß alle Kontaktmöglichkeiten des Verdächtigen eingeschränkt bzw. zurückgedrängt wurden, die ihm für seine vermuteten Aktivitäten gegen die sozialistische Staats- und Gesellschaftsordnung eine Plattform ermöglicht hätten. Deutliche Anzeichen von Resignation sind nicht mehr zu übersehen.

* Referat PID, 1988

Aus einem Dokument des Politbüros des ZK der SED*

Bericht über das Eisenbahnunglück auf dem Bahnhof Forst Zinna/Jüterbog

1.
Hergang und Folgen des Unfalls:

Am 19.01.1988, gegen 17:50 stieß die Lokomotive des D 716 Leipzig-Berlin-Stralsund bei der Durchfahrt im Bahnhof Forst Zinna/Jüterbog/Potsdam der zweigleisigen elektrifizierten Hauptstrecke Leipzig-Berlin gegen einen im Profil eines Gleises stehenden Panzer der Sowjetarmee.

Der Zug war mit etwa 400 Reisenden besetzt und befuhr diesen Streckenabschnitt entsprechend der zulässigen Höchstgeschwindigkeit mit ca. 120 km/h.

Bei diesem Unfall wurden 4 Reisende sowie 2 Eisenbahner getötet und 33 Personen verletzt, darunter 8 schwer. Zwei der tödlich Verunglückten konnten bisher noch nicht identifiziert werden.

Durch den sofortigen Einsatz der Schnellen Medizinischen Hilfe konnten bis 18:40 alle Verletzten zur stationären Behandlung in die Krankenhäuser von Luckenwalde, Jüterbog und Treuenbrietzen eingeliefert werden.

Von dem mit 13 Wagen fahrenden D-Zug entgleisten und verkeilten sich teilweise ineinander die Lokomotive und 9 Wagen, wovon 3 umstürzten. Nach vorläufiger erster Einschätzung entstand ein Sachschaden von mindestens 14 Mio Mark.

Die Lokomotive und 7 Reisezugwagen wurden total zerstört, ca. 500 m Oberbau und Weichen sowie Fahrleitungs- und sicherungsanlagen wurden beschädigt.

Für den Personenverkehr zwischen Jüterbog und Luckenwalde bzw. Zossen wurde Schienenersatzverkehr eingerichtet.

Innerhalb von 24 Stunden müssen 73 schnellfahrende Reisezüge und 118 Güterzüge umgeleitet werden.

2.
Ursachen des Unfalls und Schuldfrage:

Unmittelbar westlich des Bahnhofs Forst Zinna befindet sich ein Übungsplatz der GSSD. Auf der Fahrschulstrecke, die sich bis auf ca. 200 m dem Bahnhof nähert, wurde mit Panzern in der Dunkelheit Fahrschulausbildung durchgeführt.
Der betreffende Panzer vom Typ T-64 war mit zwei Angehörigen der GSSD (ein Fahrlehrer, ein Fahrschüler) besetzt. Der Fahrlehrer befand sich auf dem Kommandantenplatz (im Turm, bei geöffneter Luke).
Etwa 17:45 gab der Fahrlehrer über Bordmikrophon das Kommando "Halt!". Dies wurde vom Fahrschüler nicht befolgt. Vermutlich war die Bordsprechanlage ausgefallen. Daraufhin verließ der Fahrlehrer die Turmluke, kletterte während der Fahrt auf dem Panzer nach vorn und verschloß von außen die Sehschlitze des Fahrers, um ihn auf diese Weise zum Halten zu veranlassen. Dieser hielt jedoch nicht an, sondern fuhr, wie die Spur von 150 bis 200 m quer über das Übungsgelände beweist, geradeaus weiter, u.a. durch eine Gruppe Kiefern von 3 bis 4 m Höhe, welche umgeknickt wurden, und dann in einem Winkel von 75° über die Gleise des Bahnhofs Forst Zinna.
Auf dem durchgehenden Hauptgleis wurde der Motor abgedrosselt und der Panzer kam zum Stehen. Der Fahrlehrer öffnete die Luke und beide Armeeangehörige sprangen vom Panzer ab. Dieser wurde sodann vom D 716 erfaßt.
Die sowjetischen Armeeangehörigen wurden sofort durch Offiziere der Garnison Forst Zinna arretiert und (noch unter starker Schockeinwirkung) befragt. Nach Eintreffen des Vertreters des Militäroberstaatsanwaltes der DDR wurden sie zum VPKA Jüterbog überführt und dort nochmals verhört.
Es wurde die Erarbeitung eines technischen Gutachtens bezüglich des Panzers veranlaßt. Der Panzer wurde gegen 05:00 durch Kräfte der GSSD aus dem Gleisbereich geborgen und am 20.01.1988 vormittags zu diesem Zweck zur Panzerwerkstatt Großenhain überführt.
Der endgültige Unfallhergang kann erst nach Abschluß der Untersuchungen, die durch den Militärstaatsanwalt der DDR weitergeführt werden (beide Angehörige der GSSD stehen nach wie vor unter Schockwirkung) und des technischen Gutachtens über den Panzer bestätigt werden.
An der Unfallstelle waren außer den eingesetzten Bergungskräften der Garnison noch der Stellvertreter des Oberkommandierenden der GSSD für Technik und Bewaffnung sowie der Chef Panzerdienst und der Chef Militärtransportwesen anwesend, die diese vorläufigen Angaben bestätigten.

Exkurs

Weisung aus Moskau*

Stasi-Akten enthüllen: Die Moral der Sowjettruppen in der DDR war miserabel. Überfälle und Morde an Zivilisten waren gängige Delikte.

Die Vorwürfe gegen die sowjetische Armee lasen sich, als habe sie der Klassenfeind verfaßt. Sowjetsoldaten, so der Text, zeigten bei zahlreichen Überfällen auf DDR-Bürger ein "zunehmend brutales Vorgehen" Vielfach liefen die Übergriffe "unter Beteiligung von Offizieren und Unterführern" ab. Immer wieder würden deutsche Zivilisten "beschimpft, bedroht und körperlich mißhandelt". Dieses vernichtende Urteil über die sowjetische "Bruderarmee" steht in einem Bericht des Ost-Berliner Ministeriums für Staatssicherheit (MfS) aus dem Jahr 1984. Die Stasi stufte ihre brisanten Erkenntnisse als "streng geheim" ein und hielt sie unter Verschluß - aus gutem Grund: Nach offizieller Lesart lebten Sowjetsoldaten und DDR-Bevölkerung in guter, von SED und Politoffizieren penibel kontrollierter Nachbarschaft. (...) In Wahrheit war die Moral der Truppe miserabel. Seit Anfang der achtziger Jahre registrierte das MfS eine starke Zunahme krimineller Energie bei den Einheiten aus der Sowjetunion. Die Gesamtzahl der von der Stasi erfaßten Straftaten stieg von 2.714 im Jahr 1981 auf 3.377 im Jahr 1984. Die Delikte reichten von Diebstahl und Raub bis hin zu Vergewaltigung und Mord. Allein 1985 ermittelte das MfS 57 Fälle von Vergewaltigung und sexueller Nötigung, unter den Opfern waren auch minderjährige Mädchen und alte Frauen.
Im brandenburgischen Eberswalde überfiel ein Soldat laut Stasi-Akten im August 1987 eine 65jährige auf einem Friedhof. In Halle zerrten im Juli 1984 vier Soldaten eine Passantin in einen Sanitätskraftwagen und fielen dann nacheinander über sie her. Wenige Tage später brachen zwei 18 und 19 Jahre alte Sowjetsoldaten nachts im Dorf Ponickau nahe Dresden in die Wohnung eines Ehepaares ein. Die Täter bedrohten den Mann mit einem Messer, und einer von ihnen vergewaltigte mehrmals seine Frau. Die "rücksichtslosen und brutalen Mißhandlungen" (Stasi-Vermerk) von DDR-Bürgern durch Sowjetsoldaten erschreckten selbst hartgesottene Stasi-Offiziere. Im Dorf Wusterwitz bei Brandenburg erschlugen 1984 Sowjetsoldaten zwei ältere DDR-Bürger, als diese ihre Fahrräder nicht herausgeben wollten. (...)

In den DDR-Medien erschien über die Verbrechen und Übergriffe der sowjetischen Freunde nie eine Zeile...

* Aus *Der Spiegel* (Hamburg), Nr. 10/1995

Exkurs

Das schwierige Verhältnis der Klassen- und Waffenbrüder*

Die DDR vertuschte Straftaten von Sowjetsoldaten.
Heute ziehen ehemalige Offiziere innerhalb der Russen-Mafia die Drähte.

Für die Bewohner der DDR waren die "Klassen- und Waffenbrüder" ein erhebliches Sicherheitsrisiko. Nach monatelanger intensiver Recherche in Militär- und Polizeiarchiven kommt Volker Koop zu der Einschätzung: "Mehr als 100 Menschenleben hatten die Angehörigen der sowjetischen Streitkräfte Jahr für Jahr auf dem Gewissen, nahezu wöchentlich wurden Frauen vergewaltigt, bis zu 50 Prozent aller Waldbrände wurden durch sowjetische Streitkräfte verursacht, mindestens 1.500mal pro Jahr brachen Soldaten in Datschen und Fabriken, in Wohnhäuser und Verkaufsstellen ein. In der *Vertraulichen Verschlußsache* B 1/058182 listet die Unterabteilung III der DDR-Militärstaatsanwaltschaft die Morde auf, die noch 1988 von fahnenflüchtigen Sowjetsoldaten begangen wurden: In Wurzen wird ein Mann in seinem Haus erwürgt, nachdem er einen Soldaten beim Stehlen von Kleidung und Lebensmitteln überrascht hat; eine 74jährige Frau wird in ihrer Wohnung mit einem Bajonett erstochen; ein Rentnerehepaar wird bei Jüterbog von zwei Soldaten mit Eisenstangen erschlagen; in Plauen wird ein Mann in der Wohnung beraubt und erschlagen, in Ludwigslust kommt ein Mann mit einem Bauchschuß davon. (...)
Ein besonderes Sicherheitsrisiko waren sowjetische Soldaten als Teilnehmer am Straßenverkehr. Von 1980 bis Juni 1981 wurden 2.135 Verkehrsunfälle registriert, an denen sie beteiligt waren. In 83,9 Prozent der Fälle hatten sowjetische Fahrer die Unfälle verursacht; 36 Panzer, 68 Schützenpanzer und 1.391 Lastwagen waren beteiligt. 666 Personen erlitten Verletzungen, 69 DDR-Bürger und 36 Sowjetsoldaten wurden getötet. 1988 kollidierte ein Zug mit einem Panzer - 6 Personen wurden getötet und 33 verletzt...
Obwohl die sowjetischen Soldaten seit Abschluß des 1955 vereinbarten Stationierungsabkommens formell dem deutschen Recht unterstanden, mußte sich bis zum Tag der Einheit kein einziger Angehöriger der Sowjetarmee vor einem deutschen Gericht verantworten. (...)
Die Problematik der einst kriminellen Waffenbrüder sieht Rupert Scholz heute hochaktuell: "Hier sind die Wurzeln heutiger organisierter Verbrechen in der Bundesrepublik zu finden. Zum Teil dieselben, nunmehr ehemaligen Offiziere sind es, die jetzt innerhalb der Russen-Mafia die Fäden ziehen."

* Peter Schmalz, in:
Die Welt (Berlin) vom 19.03.1996

Aus dem Bericht eines IM der KD Plauen*

Bericht über Wolf Donnerhack

Am (Datum und Uhrzeit) suchte ich auftragsgemäß den Donnerhack, Wolf (Grunddaten) auf. Anfangs war noch eine gewisse (Vorname), ebenfalls Essenträgerin bei der VS, anwesend.
Donnerhack hat jetzt ein neues Revier als Essenträger. Er hat weniger Essen auszutragen und kommt deshalb auch nicht mehr auf sein Geld.
Dies läge am neuen Chef, und für die Rentner wäre sowieso kein Geld da, nur für die "sogenannten" bewaffneten Organe spielt Geld keine Rolle.
Donnerhack muß jetzt zusätzlich Kohlen tragen, was ihn ziemlich anstrengt, da die meisten seiner Rentner, wie er sagt, "unterm Dach" wohnen.
Weiterhin erzählte mir Donnerhack, daß der ihm bekannte (Klarname, Vorname) als ehemaliger Übersiedler in die DDR zurückgekommen ist.
Der (Klarname) wäre der einzige, den Donnerhack kennt, der aus seinem Leben in der BRD nichts gemacht hätte, und er bezeichnete ihn als "Idioten" und absolute Ausnahme. Donnerhack meinte, vielleicht wäre er ja auch im Auftrag der "Stasi" nach West-Berlin gegangen, um einen "Kampfauftrag" zu erfüllen.
Danach ereiferte sich Donnerhack über die Veröffentlichungen in den Massenmedien der DDR über barfuß gehende Kinder in der BRD.
Die DDR "kläfft wie ein getretener Köter", und dabei könnte man doch mit solchen "Märchen" keinen Hund mehr hinter dem Ofen hervorlocken, da kann man wirklich nur noch "ablachen".
In der Wohnung von Donnerhack sah es aus, als ob er angestrengt arbeitet; überall aufgeschlagene Bücher mit Lesezeichen, Notizbücher, Kalender und Thermokopien, viele einzelne Zettel, handschriftliche und mit der Maschine geschriebene Manuskriptseiten.
Er plant die Erarbeitung bzw. Herausgabe von folgenden drei Büchern:
- (Arbeitstitel) mit dem Pseudonym (Vorname und Klarname), Inhaltsangabe,
- (Arbeitstitel) mit dem Pseudonym (Vorname und Klarname), Inhaltsangabe,
- (Arbeitstitel) mit dem Pseudonym (Vorname und Klarname), Inhaltsangabe.

Ich fragte ihn, warum er immer nur unter Pseudonym schreibt und nie unter seinem richtigen Namen. Dazu sagte er, daß er keine Lust hat, sich von der Kritik öffentlich "niedermachen" zu lassen, da ihm dieses nicht liegt und Auseinandersetzungen und Streit sind Gift für ihn als "Waage-Mensch".

Dazu zeigte er mir in einem Buch von Günter Kunert ein Gedicht, das ich mir merken konnte. Es heißt "Unterschiede" und geht so:

Betrübt / Höre ich einen Namen aufrufen: / Nicht den meinigen.
Aufatmend / Höre ich einen Namen aufrufen: / Nicht den meinigen.

Das Buch hieß "Die Schreie der Fledermäuse" und war in der BRD erschienen, darin war auch so etwas wie eine Widmung von Günter Kunert für Donnerhack.
Danach zeigte mir Donnerhack noch ein Buch.
Es war von Michail Gorbatschow und handelte über das neue Denken und die Umgestaltung. Wegen diesem Buch hätte es viel Aufregung gegeben, da die Kreisleitung eigentlich alle aufkaufen wollte. Er hätte dieses Buch nur durch seine Beziehungen in die Buchhandlung in der (Straße und Hausnummer) erstanden. Es wäre das erste wirklich interessante Buch vom *Dietz-Verlag*.
Weiterhin diskutierte Donnerhack mit mir, daß die Versorgungsmängel in der DDR immer gravierender würden; es gäbe in der DDR keine Stagnation schlechthin, sondern eine Entwicklung direkt nach rückwärts.
Alles geht kaputt, egal, ob das Straßen, Häuser oder "das dreckige Plauen" selbst ist. Am schlimmsten aber wäre für ihn "die geistige Unfreiheit".
In diesem Zusammenhang echauffierte er sich über das geplante Pioniertreffen in Karl-Marx-Stadt, welches bei den derzeitigen Problemen in der DDR ein sinnloses Verschwenden von Mitteln für eine "total idiotische Jubelveranstaltung" ist. Donnerhack ist jetzt scheinbar endlich so weit, daß er vielleicht doch bald einen Antrag auf Übersiedlung stellt, da von dem sonst immer so gerühmten "Heimatgefühl" nichts mehr zu spüren ist und ihn nichts mehr an dieses "dreckige Plauen" bindet.
(...)
Immer dienstags hält sich Donnerhack im Lesesaal der Stadtbibliothek auf, wo er in- und ausländische Zeitschriften studiert. Den neuerlichen Vertrieb von ausgewählten ausländischen Presseerzeugnissen bezeichnet er als "Glasnost" und "Perestrojka".
Donnerhack will gegenwärtig kein festes Verhältnis zu einer weiblichen Person eingehen, um diese nicht mit in seine Situation einzubeziehen, hat jedoch intime Beziehungen zu einer (Vorname), ca. zwanzig Jahre, (...) und zu einer (Vorname), ca. dreißig Jahre, (...).
Donnerhack lud mich für einen nächsten Besuch ein.

* Referat PUT, 1988

#

Auf den folgenden Seiten:
Die Schreie der Fledermäuse...

Günter Kunert

Die Schreie der Fledermäuse

Geschichten · Gedichte · Aufsätze

Herausgegeben
von Dieter E. Zimmer
Hanser Verlag

13.3.79

Lieber Herr Dommerbach,

Sie haben mir mit dem Blech-Kumpel eine große Freude gemacht, möge Ihnen dieses eben erschienene Buch wenigstens eine kleine bereiten!

Mit Dank und Gruß

Ihr Günter Kunert

Aus dem Bericht eines IM der KD Plauen*

<u>Information zu Wolf Donnerhack</u>

Entsprechend dem mir erteilten Auftrag kann ich folgendes mitteilen:
Wolf Donnerhack unterhält beim Hauptpostamt in 9900 Plauen 1 ein Postschließfach mit der Nummer 298, früher 278.
Über dieses Postfach bezieht er folgende Presseerzeugnisse:
- *Die Weltbühne* (DDR/erscheint wöchentlich),
- *Horizont* (DDR/erscheint wöchentlich),
- *Internationale Politik* (SFRJ/erscheint wöchentlich),
- *Neue Zeit* (SU/erscheint wöchentlich).
Weitere Feststellungen konnten nicht getroffen werden.

* Referat PUT, 1988

#
Auf der folgenden Seite:

Von der Abteilung M konfisziert - der letzte Brief an Wolf Donnerhack vor dessen Inhaftierung durch die "Firma" wurde erst 1992 aufgefunden, merkwürdigerweise im Bestand der Hauptabteilung II des MfS.

Der Absender war 1976 wegen seiner Parteinahme für Wolf Biermann aus dem Öffentlichen Dienst entlassen und mit Berufsverbot belegt worden. Bis zur "Wende" schlug sich Hannes Schmidt, genau wie Wolf Donnerhack, mehr schlecht als recht durchs Leben.
Nach der "Wende" traf auch er überall
auf den Ämtern und Behörden auf die "alten Bekannten".
Und auf dem für ihn zuständigen Arbeitsamt in Ost-Berlin (auf dem Gelände der ehemaligen Stasi-Zentrale!) befragt, womit er denn in den letzten Jahren seine Brötchen verdient habe, sagte der diplomierte Kulturwissenschaftler, er habe zum Beispiel Würstchen verkauft.
"Dann verkaufen Sie mal weiter Würstchen",
soll ihm daraufhin beschieden worden sein.
Hannes Schmidt hat das nicht mehr ertragen können.
Er ist, der Darstellung von Wolf Donnerhack zufolge,
ein stiller, freundlicher und hilfsbereiter Mensch gewesen.
Im Sommer 1991 hat er den Freitod gewählt.

Der kleine Jonas vermißt seinen Vater sehr.

Hannes Schmidt Berlin, den 4.VI.88

Sehr geehrter W. Donnerhack !

Durch verschiedene Umstände komme ich erst jetzt dazu, Ihre Karte von Mitte Mai zu beantworten.
Plauen hatte sich entschieden, eine Broschüre über die damalige Israelitische Religionsgemeinde herauszubringen. Das Schreiben ist das eine. Sie können sich gar nicht vorstellen, wieviele Probleme und Ärgernisse damit verbunden sind, zu einem Ergebnis zu kommen.
Ich bin zwar in Plauen geboren, aber durch viele Jahre in Leipzig und die letzten 20 in Berlin offensichtlich etwas entwöhnt.
Es schmerzt, in vielen Dingen zu spüren, wie provinziell Plauen geworden ist, vor allem wenn es um solche Selbstverständlichkeiten geht, wie darum, sich der gemeinsamen leidvollen Vergangenheit zu stellen, für deren schreckliches Geschehen doch alle Verantwortung tragen.
Natürlich bin ich noch Vogtländer und heimatverbunden genug, daß ich weiß, daß die eingetretene Enge und Kleinbürgerlichkeit mit einer Reihe von objektiven Faktoren zu tun haben, die auf einer ganz anderen Ebene zu klären wären.
Ich habe jetzt - von der damaligen Veröffentlichung - nur noch wenige, persönliche Exemplare. Sollten Sie die Möglichkeit haben, sich Ablichtungen anfertigen zu lassen, wäre ich froh, wenn Sie mir das Original wieder zurückgeben.

Ich wünsche Ihnen Nachdenklichkeit und persönlichen Gewinn beim Studium der Geschichte

Hannes Schmidt

Volkssolidarität

Kreissekretariat
Friedensstr. 50
Plauen/V.
9900

Ihr Zeichen
Ihre Nachricht vom
Unser Zeichen
Unsere Nachricht
Den 22.01.1988

Beurteilung

Kollege Donnerhack,Wolf begann seine Tätigkeit am 01.05.1986 im Kreissekretariat der Volkssolitarität Plauen als Essenträger.
Er bewies sich als zuverlässiger und hilfsbereiter Kollege.
Er war stets bestrebt, seine Arbeiten gewissenhaft und gut zu erfüllen.
Wenn es galt, kurzfristig Arbeiten zu übernehmen, war er stets bereit und erfüllte sie mit Umsicht und Initiative.
Kollege Donnerhack war in seiner Brigade durch seine ruhige und sachliche Art sehr beliebt.
Am Brigadeleben nahm er rege teil.

Er ist nicht organisiert.

Instrukteur für soziale
Betreuung

[redacted]

Volkssolidarität

Kreissekretariat

Friedensstr.5o

P l a u e n

9 9 o o

Ihr Zeichen

Ihre Nachricht vom

Unser Zeichen

Unsere Nachricht

Den 29.o1.88

L o h n b e s c h e i n i g u n g

Kollege Donnerhack hat einen monatl.
Bruttodurchschnittsverdienst von:

569.oo M

Volkssolidarität
Plauen

Aus einem Schreiben des Kreissekretariats Plauen der Volkssolidarität*

<u>Meldung eines besonderen Vorkommnisses</u>

Am (Datum) erhielten wir von der Genn. (Vorname und Klarname), Mitarbeiterin der *Volkssolidarität*, die Information, daß sich am (Datum und Uhrzeit) im Ausgabestützpunkt der *Volkssolidarität* in der (Straße und Hausnummer) folgender Zwischenfall ereignete:

Der Kollege Donnerhack, Wolf, Essenträger der *Volkssolidarität*, nahm im Beisein von ca. zwanzig bis dreißig Essenteilnehmern das Bild des Genossen Honecker von der Wand und warf es auf den Fußboden.
Dabei äußerte er folgendes:
"Dieser elende Schwindler, Lügner, Gauner und Betrüger ist schuld daran, daß meine Freunde aus Österreich nicht einreisen dürfen."
Der Aufforderung der Brigadeleiterin, Kollegin (Vorname und Klarname), das Bild wieder an die Wand zu hängen, kam er nicht nach.
Eine andere Essenteilnehmerin hängte dann das Bild wieder an seinen Platz.

* An den Sicherheitsbeauftragten der SED-Kreisleitung Plauen, 1988

#
Hier muß wohl doch einiges richtiggestellt werden:
Wolf Donnerhack warf das Bild von Erich Honecker keineswegs auf den Fußboden. Er nahm es lediglich von der Wand und stellte es in eine Ecke, mit der Vorderseite zur Wand, weil er "diese Larve" nicht mehr ertragen konnte.
Auch waren keine zwanzig bis dreißig Essenteilnehmer anwesend, sondern höchstens ein halbes Dutzend.
Zu der Arbeitskollegin, die Wolf Donnerhack gegenüber erklärt hatte, daß man darauf schon lange gewartet habe und daß er jetzt "ins Kittchen" käme, sagte er noch: "Geh' doch zu Deinen Freunden von der GHG, alte Schnapsdrossel, vielleicht bekommst Du dort eine Flasche Wodka zur Belohnung."
Aber die Belohnung der "Firma" sah ganz anders aus:
In einem Beitrag auf der Lokalseite des *Bezirksorgans*
wurde das böse alte Weib als "sehr rührig" gelobt.
So kann man's natürlich auch nennen...

#
Auf der folgenden Seite:
Man nannte sie Elisabeth, doch diese alte Vettel war gar nicht nett...

Die 67jährige [redacted] ist sehr rührig in der Ortsgruppe Westend und hilft auch bei Veranstaltungen in der Dittesstraße.

Aus einem Dokument der KD Oelsnitz*

Zusammenfassung der Aktivitäten des Verdächtigen im OV "Blitz"

Der OV "Blitz" wurde am 27.11.1980 auf Grund der offenen feindlich-negativen Einstellung des Verdächtigen mit der Zielstellung der Beweisführung nach § 106 StGB eröffnet.

Während der Bearbeitung wurden nachfolgende Fakten und Aktivitäten des Verdächtigen bekannt:

Der Verdächtige trat bisher in allen Arbeitsstellen negierend in Erscheinung, wobei feststellbar ist, daß er sich sehr geschickt mit pseudosozialistischen Anschauungen tarnt und versucht, auch andere, in ihrer Weltanschauung noch nicht gefestigte Jugendliche/Jungerwachsene negativ zu beeinflussen.
Gegenüber IM äußerte sich der Verdächtige mehrmals in der Art, daß er nichts gegen die DDR habe, sonst würde er einen Übersiedlungsantrag in die BRD stellen, aber dort könnte er dann nichts mehr gegen die bestehenden gesellschaftlichen Verhältnisse in der DDR unternehmen.
Auf Grund seiner parteifeindlichen Auffassungen, welche er raffiniert mit Zitaten von Klassikern des Marxismus-Leninismus verschleierte, wurde er in seiner damaligen Arbeitsstelle beim Rat der Stadt Oelsnitz fristlos gekündigt und aus der Partei der Arbeiterklasse ausgeschlossen.
Vorher hatte der Verdächtige an der Karl-Marx-Universität Leipzig Diplom-Fachlehrer für Deutsch und Geschichte studiert.
Bereits vor und dann auch während seiner Tätigkeit als Bereichsleiter für Kultur und Jugendfragen beim Rat der Stadt Oelsnitz war er aktives Mitglied im "Malzhaus-Club" in Plauen, wo er umfangreiche Kontakte zu kirchlichen und anderen reaktionären Kreisen knüpfte.
In seiner Tätigkeit beim Rat der Stadt Oelsnitz war der Verdächtige u.a. für den Jugendklub im *Geschwister-Scholl-Heim* verantwortlich. Bei mehreren, auch mit Vertretern der FDJ-Kreisleitung Oelsnitz geführten Aussprachen legte er seine Meinung dar und ließ an seinen wahren politischen Ansichten keinen Zweifel.
Nach seiner Entlassung äußerte der Verdächtige mehrfach gegenüber IM, daß er ein "Opfer der Berufsverbotspraxis in der DDR" sei.
Er bemühte sich dann längere Zeit um eine neue Anstellung, ausnahmslos bei Institutionen, wo er seinen Neigungen in der Geschichtsforschung nachgehen konnte. So wurde er in der *Staatlichen Galerie Moritzburg* in Halle/Saale angestellt und fand dort zahlreiche Gleichgesinnte. Nach einem Vorkommnis im Staatsarchiv Merseburg wurde ihm die Benutzung des Archivs untersagt.

Etwa zum gleichen Zeitpunkt wurden die Verbindungen des Verdächtigen zu seinem 1980 in die BRD übersiedelten Bruder Donnerhack, Lutz aktiviert.

Dieser war 1977 durch das Ministerium wegen terroristischer Tätigkeit festgenommen und zu sechs Jahren Haft verurteilt worden.
1980 wurde er aus der Strafvollzugseinrichtung nach der BRD entlassen.
Die Verbindung des Verdächtigen zu seinem Bruder besteht intensiv und sowohl postalisch als auch persönlich durch Treffen in der CSSR.
Dabei mußte gegen den Verdächtigen ein Ermittlungsverfahren (Geldstrafe) wegen der versuchten Einfuhr von verbotener Literatur durchgeführt werden.
Auch sympathisierte der Verdächtige mit den Machenschaften der polnischen *Solidarnoscz*. In den Beiträgen der jugoslawischen Zeitschrift *Medjunarodna Politika,* die er von der Botschaft der SFRJ bezieht, findet der Verdächtige seine Ansichten bestätigt und entnimmt ihr zahlreiche Argumentationshilfen für seine Polemiken gegen die Politik der DDR und ihrer Verbündeten.
Gegenüber IM äußerte der Verdächtige seine Sympathie für Leute wie Fuchs und Biermann, die nach seiner Auffassung "anständige" Kommunisten sind.

Nach seiner befristeten Anstellung bei der Galerie Moritzburg war der Verdächtige längere Zeit nicht berufstätig und begann zu schreiben.
Ein Kapitel aus dem Buch "Das schwarze Herz" befindet sich bei der Abt. IX der BV zur strafrechtlichen Einschätzung; ein Ergebnis liegt noch nicht vor.

In dem Buch "Achtung, Hintermann!" will er sich mit den Kriegserlebnissen der "kleinen Leute" befassen, wobei er insbesondere die Memoirenliteratur über den Großen Vaterländischen Krieg in Zweifel stellt und herabwürdigt.
Dazu will er Aufzeichnungen seines Vaters und Großvaters über den Ersten und Zweiten Weltkrieg verwenden. In diesem Zusammenhang und auch vorher schon hat er zahlreiche "Lebensgeschichten" gesammelt und alte Leute auf Tonband sprechen lassen. Darunter verdiente Genossen, die im KZ waren, daneben aber auch Spanienkämpfer, Anarchisten, Kriegsteilnehmer wie SA-Leute und SS-Männer, Umsiedler, Zivilinternierte aus der SU usw.

Mit dem Buch "Let It Be" will er angeblich herausfinden, wie eigentlich alles gekommen ist, daß er nun als Essenträger und Kohlenträger "dahinvegetiert"; was er gemacht hat und was andere mit ihm gemacht haben. Dazu äußerte er, daß "der Apparat" ihn systematisch kaputtgemacht hat und daß "die Bande" die ganze Zeit nur darauf wartet, um ihn "wegnehmen" zu können.
Mit "Bande" meint er das Ministerium.

Der Verdächtige beschäftigt sich mit weiteren geschichtlichen Themen, u.a. mit dem vogtländischen "Malerpoeten" Hermann Vogel, mit der Geschichte der Plauener Stickerei-Industrie und mit den Bombenangriffen auf Dresden.

Im Zusammenhang mit diesen "schriftstellerischen Arbeiten" wurde eine Aussprache zwischen dem Verdächtigen und dem Ratsmitglied für Kultur beim Rat der Stadt Plauen, Gen. (Klarname) organisiert.
Während dieser Aussprache wurde der Verdächtige über strafrechtliche Konsequenzen belehrt, falls er Kontakte zu Verlagen im NSW aufnimmt.
Dabei zeigte er sich nach außen hin verständig und einsichtig.
Gegenüber IM äußerte der Verdächtige aber nach dieser Aussprache, daß das Gespräch nur einen "Ruhigstellungsversuch" des Ministeriums darstellt.

1987 stellte der Verdächtige einen Antrag auf Reise in DFA zur Hochzeit seines Bruders in die Schweiz.
Diesem Antrag auf Reise in DFA wurde nicht stattgegeben.
Über diese Ablehnung zeigte sich der Verdächtige sehr verärgert.
Gegenüber IM bezeichnete er Entscheidungsträger u.a. als "Verbrecher".
In diesem Zusammenhang sprach der Verdächtige gegenüber IM davon, daß ab Juni 1988 (35. Jahrestag des fasch. Putschversuches?) sowieso "alles ganz anders" werden würde und daß "die ganz schön die Ohren anlegen" werden.

Seit Dezember 1987 ist verstärkt zu verzeichnen, daß Antragsteller auf Übersiedlung beim Verdächtigen verkehren und sich bei ihm beraten. Gegenüber diesen Personen ist er jedoch sehr vorsichtig, da er der Annahme ist, daß die Antragstellergruppierungen vom Ministerium durchsetzt sind. Er lehnt auch jede Teilnahme an Demonstrativhandlungen mit den Antragstellern ab.
Aus letzten IM-Berichten geht eindeutig hervor, daß er die Hoffnung auf Veränderungen in der DDR aufgegeben hat und eine Übersiedlung zu seinem Bruder in die Schweiz anstrebt. Er weiß nur nicht, wie er es anstellen soll, daß er seine vielen Bücher und den Nachlaß seines Vaters mitnehmen kann.

Am 17. Juni 1988 entfernte er in einem Stützpunkt der *Volkssolidarität* in Plauen auf provokatorische Weise und unter beleidigenden Äußerungen das Porträt des Staatsratsvorsitzenden von der Wand und warf es in eine Ecke.
Damit sollte ein Abschluß des OV "Blitz" nunmehr endlich möglich sein.

* Referat PID, 1988

Aus einem Dokument der KD Oelsnitz*

Beschluß über die Archivierung eines Operativen Vorganges

Erfassungsart: OV "Blitz", Reg.-Nr. XIV 2928/80 (§ 106 StGB).
Gründe des Abschlusses bzw. der Einstellung:
Der Verdächtige beging am (Datum) eine Straftat gemäß §§ 137, 139 StGB.
Das Ermittlungsverfahren wurde am (Datum) an den Staatsanwalt übergeben
Der Vorgang ist nicht gesperrt abzulegen.
Der Vorgang kann nach der Ersatzverfilmung nicht vernichtet werden.

* Bestätigt vom Leiter der KD Oelsnitz, 1988

Aus einem Dokument der BV Karl-Marx-Stadt*

Verfügung

Gemäß § 98 StPO wird gegen den Donnerhack, Wolf (Grunddaten) aus den unten angeführten Gründen die Einleitung eines EV mit Haft angeordnet.

Gründe:

Der Beschuldigte ist dringend verdächtig, eine Beleidigung begangen zu haben, indem er am (Datum) im Stützpunkt der *Volkssolidarität* in Plauen in der (Straße und Hausnummer) gegenüber mindestens fünfzehn Personen die Würde des Vorsitzenden des Staatsrates der DDR wegen dessen staatlicher Tätigkeit mehrfach und lautstark durch Beschimpfungen wie "Schwindler, Lügner, Gauner und Betrüger" verletzte, nachdem er dessen Bildnis in der genannten Räumlichkeit von der Wand entfernt und zu Boden geworfen hatte.
Strafbar nach §§ 137, 139 StGB.

* Bestätigt vom Leiter der Abteilung IX, 1988

#
Auf den folgenden Seiten:
Letzte Erinnerung an die kleine Mansardenwohnung in Plauen-Neundorf - bevor der Durchsuchungs- und Beschlagnahmetrupp der Stasi sich austobte...

Alle Aufnahmen: MfS, BV Karl-Marx-Stadt/Abteilung VIII (1988)

Meyers
Konversations-
Lexikon.

Aus einer Bandabschrift der KD Plauen*

Information zu Wolf Donnerhack

Am (Datum) kam ich in der Gaststätte *Grüner Kranz* mit dem dortigen Kellner, dem (Vorname) ins Gespräch.
Von ihm erfuhr ich, daß der Donnerhack verhaftet worden ist.
Donnerhack habe im Klub der *Volksssolidarität* randaliert und ein Honecker-Bildnis zerstört. Darüber zeigten sich die alten Leute entsetzt, und so ist auch seine Verhaftung zu erklären. Der Donnerhack ist mir schon länger bekannt (siehe frühere Berichte).
Der (Vorname) sagte, daß jetzt erst einmal Schluß ist mit dem Lotterleben von Donnerhack und seinen Weibergeschichten. Sein Sündenregister ist so umfangreich, daß er jetzt für sehr lange Zeit keine Sonne mehr sehen wird. Hoffentlich ist er so schlau, daß er in der Haft einen Ausreiseantrag stellt.

* Referat PUT, 1988

Aus dem Bericht eines IM der KD Plauen*

Information zu Wolf Donnerhack

Auftragsgemäß suchte ich am Monatsanfang die geschiedene Frau von Donnerhack, die (Klarname, Vorname) auf.
Diese erzählte mir in groben Zügen den Hergang der Verhaftung von D.
Die (Vorname) und der mit ihr bekannte (Klarname, Vorname) hätten über zufällig zu Besuch in Plauen weilende Schweizer Bürger den Donnerhack, Lutz in der Schweiz vom Schicksal seines Bruders Wolf informiert. Dieser hätte daraufhin geschrieben, daß er alle notwendigen Schritte einleiten wird. So will er über die Bundesregierung denselben Anwalt für seinen Bruder einschalten, der sich vor Jahren schon für ihn eingesetzt hat.
Im Gespräch erzählte (Vorname) noch, daß Donnerhack sich kurz vor seiner Verhaftung mit mehreren Schauspielerinnen zur "stummen Demonstration" vor dem Rathaus aufgehalten hätte. Abschließend erzählte sie dann noch von einer Verbindung zu Pfarrer (Klarname) von der Methodisten-Kirche, den sie eingeschaltet habe und der sich jetzt als "Seelsorger" von Donnerhack um einen Besuchstermin in der Haft bemühen will. Darin sieht sie gute Chancen, da sich "die Stasi" nicht gern mit der Kirche anlegt.

* Referat PUT, 1988

Aus einem Schreiben der Evangelisch-methodistischen Kirche *

Inhaftierung von Wolf Donnerhack

Sehr geehrter Herr Staatsanwalt!

In meiner Eigenschaft als Pastor der Evangelisch-methodistischen Kirchgemeinde in Plauen teile ich Ihnen meine Sorge um Herrn Wolf Donnerhack, geboren am 05.10.1952, mit.
Mir wurde mitgeteilt, daß Herr Donnerhack am (Datum) inhaftiert wurde.
Er wurde offenbar gegen (Uhrzeit) in seiner Wohnung festgenommen.
Auf Anfrage von Frau (Vorname und Klarname) war lediglich zu erfahren, daß sich Herr Donnerhack in Untersuchungshaft befindet. Gründe für seine Inhaftierung konnten jedoch nicht genannt werden.

Im Interesse einer sachlichen Beurteilung der Situation bitte ich Sie, dem Verwandten- und Freundeskreis von Herrn Donnerhack die Gründe bekanntzugeben, die zur Untersuchungshaft geführt haben. Außerdem bitte ich Sie dringend, Herrn Donnerhack beiliegendes persönliches Schreiben zu übermitteln und ihm die Möglichkeit einer Antwort an meine Adresse zu ermöglichen.

Um meiner seelsorgerischen Pflicht nachkommen zu können, ersuche ich Sie, mir einen Besuchstermin zu einem persönlichen Gespräch mit Herrn Donnerhack bekanntzugeben.

* Vom Pastor des Gemeindebezirkes Plauen -
An den Staatsanwalt des Bezirkes Karl-Marx-Stadt, 1988

#

Der dem zitierten Schreiben beigelegte Brief hatte folgenden Wortlaut:

Lieber Wolf Donnerhack!
Jetzt höre ich, daß Du in Karl-Marx-Stadt bist und wir allen Grund haben, um Deinen Verbleib besorgt zu sein.
Ich möchte Dir mit diesen Zeilen signalisieren, daß wir an Dich denken und in der Gemeinde für Dich beten.
Sobald Du die Möglichkeit hast, schreibe mir bitte.
Laß mich wissen, was wir für Dich tun können.
Hast Du einen Rechtsanwalt?
Sollen wir Dir diesbezüglich Unterstützung geben?
Bitte laß bald von Dir hören!
Im Namen vieler Freunde und der ganzen Gemeinde
Dein (Vorname und Klarname)

Frage:
Möchten Sie zum Inhalt des Zeugenvernehmungsprotokolls etwas erklären?

Antwort:
. . . .

Frage:
Ihnen wird ein Zeugenvernehmungsprotokoll der Person (Klarname, Vorname) vom (Datum) vorgelegt. Haben Sie dazu etwas zu erklären?

Antwort:
. . . .

Vermerk:
Der Beschuldigte las das Zeugenvernehmungsprotokoll. Dabei erfolgten verschiedene Gestiken und Mimiken, die nicht gedeutet werden konnten.

Frage:
Wenn Sie zum vorliegenden Zeugenvernehmungsprotokoll Erklärungen abzugeben haben, dann sollte dies in akustischer Form erfolgen.
Ihnen wird nochmals Gelegenheit gegeben, sich zu äußern!

Antwort:
. . . .

Frage:
Ihnen wird ein weiteres, dem Untersuchungsorgan vorliegendes Zeugenvernehmungsprotokoll der Person (Klarname, Vorname) vom (Datum) vorgelegt. Sie erhalten auch dazu die Möglichkeit, Erklärungen abzugeben!

Antwort:
. . . .

Vermerk:
Trotz wiederholter Gestikulierungen ist der Beschuldigte nicht bereit, dazu Erklärungen abzugeben.

Frage:
Ihnen wurden im Rahmen der heutigen Vernehmung insgesamt drei Zeugenvernehmungsprotokolle von Personen vorgelegt, welche konkret über die von Ihnen getätigten Handlungen und Äußerungen aussagten.
Die vorliegenden Zeugenvernehmungen stellen ebenso Beweismittel im gegen Sie eingeleiteten Verfahren dar wie Ihre Einlassungen am (Datum).
Deshalb ist Ihr Verhalten in der heutigen Vernehmung unverständlich.
Aus welchen Gründen lehnen Sie jede akustische Äußerung ab?

Antwort:
. . . .

Vermerk:
Der Beschuldigte zeigte mit einer Hand auf Mikrophon und Tonbandgerät.

Frage:
Die Schallaufzeichnung wird auf der Grundlage des § 106 StPO gefertigt.
Diese Maßnahme erfolgt also auf gesetzlicher Grundlage.
Sie stellt für Sie ebenso wie für das Untersuchungsorgan zusätzlich zum Vernehmungsprotokoll eine Möglichkeit dar, den objektiven Vernehmungsverlauf gegenüber jedem am gegen Sie eingeleiteten Ermittlungsverfahren Beteiligten wiederzugeben. In einem mit Ihnen am (Datum) geführten Gespräch bezüglich möglicher Hafterleichterungen bekundeten Sie unter anderem, daß Sie dem Untersuchungsorgan dahingehend mißtrauen, daß aus Aussagen Ihrer Person falsche Schlüsse gezogen werden und dann zu Ihrem Nachteil ausgelegt werden könnten. Logischerweise wäre es demzufolge für Ihre Person wichtig, auf eine Schallaufzeichnung von Vernehmungen Ihrer Person verweisen zu können. Möchten Sie dazu noch etwas erklären?

Antwort:
. . . .

Vermerk:
Dem Beschuldigten wurde das Vernehmungsprotokoll vorgelegt.
Er nahm es zur Kenntnis, lehnte jedoch die Unterschriftsleistung ab, ohne dazu eine Erklärung abzugeben.

* Abteilung IX, 1988

Aus einem Dokument der BV Karl-Marx-Stadt*

Aktennotiz

Am (Datum) wurde dem Beschuldigten Donnerhack, Wolf das Einziehungsprotokoll gemäß § 13, Abs. 4 und § 20, Abs. 2 des Gesetzes über die Aufgaben und Befugnisse der DVP zur Unterschrift vorgelegt. Vor Unterschriftsleistung setzte er einen provokatorischen Vermerk hinzu: "Ich mußte diesen Willkürakt zur Kenntnis nehmen."

* Abteilung IX, 1988

Aus einem Dokument der BV Karl-Marx-Stadt*

Danksagung

Das Ministerium für Staatssicherheit führt seit seiner Gründung einen entschlossenen Kampf gegen alle Feinde des sozialistischen Aufbaus in unserer Republik und alle Gegner unseres Staates.

Der Imperialismus versucht mit allen Mitteln, den friedlichen Aufbau des Sozialismus in der DDR und in den anderen Ländern der sozialistischen Staatengemeinschaft zu stören und den Verlauf unserer Entwicklung aufzuhalten.
Ihm und seinen Helfershelfern gilt unser gemeinsamer Kampf.
(...)
Sie persönlich, Herr (Klarname), haben in dankenswerter Weise entscheidend dazu beigetragen, in einem speziellen Problem eine Klärung herbeizuführen. Sie entwickelten dabei eine vorbildliche Aktivität und Einsatzbereitschaft.

Ihre Zusammenarbeit mit dem zuständigen Mitarbeiter unseres Organs war getragen von einer sachlichen und vertrauensvollen Atmosphäre.
Mit Ihrer Arbeit haben Sie bewiesen, daß Sie die Sicherung und den Schutz unserer sozialistischen Heimat zu Ihrer eigenen Sache erhoben haben.

Ich spreche Ihnen hierfür meinen Dank aus und bin sicher, daß Sie weiterhin Ihre ganze Kraft für unsere gemeinsame Sache zur Verfügung stellen werden.

Ihnen und Ihrer Familie wünsche ich Gesundheit und persönliches Wohlergehen sowie Erfolg in der beruflichen Tätigkeit.

* Gezeichnet vom Leiter der Abteilung XV, 1988

Aus einem Dokument der BV Karl-Marx-Stadt*

Bericht über BP 181

Am (Datum) wurde durch den eingesetzten Kontroll- und Sicherungsposten, Genn. (Klarname), festgestellt, daß die BP 181 die Neonröhre im VR 28 außer Betrieb gesetzt hat. Daraufhin wurde der ODH verständigt.
Der Untersuchungsgefangene äußerte durch lautes Schreien,
daß das Licht aus bleibt und er sonst für nichts garantiert.
Er hätte genug Licht im Verwahrraum.
Daraufhin wurde die BP 181 zur Einhaltung der Hausordnung ermahnt.
Um (Uhrzeit) war der alte Zustand wiederhergestellt.

* Abteilung XIV, 1988

#
Was nicht im "Bericht über BP 181" steht:
Die Neonröhre brannte Tag und Nacht und war mit einem starken Summer gekoppelt, dessen Dauerton wahnsinnige Kopfschmerzen verursachte.
Die höfliche Bitte von "BP 181", das Licht auszuschalten, wurde ignoriert.
Verschwiegen wird im "Bericht über BP 181" auch, was geschah, nachdem "die BP 181 zur Einhaltung der Hausordnung ermahnt" worden war:
Drei Uniformierte zerrten "die BP 181" aus der "Verwahrraum" genannten Zelle und in den Duschraum, wo "die BP 181" von einem "Tschekisten" in den "Schwitzkasten" genommen und gewürgt wurde, während die anderen beiden "die BP 181" durch gezielte Schläge und Tritte in den Unterleib "ruhigstellten" mit dem Kommentar: "Das hast Du alles umsonst bei uns...!"

Aus einem Dokument der BV Karl-Marx-Stadt*

Bericht über BP 181 und BP 188

Betrifft die BP 181/88 = Donnerhack (1) und BP 188/88 = Klarname (2)
im VR 48 der UHA Karl-Marx-Stadt.
Die o.g. Beschuldigten verweigern seit dem (Datum) die Freistunde.
Gegenüber der Genn. (Klarname) äußerte die BP 181 auf Befragen:
"In diese Affenkäfige gehen wir nicht."

* Abteilung XIV, 1988

Aus einem Schreiben von Lutz Donnerhack*

Festnahme Wolf Donnerhack

Sehr geehrter Herr Rechtsanwalt,
besten Dank für Ihr Informationsschreiben zur obigen Angelegenheit.
Nun noch etwas zum Hintergrund:
Mein Bruder ist Diplom-Fachlehrer für Deutsch und Geschichte.
Trotzdem hatte er in den letzten Jahren nur die Möglichkeit,
in einer karitativen Einrichtung seinen Lebensunterhalt zu verdienen.
Als nun dieses Jahr, wie schon Jahre zuvor, zwei befreundete Ehepaare aus Passau einen Besuch in Plauen abstatten wollten, wurde den Ehefrauen der Freunde (trotz vorheriger Zusage!) die Einreise verweigert.
Wegen dieses Vorfalles, aber auch wegen mehrerer zurückliegender Reiseverweigerungen (z.B. meine Einreise 1980 nach dem Tode unseres Vaters oder die Ausreise meines Bruders zu meiner Eheschließung im vorigen Jahr) sowie wegen seines Berufsverbotes geriet er am (Datum) an seiner Arbeitsstelle in einem Heim der *Volkssolidarität* so außer sich, daß er das Bildnis eines gewissen "Herrn" Honecker von der Wand riß, hoffentlich nicht ohne entsprechende Bemerkung. Am (Datum) wurde er dann vom MfS verhaftet.
Die daran anschließende fünfstündige Hausdurchsuchung wurde von einem Herrn geleitet, der sich (Klarname) nannte. Mein Bruder war seit mehreren Jahren wissenschaftlich tätig, die Manuskripte haben die Rotschufte offenbar mitgehen lassen. Wir bitten, soweit möglich, deren Herausgabe zu erwirken.
Mein Bruder hatte bislang nicht die Absicht, aus der DDR auszureisen, da er es für seine Pflicht hielt, im Lande zu bleiben und vor Ort für Veränderungen zu wirken. Da er jedoch schon seit geraumer Zeit zur politisch mißliebigen Person avancierte, sehen wir die besten Chancen für ihn in der recht baldigen Entlassung aus der widerrechtlichen Staatsbürgerschaft der DDR und bitten Sie hiermit, dementsprechend darauf hinzuwirken.
Uns ist bekannt, daß das vom zu erwartenden Strafmaß abhängt, wir wissen aber auch, daß man in seinem Fall eine Anklage konstruieren wird, die den dort üblichen primitiven Rachegelüsten gerecht wird und mit der wieder mal ein Exempel statuiert werden soll. Wir teilen dazu mit, daß wir die bis dato geltenden Spielregeln nicht einzuhalten gedenken, da sich mein/unser Bruder bekanntlich nicht in der Haft einer anerkannten Justiz, sondern in der Hand gemeiner Geiselgangster und Sklavenhalter befindet. Von dieser Auffassung allein wird also unser Standpunkt in dieser Angelegenheit bestimmt.
Wir sind daher fest gewillt, öffentlichen Ärger zu machen.
Je nach Belieben der Gegenseite, die uns als freie Bürger durch solcherlei Geiselnahmen niemals daran hindern kann, ihr bei der Durchführung ihrer geplanten dreckigen Gemeinheiten im Wege zu sein.

Uns geht es vor allem darum, die Möglichkeiten, die sich anhand solcher ganz konkreten Fälle bieten, zu nutzen, um wieder und immer wieder das Bewußtsein der Menschen in diesem Land gegenüber der ständigen Gefahr und Bedrohung durch das kommunistische Regime wachzuhalten, der wir alle ausgesetzt sind. Da bei uns die Massenmedien bereits weitgehend linksblind geschaltet sind, sollte es uns nicht verwehrt werden, gelegentlich auch warnende Töne, untermauert mit Zahlen und Fakten, in die teilweise naive und euphorische öffentliche Diskussion über "Glasnost" und "Perestrojka" und die angeblichen Abrüstungsangebote des Ostens einzubringen.
Allein von der berechtigten Sorge um den Bestand unserer Rechtsordnung wird also unser Handeln bestimmt und nicht von persönlichen Motiven.
Wir wünschen daher bei Ihren Verhandlungen mit den Kriminellen in Ost-Berlin den nötigen Erfolg und Ihnen persönlich alles erdenklich Gute.

* An einen West-Berliner Rechtsanwalt und Notar, 1988

Aus dem Schreiben von einem West-Berliner Rechtsanwalt und Notar*

Haftfall Wolf Donnerhack

Sehr geehrter Herr Donnerhack,
Sie erlauben mir sicherlich, daß ich Ihr Schreiben vom (Datum) mit einiger Skepsis lese. Sie selbst sind mir bekannt seit der Zeit, als Sie in Haft waren. Vieles, was Sie schreiben, wird man diesen Erfahrungen zurechnen müssen. Sie dürfen bitte davon ausgehen, daß es nicht notwendig ist, mich über die Mängel in der DDR und den Gang der Justiz dort aufzuklären.
Sie dürfen sicher sein, daß wir unser Bestes tun, um Ihrem Bruder zu helfen. Wenn Sie es allerdings für richtig halten, "öffentlichen Ärger zu machen", so muß ich das Ihnen überlassen. Sie wollen dann aber freundlicherweise mich und meine Arbeit aus Ihrer Kampagne heraushalten.
Ob derartige Unterfangen sinnvoll sind, ist umstritten.
Wenn Sie meinen Weg gehen wollen, der letztlich auch Ihnen geholfen hat, dann lassen Sie solche Aktionen. Ich bin seit fast fünfundzwanzig Jahren in diesem Metier und Sie dürfen sicher sein, daß ich weiß, wovon ich rede.

* An Lutz Donnerhack, 1988

[redacted]

RECHTSANWALT UND NOTAR

RA W. E. NÄUMANN POSTFACH 31 10 20 1000 BERLIN 31

UHLANDSTRASSE 137
1000 BERLIN 31
TELEFON (030) 86 01 98
TELEX 185 693 NA D
TELEFAX 8 62 12 46
BERLINER BANK AG
KONTO 3554700600
BANKLEITZAHL 100 200 00

Herrn
Lutz Donnerhack
Pruntruter Strasse 20

CH B a s e l

Wolf Donnerhack
986/88

BEI ANTWORT UNBEDINGT ANGEBEN

DEN 03.10.1988 jk

SPRECHSTUNDE NUR NACH TELEFONISCHER VEREINBARUNG

Sehr geehrter Herr Donnerhack !

Ihr Bruder wurde mit Urteil des Kreisgerichtes Karl-Marx-Stadt am 22. August 1988 gemäß § 137 (Beleidigung), § 139 Abs. 3 (Verfolgung von Beleidigungen und Verleumdungen) Strafgesetzbuch der DDR zu einer Freiheitsstrafe von sechs Monaten verurteilt.

Die eingelegte Berufung wurde verworfen.

Das Urteil ist rechtskräftig. Die Untersuchungshaft seit dem 23.06.1988 ist angerechnet.

Von der Verurteilung habe ich dem Bundesminister für innerdeutsche Beziehungen berichtet mit der Bitte um Prüfung, ob von dort aus weitergeholfen werden kann.

Mit freundlichen Grüßen

Rechtsanwalt

DER BUNDESMINISTER
FÜR INNERDEUTSCHE BEZIEHUNGEN

III B 1 - 72103 - 10374/88

(Bei Antwort bitte Geschäftszeichen angeben)

5300 BONN-BAD GODESBERG, DEN 05.12.1988
GODESBERGER ALLEE 140
FERNRUF: BERLIN
VERMITTLUNG (030) 21261
DURCHWAHL (030) 2126 - 297

Der Bundesminister für innerdeutsche Beziehungen
Postfach 12 02 50 · 5300 Bonn 1

Herrn
Lutz Donnerhack
Pruntruterstr. 20

CH - 4053 Basel

Sehr geehrter Herr Donnerhack!

Für Ihren Brief vom 22.11.1988, mit dem Sie sich für Ihren in der DDR inhaftierten Bruder Wolf einsetzen, danke ich Ihnen.

Seit der Verurteilung Ihres Bruders am 22.07.1988 bin ich darum bemüht, für ihn die vorzeitige Haftentlassung und Ausreise zu erreichen. Leider war die DDR bislang nicht bereit, hier eine Lösung möglich zu machen. Da die Haftzeit Ihres Bruders am 22.12.1988 endet und ich bisher keine Hinweise habe, daß die DDR doch noch zu einer befriedigenden Regelung bereit sein wird, will ich Ihnen schon heute vorsorglich empfehlen, sich sofort nach der Haftentlassung Ihres Bruders erneut an die in meinem Auftrage tätige Rechtsanwältin Barbara von der Schulenburg - die Anschrift ist Ihnen bekannt - zu wenden.

Ich bedauere, Ihnen keine günstigere Nachricht übermitteln zu können.

Mit freundlichen Grüßen
Im Auftrag

[redacted]

Aus einem Dokument der StVE Karl-Marx-Stadt*

Einschätzung

Der SG Donnerhack befindet sich seit dem (Datum) in der hiesigen StVE.
Sein bisheriges Verhalten unterliegt größeren Schwankungen und entspricht nicht immer den Normen der Hausordnung.
In der UHA zeigte er ein undiszipliniertes Verhalten und trat gegenüber den Mitarbeitern im OV provozierend auf. In Gesprächen verhält er sich meist überheblich und erscheint sehr stark von sich eingenommen. Er versucht, Sachverhalte zu verniedlichen und zu seinen Gunsten darzustellen.
Die innere Ordnung und Sauberkeit sind gut.
Er hat Kontakt zu den anderen SG.

Zur begangenen Straftat nimmt er keine kritische Haltung ein.
Er fühlt sich zu Unrecht zu einer Freiheitsstrafe verurteilt, da sie in keiner Relation zur strafbaren Handlung stehen würde.
Auch sei er vielerorts von den staatlichen Organen diskriminiert worden.
Sein gesamtes Auftreten läßt eine negative Einstellung zur sozialistischen Gesellschaft erkennen. Eine ständige Kontrolle ist erforderlich, da eine negative Einflußnahme auf andere SG nicht auszuschließen ist.

Zur gesellschaftlich nützlichen Arbeit ist er in einem Betriebsteil des VEB *Motorradwerk Zschopau* als Produktionsarbeiter an einer Nachdrehbank eingesetzt. Der SG Donnerhack arbeitet langsam und bedächtig.
Die Arbeitszeit wird ausgelastet und die ASAO eingehalten.

Die Fragen der Wiedereingliederung sind nach Angaben des SG geklärt.
Zahlungsverpflichtungen liegen nicht vor.
Wohnraum ist in Plauen, (Straße und Hausnummer) vorhanden.
Das ARV mit der *Volkssolidarität* besteht formal weiter
und wird nach der Entlassung aus dem SV wieder aufgenommen.

Mit weiteren Schwierigkeiten ist auf Grund der Persönlichkeit des SG auch nach der Entlassung aus dem SV zu rechnen.

Donnerhack ist nicht tätowiert.

* 1988

Entlassungsschein

Herr ~~Frau/Frl.~~ Wolf Donnerhack

PKZ	0	5	1	0	5	2	4	2	8	9	1	9

wurde am 22.12.88

aus der Strafvollzugseinrichtung Karl-Marx-Stadt

nach Plauen, Wilhelm-Pieck-Str. 111 entlassen

Dieser Entlassungsschein gilt bis 23.12.1988 **als Legitimation.**

Obengenannter befand sich seit 23.06.1988 ~~in Untersuchungshaft/~~ im Strafvollzug. Der Ausweis für Arbeit und Sozialversicherung wurde ausgehändigt/ ~~in die Einrichtungen des Organs Strafvollzug nicht eingebracht.~~*

Eigengeld in Höhe von =105,05= M und Fahrkarte* erhalten.

Personalausweis an VPKA Plauen

am Juni 1988 gesandt.

(Dienst-siegel) Unterschrift

Oberstltn. d. SV

* Nichtzutreffendes streichen

Aus einem Schreiben vom Rat der Stadt Plauen*

Betreuungsprogramm

Werter Genosse Kaderleiter!
Auf der Grundlage von § 6 des Wiedereingliederungsgesetzes möchte ich Sie daran erinnern, daß für den strafentlassenen Bürger Donnerhack, Wolf (Grunddaten) ein Betreuungsprogramm, namentliche Mitteilung eines von Ihnen gestellten Betreuers sowie eine vierteljährliche Beurteilung fällig sind. Wir bitten Sie, die geforderten Unterlagen bis zum (Datum) zuzusenden.

* Vom Leiter der Abteilung Inneres -
An den Kreisinstrukteur der Volkssolidarität Plauen, 1989

Aus einem Schreiben des Kreissekretariats Plauen der Volkssolidarität*

Betreuungsprogramm

Donnerhack war, seitdem er wieder bei uns ist, nicht sehr kontaktfreundlich. Mit dem (Datum) hat er in der VS einen Aufhebungsvertrag gemacht und somit sein ARV beendet. Die Kaderakte liegt aber noch bei uns.

* An den Leiter der Abteilung Inneres beim Rat der Stadt Plauen, 1989

Aus einem Dokument der KD Plauen*

Zum Stand der gegenwärtigen Bearbeitung des OV "Lunte"

Inoffiziell wurde herausgearbeitet, daß in Plauen eine oppositionelle Gruppierung in Stärke von cirka dreißig Personen wirksam sein soll.

Nach Aussagen des Verdächtigen (Klarname, Vorname) besteht die Zielstellung der Gruppierung darin, den Nachweis zu erbringen, daß die Durchführung der Wahlen in der DDR nicht auf demokratischer Grundlage erfolgt. Zu diesem Zweck sprach der Verdächtige (Klarname) seit dem (Datum) weitere Personen an, um in der Gruppierung mitzuarbeiten. Von diesen Personen konnten bisher nur der (Klarname, Vorname) sowie der bekannte Donnerhack ("Blitz") personifiziert werden.

Nach vorliegenden Informationen fand bereits Ende Dezember 1988 eine erste Zusammenkunft dieser Gruppierung statt. Dabei befaßten sich die Personen mit dem Wahlgesetz der DDR und trafen die Feststellung, daß die bisherige Stärke der Gruppierung nicht ausreichend wäre, um ihre Zielstellung zu verwirklichen.
Deshalb sei jedem Mitglied der Gruppierung die Aufgabe gestellt worden, weitere "vertrauenswürdige" Personen für die Mitwirkung zu gewinnen.

Es ist geplant, am (Datum) eine nächste Zusammenkunft der Gruppierung zu organisieren. Ort und Zeitpunkt wurden noch nicht konkret festgelegt, dies soll "aus Sicherheitsgründen" erst kurz vorher bekanntgegeben werden.

Die Zielstellung der weiteren politisch-operativen Bearbeitung des OV besteht in der Schaffung und Dokumentation von Beweisen zum Nachweis, daß die genannte Gruppierung ein Zusammenschluß zur Verfolgung gesetzwidriger Ziele im Sinne des § 218 StGB ist.

Der gesamte Prozeß der politisch-operativen Arbeit ist darauf auszurichten, weitere Mitglieder der Gruppierung zu personifizieren, ihre Pläne, Ziele und Absichten in Vorbereitung und Durchführung der Kommunalwahlen sowie weiterer gesellschaftlicher Höhepunkte aufzuklären.

Alle feindlich-negativen sowie öffentlichkeitswirksamen Aktivitäten der Gruppierung in Vorbereitung und Durchführung der Kommunalwahlen sind vorbeugend zu verhindern.

Es sind zielgerichtete Informationen zu erarbeiten zur Identifizierung weiterer Mitglieder der Gruppierung sowie überörtlicher Kontakte und Verbindungen in der DDR. Gleichzeitig ist zu prüfen, ob eine Beeinflussung durch feindlich-negative Kräfte aus dem Ausland erfolgt.

* Bestätigt vom Leiter der KD Plauen, 1989

Aus einem Dokument der BV Karl-Marx-Stadt*

Beobachtungsbericht

Absicherung SMO in Plauen/Zadera in Zusammenarbeit mit der KD Plauen: Die Ziel- und Aufgabenstellung der Beobachtungsmaßnahme bestand darin, Personen festzustellen, zu dokumentieren und zweifelsfrei zu identifizieren, bei denen der Verdacht von Handlungen gemäß §§ 97 und 98 StGB besteht. Im Zeitraum vom 27.03.1989 bis zum 30.03.1989 wurden von der GSSD umfangreiche Truppentransporte durchgeführt.
Von der auftragsersuchenden Diensteinheit lag der Hinweis vor, daß vom 27.03.1989 bis zum 30.03.1989 Transporte vom SMO in Plauen/Zadera über die Panzertrasse im Syratal in Richtung Verladerampe Oberer Bahnhof, jeweils in der Zeit von 09:00 bis 15:00 (Abfahrt ab Verladerampe 21:14), erfolgen sollten.

27.03.

09:00 wurde mit der stützpunktmäßigen Absicherung des SMO in Plauen/ Zadera begonnen. Zusätzlich wurden in unregelmäßigen Abständen operative Kontrollen an der Verladestrecke von der Panzertrasse bis zum Oberen Bahnhof durchgeführt.
11:20 erfolgte vom SMO in Plauen/Zadera der Abmarsch von 28 Panzern in Richtung Syratal und Verladerampe Oberer Bahnhof.
11:32 wurde durch Regulierer der GSSD ein Pkw vom Typ: AUDI, Farbe: rot, (amtl. Kennzeichen) gestoppt. Die beiden Insassen hatten die Möglichkeit, noch 15 Panzer beim Vorbeimarsch zu sehen.
13:15 wurde durch den Stützpunkt "Reiher" ein Pkw vom Typ: VW, Farbe: blau, (amtl. Kennzeichen) bei der Vorbeifahrt von Plauen nach Zwoschwitz aufgenommen.
Da während des Transportes zum Oberen Bahnhof und auch während der Standzeit bis zur Abfahrt des Zuges um
21:14 keine operativ interessanten Personen oder Sachverhalte festgestellt werden konnten, wurde zum genannten Zeitpunkt die Beobachtung unterbrochen.

28.03.

08:00 wurde die Beobachtung analog zum Vortag weitergeführt. Zum gleichen Zeitpunkt begann der Abmarsch von 20 Lkw aus dem SMO in Plauen/Zadera in Richtung Syratal.

08:51 konnten auf der Panzertrasse 21 Panzer,
aus Richtung SMO in Plauen/Zadera kommend, festgestellt werden.
Diese Marschkolonne bewegte sich ebenfalls
in Richtung Verladerampe Oberer Bahnhof.
19:14 konnte der Pkw vom Typ: AUDI, Farbe: rot, (amtl. Kennzeichen),
der bereits am Vortag festgestellt worden war, registriert werden,
diesmal aus Richtung Zwoschwitz und in Richtung Plauen fahrend.
Technik war zu diesem Zeitpunkt nicht mehr sichtbar,
doch waren im Kreuzungsbereich am SMO Kettenspuren erkennbar.
Entsprechend der Ziel- und Aufgabenstellung
konnten an diesem Tag bis zur Abfahrt des Zuges um
21:14 weder am SMO, noch auf der Panzertrasse oder in der Nähe der
Verladerampe operativ interessante Feststellungen getroffen werden.
Daraufhin wurde die Beobachtungsmaßnahme unterbrochen.

29.03.

07:00 wurde die Beobachtung analog zum Vortag
durch den Stützpunkt "Reiher" weitergeführt.
07:15 wurde über die bekannte Verladestrecke erneut Technik (20 Lkw)
in Richtung Oberer Bahnhof transportiert.
08:54 stand am SMO eine Kolonne von 15 SPW marschbereit, die sich
09:00 in Richtung Syratal in Bewegung setzte.
09:27 wurde der bekannte Donnerhack ("Blitz") auf der Panzertrasse,
aus Richtung Syratal kommend, im Kreuzungsbereich aufgenommen
Auf der rechten Seite der Zaderastraße lief er weiter
in Richtung Neundorf.
In Höhe KPP/Einfahrt Kfz.-Park blickte er aufmerksam in das SMO.
Zu diesem Zeitpunkt waren kaum Personen- oder Kfz.- Bewegungen
im SMO zu verzeichnen. Es herrschte gute bis sehr gute Sicht.
Der Radarschirm im RO war ausgefahren, aber nicht in Betrieb.
09:38 erreichte er die Kreuzung Ricarda-Huch-Straße/Zaderastraße
und setzte seinen Weg in Richtung seines Wohnhauses fort.
In Höhe der beiden Fahrzeugtore auf der Ricarda-Huch-Straße
spähte er wiederum aufmerksam ins SMO.
Auch hier waren zu diesem Zeitpunkt gute Sichtmöglichkeiten.
Es herrschte normaler Dienstbetrieb,
Motorengeräusche waren nicht zu hören.

16:15 kam aus Richtung Syratal eine Kolonne von 22 Lkw der GSSD gefahren und bog in den Kfz.-Park des SMO ein.
18:24 wurde der bekannte Donnerhack ("Blitz") an der Kreuzung am SMO, aus Richtung Syratal kommend, aufgenommen.
Von da aus lief er, wie am Vormittag, in Richtung seines Wohnhauses.
Beim Passieren des SMO zeigte er die üblichen Verhaltensweisen.
Es waren gute Sichtverhältnisse, es herrschte normaler Dienstbetrieb.
Der Radarschirm im RO war nicht mehr ausgefahren.
Da bis zur Abfahrt des Zuges ab Verladerampe Oberer Bahnhof um
21:14 hinsichtlich der Ziel- und Aufgabenstellung des erteilten Auftrages keine weiteren Feststellungen getroffen werden konnten, wurde zu diesem Zeitpunkt die Beobachtung unterbrochen.

30.03.

07:00 wurden die Beobachtungsmaßnahmen durch den Stützpunkt "Reiher" wie an den Vortagen weitergeführt.
08:00 fuhren aus Richtung Syratal über die Panzertrasse in das SMO in Plauen/Zadera 28 SPW, 3 Lkw, 1 BMP.
08:11 wurde der bekannte Donnerhack ("Blitz") an der Kreuzung am SMO, aus Richtung Syratal kommend, aufgenommen.
Wie am Vortag lief er über die Zaderastraße, Ricarda-Huch-Straße, Wilhelm-Pieck-Straße in Richtung seines Wohnhauses.
Auf dieser Wegstrecke schaute er wieder sehr aufmerksam ins SMO.
Es herrschten ausgezeichnete Sichtmöglichkeiten. Im SMO war kein außergewöhnlicher Personen- und Fahrzeugverkehr zu verzeichnen.
Der Radarschirm im RO war ausgefahren und in Betrieb!
12:00 fuhren 14 Panzer aus dem SMO in Richtung Tankodrom.

* Abteilung VIII, 1989

#
Anmerkung des Herausgebers:

Warum dieser Beobachtungsbericht (er wurde einer Mappe/Teilablage mit Beobachtungsberichten aus den Jahren 1986 und 1989 entnommen) so unvermittelt abbricht, ist nicht ersichtlich.

Aus dem Bericht eines IM der KD Plauen*

Information zu Wolf Donnerhack

Die Ehefrau des Gen. (Klarname) von der GÜSt Gutenfürst konnte bei einem Besuch im Kosmetiksalon in der (Straße und Hausnummer) ein Gespräch zwischen der (Klarname, Vorname) und einer namentlich nicht bekannten männlichen Person mithören.
Die männliche Person erzählte, daß sie 1980 bei einem Rechtsanwalt Vogel in Berlin war. Als sie das Büro von diesem Rechtsanwalt suchte und nicht gleich fand, wäre sie durch einen Taxifahrer auf das Büro des Vogel hingewiesen worden mit den Worten: "Ach, Sie wollen zum Menschenhändler?"

Im weiteren Gespräch äußerte sich die Person abfällig über die Politik unserer Partei und zum "Wahlschwindel" bei den Kommunalwahlen im Mai. Die Person ließ durchblicken, sie würde "im Untergrund" in Berlin leben und hätte sich bei einer "Koordinierungsgruppe Wahlen" nützlich gemacht.
Dabei ging es wieder um den "Wahlschwindel".
Im nachhinein konnte die männliche Person als der bekannte Donnerhack ("Blitz") identifiziert werden.

* Referat PUT, 1989

Aus dem Treffbericht eines OM der KD Plauen*

Information zu Wolf Donnerhack

Der IM informierte den Mitarbeiter, daß die (Vorname) beim letzten Besuch bei ihm in Plauen gesagt habe, daß sie für sich und ihr Kleinstkind einen Antrag auf Reise in DFA in die BRD stellen will. Einen genauen Zeitpunkt nannte sie nicht.
Diese Gelegenheit werde sie nutzen, um danach nicht mehr in die DDR zurückzukehren. Der IM sieht sich außerstande, seine Tochter (Vorname) so zu beeinflussen, daß sie von ihrem Vorhaben Abstand nimmt. Er vermutet, daß dies auf den Einfluß des bekannten Donnerhack zurückzuführen ist, der jetzt ebenfalls in Berlin lebt und seine Tochter schon mehrfach besucht hat. Die Tochter des IM hat seit dem (Datum) ihren Hauptwohnsitz in Berlin-Friedrichshain, (Straße und Hausnummer) und arbeitet als Krankenschwester am *Krankenhaus im Friedrichshain.*

* Referat PUT, 1989

Aus einem Dokument der ZAIG*

Stimmungsbericht

Während seines Urlaubs in Plauen/Vogtland stellte ein GMS der BV Berlin fest, daß die Bevölkerung dort erschreckend wenig Vertrauen in die Wirtschaftspolitik der Partei zu haben scheint.
Wenn irgendwelche Artikel im Handel mal nicht zu erhalten sind, wird sofort verallgemeinert und alles bisher Erreichte in Frage gestellt.
Eine wesentliche Ursache dafür sieht der GMS darin, daß in dieser Gegend sehr gut der westdeutsche Sender *Bayern III* empfangen wird.
Aus jedem Fenster, in jedem Laden hört man diesen Sender.
Es wird nicht einmal ein Hehl daraus gemacht,
wie wenig man an unseren Medien interessiert ist.

* 1989

Aus einem Gespräch mit Wolf Donnerhack*

#

Frage:
Wolf, wenn Du heute diesen Bericht liest - war das wirklich so?
Welchen Einfluß hatten überhaupt westliche Rundfunk- und Fernsehsender auf das Leben in der DDR? Fällt Dir vielleicht eine typische Episode ein?

Antwort:
Ich glaube, bis auf Dresden, das "Tal der Unwissenden", informierten sich die Leute fast ausschließlich durch die sogenannten "Westsender". Eine maßgebliche Rolle spielte bei uns im Vogtland der West-Berliner Sender *RIAS II*, der nur ein paar Kilometer weiter, in Hof, einen Verstärker hatte und direkt zu uns hereinstrahlte. Zusammen mit *Bayern III* natürlich.
Als ich letzthin in einem Interview gefragt wurde, was ich, im Rückblick, vermissen würde, wenn ich an die Zeit damals zurückdenke, fiel mir ganz spontan ein: *Evergreens a gogo* mit Lord Knut, jeden Samstag von 09:00 bis 10:30 auf *RIAS II*. Den haben wir sogar bei der Asche gehört, beim großen Stuben- und Revierreinigen - man durfte sich bloß nicht erwischen lassen...
Auf *RIAS* wurde seinerzeit übrigens auch "Der Herr der Ringe" als Hörspiel gesendet, noch lange bevor überhaupt an eine Verfilmung zu denken war. Mit Friedrich Luft, dessen Theaterkritiken für sich schon einsame Spitze waren.

Einfach phantastisch! Das erste Buch, das ich mir im Westen gekauft habe, war deshalb auch das *opus magnum* von Tolkien...
Natürlich erinnere ich mich noch an eine Episode im Zusammenhang mit dem Sender *Bayern III*, der “Servicewelle von Radio München”.
Das war im Knast. Am ersten oder zweiten Sonntag im Dezember 1988. Man wurde ja immer mit dem fürchterlichen *Jugendradio* geweckt, DT 64, denn die Armbanduhr bekam man schon bei der Einlieferung abgenommen. Also: Sonntag früh, es war noch finster, aber die innere Uhr sagte einem, daß es an der Zeit war aufzustehen. Aber nichts rührte sich. Die Lautsprecher auf dem Gang blieben stumm. Wir ergingen uns in Mutmaßungen: Haben die's verschlafen? Haben die mächtig gefeiert und pennen jetzt noch? Was ist los? Plötzlich ging es los, volle Kanne - erst die Erkennungsmelodie und dann die einprägsame, unvergeßliche Stimme von Annemarie Sprotte-Kramer:
“Grüß Gott, meine Damen und Herren! Hier ist *Bayern III*, die Servicewelle von Radio München. Achtung, Autofahrer! Auf der Autobahn Salzburg-München kommt Ihnen ein Fahrzeug entgegen...”
Ich bekomme heute noch eine Gänsehaut, wenn ich an diesen Augenblick denke. Das kann man gar nicht beschreiben, was dann abging. Wir sind von den Betten gesprungen, manche haben geweint, andere haben gelacht oder laut geschrien, wir haben uns umarmt - und wir wußten wieder: Es gibt sie noch, die Welt da draußen, die andere Welt. Ja, und dann haben wir Haltung angenommen und gesungen: Hoffmann von Fallersleben. Alle drei Strophen! Wahrscheinlich hatte die Nachtwache nachts *Bayern III* gehört und einfach vergessen, wieder das *Jugendradio* einzustellen, den “Zonenfunk”. Ist egal. Diesen Moment werde ich jedenfalls nie vergessen. Nie!

Frage:
Nie, hast Du gesagt. Du sprichst auch sonst nie über die Erlebnisse im Knast. Trotzdem: Gibt es doch noch eine Episode, die möglicherweise prägend war?

Antwort:
Möglicherweise, ja. Das war, soweit ich mich erinnere, im November 1988. Unser EB hatte gerade mit der Nachtschicht begonnen. An der Drehbank neben mir stand ein Lehrer aus Dresden, dem man vor Schichtbeginn einen Brief seines Sohnes ausgehändigt hatte. Der Sohn saß in einem Heim, die Tochter saß in einem anderen Heim, die Frau saß im Zuchthaus Hoheneck. Wegen der “Beeinträchtigung staatlicher Tätigkeit” nach § 214 StGB/DDR. Im Klartext: AStA, also “Antragsteller auf ständige Ausreise”.

Nun, der Sohn hatte wohl seinem Vater sinngemäß geschrieben, daß er den Druck in diesem Heim nicht mehr aushält und daß er Schluß machen will. Klar, daß der Vater völlig neben sich stand. Wie gesagt, es war ein Lehrer aus Dresden und er arbeitete an der Drehbank neben mir. Als dann irgendwann der Schichtmeister auftauchte und zu stänkern begann, weil "Krischan", so nannten wir den Kameraden, ziemlich fahrig war in dieser Nacht und eben auch langsam arbeitete, drehte der durch. Er nahm den Spannfutterschlüssel und wollte damit auf den Meister los. Ich konnte gerade noch dazwischen gehen. Wo ich die Kraft hergenommen habe, um "Krischan" zu bändigen, weiß ich heute noch nicht. Habe ihn einfach nur festgehalten, habe gesagt: "Hör auf, Krischan, die warten doch nur darauf, daß sie Dir einen Nachschlag verpassen können. Wer soll sich denn drüben um Deinen Sohn kümmern? Hör auf, Krischan, Deine Familie braucht Dich, hör auf!" Er hat dann auch aufgehört. Aber der Schichtmeister gab keine Ruhe und legte sich mit mir an: "Sie schon wieder, SG Donnerhack. Unser Beschwerdeführer vom Dienst... Was stehen Sie hier in der Gegend herum? Los, an die Arbeit! Sonst gibt's eine Meldung wegen Gefangenenaufwiegelung, das verspreche ich Ihnen!"
Ich habe keine Ahnung, welcher Teufel mich geritten hat, daß ich mich zu dem Satz hinreißen ließ: "Und wenn Sie noch nicht in Salzgitter gemeldet sind, dann können wir das ganz schnell ändern." Ich habe mich nachträglich erschrocken ob meiner Fürwitzigkeit und dachte, daß ich jetzt in die Mumpe käme. Nichts passierte. Nichts! Man glaubt es nicht, aber der Schichtmeister begegnete mir fortan mit dem allergrößten Respekt. Wirklich! Kann es sein, daß diese Äußerung eventuell durch mein Unterbewußtsein gesteuert wurde?

Neues Deutschland / 21. Januar 1988 / Seite 5

SPD-Politiker Schröder:

Erfassungsstelle Salzgitter ist ein Relikt des kalten Krieges

Wir hatten kurz vor Schichtbeginn in der Zelle noch über die Zentrale Erfassungsstelle der Länder in Salzgitter diskutiert und darüber, daß die von der SPD regierten Länder die Zahlungen für Salzgitter einstellen wollten. In diesem Zusammenhang hatte ich auch, aus dem Gedächtnis, zitiert, was im Januar 1988, mit Bezug auf Salzgitter, im *Zentralorgan* zu lesen war...

Frage:
Gehen wir doch mal von der Vergangenheit weg und in die Gegenwart. Der 1988 vom *Zentralorgan* gelobte SPD-Politiker ist heute Bundeskanzler. Wie siehst Du die Politik der Bundesregierung, wie siehst Du Deutschland?

Antwort:
Denk' ich an Deutschland in der Nacht,
dann bin ich um den Schlaf gebracht,
hat Heinrich Heine 1843 in seinem Gedicht "Nachtgedanken" geschrieben, in seinem Gedicht "Himmelfahrt" heißt es:
Es kommen die Vagabunde,
Zigeuner, Polacken und Lumpenhunde,
Die Tagediebe, die Hottentotten -
Sie kommen einzeln und in Rotten...
Welch exzellente Zustandsbeschreibung!
Wer früher die Wahrheit sagte, galt als "Kalter Krieger" oder "Revanchist". Wer heute die Wahrheit wagt, der wird sofort als "Neonazi" stigmatisiert. Wer es in ein öffentliches Amt geschafft hat und dennoch wagt, öffentlich über Ausländerkriminalität und Überfremdung zu reden, von Islamisierung und Verslumung, der wird gnadenlos gehetzt und medial hingerichtet.
Im Freistaat Sachsen hat man's so gemacht mit dem Innenminister, mit dem Justizminister und mit dem Landesbeauftragten für die Stasi-Unterlagen.
Mir fällt dazu jener Satz ein, den mein Bruder bei einem unserer Treffen in der Prager Schwarzbierkneipe *U svateho Tomasu* einmal formuliert hat:
"Wenn Du irgendwann mal in den Westen kommst, wirst Du entsetzt sein, wie unglaublich links die Bundesrepublik Deutschland ist."
Schaut Euch doch die Typen von der "Firma Fischröder" mal richtig an!
Den mit der *Verdienstmedaille der Deutschen Demokratischen Republik* dekorierten "Sekretär" (mit seinen Maut-Brücken ebenso erfolgreich wie einst im Lande Brennabor mit Cargo-Lifter, Chip-Factory und Lausitz-Ring), der den Verkehrsminister gibt. Den grün getarnten Umweltminister, der vom *Kommunistischen Bund Westdeutschlands* kommt. Alter Dauer-Demonstrant.

Ich will noch ein anderes Beispiel anführen, weil die Zeit so schnellebig ist und weil vieles bewußt verwischt wird.
Ich erinnere an die *Zentrale Erfassungsstelle* in Salzgitter, die einmal von den Bundesländern in der Überzeugung, daß der Tag der deutschen Einheit kommen werde, eingerichtet wurde.
Dort wurden beweiskräftige Unterlagen über Menschenrechtsverletzungen und Straftaten des Unrechtsregimes in der DDR gesammelt.
Wir wissen von zahlreichen Insassen der DDR-Gefängnisse, daß allein der Hinweis auf das Register in Salzgitter bei manchen Gefangenenwärtern zu einer gewissen Vorsicht geführt hat. Das wußte auch Erich Honecker, der immer wieder mit Nachdruck forderte, daß die *Zentrale Erfassungsstelle* in Salzgitter aufgelöst wird. Um so schändlicher ist es, daß die Ministerpräsidenten der SPD - an der Spitze das Land Nordrhein-Westfalen - in den Jahren 1988/1989 beschlossen haben, ihre finanzielle Unterstützung dieser Einrichtung der Bundesrepublik Deutschland zur Dokumentation des Unrechts zu streichen.

* Aus *Frankfurter Allgemeine* (Frankfurt/Main) vom 28.09.2000

Exkurs

<u>Der deutsche Außenminister Joschka Fischer in Bern</u>*

Morgen will der neue deutsche Außenminister, Joschka Fischer, zu Besuch in der Schweiz weilen. Manch einer glaubt, mit den maßgeschneiderten Anzügen sei der frühere Gewalttäter demokratisch geworden. Seine Äußerungen in jüngster Zeit indes müßten jedem als Warnung dienen: "Ich entdecke immer mehr, wie sehr ich doch Marxist geblieben bin", läßt er im österreichischen Magazin *Profil* vom Juni 1997 verlauten.

Die Schweiz tut gut daran, ihre Freiheitsliebe offensiv darzustellen und Demokratie und Freiheitsrechte auch gegenüber einem Marxisten aus Deutschland einzufordern.
Einhundert Millionen Tote der kommunistischen Ideologie sind genug.

* Aus *Neues Bülacher Tagblatt* (Bülach) vom 13.01.1999

Aus dem Bericht eines IM der BV Leipzig*

Eindrücke und Vorkommnisse bei der Mobilmachungsübung "Diplom 89"

Im Juni 1989 nahm ich an einer Reservistenübung im MB III, MSR 29 teil. Ich wurde als militärischer Leiter in einer selbständigen Einheit eingesetzt und hatte Befehlsgewalt über insgesamt neunundzwanzig Reservisten. Jene verkörperten einen durchaus repräsentativen Querschnitt aus mehreren Berufsgruppen der produzierenden Bereiche und stammten aus den Kreisen Borna, Wurzen, Leipzig-Stadt und Leipzig-Land.

Während des Einsatzes wurde ich mit mehreren Begebenheiten konfrontiert, welche mich sehr beunruhigten. Dabei ist zu beachten, daß in den folgenden Darlegungen sich die militärische und politische Komponente der Ereignisse zweifellos gegenseitig beeinflußten.

Am 14.06.1989 wurden die Einheiten aufgefüllt und in einem Sammelraum zusammengezogen. Dabei kam es zur ersten größeren organisatorischen Panne insofern, als unsere Einheiten siebenundzwanzig Stunden ohne Wasser (überhaupt Trinkwasser!) und vierundzwanzig Stunden ohne jede Nahrung blieben. Wohlgemerkt: Nicht im Dschungel und auch nicht in der Wüste, sondern nur wenige Minuten vom nächsten Dorfkonsum entfernt!

Sofort wurde von den Mannschaften die Vertrauensfrage gestellt, u.a. in der folgenden Form: "Wenn Ihr es noch nicht einmal in Friedenszeiten schafft, für Normalität in der Versorgung zu sorgen, dann können wir Euch in Kriegszeiten erst recht nicht vertrauen!"

Derartige Pannen auf militärischer Ebene rissen in der Folgezeit nicht mehr ab, wodurch der normale Kontakt zu den Mannschaften, überhaupt die normale militärische Dienstdurchführung, äußerst behindert wurde. So fehlte es beim Schießen an Munition, gab es ständig Informationsdefizite und wurden auch von mittleren Offizierschargen Befehle und Entscheidungen der militärischen Führungskader häufig mit Unverständnis aufgenommen. Von der Arbeitsgruppe "Politische Arbeit" wurde deshalb eingeschätzt, daß eine politische Führung unter diesen Bedingungen kaum möglich sei, da speziell die Politoffiziere nur noch nach Entschuldigungen suchen müßten.

In dieser Situation versuchte ich, mit meinen Unterstellten so in Kontakt zu treten, daß sie mir möglichst ehrlich ihre Meinung zum Wehrdienst, zum Sozialismusbild und dgl. sagten.

Der Wehrdienst, vor allem der Reservistendienst, wurde nur notgedrungen akzeptiert, da er nun einmal Gesetz sei. Auch nach tiefer gehenden Fragen war kaum ein Soldat bereit, seine Motivation durch Verständnis für unsere Friedenspolitik zu begründen; im Gegenteil, die Abrüstungsmaßnahmen der DDR wurden ernstlich in Zweifel gestellt. Alle Diskussionen zur Friedensfrage wurden in etwa so abgewehrt: "Natürlich sind wir für den Frieden. Aber seit Jahr und Tag hören wir nichts anderes, wir haben es einfach nur noch satt, und die ganze Massivität der Berichterstattung auf diesem Gebiet dient nur der Ablenkung von den wirklichen, den innenpolitischen Problemen."

Von den neunundzwanzig Unterstellten haben alle, bis auf vier oder fünf, unser *Zentralorgan* als "nicht vertrauenswürdig" bezeichnet, einige bezeichneten *Neues Deutschland* sogar offen als "Lügenblatt".

Bei fast allen Reservisten war eine nahezu totale Gläubigkeit gegenüber den westlichen Massenmedien zu konstatieren.

Das Verhältnis zur SED bzw. zum Staat DDR wurde als ein Verhältnis im Sinne von "Ihr da oben - Wir da unten" beschrieben. Das Vertrauen in die Politik der Partei wurde von den Problemen des Alltages, insbesondere auf dem Gebiet der Versorgung in unserem Land, abhängig gemacht.
Es fehle eine öffentliche Kritik, die Funktionäre aller Ebenen seien viel zu wenig "im Volk" präsent und ab der Kreisebene sei sowieso "alles gestellt".

Sehr bösartig wurde das sogenannte Regierungsviertel in Berlin-Wandlitz kommentiert und über den dortigen "Prestigekonsum" die schlimmsten Gerüchte verbreitet.

Eine sehr große Rolle spielte das Problem der Reisetätigkeit in die BRD.
Es wurde in den Diskussionen sichtbar, daß diese Leute mit einem anderen Weltbild aus der BRD zurückkehren und uns unsere Argumentation über die Aggresivität des Imperialismus nicht mehr abnehmen.
Von mir vorgebrachte Argumente zu den Erfolgen unserer Wirtschafts- und Sozialpolitik wurden nur spöttisch aufgenommen und milde belächelt.

Als Anknüpfungspunkte für das politische Gespräch dienten vor allem immer wieder Probleme in unserer Volkswirtschaft
Alle äußerten ihre Besorgnis über deren Zustand und gaben ihrem Pessimismus hinsichtlich einer etwaigen Verbesserung Ausdruck.

Andererseits bekundeten alle ihre Bereitschaft, zur Erzielung von Verbesserungen ihr Bestes zu geben. Ich kann einschätzen, daß es sich hierbei keineswegs nur um Lippenbekenntnisse handelte, sondern daß die Männer sehr wohl um "ihr" Land DDR besorgt sind.

Besonders erschreckend war der offene Rassismus aller Gesprächspartner, der sich im Vokabular (GOvP zum OvP: "Was willst Du? Bin ich Dein PN?" PN steht für "Persönlicher Neger") und in abgefeimtesten Witzen über Neger, Vietnamesen und Sowjetbürger ("Russen") äußerte und eben nicht nur durch verschiedene Gerüchte und westliche Massenmedien, sondern auch durch persönliche Erlebnisse (eigene Erfahrungen beim Aufenthalt in der SU, in Vietnam oder durch gemeinsames Studium mit Afrikanern) gespeist wurde.

Es muß im weiteren festgestellt werden, daß bei der Auswahl der Reservisten einige WKK ihrer Verantwortung überhaupt nicht gerecht geworden sind, allen voran das WKK Borna. Im Regiment gab es beim Abschluß der Übung etwa achtzig oder neunzig Reservisten, die sich fast ausnahmslos an ihre zuständigen WKK gewandt und um Verschiebung ihres Einsatzes gebeten hatten. Sie wurden zumeist damit vertröstet, daß ihre Probleme während des Einsatzes gelöst werden sollten, womit eine Abwälzung der Verantwortung von den WKK auf das MSR erfolgte und dadurch eine immense Behinderung aller Führungsprozesse eintrat.

Erschreckende Anzeichen für die wahre Situation in den Köpfen gab es am letzten Einsatztag. Obwohl die Reservisten mir brutal ins Gesicht sagten, daß sie von unserem derzeitigen gesellschaftlichen Zustand überhaupt nicht erbaut seien, zeigten sie in Bewährungssituationen (Nahkampf, Schießen, Panzernahbekämpfung) fast durchweg gute bis sehr gute Leistungen (Parole: "Härte zeigen! Rache für Stalingrad!"), die bei der enormen Hitze und den vorherrschenden äußerungen Bedingungen eigentlich überhaupt nicht zu erwarten gewesen waren.
Dem entsprach die Disziplin, die sonst bei der NVA zu herrschen hat, kaum. So trat u.a. bei einem Auszeichnungsappell der Einheit ein zum Gefreiten zu befördernder Soldat mit offener Felddienstuniformjacke und ohne Käppi und Koppel vor die Front. Der Aufforderung des Divisionskommandeurs (!), seine Anzugsordnung in Ordnung zu bringen, kam er schließlich mit betont langsamen Bewegungen und unter dem lautstarken Gejohle und Gelächter der angetretenen Mannschaft nach. Daraufhin erfolgte seine Beförderung!

Beim Abschlußappell wurde durch den Divisionskommandeur, Oberst (Klarname), ein Zivilist, der Genosse (Vorname und Klarname), als Vertreter der SED-Bezirksleitung Leipzig vorgestellt.
Die Reservisten antworteten darauf mit Pfiffen und Buhrufen!

Als die Reservisten auf den Sonderzug nach Hause warteten und dieser nicht, wie angekündigt, kam, brachen die ganzen aufgestauten Emotionen los. Beim Vorbeifahren von Autos mit Offizieren wurden übelste Beschimpfungen laut wie "Tageschweine!", "Umkippen!", "Rausziehen!".
Die extremsten Äußerungen fielen, als der Divisionskommandeur persönlich versuchte, die Männer zu beruhigen. Dabei forderten einzelne Rufer lautstark "Hängen!".

Ähnliches wiederholte sich bei der Ankunft in Taucha, als es Probleme mit der Weiterfahrt gab und die dort anwesenden Offiziere ebenfalls in der gemeinsten Weise beschimpft und bedroht wurden.

Ich - und mit mir auch andere militärische Leiter - hatte das Gefühl, daß ein Großteil der Offiziere ihre Aufgaben nicht nur nicht kannte und dementsprechend nicht erfüllte, sondern vor allem, daß die Zustandsbeschreibung des Bewußtseinsstandes unserer Menschen nicht nur nicht stimmt, sondern daß wir uns alle etwas vormachen.
Mir ist so zumute, als ob wir im Prinzip auf einem Pulverfaß sitzen und uns einzureden versuchen, es sei gar kein Pulverfaß, sondern ein Butterfaß.
Mit wem kann man reden? Was ist mit unserer politischen Führung?
Wenn nicht bald etwas geschieht, wird es ein böses Erwachen geben!

* Abteilung XX, 1989

#
Auf der folgenden Seite:
Plauen im Juni 1989 - Große Ereignisse werfen ihre Schatten voraus...
Von links:
Der Motzer (Sangerhausen), *Der Alte* (Berlin), *Der Putzlinger* (Leipzig).

Aufnahme: Karsten Uhlmann, Plauen (1989)

Aus einer in Plauen verbreiteten Flugschrift

Leserbrief aus Stuttgart*

Vor kurzem kam zur "Freien Presse"
Ein Leserbrief mit großer Fresse.
Aus Stuttgart schrieb die rote Tante,
Sie hätt' 'nen Haufen Ost-Verwandte
Und könnt', es ist fast nicht zu glauben,
Ein Urteil sich dazu erlauben,
Wie "frei" man hierzulande lebt
Und fast im siebten Himmel schwebt
Und käm' sofort, hätt' sie die Wahl,
In Erichs großen Wartesaal.
Die gute Frau, sie würde lauschen,
Müßt' sie mit uns die Wohnung tauschen,
Mit leerem Korb durch Läden hetzen
Und nicht von weitem saudumm schwätzen,
Das Ostgeld in der Hand 'rumdreh'n,
Den "Intershop" von außen seh'n.
Dann könnt' sie hinterm Mond mal bellen
Und könnt' ihr Auto hier bestellen;
Sie braucht' es auch nicht gleich zu kaufen
Und könnt' noch siebzehn Jahre laufen,
Könnt' täglich fein und billig essen,
Den Westen würd' sie schnell vergessen.
Hier gibt's Kartoffeln für die Sau,
Das Fleisch ist fett, die Wurst ist grau,
Und ist sie rot, strotzt sie vor Salz,
Im Bier ist Galle, kaum noch Malz;
Vom Schweizer Käse gibt's die Löcher -
Bloß Wodka gibt es noch und nöcher.
Die Butter schmeckt wie Sahnequark,
's Pfund Kaffee kost' bald vierzig Mark;
Zum Nachtisch eine Südfrucht-Fete -
Statt Ananas nur Rote Beete.
Hier gibt es keinen Euro-Scheck,
Bahn und Busse steh'n vor Dreck;
Ob Autobahn, ob Euro-Straße,
Das Auto hoppelt wie ein Hase.
Gar vieles ist hier nur Attrappe,
Wie unser "Trabi" - alles Pappe.

Ist werktags auch die Arbeit knapp,
Am Samstag ist der Bart dann ab.
Ob Du dafür bist oder nicht,
“Subbotnik” oder “Friedensschicht” -
So kannst Du’s haben bis zur Rente,
Stets ein schönes Wochenende.
Was unser Staat zu bieten hat -
Die “Nestbeschmutzer” haben’s satt.
Wer denkt, hier sei er im Geschick -
Willkommen in der Republik!

* Autor unbekannt, 1989

#

Dieses Gedicht war, als Volkes Stimme und Volkes Zorn in einem sozusagen, die Reaktion auf einen vom *Bezirksorgan* am 22.08.1989 veröffentlichten und mit *Ingrid Sacks, Widmaierstraße 142; D-7000 Stuttgart 80* gezeichneten Leserbrief, in dem die Absenderin u.a. schrieb:

Es ist uns Bundesbürgern ganz und gar unverständlich, daß dermaßen viele DDR-Bürger als “Ausreisewillige” die Ständige Vertretung in Ost-Berlin sowie die Deutsche Botschaft in Budapest belagern.

Wenn diese “Ausreisewilligen” wüßten, was sie hier in der BRD, wenn nach kurzer Zeit die Sozialleistungen eingestellt werden, erwartet, würden diese Menschen keinen Gedanken mehr an “Nestbeschmutzung” bzw. Republikflucht verwenden. (...)

Diese Menschen wissen erst, wenn sie in der BRD untergegangen sind, in welchem Sozialstaat sie gelebt haben. Der Jammer ist dann zwar unendlich groß, aber nicht mehr zu reparieren.

Ich verstehe nicht, daß diese Menschen ihr Vaterland verkaufen, weil sie sich einbilden, die gebratenen Tauben fliegen ihnen woanders “ins Maul”. In der BRD gibt es nur noch wenige Tauben, und die sind salmonellenverseucht.

Wir BRD-Bürger lehnen “Nestbeschmutzer” bzw. Republikflüchtlinge auf jeden Fall ab, zumal wir wissen, daß die DDR ein soziales Land ist, in dem “Freiheit” größer geschrieben wird als bei uns. (...)

Mein Mann und ich sind unbescholtene Bürger, kennen die DDR sehr gut, und wenn wir die Wahl hätten, würden wir uns für Ihr Land entscheiden.

Aus dem Repertoire der Gruppe "Notentritt"

Das stolze Schiff*

Ein stolzes Schiff streicht einsam durch die Wellen
Und führt uns uns're deutschen Brüder fort.
Die Fahne weht, die weißen Segel schwellen,
Amerika ist ihr Bestimmungsort.
Seht auf dem Verdeck sie stehen,
Sich noch einmal umzusehen
Ins Vaterland, ins heimatliche Grün -
Seht, wie sie übers große Weltmeer zieh'n.

Sie zieh'n dahin auf blauen Meereswogen,
Warum verlassen sie ihr Vaterland?
Man hat sie um ihr Leben schwer betrogen,
Die Armut trieb sie aus dem Heimatland.
Schauet auf, Ihr Unterdrücker!
Schauet auf, Ihr Volksbetrüger!
Seht Eure besten Arbeitskräfte flieh'n -
Seht, wie sie übers große Weltmeer zieh'n.

Sie zieh'n dahin, wer wagt sie noch zu fragen?
Warum verlassen sie ihr Heimatland?
O armes Deutschland, wie kannst Du es ertragen,
Daß Deine Brüder werden so verbannt:
Was sie hofften, hier zu gründen,
Suchen drüben sie zu finden.
Drum ziehen sie von deutschem Boden ab
Und finden in Amerika ihr Grab...

* Quelle: Deutsches Volksliedarchiv, Freiburg/Breisgau; Standort A 70905

Mitteilung des ADN

Berlin. ADN
Wie aus Budapest verlautet, wurde sich in der UVR aufhaltenden DDR-Bürgern illegal und unter Verletzung völkerrechtlicher Verträge und Vereinbarungen in einer Nacht- und Nebelaktion über die Grenze zu Österreich die Ausreise in die BRD ermöglicht. Dabei handelt es sich um eine direkte Einmischung in die inneren Angelegenheiten der Deutschen Demokratischen Republik. Unter dem Vorwand humanitärer Erwägungen wird organisierter Menschenhandel betrieben.

Mit Bedauern muß festgestellt werden, daß sich Vertreter der Ungarischen Volksrepublik dazu verleiten ließen, unter Verletzung von Abkommen und Vereinbarungen diese von der BRD von langer Hand vorbereitete Aktion zu unterstützen.

Aus einer Sofortmeldung der KD Plauen*

Stimmungen und Meinungen unter der Bevölkerung zur aktuellen Lage

Im Zusammenhang mit der *Aktion* "Zug" kam es am 04.10.1989 gegen 22:00 auf den Bahnsteigen des Oberen Bahnhofs von Plauen zu einer Ansammlung von ca. fünfhundert Personen, die auf die Züge mit den ausgewiesenen DDR-Bürgern warteten.
Beim Auftreten der Schutz- und Sicherheitsorgane wurden diese mit Schmährufen und beleidigenden Äußerungen empfangen.
Durch den differenzierten Einsatz der Schutz- und Sicherheitsorgane wurde das Bahnhofsgelände von diesen Personen am 05.10.1989 gegen 02:00 geräumt. Während der Ein- und Ausfahrt der Züge am 05.10.1989 gegen 05:00 bekundete eine Vielzahl von Passanten ihre Sympathie gegenüber den ausgewiesenen DDR-Bürgern. Weiterhin wurde festgestellt, daß Beschäftigte nachfolgender an der Bahnstrecke befindlicher Betriebe in den Morgenstunden, unmittelbar nach Arbeitsbeginn, ihre Sympathien mit den Ausgewiesenen bekundeten: VEB *Plamag*, VEB *Hydrauflex*, VEB *Schlachthof* Plauen, VEB *Wema* Plauen, Bahnpostamt/Postamt 4 in Plauen.
In unterschiedlichen gesellschaftlichen Bereichen kommt es zu Diskussionen über die gegenwärtige Situation. Speziell unter den Frauen ist eine starke Verunsicherung und sind Angstgefühle feststellbar. Es werden Bedenken geäußert, daß es in der DDR zu offenen Auseinandersetzungen kommt.
In Gesprächen und Diskussionen wird sichtbar, daß man eine Grundsatzerklärung von Partei und Regierung erwartet, wo eine Aussage getroffen wird zur gegenwärtigen Lage, die beruhigend auf die Bevölkerung einwirkt und zur Besonnenheit ermahnt. Es wird u.a. die Frage gestellt: Was wird werden, wie soll es weitergehen, was bringt die Zukunft? Grundsätzlich wird eine spürbare Verbesserung des Angebotes im Handel erwartet, eine Verbesserung der Versorgung insgesamt. Wenn es nicht möglich ist, sollte man offen und ehrlich sagen, was wir gegenwärtig können und was nicht.
Es wird mehr "Ehrlichkeit" zur gegenwärtigen Lage erwartet.
Bei sechs weiblichen Beschäftigten der Staatlichen Zentralverwaltung für Statistik/Kreisdienststelle Plauen und bei den Verkäuferinnen der Abteilung *Damenoberbekleidung* des *Konsument*-Warenhauses Plauen sind diverse Angstgefühle und Verunsicherungen feststellbar. Dies wird verbunden mit der Aussage, es sei notwendig, auf wirtschaftlichem Gebiet Veränderungen herbeizuführen, dann würde sich die Situation auch stabilisieren.
Erste Reaktionen auf die zeitweilige Aussetzung des visafreien Verkehrs mit der CSSR sind vereinzelte Austritte aus dem FDGB, bis jetzt ca. fünfzig Austritte im MLK/Werk Plauen. Diese Austritte werden damit begründet, daß es ihnen jetzt reicht und sie nun vollends eingesperrt sind.

Im Kollektiv *Ofenbauartikel* des VEB *Baustoffversorgung* Plauen wird einhellig die Meinung vertreten, daß sie jetzt völlig eingesperrt seien. Sie wüßten nun, wofür "die Mauer" da sei, nämlich nicht, um die DDR vor den Imperialisten zu schützen, sondern um die DDR-Bürger zu hindern, das Land zu verlassen. Die Argumente des zuständigen Leiters lassen sie nicht gelten. Sie zweifeln das zeitweilige Außerkraftsetzen an und begründen dies damit, daß der visafreie Verkehr nach Polen doch auch angeblich zeitweilig aufgehoben wurde und daß dieser Zustand nun schon neun Jahre besteht.
In der Straßenbahn Plauen wurde am 04.10.1989 durch eine unbekannte männliche Person ein Witz erzählt, welcher die Persönlichkeit des Generalsekretärs des ZK der SED, Genossen Erich Honecker, herabwürdigt:
"Wer ist der größte Feldherr aller Zeiten?" - Erich Honecker!
Er schlug Hunderttausende in die Flucht und ließ Millionen einsperren."

* CFS Nr. 39 der KD Plauen vom 05.10.1989, 18:00 (Funk 39/KD Plauen) - An den Leiter der BV Karl-Marx-Stadt

Aus dem Treffbericht eines OM der KD Plauen*

Information zu Wolf Donnerhack

Der IM informierte den Mitarbeiter, daß sein Sohn (Vorname) am (Datum) mit einer Reiseschreibmaschine (Typ *Erika*) einen Antrag für eine Demonstration am 07.10.1989 unter dem Motto "Glasnost und Perestrojka auch für die DDR" geschrieben hat.
Diesen Antrag will er im Rathaus abgeben, Abteilung Inneres.
Der IM vermutet, daß der schlechte Umgang seines Sohnes (Vorname) mit dem bekannten Donnerhack ("Blitz") mit der Antragstellung und anderen derartigen Aktionen zu tun hat. Der IM brachte in diesem Zusammenhang zum Ausdruck, daß er die Begründung für die Antragstellung gelesen hat und die Auffassung vertritt, seinen Sohn gut genug zu kennen, um einschätzen zu können, daß die verwendeten Formulierungen nicht von ihm stammen.
Er geht davon aus, daß dies nur das Werk von Donnerhack sein kann, der sich als Vorbestrafter im Hintergrund hält und andere vorschickt.

* Referat PUT, 1989

Aus einer Sofortmeldung der KD Plauen*

Information über eine Zusammenrottung feindlich-negativer Kräfte in Plauen

Gegen 12:00 erfolgte durch Aufklärungskräfte die Meldung, daß ca. fünfzig Personen im Umfeld des Otto-Grotewohl-Platzes auf konkrete Handlungen warteten, ohne selbst Aktivitäten zu entwickeln. Daraufhin erfolgte die Entscheidung zur weiteren Einführung von zwei uniformierten Streifenwagen zur Erhöhung der Präsenz und Stabilisierung des Zusammenwirkens zwischen den zivilen Aufklärungskräften und uniformierten Einsatzkräften.
Etwa ab 12:30 verdichtete sich der Zulauf von Personen, meist in Gruppen in der Stärke von zehn bis fünfzehn Personen. Dies erfolgte z.B. durch eine Gruppe von ca. fünfzehn Personen, alle sehr auffällig mit weißen Schuhen bekleidet, über die Bahnhofstraße in Richtung Theaterstraße. (...)
Eine verstärkte Ansammlung von Personen, meist Familien mit Kindern, wurde an der Frauenklinik in der Melanchthonstraße festgestellt.
Zur gleichen Zeit erfolgte die Zuführung von sechs Personen, die aus Oelsnitz angereist waren und sich "die Demonstration" ansehen wollten.
Sich annähernde Gruppen in der Stärke von jeweils zehn bis zwanzig Personen wurden gegen 13:50 aus Richtung Straßberger Straße und etwa zur gleichen Zeit im Bereich der HO-Gaststätte *Treffer* mit Bewegungsrichtung Stadtmitte festgestellt. Ersten Angaben der Beobachtungskräfte entsprechend trugen einige männliche Personen eingerollte Plakate oder Fahnen bei sich.
Ab 14:15 erfolgte ein massiver Personenzulauf aus allen Richtungen auf den Otto-Grotewohl-Platz und es bildeten sich mehrere Konzentrationen im Haltestellenbereich sowie an der Straßeneinmündung zum Theater, in der unmittelbaren Umgebung der dort befindlichen Skulptur "Daphne".
Eine weitere Konzentration bildete sich im Eingangsbereich zum Warenhaus *Konsument*. Gegen 14:30 wurde eine weitere Gruppe von ca. fünfzehn Personen aus Richtung Hauptpostamt mit brennenden Kerzen festgestellt.
Gegen 14:45 wurde im Führungspunkt dann die Entscheidung getroffen, die vorhandenen Kräfte der Deutschen Volkspolizei, der Kampfgruppen der Arbeiterklasse und die gesellschaftlichen Kräfte zur Zurückdrängung und Auflösung der immer stärker als "stumme Demonstration" einzuschätzenden Personenzusammenrottung einzusetzen.
Unter den gegebenen örtlichen Bedingungen ist eine exakte Einschätzung der Personenzahl nicht möglich, es muß aber mindestens mit einer Zahl von ca. zweitausend Personen, einschließlich neugieriger und interessierter Personen gerechnet werden.
Der tatsächliche Aktionsschwerpunkt ergab sich an der Einmündung zur Theaterstraße an der bereits genannten Skulptur. Dort traten mehrere Personen, die noch nicht identifiziert sind, provokativ in Erscheinung.

Sie versuchten, durch ihr Verhalten die umstehenden Personen zu Aktionen zu aktivieren. Beginnend in diesem Bereich wurden Kerzen entzündet, es wurden Luftballons aufgeblasen/aufgelassen und es erfolgten Sprechchöre wie “Freiheit!”, “Gorbi!”, “Stasi ‘raus!” und “Reformen!”.
Die nun ab 15:00 aus Richtung Theaterstraße herangeführten Kräfte der DVP erzielten vorerst keinerlei Wirkung, so daß ein spürbares Zurückdrängen oder eine Auflösung der Zusammenrottung nicht erreicht wurde.
Daraufhin wurden zwei als Wasserwerfer ausgerüstete Feuerlöschfahrzeuge über die Straßenbahngleistrasse Oberer Graben zum Einsatz gebracht, nachdem versucht worden war, die Ansammlung durch mehrfache Aufforderung über Megaphon aufzulösen. Die Aufforderung der DVP wurde mit lautem Johlen quittiert, und selbst der Appell an Frauen mit ihren Kindern, das Gelände zu verlassen, löste keine erkennbaren Auflösungserscheinungen aus.
Der Einsatz der Wasserwerfer mußte gegen 15:40 ohne wesentliche Wirkung abgebrochen werden. Die Fahrzeuge wurden von aufgeputschten Personen angegriffen und mit Flaschen, Steinen und anderen Gegenständen beworfen und dabei die Windschutzscheiben eingeschlagen, so daß eine weitere Arbeit dieser Einsatzkräfte nicht mehr gewährleistet werden konnte.
Nach Abzug der Wasserwerfer formierten sich die auf dem Otto-Grotewohl-Platz versammelten Kräfte zu einem losen Demonstrationszug, bewegten sich in Richtung Rathaus und blockierten in der Folge das gesamte Eingangsportal sowie die Vorder- und Seitenfronten des Rathauses. Die im Rathaus befindlichen Sicherungskräfte aus dem Bestand der Mitarbeiter des Rates der Stadt versuchten, die vordrängenden Personen am Betreten des Rathauses zu hindern. Dabei wurden mehrere Scheiben im Eingangsbereich zerstört.
Zur Gewährleistung der Sicherheit im Rathaus und der Arbeit der Führungspunkte wurden kurzfristig zusätzliche Sicherungskräfte aus der Kreisdienststelle herangeführt. In der gegebenen Situation war es erforderlich, alle vorhandenen Sicherungskräfte auf die Sicherung des Rathauses zu konzentrieren
Die allgemeine Stimmungslage der an der Zusammenrottung beteiligten Personen mußte als äußerst gereizt und haßerfüllt eingeschätzt werden.
Es handelte sich dabei überwiegend um Jugendliche und Jungerwachsene, aber auch um einen relativ hohen Anteil älterer Bürger. Letztere hielten sich vorwiegend an der Peripherie des Geschehens auf.
Die sich in der Masse befindlichen gesellschaftlichen Kräfte erreichten keine erkennbare Wirkung. Etwa 16:30 formierte sich ein Zug von ca. fünfhundert Personen, der sich vom Rathaus und über den Otto-Grotewohl-Platz die Bahnhofstraße aufwärts bewegte.

Aus dem Erlebnisbericht eines Wehrpflichtigen*

Mir ging der Arsch mit Grundeis

Naja, was soll ich denn da groß erzählen, Alter?
So berühmt war's nun wirklich nicht. Also, paß auf:
Am siebenten Oktober war die Kaserne so gut wie leer.
Unsere Massen waren ja in die Wälder gejagt worden, die Tschechengrenze dicht machen. Und wir paar Hanseln, die noch da waren, wir lagen halt auf den Betten und haben uns aufs Abendbrot gefreut, weil ja Feiertag war und weil's da bißchen was Gutes zu essen geben sollte.
So gegen halb Fünf hieß es auf einmal: Gefechtsalarm!
Ich dachte, mein Schwein pfeift. Jedenfalls ist alles, was laufen konnte, 'raus auf den Flur. Da hieß es dann: Kein Teil I, kein Tragegestell, keine Magazintasche - nur Schnuffi und Stahlhelm. Danach mußten wir im Laufschritt zur Nachrichtenkompanie, zum Waffenempfang. Dort gab's für jeden eine Kasch und ein volles Magazin. Dann mußten wir gleich dort zum Appell antreten. Zwei ganz komische Vögel, die ich noch nie im Regiment gesehen hatte, ein Hauptmann und ein Major, haben uns dann totalen Schnee erzählt. Ungefähr so wie die ganze Stadt voller jugendlicher Rowdies, die in der Innenstadt plündern und randalieren, die VP wäre nicht mehr Herr der Lage und hätte deshalb die GT um Unterstützung gebeten. Geglaubt hat's zwar keiner von uns, aber wir mußten trotzdem aufsitzen. Es ging auch gleich in die Stadt.
An der Sparkasse mußten wir absitzen und den Helm aufsetzen und in Reihe antreten. Ein alter Mann hat dort gerufen: "Was wollt Ihr sein? Volksarmee? Schämt Euch!" Unser Leutnant ist gleich hin und hat ihm eines auf die Zwölf gegeben. Nachher mußten wir ins Rathaus einrücken. Eine Frau hat mich noch am Arm festgehalten. Hat da 'rumgeflennt und mir erzählt, daß ihr Sohn auch bei der Asche ist und daß sie doch nichts Schlechtes wollen und daß wir nicht schießen sollen. Naja, und dann mußten wir uns da mit vors Rathaus hinstellen. Ganz vorne war angeblich Bereitschaftspolizei. Aber das hat man den Vögeln schon von weitem angesehen, daß die von der Gabelsberger waren. Zweite Reihe waren wir. Dritte Reihe war dann normale Vopo, nur mit Pistole. Insgesamt keine fünfzig Mann. Dann kam der Hubschrauber. Da ist von hinten durchgesagt worden, wir sollten uns fertig machen zum Anlegen vom Schnuffi, weil der Huber Reizgas einsetzen sollte. Aber die Leute haben natürlich alle gebrüllt, daß der Huber verschwinden soll. Wie der dann weg war, hieß es, daß auch alle Soldaten weg sollten. Da wollten sie wirklich die Leute verarschen und ihnen weismachen, daß wir alles nur Betriebskampfgruppen sind. Arbeiter in Uniform und so, Schutz der Errungenschaften...!
Gab danach 'ne ganz große Diskussion zwischen einem Zivilisten, einem Oberstleutnant von der Vopo und einem Major von den GT.

Der Zivilist - für mich war klar, daß der Hund von der Stasi war - wollte, daß wir gezielt in die Menge ballern. Der von uns war dafür, die Massen mit Warnschüssen zu erschrecken und zu verjagen. Der von der Vopo wollte, daß wir mit dem Gewehrkolben auf die Massen losdreschen.
Alter, mir ging der Arsch mit Grundeis, das kannst Du mir glauben!
Aber irgendwie hat dann so ein Pope zu den Leuten gesprochen und hat gesagt, sie sollen friedlich bleiben und nach Hause gehen. Da sind dann die Leute auch wirklich gegangen. Für uns hieß es: Reihe links! Mußten zu Fuß zum VPKA marschieren, zum Hintereingang an der Pestalozzistraße.
Dort standen unsere Laster. (...)
Wir sind hinten 'rum ins Rathaus gefahren worden, mit heruntergelassenen Planen, und natürlich war strengstes Schweigen befohlen. Absitzen war dann im Lichthof vom Rathaus. Und Knast hatten wir! Einer von uns hat nachher auch ganz klar gesagt: "Ohne Verpflegung - keine Bewegung!" Da durften wir gleich einrücken in den Speisesaal vom Rathaus. Es gab belegte Brötchen und Wiener Würstchen, dazu *Brambacher* und so. Da hat dann ein anderer Kumpel, dem die Lunge gepfiffen hat, gesagt: "Ohne Dampf - kein Kampf!" Die haben dann auch wirklich Zigaretten gebracht, von den guten, weißt Du, die Du normalerweise im Laden gar nicht bekommst. Und danach kam der Oberbürgermeister, der Doktor der pädagogischen Weisheiten. Der hat dann sinngemäß gesagt, wir sollten uns keine Gedanken machen; das Gesetz und die Partei und der Staat würden hinter uns stehen, wenn wir von der Schußwaffe Gebrauch machen. An einen Satz kann ich mich aber ganz genau erinnern. Da hat der OB gesagt: "Und wenn das Blut bis zur Decke spritzt...! Aufgeräumt wird morgen!" Das war's dann aber auch schon.
Wir sind nachher aufs ganze Rathaus verteilt worden, mußten die Seiteneingänge mit Stahlschränken verbarrikadieren und C-Schläuche anschließen. Decken haben wir noch gekriegt und uns dann auf den Gängen hingelegt.
Schlafen konnte sowieso keiner vor lauter Aufregung. So ungefähr früh um Vier am nächsten Tag ging's dann zurück in die Kaserne. Dort sind wir gleich in voller Montur in die Betten, Waffe am Mann. Mittags war dann Wecken und Waffenabgabe. Dort haben wir auch die Resis von der Ari gesehen, die spät in der Nacht von Frankenberg gekommen waren. Die hatten vorher in Dresden was auf die Mütze gekriegt, und wenn die eher gekommen wären - dann hätt's geknallt, Alter! Wirklich. Aber den Rest weißt Du selber. Fünf Wochen später war dann Polen offen - bye, bye, Grenztruppen der DDR...

* Mit einem Rekruten aus dem GAR 12 sprach Wolf Donnerhack, 1989

Aus einer in Plauen verbreiteten Flugschrift

Vierzig Jahre DDR*

Im Sommer kam zur "Freien Presse"
Ein Leserbrief mit großer Fresse.
Was da Frau Sacks aus Stuttgart schrieb,
War uns in Plauen gar nicht lieb.
Da mußt' im Bauch die Wut uns keimen,
Die Antwort folgte prompt in Reimen:
Die Rede galt der Südfrucht-Fete
Mit Weißkraut und mit Roter Beete,
Der Autobahn, der Euro-Straße,
Wo's Auto hoppelt wie ein Hase.
Ob Du dafür warst oder nicht,
Soli oder Sonderschicht,
Wie es da war, ganz einerlei,
Ist nach der nächsten Wahl vorbei!

So ward die Stimmung schlimm und schlimmer,
An ein Entrinnen nie und nimmer
Glaubten da gar viele Leute,
Doch besser wissen wir es heute:
Im Urlaub fuhr man gern gen Süden,
Nur wenig später war man drüben.
Wer heim kam von der Ungarn-Reise
Erhielt als Preis die "Gold'ne Meise".
Der Tourist begriff dies auch sogleich
Und lenkte um nach Österreich.
Wie es da war, ganz einerlei,
Ist nach der nächsten Wahl vorbei!

Rasch folgte dann der nächste Schlag:
Das Reiseziel hieß Botschaft Prag.
Mochten da auch die Häscher lauern -
Schnell ging es über Botschaftsmauern.
Die Ehemal'gen ließen grüßen
Von ihrer Abstimmung mit Füßen.
Wenn auch die Genossen grollten -
Sehr schnell dann viele Züge rollten.

Ausweispapier und Ostgeld flogen,
Das schlug bei uns hier ganz schön Wogen.
Wie es da war, ganz einerlei,
Ist nach der nächsten Wahl vorbei!

Dann wurd' in Ost-Berlin gefeiert,
Festreden auf- und abgeleiert.
Dem bestellten großen Trubel
Fehlte dort der wahre Jubel.
Zu den Blauhemden mit Fackeln
Taten Greisenköpfe wackeln.
Dem Bürger stand so manches Haar,
Sah er die hingestellte Schar.
Weltweit die Presse informierte,
Was Gorbatschow dann deklarierte:
Wer sich nicht stellt zur rechten Zeit,
Den haut das Leben später breit.
Wie es da war, ganz einerlei,
Ist nach der nächsten Wahl vorbei!

Es folgte dann die Schweinerei,
Geplant von Stasi und Partei.
Den Demonstranten muß man danken,
Hielt sich das Ganze noch in Schranken.
Zum Glück ist's nicht so schlimm gekommen,
Wie sich's die Führung vorgenommen.
Rentner und Kinder wurden blasser,
Löschfahrzeuge spritzten mit Wasser.
Wer wollte sich da noch beschweren,
Wenn sich die Naßgespritzten wehren!
Nachts sind alle Katzen grau,
Das wußt' die Stasi ganz genau.
Wie schon vorher ausgebrütet,
Wurde in der Nacht gewütet.
Wie es da war, ganz einerlei,
Ist nach der nächsten Wahl vorbei!

Dann mußt' ganz schnell ein anderer her,
Ein sauberer Generalsekretär!
Doch Egon Krenz
Blieb ohne Fans,
Und der Kronprinz, keine Frage,
Schaffte nicht mal fünfzig Tage.
Denn wer in China Blut will saufen,
Der muß sich dann die Haare raufen.
Auch drückt ihn eine Last gar schwer,
Denn er liebt den Alkohol so sehr.
Er tut ihn kosten, schlürfen, nippen,
Auch saufen und hinunterkippen.
Die Leber ihm das arg verübelt
Und ganz stark auf Rache grübelt.
Wo steckt der Egon heute bloß?
Ich glaube, er ist arbeitslos.
Wie es da war, ganz einerlei,
Ist nach der nächsten Wahl vorbei!

Zur Beantwortung von Fragen
Mußte ein Parteitag tagen.
Erhielt dort Gysi auch 'nen Besen -
Nichts ändert das Parteienwesen,
Denn SED heißt alter Schnee
Und PDS - nur große Freß'!
In Plauen schließlich tat man's wagen,
Die SED zu Grabe zu tragen,
Und Gysi kam auf leisen Sohlen,
Um den Parteisarg abzuholen.
Wie es da war, ganz einerlei,
Ist nach der nächsten Wahl vorbei!

Korruption und Amtsmißbrauch
Gab es hierzulande auch.
Schweigler, Tobies und Konsorten
Hamsterten an allen Orten.
Der Plauener Oberbürgermeister -
Nicht mehr Norbert Martin heißt er -
Für ihn sehr viele Leute bauten,
Die and'ren nur erschrocken schauten.
Bauen kann man in jedem Alter,
Praktizierte Ritta Walther.
Man könnt' noch viele and're nennen,
Die werdet Ihr schon selber kennen,
Auch schräge Vögel allenfalls,
Besser bekannt als Wendehals.
Wie es da war, ganz einerlei,
Ist nach der nächsten Wahl vorbei!

Wie auch in vielen and'ren Ländern
Wird sich bei uns noch vieles ändern.
Anstatt in Hof zu promenieren,
Geht man am Samstag demonstrieren.
Ein Vorschlag für den Ersten Mai:
Die Führung zieht am Volk vorbei.
Margot und Erich, ganz betreten,
Lernen am Ende noch das Beten.

Ein letztes Wort gestattet mir:
Wir sind das Volk - wir bleiben hier!

Der Oberbürgermeister informiert

Um Gerüchten in unserer Stadt entgegenzutreten, teile ich mit: Bei aggressiven Ausschreitungen während der Massenzusammenkunft am 7. Oktober 1989 im Stadtzentrum, an der überwiegend Bürger mit friedlichen Absichten teilnahmen, wurden Menschen verletzt. Es handelt sich dabei um einen Bürger mit einer Jochbeinfraktur, der gegen jene vorging, die Flaschen, Steine und andere Gegenstände warfen. Ein Bürger erlitt eine Schädelfraktur, als er infolge von Rangeleien von einer Mauer stürzte. Er befindet sich in einem gesundheitlichen Zustand, der zu keinerlei Besorgnis Anlaß gibt. Eine betagte Bürgerin erlitt am Rande der Ereignisse einen Schlaganfall und befindet sich in medizinischer Betreuung. Weitere sechs Bürger wurden ambulant behandelt.

Ich behalte mir vor, über das Ausmaß und das brutale Vorgehen einer bestimmten Anzahl von Randalierern gegenüber Kräften der VP, wobei sieben Polizisten verletzt wurden, weiter zu informieren.

Dr. Martin

#

Weil das Mielke-Ministerium und die anderen "Bewaffneten Organe" im Herbst 1989 auf dem falschen Fuß erwischt wurden und sie zuvorderst mit der sogenannten "Eigensicherung" beschäftigt waren, kamen sie nicht mehr dazu, die *Direktive Nummer 1/67* umzusetzen. Diese Direktive sah vor, im sogenannten "Ernstfall" alle "Staatsfeinde" entsprechend eines detailliert ausgearbeiteten "Vorbeugekomplexes" zu internieren. Mit Stand vom Mai 1988 sollten rund 85.000 DDR-Bürger bei Bedarf hinter Schloß und Riegel kommen, davon 734 böse Vogtländer. Nummer 4 auf der Liste jener, die im *Komplex* "Gitter" (das waren die Verliese der Augustusburg, am Fuße des Erzgebirges) entsprechend der *Kennziffer 4.1.3.* eingekerkert werden sollten, war der schlimme, schlechte, böse und gemeine Mensch Wolf Donnerhack...

#

So sah es aus, "das brutale Vorgehen einer bestimmten Anzahl von Randalierern gegenüber Kräften der VP". Der kleine Prinz hatte eigens ein Plakat gemalt "für die Demo", eine Landschaft mit bewaldeten Hügeln und einer strahlenden Sonne darüber - ein Vogtland ohne Russenpanzer...

Aufnahme: Andreas Straka, Plauen (1989)

Gedanken zum letzten Samstag in Plauen

Ein „Schweigemarsch“ sollte stattfinden. Diese Kunde ging von Mund zu Mund. Auch ich wollte sehen, was wirklich passiert, da ich mir selbst ein Bild machen wollte. Und wie mir, ging es sicher vielen.

Was ich dann erleben mußte, habe ich in meinem Leben in Plauen noch nicht gesehen. Knapp zwei Stunden schaute ich mit tiefer Betroffenheit an, was sich im Zentrum von Plauen abspielte. Ich habe lange gebraucht, um meine Gedanken und Gefühle zu ordnen. Sicherlich nicht verwunderlich, da ich so etwas nie für möglich gehalten hätte.

Den sogenannten Schweigemarsch bekam ich auch nicht zu sehen, denn geschwiegen wurde wahrlich nicht. Nun halte ich gar nichts davon, daß man Demonstranten als Randalierer bezeichnet, obwohl auch davon einige dabei waren.

Es muß aber Dinge geben, die die Menschen bewegen und auf die Straße gehen lassen. Doch ist dies wirklich der richtige Weg? Sind nicht Dialog und Geduld viel wichtiger? Ein offenes Wort und eine ehrliche Aussprache würden vieles entkrampfen und uns solche Ereignisse ersparen. Das setzt natürlich Dialogbereitschaft und Dialogfähigkeit voraus. Aber man kann den Dialog nicht fordern, wenn man selbst die Dialogfähigkeit nicht besitzt. Oder sollten fliegende Bierflaschen und Bananenschalen diese Fähigkeit demonstrieren? Natürlich mußte auch der Wasserwerfer nicht sein, aber in angespannten Situationen brennen manchmal auch Sicherungen durch. Deshalb mahne ich zu Besonnenheit und Ruhe.

Wir sollten auch weiterhin zum Dialog finden und ihn verbreitern. Es wird sicherlich ein Dialog Anders-Denkender, dabei sollten wir uns ohne Voreingenommenheit begegnen. Wichtig ist, daß sich Denkende begegnen.

Und da kam mir bei manchem Demonstranten Zweifel. Ich möchte bezweifeln, daß alle wissen, was sie gerufen haben. Würde man viele befragen, dann könnten sie einige ihrer Forderungen gar nicht definieren. Und auch Widersprüche waren zu entdecken. Bisher habe ich bei Gorbatschow nichts entdecken können, wo er für ein Deutschland plädiert. Und da passen die Rufe „Gorbi, Gorbi“ und „Deutschland, Deutschland“ nicht zusammen.

Als Mitglied der SED will auch ich vieles verändern, aber nicht auf diese Weise. Zum Dialog bin ich gern bereit...

Uwe Wamser,
Praktikant an der
Oberschule Weischlitz

FREIE PRESSE / MONTAG, 16. OKTOBER 1989 / SEITE 2

Am Sonnabend in Plauen

Von unseren Berichterstattern

Am vergangenen Samstag in Plauens Zentrum: Gegen 15.00 Uhr füllt sich der Platz vor Rathaus und gegenüberliegender Kirche. Viele Menschen auf der Bahnhofsstraße. Im Laufe des Nachmittags werden daraus einige tausend.

Transparente werden gezeigt. „Wir brauchen Reformen" ist zu lesen. Kein Widerspruch – sicherlich braucht dieses Land auch weiterhin Reformen, doch welche und mit welchem Ziel, das bleibt an diesem Nachmittag in Plauen ungesagt.

Demokratie, Reisefreiheit und Meinungsfreiheit werden auf Transparenten und in Sprechchören gefordert, und tatsächlich stört oder behindert niemand die Rufer.

Dann formiert sich ein Zug durch Teile der Stadt. Der Zulauf an den Straßenrändern wird stärker. Viele Schaulustige. Manche sind sogar mit ihren Kindern gekommen. Ehepaare und Pärchen stehen beieinander, schwatzen oder hören zu. Am Rathaus ältere Leute sogar mit Krücken, ob es ihnen nicht zu beschwerlich ist?

Dem Zug wird Beifall gespendet, rhythmisch wird mitgeklatscht. Nicht alle spenden Beifall, sind offensichtlich nachdenklich über das zu Sehende und zu Hörende. Ein älterer Mann im dunkelblauen Anorak sagt zu seiner Frau: „Demonstrieren gut und schön, aber das wichtigste bleibt wohl arbeiten." Vieles geht sicherlich den Leuten durch den Kopf, wie in den Gesprächen zu hören ist: Warum sind so viele Jugendliche dabei? Wird der, der heute durch die Stadt marschiert, in der kommenden Woche ebenso engagiert arbeiten? Und wer wird wohl die Glasscheiben von zwei Reisebüroschaukästen in der Unterführung in Bahnhofsnähe wieder ersetzen, die bereits vor dem Zug durch die Stadt zu Bruch gingen?

Nach dem Rundzug durch die Bahnhofsstraße wieder zum Rathaus. Ab und zu kommt die Sonne durch die Wolken. „Wir sind das Volk" wird gerufen. Sicherlich. Wer ist das nicht. Aber es möge doch bedacht werden, daß solcher kategorischer Anspruch ein gehöriges Maß an Intoleranz in sich trägt. Und dialogfördernd ist solche Behauptung ohnehin nicht.

Auch an Beobachtern aus dem anderen deutschen Staat fehlt es nicht, was die Besucherautos und Gäste mit Gamsbart am Hut beweisen – im kleinen Grenzverkehr ist es nicht weit in die Vogtlandmetropole . . . CBS News ist gar mit einem Kleinbus angerückt; wen wundert's?

Doch die Sensationen bleiben aus, am Straßenrand wird inzwischen der Nachmittagskaffee erörtert. „So, jetzt reicht's", ist von einem Ehepaar zu hören. „Wir gehen Kaffeetrinken."

Und in der Tat – langsam, aber sichtbar löst sich alles auf. Tausende gehen nach Hause. Manche stellen noch ihre Kerzen zu den vielen vor der Kirche und auf der Rathaustreppe. Am Abend bietet das Stadtzentrum wieder das gewohnte Bild eines Sonnabends im Oktober.

Der Montag wird zeigen, wie ernst es allen mit dem Dialog und der Arbeit ist.

Zum Beispiel Plauen

Neben Leipzig gibt es noch einen zweiten Ort, der sich den Ehrentitel „Heldenstadt" verdient oder besser gesagt „erdemonstriert" hat: Plauen. Dieses einst sehr wohlhabende Zentrum der deutschen Spitzenindustrie ist heute eine verfallende Stadt, deren Einwohnerzahl mit weniger als 75 000 derzeit den niedrigsten Stand seit der Jahrhundertwende erreicht hat.

Die Metropole des sächsischen Vogtlandes, mit 128 000 Einwohnern vor dem Ersten Weltkrieg ein blühendes Gemeinwesen, hatte schon in den zwanziger und dreißiger Jahren mit erheblichen wirtschaftlichen Schwierigkeiten zu kämpfen. Sie nahmen drastisch zu, nachdem die Stadt im Zweiten Weltkrieg zu drei Vierteln zerstört und durch die Zonengrenze vom bayerischen Vogtland abgeschnitten worden war. Statt sich gerade deswegen Plauens anzunehmen, wurde es vom SED-Regime links liegen gelassen.

Es ist deshalb kein Wunder, daß bei den gefälschten Kommunalwahlen vom Mai 1989 in Plauen (wie in Leipzig und Görlitz) besonders viele Gegenstimmen abgegeben wurden und im vergangenen Jahr hier prozentual mehr Einwohner gegen die SED demonstriert haben als selbst in Leipzig. Niemand wird deswegen ein „Revolutionshonorar" verlangen, aber geboten wäre es schon, auch einmal an eine solche Stadt und nicht immer nur an Dresden, Halle und Leipzig zu denken.

UFP

#

Der obige Beitrag stammt aus dem *Sachsenspiegel* (Leipzig) vom 09.03.1990 Die faksimilierten Beiträge auf den vorhergehenden Seiten sind der Plauener Lokalseite von *Freie Presse* (Karl-Marx-Stadt) vom 11., 13. und 16.10.1989 entnommen worden.

Der auf den folgenden Seiten wiedergegebene Bericht wurde am 14.12.1989 von dem Schweizer Wochenmagazin *Diagonal* (Solothurn) veröffentlicht.

Alle Anschreiben des Herausgebers an die Redaktion kamen 1993 zurück - mit dem Stempel *Raison sociale n'existe plus/Firma erloschen/Ditta cessata*

PLAUEN, die erste Stadt der DDR

Als die anderen noch zögerten, gingen die Bewohner von Plauen schon auf die Strassen: Der Aufstand begann hier bereits am 5. Oktober. Am 7. Oktober protestierten 45 000 Menschen in der umweltgeschädigten Stadt im Süden der DDR. In der Aufbruchstimmung mischt sich Hoffnung auch mit viel Hilflosigkeit. 40 Jahre verordnete Unmündigkeit haben Spuren hinterlassen.
Von Christian Bernhart (Text) und Peter Mosimann (Bilder)

Das Neue Forum (Plauen): Die fortschrittlichen Kräfte der 80 000 Einwohner zählenden Stadt treffen sich in einer kleinen Altbauwohnung.

«Liebe Mitleidende, Betrogene, Stalinismus-Geschädigte...» Die Diagnose als Anrede aus dem Munde des Chirurgen Klaus Schwenk schlägt ein. Tosender Beifall und Zustimmung der rund 20 000 Protestierenden vor dem Plauener Rathaus. Seit dem 7. Oktober ist es bereits der achte Samstagabend, den sie trotz Winterkälte draussen, auf den Beinen verbringen. Im zielstrebigen Tempo haben sie auch diesmal die markanten Plätze und Strassen der vogtländischen Provinzstadt abgeschritten und auf Plakaten Forderungen, wie «Krenz und seine SED müssen gehen», «Rückt eure kommunistischen Schweizer Banknoten raus», «Sozialismus nein, Einheit ja», mitgetragen. Und auf der nun folgenden Kundgebung sind die Forderungen auch dieses Mal konkreter, wird die Lage in schärferen Worten geschildert.
Denn die Zeit drängt. Im Sprecherrat der Oppositionsgruppierung «Neues Forum» erregte sich tags zuvor Günter Thieme: «In den Betrieben dreht sich gar nichts. Die sitzen noch alle.» Ohne weiteres werden sie auch nicht gehen, die Funktionäre der Sozialistischen Einheitspartei (SED). Eine gleich gut bezahlte Arbeit ist für sie anderswo nicht in Sicht. Meist war es ja nicht die fachliche Qualifikation, sondern die SED-Mitgliedschaft, die ihnen zu leitenden Positionen verhalf. Bei der Gewerkschaft dasselbe Bild. Und auf diese Funktionäre gemünzt, meint in der Forums-Sitzung ein Sprecher resigniert: «Abwählbar sind sie nur, falls wir ihnen schwerwiegende Mängel anlasten können. So ist das Gesetz.» Mit dem Gespräch über die aktuellen Ereignisse in Prag, wo eben die Regierung auf den Druck der Strasse hin zurückgetreten ist, stellt sich wieder Zuversicht ein. «Das ist der Domino-Effekt», lacht einer: «Die Russen haben acht Monate gebraucht, wir acht Wochen und die Tschechen acht Tage.»

Viel geändert in kurzer Zeit

Acht Wochen Strassenprotest brauchten die Plauenerinnen und Plauener, um den angeschlagenen Stadtpräsidenten Norbert Martin zum sofortigen Rücktritt zu bewegen. Der ebenfalls angeschlagenen Stadtregierung schaut nun der Bürgerrat der 20 auf die Finger. In der SED-Kreisleitung jagt eine Sitzung die andere. Alle sagen: «Kaum vorstellbar, was sich in diesen acht Wochen geändert hat.»
Geändert? – Der Blick von Osten über die Weisse Elster – ein Fluss, in dem kein Fisch mehr lebt, wie in Plauen gleich hinzugefügt wird – auf die Stadt ist noch derselbe: Plauen, vom Russ der Braunkohle gelbschwarz eingefärbt, wölbt sich sanft gegen Westen hin, so dass die Fassaden klassizistischer Bauten der Jahrhundertwende hervorstechen. Dazwischen die zahlreichen Schlote von Fabriken oder Fernheizungs-Anlagen und die Türme der Kirchen. Dann stösst noch die

Der alte Oberbürgermeister (Plauen): Drei Tage nach dem Fototermin musste Norbert Martin sein Pult räumen. Viel aufzuräumen hatte er nicht.

Dampflok der Werkbahn ein paar Rauchschwaden aus, und wir fühlen uns in die Frühzeit der Industrialisierung zurückversetzt. Aus diesem gespenstischen Bild gegenwärtiger Vergangenheit sind die Änderungen eher hör- als sichtbar. Wenn die drei Männer in den blauen Kutten hinter dem Fussgängersteg noch gemütlicher als sonst im Erdreich werkeln und den Wert ihrer Arbeit augenzwinkernd in Relation zum schlechten Wechselkurs stellen: «Na ja, jetzt arbeiten wir für zwei Mark West.» Hörbar auch, wenn die 66jährige Elfriede Schubert nach langem Anstehen, wie gewohnt, halbleere Einkaufstaschen über den Fussgängersteg nach Hause trägt, auf unserer Höhe angelangt aber verheissungsvoll die Augenbrauen hochzieht und mutmasst: «Vielleicht gibt es wieder die Einheit.»

Viele flohen in den Westen

An die ehemalige Einheit mag sie sich gut erinnern. Auch daran, wie Hitler in Plauen die Kriegsindustrie aufbaute: 1936 wurde die Viscose-Fabrik aus dem Boden gestampft, und die Vogtländische Maschinenfabrik hatte nun Panzer herzustellen. Damals lebten in Plauen noch gut 90 000 Personen in 9 800 Häusern. Am 12. Oktober 1944 fielen die ersten Bomben. War es Absicht der Amerikaner oder bloss mangelnde Treffsicherheit? Das fragt man sich noch heute, denn bei Kriegsende waren zwei Drittel der Stadt, 6 800 Gebäude zerstört, 2 000 Zivilisten tot, die Kriegsindustrie aber noch fast intakt, so dass das meiste von den Russen demontiert und heimgeschafft werden konnte.

Doch andere Fragen, auch die bange nach der Einwohnerzahl, sind jetzt wichtiger. Rund 80 000 Einwohner sind in Plauen registriert, heisst es in der offiziellen Informationsbroschüre. Nur noch 70 000 Einwohner seien es, behaupten die Einheimischen. Jeder kennt im Verwandten- und Bekanntenkreis jemanden, der in den Westen übersiedelt ist. Der Aderlass seit Juni dieses Jahres ist enorm. In den Spitälern fehlen Ärzte und Pflegepersonal, in den Kaufhäusern die Verkäuferinnen, und an der Bahnhofstrasse lässt die staatlich geführte «Freundschaft» ihre Gäste am Eingang in gestelztem Jargon wissen: «Wir suchen zur Stabilisierung der gastronomischen Versorgung dringend: Köche, Kellner, Buffetier...» Die Sorge um das langsame Ausbluten ist bereits auf der Fahrt in die Stadt auf Plakaten zu sehen: «Bitte lasst uns nicht allein», lautet der Hilferuf vor dem Bahnübergang in Mühltroff. Horst Ronneberger, der rund um die Uhr von Restaurationsbetrieb zu Restaurationsbetrieb hetzt, hat seinen Aufruf an die Windschutzscheibe des Autos geheftet: «Statt schweigen und flieh'n – hier bleiben, kämpfen und mitzieh'n.»

Hier und dort entlädt sich der Drang, nach 40jähriger Bevormundung endlich sagen zu können, was vorher bei Gefängnisstrafe verboten war. Noch haben viele den eingeübten Tick nicht abgelegt: Bevor es aus ihnen heraussprudelt, dre-

Plauener Bürger vor dem Gebäude des Staatssicherheitsdienstes: den Forderungen der Strasse nachgegeben.

hen sie in den Restaurants erst einmal den Kopf vorsichtig zur Seite und nach hinten, um sich zu vergewissern, dass niemand zuhört. So entstehen unzählige Gespräche. Auf Fragen nach der Zukunft des Landes, blenden die Antworten oft auf die Vergangenheit, die es zuerst zu bewältigen gebe, zurück. Unsere Gesprächspartner lassen sich in jene der Idealisten, der Aufdecker, der Warner und der Wendehälse einteilen.

Die Idealisten

Steffen Unglaub (23), Stickmaschinenmonteur ist einer von ihnen. Ist er nicht an der Arbeit, so setzt er sich für das «Neue Forum» ein. Er hat den Treffpunkt neben seiner Wohnung organisiert. «Gott hat mich ausgewählt und für die Arbeit hier ausgesucht», sagt der bekennende Christ mit ernster und intensiver Stimme im Treff des «Neuen Forum», zu dem sich auch an diesem Montag neue Interessenten einfinden, um sich in die Kartei eintragen zu lassen. 1 200 Mitglieder, die Unterstützung von 4 200 Personen per Unterschrift geniesst die politisch aktivste Gruppierung der Stadt. Freiheit kommt für Steffen vor Einheit. «Wir wollen einen Sozialismus mit freier Marktwirtschaft aufbauen», gibt er sich überzeugt. Als einer von 20 Vertretern des Bürgerrates nimmt er an den Gesprächen mit der Stadtregierung teil. Knut Plank, Orchesterwart und Sprecher im «Neuen Forum» ist radikaler. Alle heutigen Gesellschaftsformen hätten versagt. Achtung zollt er der Bundesrepublik einzig in Wirtschaftsbelangen. «Die BRD hat als Rechts- und Kulturstaat versagt», lautet seine Überzeugung. Pointiert äussern sich die Idealisten, darunter viele junge Leute, über Mitbürger, die nun in Scharen über die Grenzen nach Hof pilgern und sich dort mit westlichen Gütern eindecken. Mit den Warnern fürchten sie, dass westliches Konsumdenken die DDR-Bürger bald einmal vom Aufbau ihres Rechtstaates ablenken könnte. Idealistin ist aber auch die Operationsschwester Edeltraut Jan. Seit 22 Jahren steht sie nun schon im Operationssaal des Bezirksspitals. Seit der Ausreisewelle ist sie alleine, ihre Hände sind vom vielen Waschen mit Ekzem bedeckt und aufgerissen. Sie müsste sich krank schreiben

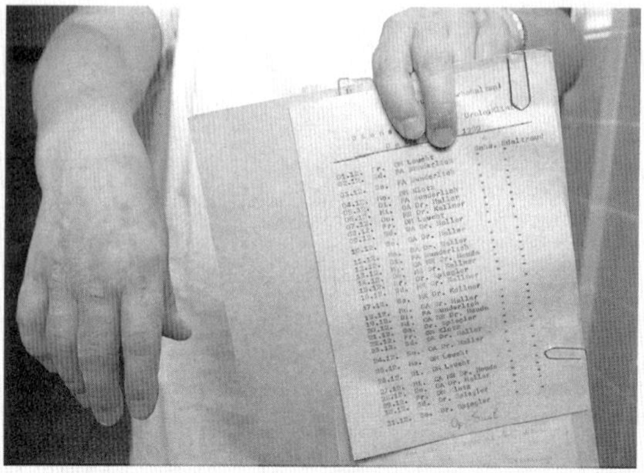

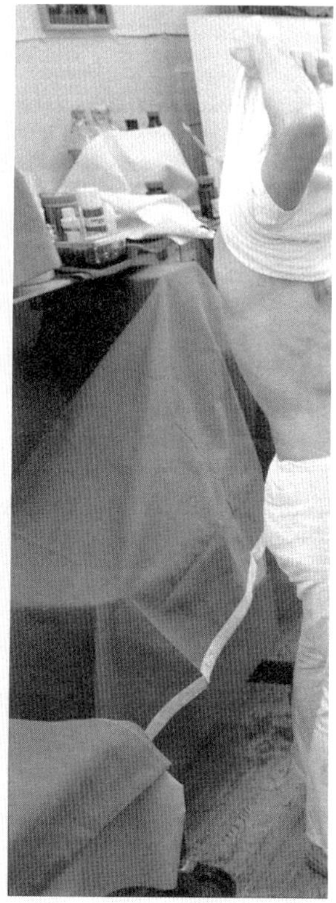

Die Hände von Edeltraut Jan: sie müsste sich krankschreiben lassen, steht aber für den ganzen Monat Dezember auf der Dienstliste.

lassen, doch ihr Berufsstolz lässt das nicht zu. Enttäuscht und den Tränen nahe, äussert sie sich über das fehlende Verantwortungssbewusstsein der Aussiedler.

Die Aufdecker

Im Saal des «Kulturbund» geht es an diesem Abend um die Wahlen vom vergangenen 7. Mai. Das «Neue Forum» hat die gewählten Stadtparlamentarierinnen und -parlamentarier eingeladen. Viele der Geladenen sind bestürzt über das, was sie hören. Fassungslos erzählt eine Frau, wie sie damals die Resultate in den Computer eingetippt, vor dem Heimweg noch übermittelt habe, um dann am Fernsehen ein gänzlich anderes Ergebnis zu vernehmen. Die Aufdeckung des Betrugs ist einer Gruppierung der Landeskirche zu verdanken, die mit Aufpassern an der Urne vertreten war. Statt den offiziell gemeldeten 3,82 Prozent Gegenstimmen, beliefen sie sich in Plauen in der Tat auf gute 10 Prozent. Nachprüfen lässt sich nichts mehr. Egon Krenz liess sämtliche Wahlunterlagen vernichten. Ruhe im Saal kehrt erst ein, als mitgeteilt wird, dass Stadtpräsident Martin heute wegen mangelnden Vertrauens seitens der Bevölkerung zurückgetreten sei. Den Aufdeckern geht es nicht nur um die Fälschung der Wahlergebnisse. Sie stellen sich auf den Standpunkt, dass ein Neubeginn erst mit Vertrauensleuten möglich ist und dass die Vergehen der Partei restlos aufzuklären sind.

«Was uns zur Zeit sehr bedenklich stimmt, ist die relative Ruhe in unseren Grossbetrieben. Diese Stagnation scheint uns im wesentlichen der Grund dafür zu sein, dass die Ausreisewelle wieder neue Impulse erfahren hat», analysiert Günter Thieme vor den Protestierenden die prekäre Lage und fordert bei den Gewerkschaften Neuwahlen bis zum Januar, damit diese den Wechsel in den Betrieben beschleunigen und überwachen können. Thiemes Durchblick haben in Plauen wenige. Ähnlich klar äussert sich uns gegenüber nur noch ein zwangsexilierter Mann, der inzwischen in Westberlin lebt. Für ihn besteht kein Zweifel, dass sich die Führungsclique der SED über den notwendigen Wechsel schon längst im klaren gewesen ist und sich nun, dank des gut geschmierten Parteiapparates, auf eine schöne Zeit nach der Planwirtschaft eingerichtet hat, während die Oppositionellen an Parteiprogrammen feilen. Es sind Befürchtungen, die beim Besuch der SED-Kreiszentrale in Plauen eher verstärkt als geschwächt werden.

Die Wendehälse

Es gebe auf dem Land, so versichert ein junger Historiker, SED-Funktionäre, die ihre Familien weggeschickt und die Pistole geladen in den Schreibtisch gesteckt hätten. An eine solche Reaktion mag Uwe Tobis, der seit 14. November als erster Sekretär der SED in Plauen amtet, nicht denken. «Nur zu

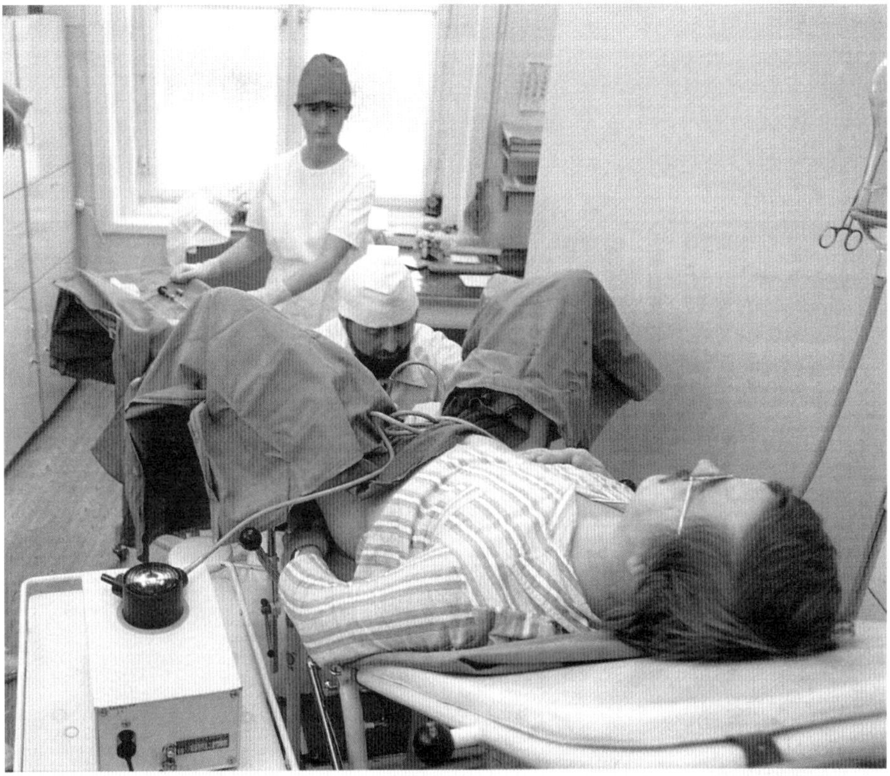

Bezirksspital Plauen: Während der eine Arzt eine (schmerzhafte) Blasenspiegelung durchführt, benutzt sein Kollege das Behandlungszimmer als Garderobe. Daneben liegen leere Räume. Wegen Personalmangel wurden ganze Abteilungen geschlossen.

sagen, ich sei unschuldig, ist gelogen», gibt er freimütig zu. Geschickt ist er aus den Fussstapfen seines verschrieenen Vorgängers herausgetreten. Dass die SED den Führungsanspruch verspielt hat, ist ihm längst bewusst. Ebenso weiss er, dass die DDR ohne fremde finanzielle Hilfe nicht über die Runden kommt. Künftige Kredite vor Augen, bemüht er Lenin als Lehrer. Das Monopolkapital lasse sich nicht im Interesse der Werktätigen verwenden, doziert der hochaufgeschossene, gutgekleidete Mitvierziger und lacht selbstsicher, wenn er von von einer sozialistischen Marktwirtschaft hört: «Der Eingriff des Monopolkapitals geht ganz anders vor sich.» Tobis ist sich längst im klaren, dass in Zukunft in der DDR die Parteien immer weniger, die Wirtschaft hingegen fast alles diktieren wird. Tobis ist ein Mann der Beziehungen. Er kennt alle Betriebe und formuliert Sanierungsvorschläge locker aus dem Gedächtnis. In ein paar Jahren werden wir ihn wohl als gut verdienenden Manger wiedertreffen.

Die Frage bleibt offen, ob es wirklich der Geist dieser Epoche war, wie es einige wahrhaben möchten, der Plauens Einwohner bereits am 5. Oktober als erste in der DDR auf die Strasse gehen liess. Ein Kontaktmann des Staatssicherheitsdienstes hat uns zuvor erklärt, seit der Wahlaffäre vom Mai hätten die Staatsspitzel einen Aufstand befürchtet und sich jede Woche über Mittelsmänner in den Betrieben erkundigt. Aber auch jetzt, so ein Oppositioneller, sei er nach wie vor aktiv. Längst erwartete Briefe aus dem Westen seien in einer Sendung zugestellt worden. «Alle sechs Briefe hat der Stasi zuerst geöffnet und kontrolliert.» Seine Warnung schlägt diese Nacht nicht ein. Es ist die Nacht der Nostalgie und des Wunsches nach einer neuen, eigenen Zukunft. Nur Klaus, den das Bier und der Blick zurück müde und traurig machen, plagen zu dieser Stunde Visionen einer von westlicher Wirtschaft vermarkteten DDR. Und er jammert: «Nein, das darf nicht wahr werden. Wir wollen nicht so werden wie die Bundesrepublik. Die Einheit darf es nicht geben.» Klaus schläft, den Kopf auf der Tischplatte, ein.

Schlendrian in alten HALLEN

Fabrikhallen in Plauen zeigen es deutlich: Gemessen am Westen ist die DDR-Industrie hoffnungslos veraltet. Fehlende Investitionen, falsche Planung sind schuld am maroden Zustand. Und der Schlendrian gehört zur Tagesordnung.

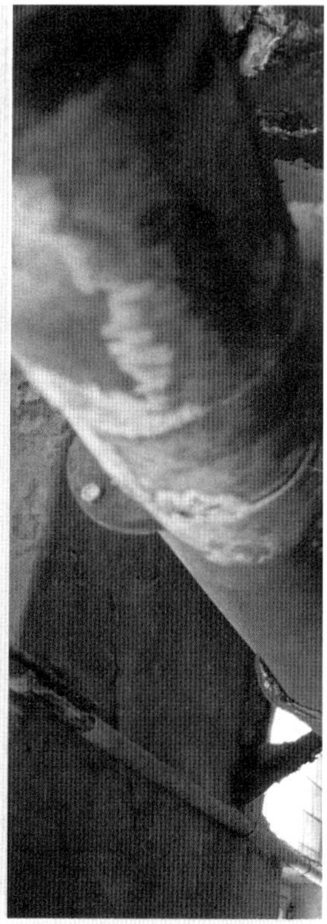

So hatten wir es uns natürlich nicht vorgestellt. Fleissig und relativ wohlhabend, vermuteten wir. Ferner nahmen wir an, ihre Produkte hätten typisch deutsche Qualitäten, seien spartanisch standardisiert, aber grundsolide. Der Eiserne Vorhang ist gefallen, und jetzt zögern die Leiter der Betriebe nicht mehr, die Mängel offenzulegen. Mängel, die sie schon lange kannten, deretwegen sie sich aber nicht auf die Barrikaden wagten.

Wie aber kommt es, dass so viele Jahre der Blendung vorbeigingen? Seelsorger Thomas Küttler, der in Plauen so etwas wie ein Kreisbischof der Landeskirche ist, glaubt darin einen typisch kleinbürgerlichen Zug des Kommunismus zu erkennen. Küttler kam erst 1965 wegen der Heirat mit einer Ostdeutschen nach Plauen und hat hier dann beobachtet, wie die politische Führung immer bemüht war, guten Eindruck zu erwecken. «Die Fassade ist immer wichtig gewesen, dieses Denken in Fassaden», argumentiert er und weist auf eine Mentalität hin, die bereit ist, Abstriche zu machen, solange es noch etwas vorzuzeigen gibt: «Wir haben wenigstens eine gute Stube, wollte die Führung sagen können. Und die Stube, das war Berlin.»

Steuern, was zu steuern ist: an diesem Kommandopult wird eine Anlage kontrolliert, die zum Schrottpreis in der BRD gekauft wurde.

Verkehrte Prioritäten

So wie Küttler machen heute viele Wirtschaftsvertreter in Plauen der Regierung den Vorwurf, die Hauptstadt Berlin bei Investitionen einseitig bevorzugt zu haben. Konkret zog sie in Plauen Bauleute ab, um in Berlin ein forciertes Wohnungsprogramm auszuführen. Joachim Buschner, Leiter der Gebäudesicherheit der Viskose-Fabrik «Zellwolle», will dies nicht nur für Berlin geltend machen, er prangert generell «dieses wahnsinnige Wohnungsbauprogramm» an. So steht im Plauener Vorort Chrieschwitz eine Neusiedlung für 17 000 Bewohner vor der Vollendung, während im Stadtinnern 3 500 Wohnhäuser, darunter viele erhaltenswerte Altbauten, wegen Zerfalls unbewohnbar sind. Diese verhängnisvolle Entwicklung hat ihren Ursprung in der unflexiblen, zentral gesteuerten Planwirtschaft, die nach protektionistischen Launen der SED-Führung zu funktionieren hatte. Insgesamt funktionierte sie immer schlechter: Falsche Planung, fehlende Investitionen, führten zu einem Mangel an Gütern und Dienstleistungen. So entstand daneben eine recht blühende Schattenwirtschaft. Die meisten DDR-Bürger arbeiten zusätzlich schwarz, insbesondere als Handwerker und verdienen so das happige Kleingeld für ihren Trabi.

Falsche Planung

Sie macht sich in Plauen insbesondere in den Läden bemerkbar. Die Produkte tauchen hier mit irrationaler Unregelmässigkeit auf. Vor allem die Frauen – die Emanzipation steckt noch in Kinderschuhen – haben inzwischen einen untrügerischen Instinkt dafür entwickelt, wann was wo zu haben ist. Sie schwärmen dann aus, meist wäh-

Beispielhaft: Die «Sächsische Zellwolle» verfügt über die modernste Viskoseproduktion der DDR. Der zulässige Grenzwert beim Schwefelwasserstoff wird um das 16fache überschritten.

rend der Arbeitszeit, um rechtzeitig das Gewünschte aus den Regalen zu holen. Eine alteingesessene Grosshandelsfirma mit 7 Millionen Mark Jahresumsatz lebt ganz gut von dieser falschen Planung. Zwei Drittel ihres Umsatzes erzielt sie nämlich mit den Überschüssen der stur geplanten Kleiderproduktion. Werden konkret statt 500 Blusen 660 fabriziert, weil sich die Maschinen nicht präzis genug einstellen liessen, so gelangen die 160 Blusen durch diesen privaten Familienbetrieb auf den Ladentisch, lange bevor die eigentliche Produktion im ganzen Land verteilt ist.

Fehlende Investitionen

In der Produktionsstätte der Plauener Gardine führt Otto Herndl, stellvertretender Direktor, durch den lärmigen Betrieb. Die Steuerketten der Gardinenwebmaschinen rattern ohrenbetäubend. Die im Rahmen gespannten Fäden laufen gestreckt durch den Nadelbarren. Hier greifen denn auch Monika Föll und Karstin Steiner ein, falls die Fäden nicht dem Muster folgen. Wollen sie miteinander reden, müssen sie schreien. «Man sieht bei Ihnen sicher keine solchen Betriebe», meint Herndl bescheiden. Sollen Vorhänge mit einer neuen Musterung entstehen, müssen die Kettenbänder ausgewechselt werden, eine Arbeit, die mitunter Tage, schlimmstenfalls Wochen dauert. Plauener Gardinen wie Plauener Spitzen genossen einst hohen internationalen Ruf, als sie noch in kleinen selbständigen Betrieben hergestellt wurden. Die Gardinen wurden 1953 in drei grossen Werken mit 6 000 Mitarbeitern zusammengefasst, 39 Produktionsstätten angegeliedert. Noch ein Drittel der Produktion geht als nötiger Devisenbringer ins Ausland, ein Drittel ins Inland, der Rest in den Ostblock. Von Neuinvestitionen, immer wieder beantragt, ist an zentraler Stelle in Berlin nur das Allernötigste bewilligt worden, wie Herndl erklärt. Nicht einmal die kleinsten Bedürfnisse der Mitarbeiterinnen konnten nicht befriedigt werden. Es fehlen Stühle im Aufenthaltsraum. «Setze ich 200 Stühle auf den Investitionsplan», erläutert Herndl, «so erhalte ich vielleicht deren 30.» Noch desolater soll der Maschinenpark bei der Plauener Spitze sein:

«Auferstanden aus Ruinen»: Der Anfang der DDR-Nationalhymne hat mehr als nur Symbolcharakter. Ohne kräftige Unterstützung aus dem Westen wird auch die DDR-Wirtschaft nicht klarkommen, trotz aller deutschen Tüchtigkeit.

30 Prozent invalid: 17 Jahre «Sächsische Zellwolle» haben Karl Leithners Leben kaputtgemacht: Kopfschmerzen, Übelkeit und Schwindel zählen zu seinen täglichen Erfahrungen.

«Die Maschinen haben im Durchschnitt Jahrgang 1910», sagt ein Strickmaschinenmonteur.

Falsche Preispolitik

«Mit dem gleichen Arbeitsaufwand hätte ich in der BRD das Doppelte erreicht», klagt Steffen Unglaub (23). Im Prinzip ist er zwar gegen eine westlich orientierte Konsumgesellschaft, doch wie er klagen alle Oppositionellen die Subventions- und Preispolitik der DDR an. «Die Grundgüter müssen teurer, die Luxusgüter billiger werden.» Zu billig sind Wohnungen, die oft kaum 50 Mark pro Monat kosten, zu billig ist ebenfalls das Brot, das wegen seines niedrigen Preises vielerorts sogar als Hühnerfutter verwendet wird. Zu teuer sind Kleider, eine Hose zu 300 Mark, Jacke zu 400 Mark, Schuhe zu 300 Mark.

Der Lohn eines Arbeiters beträgt etwa 900 Mark, eines ausgebildeten Arztes etwa 1 400 Mark, SED-Funktionäre und Polizeioffiziere können gut und gern mit über 2 000 Mark rechnen. Autos sind teuer. Ein Trabi kostet 14 000 Mark, ein Lada (russischer Fiat) 27 000 Mark. Wegen den langen Wartezeiten werden aber auf dem Schwarzmarkt bis zu 70 000 Mark bezahlt, und zwar mit Geld, aus lukrativer Nebenarbeit. Offiziell beträgt die Arbeitszeit in der DDR zwar 43 3/4 Stunden, doch von den rund neun Stunden pro Tag werden durchschnittlich bloss etwa sechs arbeitend verbracht. Die übrige Zeit wird mangels Motivation verschlendert oder für das Schlangestehen vor den Läden verwendet.

Christian Bernhart (Text) und Peter Mosimann (Bilder)

7.

Die Leute sind so selbstbewußt,
selbstsicher und gut aufgelegt.
Sie beherrschen die Straße
und meinen darum,
daß sie die Welt beherrschen.
In Wirklichkeit irren sie doch.
Hinter ihnen
sind schon die Sekretäre,
Beamten, Berufspolitiker,
alle die modernen Sultane,
denen sie den Weg zur Macht bereiten...
Je weiter
sich eine Überschwemmung ausbreitet,
um so seichter und trüber
wird das Wasser.
Die Revolution verdampft,
und es bleibt nur der Schlamm
einer neuen Bürokratie.

Franz Kafka, *Gespräch mit Gustav Janouch*

BUNDESARCHIV

5400 **Koblenz** (Karthause)
Potsdamer Str. 1 · Postfach 320
Telefon (02 61) 505-0 (Vermittlung)
Teletex 261 852 BArchKO
Telefax (02 61) 505 226

Bundesarchiv · Postfach 320 · 5400 Koblenz

Herrn
Wolf Donnerhack
c/o Fa. DONAR
[redacted]
SCHWEIZ

Öffnungszeiten des Benutzersaals:
montags – donnerstags: 8.00 Uhr – 20.45 Uhr

Gesch.-Z. (bitte bei Antwort angeben) Bearbeiter Telefon Datum

[redacted]

Betr.: Einstellung als Archivinspektoranwärter

Bezug: Ihre Bewerbung vom 01.01.1990

Sehr geehrter Herr Donnerhack,

für Ihre Bewerbung bedanke ich mich. Leider muß ich Ihnen jedoch mitteilen, daß Sie das für die Einstellung zugelassene Höchstalter von 32 Jahren bereits überschritten haben. Für Schwerbehinderte beträgt das Höchstalter 40 Jahre. Aus Ihren Unterlagen ergibt sich jedoch kein Hinweis auf eine Schwerbehinderung.

Ich bedauere, daß Ihre Bewerbung bereits aus diesem Grunde nicht berücksichtigt werden kann.

Ihre Unterlagen sind zu meiner Entlastung als Anlage beigefügt.

Mit freundlichen Grüßen
Im Auftrag

[redacted]

OFFENER BRIEF AN DEN RAT DER STADT PLAUEN

An den
Rat der Stadt Plauen
9900 PLAUEN

Walter G. Tümpner
Haus Vogtland
Unterhartmannsreuth

Sehr geehrte Damen und Herren,

als gebürtiger Plauener, der zwar viele Jahre in Düsseldorf lebte, engagiere ich mich sehr für unsere Vogtlandheimat, und ich glaube auch sagen zu können daß ich bereits eine ganze Menge für Plauen und das Vogtland getan habe.
Nach Öffnung der Grenze, wodurch die Vogtland-Metropole wieder eine hervorragende geographische Lage erlangte, gilt es nun auch Anlagen für eine gute Verkehrsstruktur zu sichern.
Als der "Vogtländische Flughafen Plauen" angelegt wurde, ging es darum, im internationalen Verkehr die Bedeutung zu erlangen, die der hochentwickelten vogtländischen Industrie entspricht.
Dieser Grundsatz gilt heutzutage noch viel mehr. Geschäftsreisende vom und ins Vogtland brauchen die schnelle Verbindung. Ein Regionalflugplatz Plauen würde so auch Arbeitsplätze im ganzen Vogtland sichern und mehren.
Die preisgünstigen Charterflüge, der immer zahlreicher werdenden Urlaubsreisen, dürften recht bald die Unkosten des Ausbaues decken.
Dabei noch ein Plus für die Umwelt:
Es ist nämlich ein gewaltiger Unterschied, wenn für jede Maschine die fliegt sich dafür jeweils rund fünfzig Autos, auf meist vollverstopften Straßen, hunderte oder gar tausende Kilometer in die Urlaubsziele quälen.
Es wäre auch ein Irrtum, zu glauben, daß der südlich der Stadt Hof gelegene Regionalflugplatz auf Dauer den einwohnerstärkeren Bezirk Plauen/Vogtland mit abdecken kann. Gegenseitig ergänzen wohl.
Allerdings wenn jetzt die Weichen falsch gestellt werden, dürften Plauen und Vogtland auf Jahrzehnte ins Hintertreffen geraten. Es darf heute nicht die Chance vertan werden, die so schnell nicht wieder gutzumachen ist.
Ich sehe in der Umgebung Plauens keine entsprechende Anlage, auf der sich in kürzester Zeit ein Regionalflugplatz realisieren läßt.
Somit dürfen auf dem Gelände des ehemaligen Plauener Flughafens zunächst weder Industrieansiedlungen noch Verbrauermärkte entstehen, weil hier relativ schnell der Flugbetrieb wieder aufgenommen werden könnte.
Rettet dafür das Areal vom ehemaligen Vogtländischen Flughafen Plauen !

Mit freundlichen und heimatverbundenen Grüßen

Ihr Walter G. Tümpner

Aus einem Rundschreiben von Wolf Donnerhack*

Kein Gewerbegebiet auf dem Areal des Plauener Flugplatzes!

Durch Indiskretion wurde bezüglich des Antrages des *Fliegerbund Vogtland* vom 10.02.1990 zwecks Übernahme der Nutzungsrechte am Areal des ehemaligen Flughafens der früheren *Vogtländischen Flughafenbetriebsgesellschaft m.b.H.* folgendes bekannt:

1.
Der Rat der Stadt Plauen, der alle diesbezüglichen Anschreiben und Anträge bis zum heutigen Tag unbeantwortet ließ, beabsichtigt, vollendete Tatsachen zu schaffen und die Ablehnung des Antrages erst am 01.09.1990, dem Tag des offiziellen Baubeginns des geplanten Gewerbegebietes, bekanntzugeben.

2.
Einem angeblichen Gutachten westdeutscher Fachleute (vom Flugplatz Hof?) zufolge soll das Areal für einen *Internationalen Flugplatz* (Beantragt war lediglich ein *Verkehrslandeplatz*!) gänzlich ungeeignet sein, und das, obwohl der Plauener Flughafen seit 1931 ein *Flugplatz Erster Ordnung* war.
3.
Die Bevölkerung der anliegenden Gemeinde Kauschwitz soll sich angeblich mit großer Mehrheit gegen einen Flughafen ausgesprochen haben; es spricht einiges dafür, daß hier von interessierter Seite und ganz gezielt "Ramstein-Visionen" beschworen wurden.

* Für den *Fliegerbund Vogtland*, 1990

Aus einem Anschreiben von Wolf Donnerhack*

Antrag auf einstweilige Verfügung

Wie aus verschiedenen Presseveröffentlichungen zweifelsfrei hervorgeht, beabsichtigt die Gemeinde Kauschwitz, das Areal des ehemaligen Flughafen der früheren *Vogtländischen Flughafenbetriebsgesellschaft m.b.H.* einer westdeutschen Handelskette zu überlassen.

Wir stellen hierzu fest, daß

1.,
die Gemeinde Kauschwitz hierzu in keiner Weise berechtigt ist, da die entsprechenden Gesetze zu keiner Zeit außer Kraft gesetzt oder für ungültig erklärt wurden, und

2.,
in der Stadt Plauen wie auch an deren Peripherie genügend andere Flächen für die Errichtung von Großmärkten nebst den dazugehörigen Parkflächen zur Verfügung stehen, während für den wiederherzustellenden Flughafen Plauen nur diese eine Möglichkeit besteht.

Wir beantragen daher beim Kreisgericht des Stadt- und Landkreises Plauen eine einstweilige Verfügung, die es, bis zur Wiederherstellung der Gesetzlichkeit und dem Vollzug der Einstaaatlichkeit, der Gemeinde Kauschwitz untersagt, in Bezug auf das Areal des ehemaligen Flughafens der früheren *Vogtländischen Flughafenbetriebsgesellschaft m.b.H.* irgendwelche Verhandlungen auf- oder sonstige Aktivitäten zu unternehmen.
Weitere rechtliche Schritte behalten wir uns vor.

* Für den *Fliegerbund Vogtland*, 1990

Exkurs

<u>Flugplatz-Gegner feiern Auflösung</u>*

Die Bürgerinitiative gegen den Flugplatz Kauschwitz/Schöpsdrehe löst sich auf - und zwar mit einem Fest am elften März im Feuerwehrhaus. Denn mit dem Beschluß des Stadtrates zur Errichtung eines Industrie- und Gewerbegebietes auf dem Areal in der vergangenen Woche scheint das Vorhaben Flugplatz endgültig vom Tisch zu sein. Dafür hatte die Bürgerinitiative seit Jahren gekämpft, weil in unmittelbarer Nähe das Naturschutzgebiet Syrau-Kauschwitzer Heide liegt. Investoren meldeten bereits Interesse für das Industriegebiet an.

* Aus *Freie Presse* (Plauen) vom 24.02.2002

RAT DER STADT PLAUEN

~~DER OBERBÜRGERMEISTER~~

1. Beigeordneter für Wirtschafts-
förderung und Raumordnung

Plauen, den 17. August 1990

Az.: vi-gro

Fliegerbund Vogtland
Herrn Wolf Donnernack

Postfach 298

Plauen

9 9 0 0

Sehr geehrter Herr Donnerhack!

Im Namen der Stadtverwaltung Plauen und des Landratsamtes Plauen bestätigen wir den Eingang des Schriftverkehrs zur Angelegenheit des ehemaligen Flugplatzes Plauen. Ihr Anliegen zur Reaktivierung des Flugplatzes bewerten wir positiv.

Die Prüfung, auch im Zusammenwirken mit Partnern aus der BRD, ergibt folgende Stellungnahme:

1. Das Gelände ist für die Errichtung eines internationalen Flugplatzes nicht geeignet. Das trifft auch auf die Nutzung als Inlandflugplatz der Interflug zu.

2. Der Aufbau eines Sportflugplatzes auf dem betreffenden Gelände wird aus Gründen der ökonomischen Entwicklung von den Gemeinden Kauschwitz, Syrau und der Stadt Plauen abgelehnt. Das Gelände ist besonders gut als zusammenhängendes Industrie- und Gewerbegebiet außerhalb einer größeren Stadt im Verbund mehrerer Kommunen geeignet. Die verkehrsseitige Erschließung für das Industriegebiet ist vorhanden:

   - Bahnstrecke Plauen - Hof
   - Straße Plauen - Gera
     Plauen - Schleiz (Autobahn)

   bzw. angedacht durch eine Autobahnquerverbindung zwischen den Autobahnen Berlin-Hof-München und Dresden-Plauen-Hof mit Weiterführung in die CSFR.

Mit einer Erweiterung der Plauener Straßenbahn in das Gebiet ist auch die Regelung des Nahverkehrs abgesichert.

Ein weiterer wichtiger Grund für den Entscheid, auf dem Gelände ein Industrie- und Gewerbegebiet anzusiedeln, liegt in der Tatsache, daß 2000 bis 2500 neue Arbeitsplätze geschaffen werden können. Diesem volkswirtschaftlichen Anliegen, bei Anerkennung Ihrer Beweggründe, können Sie sich - denken wir - nicht verschließen.

3. Es gibt Aussagen von Bürgern, die ausdrücken, daß sie nach der Beseitigung des Lärmes vom Übungsplatz Kauschwitz - Syrau - sowjetische Garnison Plauen - keinen neuen Lärm durch Flugzeuge haben möchten.

Wir meinen, daß sich ein geeigneterer Standort für einen Sportflugplatz im Gebiet des Landkreises finden läßt.

Wir bitten Sie, sich mit dem Landratsamt Plauen, Wilhelm-Pieck-Straße in Verbindung zu setzen.

Mit freundlichem Gruß

[redacted]

1. Beigeordneter für Wirtschaftsförderung und Raumordnung Stadtverwaltung Plauen

Dezernent Wirtschaftsförderung und Raumordnung Landrat Plauen

#

Auf der "Syrau-Kauschwitzer Heide" (dem ehemaligen Tankodrom der früheren sowjetischen Besatzungsmacht) verrosten alte Spurbrücken - von den in Aussicht gestellten Arbeitsplätzen gibt's nur ein paar Dutzend... Kommentar von Lutz Donnerhack zum Jubelfest der Bürgerinitiative:

"Nur zu, Ihr Helden. Den Mopedschein kann jeder Dorftrottel machen. Aber wer einen Pilotenschein machen will, der muß schon was können! Warum habt Ihr denn seinerzeit keine Bürgerinitiative gegen die Russen gegründet? War wohl nicht so weit her mit der Zivilcourage, oder?"

STADT PLAUEN

OBERBÜRGERMEISTER

Plauen, den 29. August 1990

B e r u f u n g s u r k u n d e

Auf der Grundlage des Gesetzes über die Selbstverwaltung der Gemeinden und Landkreise in der DDR vom 17. 5. 1990 § 26, Ziffer 9 beruft die Stadtverordnetenversammlung Plauen

Herrn Rolf Donnerhack

in den zeitweiligen Ausschuß zur Auflösung des ehemaligen MfS und gegen Amtsmißbrauch.

[redacted]

STADT PLAUEN

OBERBÜRGERMEISTER

Plauen, 9. Nov. 1990

V o l l m a c h t

Herr Wolf Donnerhack, geb. am 5. 10. 1952, ist Mitglied des zeitweiligen Ausschusses gegen Amtsmißbrauch und Korruption sowie zur Auflösung des ehemaligen MfS der Stadtverordnetenversammlung.

Er ist berechtigt, zur Erfüllung der gestellten Aufgaben in die dafür erforderlichen Unterlagen und Akten bei Behörden und Ämtern jederzeit Einsicht zu nehmen.

Diese Vollmacht hat nur in Verbindung mit dem Personaldokument Gültigkeit.

[redacted]

Oberbürgermeister

Aus einer Recherche von Wolf Donnerhack*

Früheres Dienstobjekt des vormaligen Ministeriums für Staatssicherheit

Von ehemaligen politischen Gefangenen kam der Hinweis auf "eine Villa in Neundorf", von der behauptet wurde, daß dort in unterirdischen Räumlichkeiten Verhöre bzw. Vernehmungen stattgefunden hätten.
Nachdem in der ehemaligen Kreisdienststelle des MfS in der Gabelsbergerstraße keine derartigen Anlagen festgestellt werden konnten, konzentrierte sich der Verdacht auf das frühere Dienstobjekt in der (Straße und Haus-nummer). Dieser Verdacht wurde noch erhärtet, als bekannt wurde, daß dort von 1933 bis 1945 der einstige NSDAP-Kreisleiter Alfons Hitzler gewohnt hatte. Als Eigentümer des Hauses war im Plauener Adreßbuch von 1941 ein Baumeister (Klarname) ausgewiesen.

Mit Datum vom 01.07.1979 erfolgte ein "gemeinsamer Eigentumsverzicht" der späteren Besitzer (Vorname und Klarname) und (Vorname und Klarname) zugunsten des "Ministerrat der Deutschen Demokratischen Republik/ Ministerium für Staatssicherheit; Normannenstraße 22, DDR-1130 Berlin-Lichtenberg". Der Wert für das Objekt belief sich auf exakt 206.660,- Mark, abzüglich eines angenommenen Verschleißes in Höhe von 130.773,- Mark.

In der Folgezeit diente das Objekt als Schulungszentrum und Wohnheim.

Am 28.11.1989 erhielten, im Zuge der Auflösung des Ministeriums für Staatssicherheit, die beiden Offiziere (Vorname und Klarname) und (Vorname und Klarname), zuletzt wohnhaft in 9900 Plauen, (Straße und Hausnummer) mit ihren Familien eine Zuweisung für die in diesem Hause befindlichen Wohnungen, ausgestellt von Oberst Steudel, dem damaligen Leiter der Kreisdienststelle des MfS.
Der Mietvertrag ist datiert vom 11.12.1989, rückwirkend zum 01.12.1989; am 01.02.1990 ging das Objekt in die Rechtsträgerschaft der *Kommunalen Gebäudewirtschaft* über.

Im März und April 1990 häuften sich Hinweise aus der Bevölkerung, die vermuten ließen, daß das Objekt als konspirativer Anlaufpunkt dient. Nach entsprechenden Vorstellungen durch den damaligen Geschäftsführer des *Neuen Forum* wurde seitens des Kreisstaatsanwaltes (Klarname) eine Überprüfung zugesagt. Auf diesbezügliche Nachfragen hin erklärte Staatsanwalt (Klarname) dann, man solle "die Hände davon lassen", denn "die Sache" sei insofern "heiß", als "die Freunde" beteiligt seien; außerdem würde das Kreiskriminalamt ermitteln. Ein Resultat blieb aus.

Als im November 1990 vom *Silbernen Schild* wiederholt der Verdacht ausgesprochen wurde, daß in dem fraglichen Objekt eine Netzverfolgungsanlage installiert und in Betrieb sei und nachdem eine Bitte um Hausdurchsuchung seitens der Staatsanwaltschaft ablelehnt worden war, erfolgte am 28.11.1990 eine sanfte Aufklärung. Sie ergab keinerlei Anhaltspunkte.

* Für den zeitweiligen Ausschuß gegen Amtsmißbrauch und Korruption sowie zur Auflösung des ehemaligen Ministeriums für Staatssicherheit

Aus einer Recherche von Wolf Donnerhack*

<u>Merkwürdigkeiten bei der Vergabe von Wohnraum</u>

Die genannten Merkwürdigkeiten stehen im Zusammenhang mit der Vergabe von Wohnraum zugunsten der sogenannten "Bewaffneten Organe".

1.
Mit Datum vom 10.02.1989 unterzeichneten der MfS-Mitarbeiter (Vorname und Klarname) und die MfS-Mitarbeiterin (Vorname und Klarname) einen Mietvertrag für jeweils eine Vollkomfortwohnung in der Lückenbebauung (Straße und Hausnummer), kommunales Eigentum. Die Zuweisung dafür erhielten sie von Oberst Steudel, dem Vater eines der beiden MfS-Mitarbeiter und Leiter der Kreisdienststelle Plauen des MfS. Am 27.05.1990 erfolgte die Eheschließung der beiden ehemaligen "Tschekisten", die somit als ein Ehepaar zwei Wohnungen nutzen können.

2.
Im Sommer 1990 wurde die Lückenbebauung (Straße und Hausnummer) bezogen - vorwiegend von Angehörigen der sogenannten "Bewaffneten Organe" (Volksarmee, Volkspolizei, Staatssicherheit, Zollverwaltung); nach Darstellung von Frau (Klarname), stellvertretende Amtsleiterin im Wohnungsamt, handelte es sich dabei lediglich um die Realisierung gültiger Verträge aus dem Jahre 1989.

3.
Im Herbst 1990 waren in dem früher als Offizierswohnheim genutzten Neubautrakt (Straße und Hausnummer) umfangreiche Reparaturarbeiten zu beobachten; unter anderem wurden Spül-, Wasch- und Toilettenbecken sowie die Badewannen komplett erneuert und die Wohnungen gründlich renoviert. Arglose Bürger, die nun meinten, daß die genannten Häuser mittlerweile in die Rechtsträgerschaft der Kommune übergegangen seien und sich deshalb um einen Wohnberechtigungsschein bemühten, wurden bald arg enttäuscht: Im Wohnungsamt mußten sie nämlich erfahren, daß die in Frage kommenden Häuser als ehemalige NVA-Objekte nunmehr Eigentum des Bundes seien und demzufolge auch von diesem vermietet würden - obwohl Plauen in Zukunft keine Garnison mehr beherbergen wird.
Als Major (Klarname), der dafür Verantwortliche, um eine Auflistung der neuen Mieter und deren vorherige Wohnanschrift ersucht wurde, leitete er dieses Schreiben nach Chemnitz weiter; beantwortet wurde es nicht.
Bekannt wurde indes nur, daß selbiger Bundeswehr-Major früher Parteisekretär im Wehrkreiskommando Plauen war und daß einer der neuen Mieter der Dreiraum-Vollkomfortwohnungen in der (Straße und Hausnummer) der ehemalige Leiter des Wehrkreiskommandos Plauen, der pensionierte Oberst (Klarname) ist, der bislang mit seinem Zweipersonen-Haushalt eine Dreiraum-Vollkomfortwohnung in der (Straße und Hausnummer) bewohnte.

4.
Anfang November 1990 wurden sechs Vollkomfortwohnungen in der Lückenbebauung (Straße und Hausnummer), kommunales Eigentum, vergeben; drei nach Bedürftigkeit und Dringlichkeit, drei nach "Kontingent" - an einen Angehörigen der Bundeswehr aus Rottmannsdorf/Erzgebirge (?), an einen Angehörigen des Postzollamtes aus Binz/Insel Rügen (!) und an einen Angehörigen der Polizei aus Plauen/Vogtland.
Mit großer Wahrscheinlichkeit handelt es sich bei den Angehörigen von Bundeswehr und Zollverwaltung um ehemalige hauptamtliche Mitarbeiter des aufgelösten Ministeriums für Staatssicherheit; der Polizeiangehörige ist der Sohn von Frau (Klarname), Leiterin des Personalamtes der Plauener Stadtverwaltung.

* Für den zeitweiligen Ausschuß gegen Amtsmißbrauch und Korruption sowie zur Auflösung des ehemaligen Ministeriums für Staatssicherheit

Aus einer Recherche von Wolf Donnerhack*

Gebäudetrakt und Liegenschaft in der Friedensstraße 32

Aus den (sehr dürftigen) Unterlagen im Liegenschaftsamt geht hervor, daß de fachto bis zum 25.02.1960 die *Industrie- und Handelskammer Plauen* Rechtsträger der oben genannten Liegenschaft war.
Auf der Grundlage einer "Verordnung über die Bildung von Wirtschaftsräten bei den Räten der Bezirke sowie über die Aufgaben und Struktur der Plankommission bei den Räten der Kreise" vom 13.02.1958 ging das Flurstück Nr. 686 A nebst dem darauf erbauten Gebäudetrakt de jure mit Wirkung vom 01.01.1960 über in die Rechtsträgerschaft der *Fundament Gesellschaft für Grundbesitz*; Anschrift: Berlin C 2, Rosenstraße 18-19.
Die bekanntlich der *Sozialistischen Einheitspartei Deutschlands* gehörende Gesellschaft wurde später umbenannt in *Organisationseigener Betrieb Fundament GmbH*; Anschrift: DDR-1120 Berlin, Rosenstraße 18-19.
Ein Kauf- oder Schenkungsvertrag bzw. eine Übertragungsurkunde oder dergleichen (einschließlich des geschätzten Anlagevermögens zuzüglich der anzunehmenden Wertberichtigung) liegt nicht vor; daß der Gebäudetrakt bis zur Auflösung der SED bzw. deren Umbenennung in PDS die Kreisleitung dieser Partei beherbergte, dürfte allgemein bekannt sein.
Im Januar 1990 zogen offiziell folgende Mietparteien ein:
Zollverwaltung der DDR/Zollamt Plauen, *Vereinigte Linke*/Basisgruppe Plauen und die *Partei des Demokratischen Sozialismus*/Kreisleitung Plauen, außerdem *Volkssolidarität*/Kreissekretariat Plauen sowie (vorübergehend) die Lokalredaktion vom *Vogtland-Anzeiger* und *Giselas Video-Welt* - bei der zuletzt genannten Dame handelt es sich um die Ehefrau des vorletzten Leiters der Abteilung Inneres beim Rat der Stadt Plauen, die Vorsitzende des Kreissekretariats Plauen der *Volkssolidarität* ist die Ehefrau des letzten Ersten Sekretärs der SED-Kreisleitung Plauen.

* Für den zeitweiligen Ausschuß gegen Amtsmißbrauch und Korruption sowie zur Auflösung des ehemaligen Ministeriums für Staatssicherheit

#
Alle Recherchen entstanden im Verlaufe des Jahres 1990.
Was sich heute so banal anhört, war damals durchaus nicht ungefährlich - zum Beispiel die legendierte Inspektion des ehemaligen Stasi-Wohnheimes...

Aus dem Anschreiben eines Öffentlich Bediensteten*

Eidesstattliche Erklärung

Hiermit erkläre ich (Vorname und Klarname, Angaben zur Person)
an Eides statt, daß ich zu keiner Zeit,
weder wissentlich und mit meinem Einverständnis,
noch entgeltlich oder unentgeltlich
- Operativer Mitarbeiter oder
- Inoffizieller Mitarbeiter oder
- Offizier im besonderen Einsatz
des ehemaligen MfS/AfNS war.
Ich ersuche hiermit dringend, daß meine Person von Amts wegen
umgehend auf den genannten Sachverhalt hin überprüft wird.
Ich verlange, daß bis zum Zeitpunkt der o.g. amtlichen Feststellungen
jegliche Äußerungen, Verdächtigungen, Anschuldigungen, Mutmaßungen
und dergleichen, bezogen auf meine Person, unterbleiben.
Bei eventuellen Zuwiderhandlungen behalte ich mir
gegenüber den betreffenden Personen rechtliche Schritte vor.

* An den zeitweiligen Ausschuß gegen Amtsmißbrauch und Korruption sowie zur Auflösung des ehemaligen Ministeriums für Staatssicherheit

#

Der Mann hat recht: Er war weder OM, noch IM oder OibE.
Bei ihm handelte es sich lediglich "um einen klassenbewußten Genossen, der positiv zum MfS" stand - der geneigte Leser hat mit diesem Herrn bereits auf Seite 51 der vorliegenden Publikation Bekanntschaft geschlossen, und der eine oder andere ist ihm vielleicht auch schon in persona begegnet - auf den Korridoren der Macht, im Plauener Finanzamt...
Das Schreiben stammt auch aus dem Jahr 1990.

#

You Know My Name. Paßbild für Bewerbungszwecke - aus dem Jahr 1990.

STADT PLAUEN

OBERBÜRGERMEISTER

Unterer Graben 1

Plauen

9 9 0 0

Plauen, den 17. 12. 1990

Meine sehr verehrten Damen und Herren,

im Jahre 1990 wurden vielgestaltige Prozesse durchlaufen, um die Gesellschaft neu zu formieren und die Einheit des deutschen Volkes wieder herzustellen.

So wurden allein 4 Wahlen auf dem Gebiet der ehemaligen DDR durchgeführt.

Höhepunkt war die Wahl zum 12. Deutschen Bundestag. Ihr Einsatz war ein wichtiger Beitrag für die erfolgreiche Durchführung dieser Wahl.

Dafür darf ich mich bei Ihnen ganz herzlich bedanken. Verbunden mit diesem Dank wünsche ich Ihnen einschließlich Ihren Familienangehörigen ein gesegnetes Weihnachtsfest sowie viel Gesundheit für das Jahr 1991.

Mit freundlichen Grüßen

[redacted]

Die Plauener Stadtchronik bekommt ein neues Kleid

Dieter Fallenstein schreibt seit sechs Jahren die Chronik

PLAUEN. – Rund 680 Seiten dick ist mittlerweile die Chronik der Stadt. Der Wälzer gibt Auskunft über Ereignisse und Entwicklungen von 1122 bis zum heutigen Tag. Das wichtige Dokument soll in absehbarer Zeit ein neues Kleid erhalten: Ein prunkvoller Ledereinband dokumentiere dann die Würde der Stadtchronik.

Seit sechs Jahren schreibt nunmehr Dieter Fallenstein an der Chronik. Der gelernte Schlosser war Lehrer und ist jetzt Stadtchronist. Letzteres nicht von ungefähr. „Für die Geschichte habe ich mich schon immer interessiert", meint er. „So konnte ich das Hobby mit dem Beruf verbinden."

Der Arbeitstag des Stadtchronisten beginnt Tag für Tag mit dem Zeitungsstudium. „Dabei erfahre ich vieles, was für künftige Generationen interessant sein könnte." Dieter Fallenstein stöbert also nicht nur in der Vergangenheit, sondern dokumentiert in erster Linie die Gegenwart. Dabei geht er strikt nach einer Konzeption vor. Nach ihr entscheide sich, ob ein Ereignis es wert sei, für alle Ewigkeit festgeschrieben zu werden. „Jährlich sind es an die 400 Höhepunkte, die auf diese Weise zusammenkommen. „Bevor dies aber in der Endfassung erscheint, notiere ich alles auf Karteikarten." In regelmäßigen Abständen – monatlich und jährlich – faßt er dann alles zusammen. „Wertungsfrei", ergänzt er. „Die Chronisten schaffen mit ihren Aufzeichnungen die Vorarbeit für Historiker, die alles in die entsprechenden Zusammenhänge einordnen."

Seine Informationen bekommt der Stadtchronist nicht nur aus den Medien. Zu Rate zieht er auch Unterlagen der Stadtverwaltung. „Stammgast bin ich ebenfalls bei den Stadtverordnetenversammlungen und bestimmten Höhepunkten.

Dieter Fallenstein kennt nicht nur die neuere Geschichte der Vogtlandstadt. Genauso gut weiß er über die Niederschriften seiner Vorgänger Bescheid: Neupert schrieb die Chronik von 1122 bis 1930; Stadtarchivar Dick faßte die Plauener Geschichte dann bis 1959 zusammen. „Danach klafft eine Lücke", erklärt Fallenstein. „Gegenwärtig bin ich dabei, die fehlenden Jahre aufzuarbeiten. Zehn Jahre seien schon geschafft.

Nebenbei beschäftigt sich der Plauener Stadtchronist mit der Herausgabe eines Stadtkalenders. Das Konzept liege bereits vor. Der Kalender soll wissenswertes über die Vogtlandmetropole und deren Umgebung, alle bisherigen Bürgermeister der Stadt, die Einwohnerzahlen, Wahlergebnisse und vieles mehr enthalten. Außerdem schwebe ihm eine Broschürenfolge „Plauen von A bis Z" vor. Dort könnten die Leser nach Stichpunkten geordnet zum Beipsiel alles über die Städtepartnerschaften, die Kirchgemeinden oder das Wohnungswesen erfahren. Wie schon gesagt – bei beiden handele es sich um Vorhaben. „Erscheinungstermine stehen noch nicht fest". **Katrin Wunderlich**

Der Leser hat das Wort

Kurve bekommen

W. *Donnerhack*, aus Plauen, schreibt uns zu „Dieter Fallenstein schreibt sechs Jahre lang die Chronik". Dem oben genannten Beitrag war zu entnehmen, daß Herr Fallenstein Lehrer gewesen sei. Verfügt ein Lehrer über die erforderliche Qualifikation für eine Tätigkeit im Archivwesen? Ich bin selbst Diplom-Fachlehrer für Geschichte, wurde 1980 mit Berufsverbot belegt, 1988 (laut Urteilsbegründung) zum Zwecke der „unverzüglichen und nachdrücklichen Disziplinierung mittels Haftstrafe" von der Staatssicherheit inhaftiert und habe wiederholt in in- und ausländischen Archiven geforscht, zuletzt, im Januar 1991, im Schweizerischen Bundesarchiv Bern. Auf eine Anfrage vom Februar 1990 wurde mir im März 1990 mitgeteilt, daß das Stadtarchiv „gegenwärtig unterbesetzt" sei, woraufhin ich mich sofort um eine Tätigkeit im Arichv bewarb. Erst nach mehrmaligem Nachfragen wurde mir dann im September 1990 (!) erklärt, daß aufgrund meiner „Qualifikation im Amtsbereich Archivwesen der Stadtverwaltung gegenwärtig keine Planstelle zur Verfügung steht". Soll heißen: Die Qualifikation eines Lehrer allein (Diplom der Universität Leipzig mit „Sehr gut") reicht für eine Tätigkeit im Stadtarchiv bei weitem noch nicht aus. Somit stellt sich die Frage, über welche besondere Qualifikation der „Lehrer" Fallenstein verfügt. Und siehe da, Herr Fallenstein lehrte einst, mit Dienstgrad Oberstleutnant, an der vormaligen Offiziershochschule der Grenztruppen „Rosa Luxemburg" – vielleicht kann er gelegentlich einmal Auskunft geben, mit welchen Lehrinhalten dort zu Beginn der achtziger Jahre angolanische, arabische, laotische, mocambiquanische und vietnamesische Militärangehörige vertraut gemacht wurden? Nachdem die Offiziershochschule wegen der „reaktionären Gesinnung" der Plauener Bevölkerung nach Suhl verlegt worden war, blieb Herr Fallenstein in Plauen: in der SED-Kreisleitung, wo auch seine Frau ein Pöstchen innehatte. Und von da wechselte er schließlich ins Stadtarchiv, um die „Parteilinie" durchzusetzen. Die bestand zum Beispiel in der „Versagung der Benutzungserlaubnis", wie sie mir gegenüber vom einstigen stellvertretenden Oberbürgermeister 1983 ausgesprochen worden war, oder in der Durchsetzung eines vom damaligen Innenministerium 1984 verfügten generellen Benutzungsverbotes für alle Archive in der einstigen DDR. Ich freue mich für Herrn Fallenstein, daß er so bravourös die Kurve bekommen hat. Wenn es zutrifft, daß ab 1. Juli die Gehälter der Angehörigen der Stadtverwaltung erhöht werden, so darf ich Herrn Fallenstein auch hierzu herzlich beglückwünschen.

Frankenpost

Frankenpost Verlag GmbH · Postfach 1320 · 8670 Hof

Herrn
Wolf Donnerhack
Postfach 298

O-99o1 Plauen 1

Redaktion

Ihr Zeichen	Ihre Nachricht vom	Unser Zeichen	Telefon-Durchwahl	Datum
			816	

Sehr geehrter Herr Donnerhack,
Sehr geehrter Herr Bernhart,

für Ihr Manuskript über Hof und Plauen, zwei Nachbar- und Partnerstädte, danken wir Ihnen sehr herzlich.

Leider können wir Ihren Text unseren Lesern nicht anbietend, weil wir natürlich ständig über die von Ihnen angesprochenen Sachverhalte und Probleme berichten. Diese Entscheidung ist uns allerdings umso schwerer gefallen, als wir der Auffassung sind, daß Ihr Text hervorragend geschrieben ist und ein zutreffendes Bild der Situation hier zeichnet.

Vielleicht bieten Sie Ihr Manuskript einmal der Süddeutschen Zeitung an? Ich glaube, dort wäre es gut plaziert (und immerhin ist der Süddeutsche Verlag Mehrheitsgesellschafter der Frankenpost-Gruppe.

Beste Grüße

FRANKENPOST-VERLAG GmbH
HEIMATREDAKTION

[redacted]
stellv. Chef vom Dienst

SÄCHSISCHES STAATSMINISTERIUM DES INNERN

Abteilung 1
Referat 1.2

Sächsisches Staatsministerium des Innern · Archivstraße 1 · O-8060 Dresden

Herrn
Wolf Donnerhack
Postfach 298

O-9900 Plauen

Dresden, den 07.08.1991
☎ Durchwahl (00 51) 59 82 671
Bearbeiter: Mühle
Aktenzeichen: Donnerhack,W.
(Bitte bei Antwort angeben)

Betr.: Ihre Bewerbung vom 12.07.1991

Anlage: Ihre Bewerbungsunterlagen

Sehr geehrter Herr Donnerhack,

wir bedanken uns für Ihre Bewerbung entsprechend unserer Presseausschreibung.

Bitte haben Sie Verständnis dafür, daß bei der Vielzahl der eingegangenen Bewerbungen und des begrenzten Stellenangebotes eine Vorauswahl getroffen werden muß.
Dabei konnten wir Sie aufgrund Ihrer Qualifikation und Ihres beruflichen Werdeganges leider nicht berücksichtigen. Diese Auswahl erfolgte ausschließlich nach fachlichen Gesichtspunkten und ist in keiner Weise ein Urteil über Ihre Person oder Fähigkeiten.

Für Ihren weiteren beruflichen und privaten Lebensweg wünschen wir Ihnen alles Gute.

Mit freundlichen Grüßen

[redacted]

Sachbearbeiter

Exkurs

Das Foto der Tochter in den Akten*

Der Historiker Golo Mann will gemeinsam mit dem Politiker Heiner Geißler die Berliner Gauck-Behörde schließen. Von Anzünden ist die Rede, von der Vernichtung der Aktenbestände, vom Zubetonieren. Der Herausgeber Erich Böhme blickt in seiner *Betrachtung zum Wochenende* in den Abgrund und "hätte nichts dagegen, wenn die Spree bei ihrem nächsten Hochwasser-Gang die beschämenden Hauswarts-Akten dieser Behörde mit sich fortnähme".
(...)
Aber ich möchte nicht belehrt werden. Und ich bitte darum, eine Information zur Kenntnis zu nehmen, denn offenbar ist noch viel Unkenntnis unterwegs über diese Akten und die Handlungen der Stasi:
Ich fand in einem häßlichen blauen Ordner das Foto meiner Tochter Lili.
Sie war ein Jahr alt, dieses Foto stand in meiner Zelle, am Glasziegelschacht.
Andere fanden persönliche Briefe, die abgefangen wurden von der *Abteilung M*, der Postkontrolle, sie waren nie angekommen. Jetzt erst (...) trafen sie ein. Bündelweise nahmen Bürgerrechtler mit nach Hause, was ihnen gehörte, weggenommen bei konspirativen Wohnungsdurchsuchungen.
Den Grundriß unserer Wohnung in West-Berlin, nach der Ausbürgerung, fand ich in den Aktenkopien eines befreundeten Pfarrers. Darunter, präzise vermerkt, der Weg der Tochter zur Schule, wie sie geht, wieviele Minuten sie benötigt. In den Akten auch der Abschiedsbrief der Mutter meiner Frau, die nach einem Stasi-Verhör Suizid beging, in einem Umschlag die letzten Fotos, Originale. Verstehen Sie, warum ich nicht will, daß etwas weggeschafft, weggemacht, zubetoniert oder in die Spree gekippt wird?

* Jürgen Fuchs, in:
Berliner Zeitung (Berlin) vom 24.02.1992

#
Zu der folgenden Seite:
Anfang 1992 wurde Wolf Donnerhack in einem als *Vertraulich* bezeichneten Schreiben der Plauener Stadtverwalter bei der Gauck-Behörde denunziert.
Sylvia Weck, Pressesprecherin der Plauener Stadtverwaltung im *Vogtland-Anzeiger* vom 05.05.1995: "Es gab 1992 ein Schreiben der Stadtverwaltung an die Gauck-Behörde. Angefragt wurde, ob Wolf Donnerhack Mitarbeiter dieser Bundesbehörde sei, da er sich in Plauen als solcher ausgegeben habe." Den Vorwurf der Denunziation weist Sylvia Weck natürlich zurück...

DER BUNDESBEAUFTRAGTE
für die Unterlagen des Staatssicherheitsdienstes
der ehemaligen Deutschen Demokratischen Republik

Der Bundesbeauftragte · Postfach 11 99 · O-1086 Berlin

Herrn
Wolf Donnerhack
PF 298

O-9900 Plauen 1

Ihr Zeichen, Ihre Nachricht vom	(Bitte bei Antwort angeben) Unser Zeichen, unsere Nachricht vom	Telefon (0 30) 3 92 43 00, 3 93 24 62 (0 02) 2 29 23 39, 2 29 21 85	Berlin
	ZV1-2063	Nbst. 167	11.03.1992

Bewerbung um eine Tätigkeit beim Bundesbeauftragten für die Unterlagen des Staatssicherheitsdienstes der ehemaligen Deutschen Demokratischen Republik
Anlage: - Bewerbungsunterlagen -

Sehr geehrter Herr Donnerhack,

der Bundesbeauftragte dankt Ihnen für das ihm entgegengebrachte Interesse.

Unter der sehr großen Zahl von über 14 000 Bewerbern mußte eine Vorauswahl anhand der eingereichten Unterlagen getroffen werden.

Danach konnte Ihre Bewerbung leider nicht berücksichtigt werden. Ich bitte dafür um Verständnis und bedauere, Ihnen keine günstigere Nachricht geben zu können.

Zu meiner Entlastung reiche ich anbei Ihre Bewerbungsunterlagen dankend zurück.

Ich wünsche Ihnen für Ihren weiteren Lebens- und Berufsweg alles Gute.

Mit freundlichen Grüßen
Im Auftrag

[redacted]

SÄCHSISCHES
STAATSMINISTERIUM
DER JUSTIZ

SÄCHSISCHES STAATSMINISTERIUM DER JUSTIZ
Archivstraße 1 · O-8060 Dresden

Herrn
Wolf Donnerhack
Postfach 298

O-9900 Plauen 1

Dresden, den	22.02.1993
Tel. (03 51) 564	1901
Bearbeiter:	kuh-schoe
Aktenzeichen: (Bitte bei Antwort angeben)	4435E-IV-235/ 92/293

Betr.: **Haftunterlagen ehemaliger Gefangener**

Bez.: Ihr Schreiben vom 14.12.1992

Sehr geehrter Herr Donnerhack!

Herr Staatsminister der Justiz hat mir Ihr Schreiben zuständigkeitshalber zur Beantwortung zugeleitet. In der Anlage übersende ich Ihnen Kopien der in Ihrer Strafvollzugsakte enthaltenen Berichte.
Die Berichte von Zelleninformanten oder Erziehungsbereichsältesten sind in der Akte nicht vorhanden.

Ich hoffe Ihnen hiermit gedient zu haben.

Mit freundlichem Gruß

[redacted]

Ausfertigung

Amtsgericht Chemnitz
- Registergericht -
Fürstenstr. 21
0 - 9072 Chemnitz
Telefon-Nr. 428211

AZ: 3 AR 909/93

Chemnitz, d. 30.03.93

Beschluß

In der Handelsregistersache

Verlag im Nonnenturm

wird der Antrag auf Eintragung in das Handelsregister gemäß der Anmeldung vom 8.3.1993 des Herrn W. Donnerhack, Postfach 298, 0-9900 Plauen 1, kostenpflichtig zurückgewiesen.

[redacted]

Richter

FREISTAAT SACHSEN
AMTSGERICHT CHEMNITZ

ausgefertigt am: 31. MRZ. 1993

Urkundsbeamte der
Geschäftsstelle

Aus einer in Plauen verbreiteten Flugschrift

Oberbürger-Meister Magerkord und sein Plauen-Signet*

Was weder ein nationalsozialistischer, geschweige denn ein realsozialistischer Bürgermeister vermochte, das hat nun ein christdemokratischer Oberbürger-Meister aus Thüringen geschafft - die Eliminierung des jahrhundertealten Plauener Stadtwappens.

Anstatt sich nämlich zu einer Korrektur des Dienstsiegels der Stadt Plauen zu entschließen (...), hat er ein mehr als fragwürdiges Plauen-Signet entwerfen lassen. Und natürlich nicht von einem im Vogtlandmuseum beschäftigten Graphiker und Buchkünstler, der eigens dafür bezahlt wird, daß er die Wünsche profilierungssüchtiger Landräte nach möglichst phantasievollen Wappen erfüllt. Nein, es mußte eine Firma aus den alten Bundesländern sein, die für das Plauen-Signet stolze 48.000,- DM kassieren durfte.
Oberbürger-Meister Magerkord wird wissen, warum. Schließlich gehörte er im real existierenden Sozialismus zu dem Klüngel, der von der herrschenden Clique stets reichlich mit lukrativen Aufträgen (...) bedacht und schließlich auch mit einem Haus versorgt wurde. Und der, auf Grund seiner guten Beziehungen, auch seinesgleichen lukrative Aufträge zuzuschanzen wußte. Fritz Cremer zum Beispiel, dessen "Aufsteigender", von der damaligen SED-Kreisleitung mit Jubel begrüßt, auf dem Bärenstein aufgestellt wurde.
In einem Preislied auf Fritz Cremer (Block-) flötete Rolf Magerkord darum auch, daß das Werk des Karl Marx eine "fundamentale Leistung" sei.
Weiter schulmeisterte er:
(...)
Wenn nunmehr mit Fotografien, auf denen Oberbürger-Meister Magerkord neben Super-Intendent Küttler posiert, der Eindruck erweckt werden soll, Rolf Magerkord habe zu den Initiatoren der sogenannten "Wende" gehört, so ist das schlichtweg Volksverdummung. Denn durch seine erwiesene Systemnähe gehörte er schließlich zu jenem Zirkel Auserwählter, der just im Oktober 1989 Plauens österreichische Partnerstadt Steyr besuchen durfte.
Von dort aus erkundigte er sich telefonisch bei den Genossen im Plauener Rathaus nach dem Stand der Ereignisse. Ereignisse, die ihn zuguterletzt ganz nach oben und auf den Stuhl des Plauener Oberbürger-Meisters spülten.
Dort kungelt er fleißig weiter. Zum Beispiel mit dem Bürgermeister von Weischlitz. Wie sonst ist es anders zu erklären, daß die Gemeinde, allen finanziellen Problemen zum Trotz, nichts anderes zu tun hat, als drei teure Arbeiten aus dem Fundus von Oberbürger-Meister Magerkord zu erwerben?

* Autor unbekannt, 1993

Der Polizeipräsident in Berlin

BERLIN

Der Polizeipräsident in Berlin
Direktion Spezialaufgaben
der Verbrechensbekämpfung
Dir VB c
Platz der Luftbrücke 6
1000 Berlin 42

Der Polizeipräsident in Berlin,

Herrn / Frau / Fräulein
Wolf Donnerhack - persönlich -
[redacted]

GeschZ (bei Antwort bitte angeben)
Dir VB S III 3
930524/3992-0

Zimmer
3495
Fernruf 699-36 227
Apparat
Intern
Datum
25.05.1993

Sehr geehrter Herr Donnerhack!

Gegen Sie wird ein Ermittlungsverfahren geführt, das folgende Beschuldigung zum Gegenstand hat:

Tatvorwurf (Delikt mit kriminologischer Bezeichnung)	
Üble Nachrede und Verleumdung gegen Personen des politischen Lebens	
Tatzeit (Wochentag/Datum)	**Tatörtlichkeit**
Mittwoch, 31.03.93	Stadtverwaltung Plauen
Tatort (Anschrift)	
0-9900 Plauen	

Nach § 163a der Strafprozeßordnung ist Ihnen Gelegenheit zu geben, sich zu der Beschuldigung zu äußern, die vorliegenden Verdachtsgründe zu beseitigen, zu Ihren Gunsten sprechende Tatsachen geltend zu machen und zu Ihrer Entlastung einzelne Beweiserhebungen zu beantragen.

Aus diesem Grunde werden Sie gebeten, unter Vorlage dieses Schreibens vorzusprechen am:

Wochentag/Datum/Uhrzeit	
Montag, 07.06.93, 12.00 Uhr	
Ort/Straße/Hausnummer	**Stockwerk/Zimmer-Nr.**
Berlin 42, Platz der Luftbrücke 6	2.OG/Anmeldung

Ich bitte mitzubringen:
Ausweispapiere über Ihre Person

Im Hinderungsfalle wird um telefonische oder schriftliche Mitteilung gebeten.

Falls Sie zu dem angegebenen Termin ohne Angabe von Gründen nicht erscheinen sollten, wird angenommen, daß Sie von Ihrem Recht, zu der Beschuldigung Stellung zu nehmen, keinen Gebrauch machen wollen. Sie werden jedoch darauf hingewiesen, daß keine Verpflichtung besteht, Ihnen in diesem Ermittlungsverfahren nochmals Gelegenheit zur Äußerung zu geben. Insbesondere können Sie nicht damit rechnen, vom Staatsanwalt oder Richter vernommen zu werden.

Mit vorzüglicher Hochachtung
Im Auftrag

[redacted]

Aus einem Dokument des Polizeipräsidenten in Berlin*

Beschuldigtenvernehmung

Der Gegenstand meiner heutigen Vernehmung wurde mir vertraut gemacht und ich möchte dazu folgende Äußerungen tätigen.

Frage:
Wann und aus welchem Grund wurde der Brief erarbeitet?

Antwort:
Welcher Brief und mit welchem Adressaten?

Frage:
Ihnen wird hier ein Brief, adressiert an die Stadt Plauen beziehungsweise den Oberbürgermeister mit dem Betreff "Oberbürger-Meister Magerkord und sein Plauen-Signet" vorgelegt, welcher unterschrieben wurde von einem Herrn (Vorname und Klarname), Plauen/Hauptpostlagernd.

Antwort:
Ich kann nicht erkennen, daß dieses Blatt an den Oberbürgermeister der Stadt Plauen gerichtet ist. Dieses Schreiben wurde mir bereits im März oder April diesen Jahres vom Stellvertreter des Oberbürgermeisters der Stadt Plauen vorgehalten. Damals wie heute lehne ich jedwede Stellungnahme dazu ab.

Frage:
Waren Sie für die Erarbeitung dieses Briefes eigenverantwortlich oder erhielten Sie Unterstützung von anderen Personen; wenn ja, durch wen?

Antwort:
Ich mache dazu keine Angaben.

Frage:
Welcher Personenkreis erhielt einen solchen Brief zugesandt beziehungsweise an wen wurde dieser persönlich übergeben?

Antwort:
Auch hierzu mache ich keine Aussagen.
Ich möchte jedoch an dieser Stelle zu Protokoll geben,
daß ich auch auf Ihre weiteren Fragen nicht antworten werde;
statt dessen erkläre ich folgendes zur Niederschrift:
(...)

Am (Datum) schloß ich einen Brief an die Lebensgefährtin des Stellvertreters des Oberbürgermeisters der Stadt Plauen und deren Gefährten mit den Worten:
Freunde, Plauener, Landsleute: Ob der Stadtkämmerer Hämorrhoiden hat oder der Schulamtsleiter Hundeflöhe - es interessiert mich nicht mehr.
Ich bin fertig mit meiner Heimatstadt (und umgekehrt wohl auch).
Dem möchte ich heute, am (Datum), in Anbetracht meiner Einvernehmung durch den Berliner Staatsschutz, nur noch hinzufügen: Ob Oberbürgermeister oder Stadtverwalter von Plauen - was immer sie fürderhin von mir behaupten mögen (daß ich die Sprengung des Plauener Rathauses beabsichtige oder daß ich die Damen vom Kulturamt vergewaltigt hätte oder daß ich das Plauener Grundwasser zu vergiften vorhabe...), es interessiert mich nicht mehr.
Es interessiert mich wirklich nicht mehr!
Und mögen etwaige Anschuldigungen oder Beschuldigungen noch so hanebüchen und noch so haarsträubend sein: Ich werde mich in keiner Weise mehr dazu äußern, weder mündlich, noch schriftlich. Basta!

* Direktion Spezialaufgaben der Verbrechensbekämpfung, 1993

Exkurs

Klage beschäftigt vier Gerichte*

Mit einem Freispruch ist gestern ein Prozeß vor dem Plauener Amtsgericht zu Ende gegangen, der in fünf Jahren vier Gerichte beschäftigt hatte.
Angeklagt war ein Bayreuther Unternehmer wegen Verleumdung.
Er habe den Plauener Oberbürgermeister Rolf Magerkord in einem Schreiben derart beleidigt, daß dieser Strafantrag stellte.
Gestern zog Magerkord, der als Zeuge geladen war, diesen Antrag zurück: Das Problem sei ihm heute nicht mehr so wichtig, als daß man es unbegrenzt verfolgen sollte. Der Unternehmer hatte Magerkord u.a. vorgeworfen, er erhebe "Wegelagerer-Zoll". Das Verfahren beschäftigte sogar das Bundesverfassungsgericht, das es wieder nach Plauen zurückverwies.
Die Prozeßkosten (...) muß die Staatskasse tragen.

* Aus *Freie Presse* (Plauen) vom 09.12.1998

Aus einem Dokument der Staatsanwaltschaft Zwickau*

Verfügung

1.
Das Ermittlungsverfahren gegen Donnerhack, Wolf wegen übler Nachrede und Verleumdung gegen Personen des politischen Lebens (§ 187 StGB) zum Nachteil des Oberbürgermeisters der Stadt Plauen, Dr. Rolf Magerkord, wird nach § 170 Absatz 2 StPO eingestellt.
Gründe:
Dem Beschuldigten lag zur Last, in der Zeit von November 1992 bis März 1993 in einem von ihm verfaßten und in Plauen verbreiteten Schriftsatz den Oberbürgermeister Dr. Magerkord wegen seiner Arbeit durch Behaupten und Mitteilen unwahrer Fakten über seine Vergangenheit und seine Rolle bei der Erarbeitung des neuen Stadtwappens von Plauen in der öffentlichen Meinung herabgewürdigt und sein öffentliches Wirken erheblich erschwert zu haben.
(...) Der Beschuldigte äußert sich nicht zum Tatvorwurf.
Der Beschuldigte kann im Ergebnis der Untersuchung strafrechtlich nicht zur Verantwortung gezogen werden. Zum einen sind die niedergeschriebenen Tatsachen erweislich wahr, so daß der Tatbestand des § 187 Absatz 1 StGB schon auf der objektiven Seite nicht erfüllt ist. - Zum anderen mangelt es in jedem Fall an einer Strafverfolgungsvoraussetzung.
Die politischen Äußerungen und Feststellungen von Herrn Dr. Magerkord sind aus dessen Dissertation** (Jena 1970) zitiert worden.
Auch war Herr Dr. Magerkord zum Auslandsbesuch und schließlich wurde die Erarbeitung des neuen Stadtwappens von Plauen tatsächlich einer Firma in den Altbundesländern übertragen.

2.
Das Ermittlungsverfahren gegen Donnerhack, Wolf wegen Beleidigung (§ 185 StGB) zum Nachteil des Kulturamtsleiters der Stadt Plauen, Herrn Detlef Müller, wird ebenfalls nach § 170 Absatz 2 StPO eingestellt.
Gründe:
Dem Beschuldigten lag insoweit zur Last, im gleichen Tatzeitraum an den Herrn Detlef Müller beleidigende Schreiben gerichtet und auch veröffentlicht zu haben.
Auch in diesem Fall kann der Beschuldigte nicht zur Verantwortung gezogen werden, weil ein Verfahrenshindernis besteht.

* 1993

** Vorgelegt als Diplomarbeit (52 Seiten Text mit 20 Seiten Anmerkungen)

Stadt Plauen
Der Oberbürgermeister

PLAUEN
STADT IM VOGTLAND

Herr
W. Donnerhack

PF 298

08527 Plauen

Dezernat
Amt Einwohnermeldeamt

Sachbearbeiter | Zimmer

Datum und Zeichen Ihres Schreibens	Unser Zeichen	Durchwahl 0 37 41/	Datum
26.09.1993			14.10.1993

Sehr geehrter Herr Donnerhack,

in Beantwortung Ihres Schreibens vom 26. 09. 1993 übersenden wir Ihnen als Anlage den zu Ihrer Person gespeicherten Datensatz sowie eine Kopie der vorliegenden Kreismeldekarteien.
Nach Par. 29 des Sächs. Meldegesetzes ist die Meldebehörde berechtigt, Daten an andere Behörden oder sonstige öffentliche Stellen in der Bundesrepublik Deutschland zu übermitteln, wenn diese Daten zur Aufgabenerfüllung in der Zuständigkeit des Empfängers erforderlich sind.
Eine telefonische Information zur Wohnanschrift wurde am 21. 04. 1993 an den Staatsschutz übermittelt. !!

Die Einrichtung der Auskunfts- bzw. Übermittlungssperre wurde mit dem heutigen Tag vorgenommen.
Die Verwaltungsgebühr beträgt 30,- DM.
Die Rechnung ist als Anlage beigefügt, und wir bitten um Überweisung.

Bei noch bestehenden Fragen bitten wir Sie, persönlich in unserer Behörde vorzusprechen.

Mit freundlichen Grüßen

i. A.

[redacted]

Exkurs

Verkehrte Welt: Ein Opfer soll den Täter entschädigen*

Mit reichlich Herzklopfen und einem Gefühl der Beklemmung stand die Kölner Journalistin Ellen Thiemann am 11. Mai 1990 am Eingang zum Frauen-Zuchthaus Hoheneck im Erzgebirge. Genau fünfzehn Jahre zuvor hatte sie das schon von außen bedrohlich wirkende Gebäude hinter sich gelassen - nachdem sie dort zweieinhalb Jahre ihrer Zuchthausstrafe von drei Jahren und fünf Monaten wegen "Republikflucht" abgesessen hatte. (...)

Mit ihren Aufzeichnungen, die erstmals Anfang der achtziger Jahre unter dem Titel "Stell' Dich mit den Schergen gut" als Buch herausgekommen waren, erschütterte Ellen Thiemann eine große Leserschaft in der alten Bundesrepublik und in anderen Ländern. Ihr Schicksal diente sogar als Vorlage für den Hollywood-Film "Red Heat - Unschuld in Ketten". Zugleich aber informierte sie ihre Leser über Zustände, von denen diese nichts wußten oder nichts wissen wollten, obwohl sie doch direkt neben ihnen, im anderen Teil Deutschlands, zum Leben gehörten.
Ihre Wiederbegegnung mit dem Zuchthaus Hoheneck hat die Autorin nun in einem umfangreichen Kapitel beschrieben, das die Neuauflage des immer noch aktuellen Buches "Stell' Dich mit den Schergen gut" ergänzt - beklemmende Zeugnisse zwischen damals und heute.
Den Anstaltsleiter Wolfgang Veit und seinen Stellvertreter Harry Grunewald, die die Journalistin aus dem Westen mit freundlicher Aufmerksamkeit empfingen, kannte sie noch von damals, als ihre Kleidung dunkelblau und aus dickem, hartem Stoff war und sie sechzehn Stunden am Tag arbeiten mußte: Acht Stunden verbrachte sie mit der Fertigung von Elektromotoren im Akkord, acht Stunden mit "Kunst" - beim Bemalen von Wandtellern. (...)

Durch das Buch "Stell' Dich mit den Schergen gut - Meine Wiederbegegnung mit dem Zuchthaus Hoheneck" fühlte sich nun allerdings Hauptmann Petra Dotzauer in ihrer Person als stellvertretende Anstaltsleiterin öffentlich bloßgestellt. So flatterte dem *Ullstein Verlag* alsbald ein Schreiben ins Haus, in dem der Hamburger (!) Rechtsanwalt Peter Witt anzeigte, daß ihn Frau Petra Dotzauer, wohnhaft in Chemnitz, "mit der Wahrnehmung ihrer Interessen beauftragt" habe. Der Anwalt verwies darauf, daß sich in dem Buch "sieben Abbildungen (befinden), in denen meine Mandantin mehr oder weniger deutlich zu erkennen ist" und stellte fest:
"Die Veröffentlichung dieser Bilder erfolgte ohne Einwilligung von Frau Dotzauer; auch eine Entlohnung erhielt sie dafür nicht."

Den "schwerwiegenden Eingriff", den der Hamburger Anwalt "im Hinblick auf die Auflagenstärke des Buches" darin erkannte, begründete er so: "Meine Mandantin wird von ihr Unbekannten auf der Straße erkannt und auf das Buch hin angesprochen. Man verlangt - entsprechend dem Inhalt des Buches - Rechenschaft von ihr. Daß dies eine erhebliche Belastung für meine Mandantin darstellt, bedarf keiner weiteren Ausführungen." Darauf folgt schließlich die Forderung: "Für die bisherigen Veröffentlichungen sieht meine Mandantin eine Ausgleichszahlung Ihrerseits in Höhe von DM 4.000,- als Entschädigung für die erlittenen Beeinträchtigungen als angemessen an." Über die Entschädigung für die Opfer des SED-Regimes ist in jüngster Zeit viel diskutiert worden, ohne daß die bisher etwas davon gesehen hätten. Vor diesem Hintergrund mutet es, zurückhaltend formuliert, schon merkwürdig an, daß eine Handlangerin dieses Regimes nun ein Opfer auf Schadenersatz verklagt. Rechtsanwalt Witt in Hamburg wollte sich dazu unter Hinweis auf ein schwebendes Verfahren nicht äußern.

* Wolfram Schroeder, in:
Berliner Morgenpost (Berlin) vom 20.06.1993

Für Wolf Dommerhack:
Besser Unrecht leiden
als Unrecht tun.
Herzlichst
Ellen Thiemann

27. Oktober 1994

Exkurs

Anrufer beschimpfen Plauener Arbeitsamt*

Böse Anrufe gestern im Plauener Arbeitsamt, während die aktuellen Arbeitsmarktzahlen verkündet wurden: "Stasi-Haufen" war noch die harmloseste Beschimpfung. Mancher Arbeitslose hat so seinem Unmut über die eigene Misere und die an die Öffentlichkeit gedrungene Wahrheit zur Vergangenheit des Arbeitsamtsdirektors Jürgen Kaden Luft machen wollen.

Dr. Alois Streich, Präsident des Landesarbeitsamtes Chemnitz, bedauert, "daß es so kommen mußte".
Er hatte am Dienstag Jürgen Kaden von seinen Dienstpflichten als Arbeitsamtsdirektor wegen seiner früheren Stasi-Verbindungen beurlaubt.

Kaden hatte als Inoffizieller Mitarbeiter für den Staatssicherheitsdienst gearbeitet. Das hatte die Überprüfung durch die Gauck-Behörde ergeben.

* Aus *Vogtland-Anzeiger* (Plauen) vom 05./06.06.1993

Ex libris

Die Auflösung des MfS/AfNS durch das Staatliche Komitee*

Außerdem schuf die Regierung Modrow mit der Installierung einer neuen Arbeitsverwaltung noch in den letzten Tagen ihrer Amtszeit eine Institution, die sowohl zahlreichen Mitarbeitern des MfS/AfNS als auch vielen Funktionären des Partei- und Staatsapparates Unterschlupf bot. Infolge dieser Politik erwiesen sich bei einer späteren Überprüfung durch die Gauck-Behörde zum Beispiel 28 von 38 Direktoren verschiedener Arbeitsämter als belastet und wurden ihres Amtes enthoben. So waren die Direktoren der Arbeitsämter von Gotha, Jena, Plauen, Rostock und Schwerin ehemalige Mitarbeiter des MfS.

* Michael Richter: *Die Staatssicherheit im letzten Jahr der DDR.*
Weimar/Köln/Wien 1996

#

Anmerkung des Herausgebers:
Nur die Direktoren wurden überprüft - nicht aber die Mitarbeiter...!

Exkurs

Vergleich im Fall Kaden - Abfindungshöhe unklar*

Im Rechtsstreit des ehemaligen Plauener Arbeitsamtsdirektors Jürgen Kaden gegen seinen früheren Arbeitgeber haben sich beide Parteien zu einem Vergleich bereit erklärt. Auf der Basis einer Entschädigungssumme von 45.000,- DM soll eine gemeinsame Ausarbeitung erfolgen, entschied gestern das Arbeitsgericht Plauen nach einer Güteverhandlung. Kaden hatte die Bundesanstalt für Arbeit (BfA) wegen seiner Kündigung (...) verklagt.
Während der gestrigen Verhandlung bekräftigte der Vertreter der BfA die Rechtmäßigkeit der Kündigung, die auf der Grundlage des Einigungsvertrages ausgesprochen wurde. Der Kläger und sein Rechtsanwalt meinten dagegen, daß in der derzeitigen Situation für den ehemaligen Direktor eine weitere berufliche Tätigkeit verbaut ist. Der ganze Wirbel um den "Fall Kaden" sei in Plauen sehr öffentlichkeitswirksam gewesen.
Sein Rechtsanwalt strebte daher eine einvernehmliche Kündigung an.
Der BfA-Vertreter stellte fest, daß dies auf keinen Fall möglich sei, da die Bundesanstalt sich bei der Kündigung streng an die Gesetzlichkeit gehalten habe. Er bot eine Abfindung in Höhe von 20.000,- DM an, über die sich die strittigen Parteien einigen sollten. Er nannte als Vergleich, daß bei einfachen Fällen und zwanzigjähriger Beschäftigungsdauer auch schon Beträge von 80.000,- DM gezahlt worden seien. Obwohl Kaden den erlittenen Würdeverlust voranstellte, zeigten er und sein Rechtsanwalt die Bereitschaft zu einer Abfindung. Die nächste Verhandlung findet Anfang Februar 1994 statt.

* Aus *Vogtland-Anzeiger* (Plauen) vom 06.10.1993

#
Der Herausgeber stellt völlig emotionslos fest:
Jürgen Kaden alias IMS "Böhm" war derselbe Arbeitsamtsdirektor, der den tätlichen Angriff seiner Furien auf Wolf Donnerhack (genau genommen Körperverletzung, Nötigung, versuchte Freiheitsberaubung, üble Nachrede und Verleumdung) ausdrücklich gebilligt und nachträglich gerechtfertigt hatte. Auch sonst kann der ehemalige IMS "Böhm" durchaus zufrieden sein. Mit einer Abfindung von 45.000,- DM plus einem auf der Grundlage vom Gehalt eines Arbeitsamtsdirektor berechneten Arbeitslosengeld steht man schließlich ganz anders da als mit einer wöchentlichen Arbeitslosenhilfe in Höhe von 57,50 DM - trotz des "erlittenen Würdeverlust"es.
Und wer hat jemals von der Würde der Stasi-Opfer gehört?

SÄCHSISCHES
STAATSMINISTERIUM
FÜR WISSENSCHAFT
UND KUNST

SÄCHSISCHES STAATSMINISTERIUM
FÜR WISSENSCHAFT UND KUNST
Postfach 10 09 20
01076 Dresden

Herr
W. Donnerhack
Postfach 298
[redacted]

Dresden, den 01.08.1993

Tel. (03 51) 5 64-

Betr.: Antrag auf Nachdiplomierung

Bez.: Ihr Schreiben vom 13.08.1993

Sehr geehrter Herr Donnerhack,

leider ist von Ihnen kein Antrag im Sächsischen Staatsministerium für Wissenschaft und Kunst vorhanden, der Abschluß wurde eventuell nicht in Sachsen erworben oder das Sächsische Staatsministerium für Wissenschaft und Kunst ist für Ihren Abschluß nicht zuständig bzw. Ihr Antrag ist bei uns nicht eingegangen.

Sollte ein anderes Ministerium/Bundesland für die Bewertung Ihres Studienabschlusses zuständig sein, so wurde Ihr Antrag ohne Abgabenachricht weitergeleitet, so daß sie von dort über weitere Bearbeitungsergebnisse oder -hinweise informiert werden.

Bei einem Studienabschluß an einer Bildungseinrichtung, deren Hauptsitz auf dem Gebiet des heutigen Freistaates Sachsen lag bzw. liegt, muß ich um eine erneute Antragstellung bitten. Antragsformulare bzw. Hinweise über notwendige Unterlagen sind beigefügt.

Mit freundlichen Grüßen

[redacted]

Sachbearbeiter

SÄCHSISCHES
STAATSMINISTERIUM
FÜR KULTUS

SÄCHSISCHES STAATSMINISTERIUM FÜR KULTUS
Postfach 10 09 10 · 01076 Dresden

Herrn
W. Donnerhack
Postfach 298

08507 Plauen

Dresden, den	01.11.1993
Telefon (03 51) 5 64-	2743
Bearb.:	II/4-wi-la
Aktenzeichen: (Bitte bei Antwort angeben)	6701.5/420

Feststellung der Gleichwertigkeit

Sehr geehrter Herr Donnerhack,

mit Schreiben vom 26.09.1993 bitten Sie erneut um Feststellung der Gleichwertigkeit Ihres Studienabschlusses als Diplomlehrer.

Wie wir Ihnen bereits mitteilten, soll die Zuordnung der Lehrerausbildungsgänge der ehemaligen DDR zu herkömmlichen Laufbahnen durch Beschluß des Bundestages und Bundesrates rechtswirksam werden.

Der von Ihnen erwähnte Beschluß der Kultusministerkonferenz vom 10./11.10. 1991, der auf der Grundlage des Artikels 37 Absatz 1 des Einigungsvertrages basiert, beinhaltet Abschlüsse, die an Hochschulen, Fachschulen sowie Ingenieurschulen erworben worden. Lehramtsabschlüsse wurden dabei nicht mit erfaßt.

Wenn Sie in ein anderes Land der Bundesrepublik wechseln wollen, müssen Sie dort einen Antrag auf Berufsausübung stellen.
Bei der Bearbeitung dieses Antrages wird dann die Gleichwertigkeit des erworbenen Lehramtsabschlusses geprüft, indem dieser mit den Forderungen an Lehramtsabschlüsse im jeweiligen Land verglichen wird.
Es gilt dann der Beschluß der Kultusministerkonferenz vom 05.10.1990 zur Anerkennung von auf dem Gebiet der ehemaligen DDR erworbenen Lehramtsabschlüssen.

Im übrigen wird in der von Ihnen beigefügten Zeitungsmeldung deutlich, daß Sie sich für die ausgeschriebenen Stellen bewerben können.

Ihre Unterlagen erhalten Sie zurück.

Mit freundlichen Grüßen

[redacted]

Leiter des Referates
Lehrerbildung und
Lehramtsprüfungen

Anlage

Exkurs

Vollzugsbeamte nach Überprüfung fast alle verbeamtet*

Daß politische Gefangene in den Gefängnissen der DDR als Verbrecher unterster Kategorie be- und mißhandelt wurden, ist inzwischen bekannt. Nachrichten über Folterungen und Quälereien, denen Gefangene ausgesetzt waren, die sich nicht staatskonform verhalten hatten, drangen damals nur als Bruchstücke und im Flüsterton an die Öffentlichkeit. Wer die Jahre der Haft überstanden hatte, sagte später meist kaum etwas über ausgeschlagene Zähne, Prügel, Einzelhaft, Wasserkarzer. Gegen den Leiter der Frauenjustizvollzugsanstalt Hoheneck ermittelt jetzt die Dresdner Staatsanwaltschaft.

Im September fand in der Frauenvollzugsanstalt Hoheneck im erzgebirgischen Stollberg vor der Enquete-Kommission des Bundestages zur Aufarbeitung der SED-Diktatur eine Zeugenanhörung ehemaliger Insassinnen statt. Eine Begrüßung durch den Anstaltsleiter hatten die Frauen, die zwischen 1945 und 1954 durch die sowjetische Militäradministration oder danach durch die DDR-Justiz verhaftet und verurteilt worden waren, abgelehnt. Auch die Teilnahme an der Anhörung verweigerten ihm die Frauen: Uwe Höcker soll während seiner Tätigkeit als sogenannter Erzieher und Werkstattleiter in den Männergefängnissen von Plauen und Karl-Marx-Stadt Gefangene verprügelt haben. In Staatsdiensten ist er nach wie vor, zum Anstaltsleiter wurde er erst nach der "Wende" befördert. Zum Stand der Untersuchung gibt das sächsische Justizministerium als oberster Dienstherr keine Auskunft: "Herr Höcker ist keine Person des öffentlichen Interesses."

Von den zwölf Gefängnissen in Sachsen werden vier (Dresden, Görlitz, Stollberg und Zeithain) von Ostdeutschen geleitet.
Bis auf wenige Ausnahmen wurden seit der Überprüfung des Personals durch die Gauck-Behörde auf Antrag fast alle der 1.700 Vollzugsbediensteten in den Beamtenstand erhoben.

* Aus *Dresdner Neueste Nachrichten* (Dresden) vom 11./12.12.1993

Exkurs

Verkehrte Welten: Inoffizielle Mitarbeiter siegen vor Gericht*

Man muß die Rechtsprechung des Oberlandesgerichts Naumburg nur richtig lesen: Angesichts der Konsolidierung der politischen und gesellschaftlichen Verhältnisse in den neuen Bundesländern und des nunmehr erreichten Kenntnisstandes über das Stasi-System bestehe heute "kein Informationsbedürfnis der Öffentlichkeit mehr für eine derartige unspezifizierte öffentliche Benennung früherer IM". Das heißt, mit anderen Worten, macht endlich Schluß mit der Vergangenheitsbewältigung, hört auf, frühere Spitzel der Stasi als das zu benennen, was sie vor Jahren noch waren. Das drückt sich auch in der Argumentationslinie aus, wonach die Persönlichkeitsrechte früherer *Inoffizieller Mitarbeiter* der Staatssicherheit Vorrang haben müßten. Weil diese durch die Nennung ihrer früheren Stasi-Tätigkeit "der Gefahr ungerechtfertigter beruflicher oder gesellschaftlicher Benachteiligung ausgesetzt werden", wird mit Strafe bedroht, wer das konspirative Vorleben seiner MitbürgerInnen offenlegen will. Verkehrte Welten.

Die befürchtete Hetzjagd auf die einstigen Stasi-Spitzel hat es in Halle nach der Veröffentlichung der Liste im Sommer 1992 nicht gegeben. Von den rund viereinhalbtausend Personen aus Halle und Umgebung, die auf der anonym verschickten Liste als ehemalige IM bezeichnet werden, haben sich denn ganze dreizehn entschlossen, das *Neue Forum* wegen der Listenauslegung zu verklagen. Alle gaben dafür in eidesstattlichen Erklärungen zu Protokoll, zu keiner Zeit Kontakte zur Stasi gehabt zu haben. In all diesen Fällen haben die Recherchen der Gauck-Behörde dann aber doch die Registrierung bestätigt. Sie haben, damit ihr Name auf der Liste geschwärzt wird, eine Falschaussage gemacht.

Daß das Gericht nun, ohne den Wahrheitsgehalt des Stasi-Vorwurfs überhaupt zu prüfen, kein "Informationsbedürfnis der Öffentlichkeit" erkennen will, muß all denen recht geben, die sich mit einer kleinen Lüge von ihrer Vergangenheit verabschieden wollen. Das Urteil aus Naumburg muß geradezu als Aufforderung verstanden werden, eine mögliche frühere Stasi-Tätigkeit zu leugnen.
Sollte jemand dann an der Lebenslüge kratzen wollen, den wird ein Gericht schon daran hindern. Tolles Rechtsempfinden...

* Wolfgang Gast, in:
Tageszeitung (Berlin) vom 21.12.1993

Exkurs

Freispruch für Mielkes Posträuber*

Die Menschen im Osten Deutschlands werden dieses Urteil nie verstehen, viele sind empört: Mielkes oberster Posträuber ist gestern vom Berliner Landgericht freigesprochen worden. Der ehemalige Stasi-General Rudi Strobel war wegen Unterschlagung angeklagt. Der Chef der MfS-Postkontrolle hatte durch seine Mitarbeiter zwischen 1984 und 1989 rund 32 Millionen D-Mark aus West-Briefen und Paketen an DDR-Bürger stehlen lassen.

* Aus *Berliner Kurier* (Berlin) vom 18.02.1994

#

Freiheit für Erich Mielke und alle anderen politischen Gefangenen der BRD!

Text eines Plakates mit dem Foto von Erich Mielke,
das im Stasi-Wahl- und Wohnbezirk Berlin-Lichtenberg geklebt wurde.*
In diesem Stadtbezirk konnte die Wirtschafts-"Expertin" Christa Luft bei den Wahlen zum 13. Deutschen Bundestag ein Direktmandat erringen.
In der Frankfurter Allee, nahe der einstigen Stasi-Zentrale, erhielt die PDS sogar 80,6 % der Zweitstimmen.

* 1994

Exkurs

Christa Luft*

Die Ex-DDR-Wirtschaftsministerin ist überführt:
Der Immunitäts-Ausschuß des Deutschen Bundestages outete die PDS-Frau als IM "Gisela".

* Aus *Super-Illu* (Berlin), Nr. 19/1998

Exkurs

Mauermord-Verfahren gegen Mielke eingestellt*

Ex-Stasi-Chef Erich Mielke kann wegen der Todesschüsse an der innerdeutschen Grenze nicht belangt werden - sein Prozeß wurde gestern wegen Verhandlungsunfähigkeit eingestellt.
Der Vorsitzende der 27. Strafkammer am Berliner Landgericht, Hans-Georg Bräutigam, sagte, der 87jährige sei nicht mehr in der Lage, seine Gedanken zu steuern und der Verhandlung zu folgen. Mit der Entscheidung entsprach die Strafkammer einem Antrag der Verteidigung.
Zudem wurde Mielke eine Entschädigung für die dreimonatige U-Haft (...) zugesprochen. Die Verfahrenskosten trägt die Landeskasse.

* Aus *Berliner Zeitung* (Berlin) vom 04.11.1994

Exkurs

Er blieb ein Feldwebel, auch als er längst ein General war*

Erich Mielke, 87, ist so wach, wie ein Mann seines Alters es nur sein kann, hellwach. "Über Ort, Zeit und Situation orientiert" heißt das in der Sprache der Psychiater, "Wahrnehmung und Auffassung sind geordnet".
Nur zubeißen darf das alte Krokodil nicht mehr.
"Dir hack' ich den Kopf ab!", hat Mielke früher den Parteifreunden gedroht, als er deren nächtliche Verhöre noch selbst leitete. Seinen Offizieren trieb Stasi-Chef Mielke zuletzt 1982 die Sentimentalitäten aus: "Das ganze Geschwafel, von wegen nicht hinrichten und nicht Todesurteil - alles Käse, Genossen. Hinrichten, wenn notwendig auch ohne Gerichtsurteil!"
Der alte Kommunist Erich Mielke, vor sieben Jahrzehnten in die Partei eingetreten, hat ein merkwürdiges Verhältnis zu Leben und Tod, "und zwar, weil ich Humanist bin". Wer sein Feind ist, ein Feind der Partei, eigentlich nur ein Feind der jeweils herrschenden Parteilinie, der hat das Grundrecht auf Leben verwirkt: Ein "Schuft unter uns", der "würde ab morgen schon nicht mehr leben. Kurzen Prozeß. Weil ich Humanist bin".
Am 9. August 1931, einem warmen Sommerabend, beteiligt sich Mielke, damals 23 Jahre alt, zum ersten Mal an einem kurzen Prozeß. "Feige und hinterhältig", so urteilt ein Berliner Schwurgericht 62 Jahre später, hat Mielke "einen gemeinschaftlichen Mord in zwei Fällen" begangen. (...)

Exkurs

Von ostdeutscher Vergeßlichkeit um den Schlaf gebracht*

Habt Ihr schon vergessen, wieviele Eurer Freunde und Bekannten abgeholt wurden, nur, weil sie etwas Falsches gesagt hatten, weil sie den Genossen einfach im Wege waren?
Habt Ihr vergessen, wieviele Unschuldige an der Mauer umkamen, nur, weil sie ihre Verwandten im Westen nicht besuchen durften? Habt Ihr vergessen, wieviele noch in den Oktobertagen 1989 krankenhausreif geprügelt wurden?
Habt Ihr schon vergessen, daß die Partei bestimmte, wann Ihr Bananen und Apfelsinen, Walnüsse und Fischfilet essen durftet, wie oft es keine neuen Kartoffeln, kein Klopapier, kein dies und das gab, wieviel Ihr für Jeans und Fernseher, für Kühlschränke und Autos bezahlen mußtet?
Und bedenkt Ihr nicht, wieviele Dinge Ihr heute ganz selbstverständlich habt oder tut, von denen Ihr vor Jahren kaum zu träumen wagtet?
Habt Ihr schon vergessen, was die Genossen alles verkommen ließen oder mutwillig zerstörten, welchen Raubbau an der Natur sie betrieben haben?
Ja, freilich - die Mieten waren niedrig, aber: Wohin hat das geführt?
Für alle waren Kindergartenplätze da - ja, aber mit welcher Absicht und bei welchen Löhnen für die Kindergärtnerinnen?
Die Medikamente waren umsonst - aber vergleicht doch einmal ganz sachlich den Zustand der medizinischen Versorgung!
Es gab keine Arbeitslosen? Es gab sie schon -
sie hatten verschiedene Berufsbezeichnungen und waren angestellt.
Habt Ihr wirklich schon vergessen, was Partei und Stasi auf dem Kerbholz hatten, wie unter ihrem Schutz selbst kleinste Funktionäre sich persönliche Vorteile verschafften, wie Ihr auf Ämtern und Behörden behandelt wurdet?
Ärgert es Euch wirklich nicht, wenn Ihr heute überall die gleichen Gesichter an den gleichen oder noch besseren Stellen wiederseht?
Habt Ihr schon vergessen, daß skrupellose und vielfache Mörder, die sich RAF nannten, von SED und MfS geschützt und gezielt eingesetzt wurden?
Glaubt Ihr allen Ernstes, das würde besser, wenn Ihr PDS wählt?
Dann ist Euch wahrlich nicht mehr zu helfen!

* Manfred Haase, in:
Neue Zeit (Berlin) vom 05.07.1994

Sparkasse Plauen

Stadt- und Kreissparkasse Plauen PSF 684 08502 Plauen

Bahnhofstraße 61
08523 Plauen
Telefon (03741) 2990-0
Telefax (03741) 2990312
BLZ 87055822

Kontoverbindungen:
Landesbank Sachsen Girozentrale
Konto-Nr. 71036
BLZ 86050000
Südwestdeutsche Landesbank Stuttgart
Konto-Nr. 71468
BLZ 60050000
DGZ Frankfurt a. Main
Konto-Nr. 122986
BLZ 50050999

Herrn
W. Donnerhack
Postfach 298

08507 Plauen

Ihre Zeichen, Ihre Nachricht vom | Unsere Zeichen, unsere Nachricht vom | Datum

[redacted]

Ihre Anfrage auf Unterstützung zum Buch "Das Gewitter"

Sehr geehrter Herr Donnerhack,

Sie hatten unsere Sparkasse Plauen um Unterstützung für die Auflage Ihres Buches "Das Gewitter" gebeten.
Bitte verzeihen Sie, daß wir erst jetzt auf Ihre Anfrage Bezug nehmen.

Über Spendenanträge wird generell durch den Verwaltungsrat unserer Sparkasse entschieden.

Leider müssen wir Ihnen jedoch mitteilen, daß bereits eine ähnliche Anfrage eines Schriftstellers abgelehnt wurde.
Wir sehen aus diesem Grunde ebenfalls von einer finanziellen Unterstützung ab.

Für die Auflage Ihres Buches wünschen wir Ihnen viel Erfolg!

Mit freundlichen Grüßen

Stadt- und Kreissparkasse Plauen

[redacted]

Exkurs

Peinlichkeiten*

Die Feiern in Plauen können als Geschichtsstunde für Schüler, als "Nachdenklichkeitsstunde" für Erwachsene gelten. Sie werfen aber am Rande Schlaglichter auf Peinlichkeiten unserer Zeit. So beteiligten sich an der Vorbereitung der Festivitäten alle Stadtratsfraktionen - außer die der PDS. "Ich kann nicht die Demonstrationen von einst feiern, die mit dem Wissen von heute so nicht mehr stattfinden würden", äußerte PDS-Stadtrats-Fraktionschef Wolfgang Hinz** und beweist so, daß Geschichtsverklärung unterschiedliche Gesichter hat.

Ähnlich peinlich wie solche Äußerungen ist, daß zur Erinnerung an die friedliche Kraft der Kerzen ausgerechnet Staatsminister Rolf Schwanitz sprechen soll. Der Redner habe bereits festgestanden, als die Arbeitsgruppe ihre Arbeit aufgenommen habe, läßt man von dort offen, ob man den Politiker, der nach eigener Darstellung (Website der Bundesregierung) in der Wendezeit beim *Neuen Forum* und in der Ost-SPD aktiv war, als Redner eingeladen hätte. Vermutlich nicht, wenn man weiß, daß der hoffnungsvolle Nachwuchskader Schwanitz seine Brötchen dereinst als systemkonformer Lehrer an der Fachschule für Ökonomie verdiente.

Beide Sachverhalte darf man als Schlag ins Gesicht derer werten, die sich am 7. Oktober 1989 in Plauen am Tunnel, trotz verständlicher Angst, für friedliche Veränderungen einsetzten.

* Ingo Eckardt, in:
Wochenspiegel (Plauen), Nr. 41/2004

** Ehemaliger "Berufsjugendlicher" von der FDJ-Kreisleitung in Plauen

#

Böse Vogtländer. Wie konnten sie es nur wagen...!
Und: Wer hinterbrachte dem Staatsminister, daß in Plauen etliche Eier und Tomaten bereit lagen, die der Minister seinem Kanzler überbringen sollte?
Über dem Kanzleramt zog sich alsbald ein regelrechtes Unwetter zusammen. Denn der Staatsminister grollte und verschickte...keine Blitze, sondern ein Telefax. An den Oberbürgermeister der Stadt Plauen höchstpersönlich.
In diesem bezichtigte er einen der Verantwortlichen für die Vorbereitung der "Wende"-Feierlichkeiten despektierlicher Äußerungen über ihn.

Die Plauener Stadtverwalter verstanden den Wink mit dem Zaunpfahl: Der in dem Telefax des Staatsministers benamte Mann, Angestellter bei der Stadt Plauen und ohnehin ein ungeliebter Querdenker, wurde auf der Stelle strafversetzt. Natürlich wurde auch der für die "Peinlichkeiten" im Plauener *Wochenspiegel* verantwortliche Journalist zurückgepfiffen. Und in der nächstfolgenden Ausgabe kroch der Chef vom Dienst höchstselbst zu Kreuze.

Exkurs

Mißverständnis ausgeräumt*

Entgegen den Ankündigungen trat Staatsminister Rolf Schwanitz am 7. Oktober nicht als Redner bei der Erinnerungsveranstaltung vor der Lutherkirche auf.
In einer Pressekonferenz am 29. September wurde der Eindruck erweckt, als hätte die Einladung der Stadt Plauen an Staatsminister Rolf Schwanitz nicht die Unterstützung der zur Vorbereitung berufenen Arbeitsgruppe.
Da Rolf Schwanitz am 7. Oktober ausdrücklich nicht gegen den Willen der Arbeitsgruppe auftreten wollte, sagte er seine Teilnahme kurzerhand ab.
Das Mißverständnis wurde zwischenzeitlich ausgeräumt.
Die Stadtverwaltung hat gegenüber dem Staatsminister ihr Bedauern erklärt.
Rolf Schwanitz war von Oktober 1989 bis zum Januar 1990 Mitglied des *Neuen Forums* und arbeitete neben Pfarrer Straka und anderen Bürgern in der Arbeitsgruppe gegen Korruption und Amtsmißbrauch. Für die SPD kontrollierte er die Vorbereitungen zur ersten freien Wahl im Frühjahr 1990. In der ersten frei gewählten Volkskammer der DDR war er mit der Stasi-Überprüfung der Volkskammerabgeordneten befaßt. Maßgeblichen Anteil hatte er 1991 an der Ausarbeitung des Stasi-Unterlagen-Gesetzes, berichtet der Staatsminister.

* Aus *Wochenspiegel* (Plauen), Nr. 42/2004

Exkurs

Staatsminister: Ruf in Gefahr*

Kanzleramtsminister Rolf Schwanitz sorgt sich um seinen Ruf: Schwanitz, der in der DDR sowohl Ökonomie als auch Jura studiert hatte und 1989 Mitglied des *Neuen Forums* wurde, sagte einen Auftritt für eine Veranstaltung in seiner Heimatstadt Plauen ab, auf der an den Herbst 1989 erinnert werden sollte. In einem Fax an den Oberbürgermeister beschwerte sich Schwanitz über die Äußerung eines Kulturamtsmitarbeiters bei einer Pressekonferenz, in der dieser sich angeblich despektierlich über ihn ausgelassen hatte. Die Folge für den Mitarbeiter: eine Versetzung in eine Dienststelle außerhalb des Rathauses. Schwanitz sprach auch beim Plauener Lokalblatt *Wochenspiegel* vor, das die Pressekonferenz wie folgt kommentiert hatte: Es sei peinlich, daß "ausgerechnet zur Erinnerung an die friedliche Kraft der Kerzen Staatsminister Rolf Schwanitz sprechen soll" - der sei schließlich zu DDR-Zeiten "systemkonformer Lehrer an der Fachschule für Ökonomie" in Plauen gewesen. Der Staatsminister sprach darauf persönlich mit dem Autor des Beitrages. Danach erschien ein Text, in dem Schwanitz' Rolle im Jahr 1989 positiv dargestellt wurde - ohne Autorenangabe.

* Aus *Der Spiegel* (Hamburg), Nr. 44/2004

Exkurs

Rede geplatzt: Nun Nachspiel*

Das Hickhack um den geplanten, aber zurückgezogenen Auftritt von Staatsminister Rolf Schwanitz (SPD) zu den Wendefeierlichkeiten in Plauen und die Versetzung des Mitarbeiters des städtischen Kulturbetriebes, Dietrich Kelterer, haben womöglich ein Nachspiel: Nach Informationen von *Freie Presse* denken mehrere Fraktionen über eine Anfrage im Stadtrat nach. (...) Daß Kelterers Äußerung jetzt zu dessen Versetzung in eine Dienststelle außerhalb des Rathauses geführt habe, dementierte gestern Stadtsprecherin Sylvia Weck auf Anfrage...

* Rainer Räch, in:
Freie Presse (Plauen) vom 25.10.2004

Aus einer Presseinformation des Bundesbeauftragten*

Verharmloser des Unterdrückungsapparates machen mobil

Manche derer, die sich 1989/90 von ihren Machtpositionen in SED und MfS verabschieden mußten, machen heute schon wieder mobil und drängen in Einflußpositionen. Auf Podien und in Talkshows präsentieren sich uns Gentleman-Geheimdienstler und üben sich im Verharmlosen des Unterdrückungsapparates MfS, besonders aber der eigenen Rolle darin. Oder sie verblüffen uns mit "offensivem" Vergessen.
Gerade zweieinhalb Jahre nach der Öffnung der Akten hat ein schleichender Prozeß der Relativierung der Diktatur und die interessengeleitete Uminterpretation der Geschichte begonnen. Nicht von den Opfern der Stasi ist mehr die Rede, sondern von den Opfern der "Wende". Begriffe werden verfälscht, Unliebsames aus der jüngsten Vergangenheit wird mitunter aus politischer Opportunität nicht aufgearbeitet, sondern ausgesessen. Es soll wohl mancher von der Täterseite zum Opfer stilisiert und die früher Unterdrückten, wie etwa akive Bürgerrechtler, zu "Tätern" gestempelt werden.

Diese Entwicklung verdient unsere höchste Aufmerksamkeit und unseren öffentlichen Widerspruch. Weder den Verharmlosern, noch den Relativierern und Nostalgikern und schon gar nicht den Ex-Offizieren des MfS darf das historische Feld überlassen bleiben: "Unverkrampft" den alten Kadern entgegenzutreten kann nicht heißen, Beliebigkeit in der Aufarbeitung der Geschichte walten zu lassen. Und notwendige Differenzierung darf nicht zur Nivellierung bei der Beurteilung von Geschehenem (...) führen.
Es ist in dieser Situation ein Glücksfall, daß wir mit den Informationen aus den MfS-Dokumenten unseren Aussagen Gewicht verleihen können. Anders als ehemalige Stasi-Offiziere sind Archivdokumente keinen aktuellen Eigeninteressen unterworfen und im Zweifelsfall eher als authentische Quelle für Forschung und Aufarbeitung geeignet.

In Berlin gibt es bekanntlich zwei Archive mit Hinterlassenschaften aus deutschen Diktaturen, das Berlin Document Center, das am jetztigen ersten Juli in deutsche Verwaltung übergeht, und das Archiv des Bundesbeauftragten. Der Wert der BDC-Akten für die Aufarbeitung der Geschichte wird in diesen Tagen, fünfzig Jahre nach dem Ende des Dritten Reiches, von niemandem bestritten. Ich glaube, es ist aus dem oben Gesagten deutlich geworden, daß wir mit dieser Erkenntnis, was das Archiv des Bundesbeauftragten angeht, nicht fünf Jahrzehnte warten müssen.

* 1994

8.

Das Gewitter
zog spurlos ab,
ein bunter Regenbogen
überspannte ganz Moskau
und trank Wasser
aus der Moskwa.

Michail Bulgakow, *Der Meister und Margarita*

Ex libris

Papiertiger*

Wie viele sind wir eigentlich noch.
Der dort an der Kreuzung stand,
War das nicht von uns einer.
Jetzt trägt er eine Brille ohne Rand.
Wir hätten ihn fast nicht erkannt.

Wie viele sind wir eigentlich noch.
War das nicht der mit der Jimi-Hendrix-Platte.
Jetzt soll er Ingenieur sein.
Jetzt trägt er einen Anzug mit Krawatte.
Wir sind die Aufgeregten. Er ist der Satte.

Wer sind wir eigentlich noch.
Wollen wir gehen. Was wollen wir finden.
Welchen Namen hat dieses Loch,
In dem wir, einer nach dem andern, verschwinden.

* Thomas Brasch: *Poesiealbum.*
Gedichte. Berlin/Ost 1975

#

Lutz Donnerhack ("Donner") lebt heute mit seiner Familie in der Schweiz. Als Projektleiter eines renommierten Unternehmens ist er für die komplette Auftragsabwicklung der Konstruktionsgruppe mit einem jährlichen Umsatzvolumen in Höhe von fünfzehn Millionen Schweizer Franken verantwortlich. Hinzu kommen Aufgaben als verkaufsberatender Ingenieur im Absatzraum Deutschland und England.
Obendrein gilt Lutz Donnerhack als einer der besten Piloten der Motorflug-Gruppe Basel.
Da es kein technisches Problem gibt, das für ihn unlösbar wäre, nennen ihn seine Arbeitskollegen "The greatest LD" ("Der größte LD").

Wolf Donnerhack ("Blitz"), der vor der "Wende" als beliebter Gastgeber galt und quasi "mit der halben Welt" korrespondierte, hat einen Großteil seiner Archive vernichtet und seine Manuskripte verbrannt. Mit seinen wenigen Vertrauten kommuniziert er nur noch per Postkarte - wenn überhaupt.
Nicht zuletzt deshalb,
weil er schon wieder in das Visier der Staatsschützer geraten ist.
In der Schweiz, weil er Bücher von einem "linken" Büchersuchdienst in Zürich bezogen und für die "Internationale Gesellschaft für Menschenrechte" gespendet hat.
Und in Sachsen, so meldet es jedenfalls der Buschfunk, weil er bei einem "rechten" Buchdienst in Kiel Bücher geordert und für die "Aktion Deutsches Königsberg" gezeichnet hat.
Wen wundert's also, daß Wolf Donnerhack sich gern in Schweden aufhält, in jener Weltgegend, in die sich früher schon ein Mann namens Lars Eriksson alias "Lasse i berget" ("Lasse im Berg") zurückgezogen hat.
Weil man ihn immer allein auf den Felsen am Vänern sieht,
nennen ihn die Einheimischen "vargen pa klippan" ("Wolf auf dem Fels").

Ach ja:
Wie sagte doch (1994) ein Angestellter der Plauener Stadtverwaltung?
"Na, das eine sag' ich Euch; die Donnerhack-Buben, diese Assis -
in Plauen dürfen die sich sowieso nicht mehr blicken lassen!"

#
Sommersonnenwende 1994, weit im Norden -
"Donner" und "Blitz" vor einem Runenstein am Donar Hag.

Aufnahme: Ursula Donnerhack, Basel (1994)

9.

Ingen grälar, när du kommer,
ingen grater, när du gar,
wie der Schwede sagt -
Keiner zetert, wenn Du kommst,
keiner weint, wenn Du gehst.

Aksel Sandemose, *Der Werwolf*

Exkurs

"Blitz" und "Donner" über Plauen*

Ein Gewitter ist über Plauen aufgezogen.
"Das Gewitter" heißt eine Publikation, die als Privatdruck in einer Auflage von 200 Exemplaren erschienen ist. Blitze werden verschickt und es donnert mächtig. Zu kaufen ist dieses "Gewitter" nicht, aber es wird Staub aufwirbeln in Amtsstuben und Behörden sowie bei den Decknamenträgern von einst.
Vorgestellt werden Akten, Unterlagen, Dokumente und zahllose IM-Berichte der Operativen Vorgänge "Donner", "Blitz" und "Maler".
Dahinter verbergen sich Stasi-Aktivitäten gegen Lutz und Wolf Donnerhack und ihren Vater Rudolf. Plauens Ehrenbürger, der Graphiker Lothar Rentsch, hat das beziehungsreiche Titelbild gestaltet: Ein Blitz fährt aus schwarzem Himmel mitten ins Plauener Rathaus. Herausgegeben hat den über 500 Seiten starken Band Claus Stedinger in Zürich.
Er hätte sich gewünscht, so der Herausgeber im Vorwort, den Band als Jubiläumsheft der "Museumsreihe" des Vogtlandmuseums Plauen oder auch aus Anlaß des neunzigsten Geburtstages des Begründers dieser Reihe und langjährigen Museumsdirektors Rudolf Donnerhack erscheinen zu lassen. Doch leider. Eine Antwort auf eine diesbezügliche Anregung von Wolf Donnerhack sei weder vom damaligen amtierenden Museumsleiter noch von der "von der Waterkant importierten" jetztigen Direktorin erfolgt.
Anette Schwohl, die neue Museumsdirektorin, erklärt auf unsere Anfrage, von einem solchen Ansinnen bei der Übernahme der Geschäfte als Museumsleiterin nichts mitgeteilt bekommen zu haben.
Und dann kommt's knüppeldick.
Auch der damalige Kulturamtsleiter habe wohl kein Interesse an dieser Veröffentlichung gehabt, diente er doch "als Freiwilliger in einer Struktureinheit des MfS", habe "mehr als nur einen handschriftlichen Bericht an das MfS geliefert" und "mehr als einmal Zuwendungen vom MfS angenommen".
Kulturamtsleiter in Plauen war damals Detlef M. Müller. Er bestätigt auf unsere Anfrage, acht Monate im Wachregiment Berlin gedient zu haben.
(Anmerkung des Herausgebers: Müller diente nicht im Wachregiment Berlin, das zur NVA gehörte und den Namen *Friedrich Engels* trug, sondern in dem nach *Feliks Dzierzynski* benannten Wachregiment des MfS.)
Er bestätigt auch, daß es eine IM-Vorlauf-Akte von ihm gab...

* Lutz Behrens, in:
Vogtland-Anzeiger (Plauen) vom 05.05.1995

Aus dem Anschreiben eines Plauener Kulturamtswalters*

Dienstaufsichtsbeschwerde

Hiermit erhebe ich *Dienstaufsichtsbeschwerde* aus folgenden Gründen:

Am (Datum) erschien in Plauen, vertrieben durch die Buchhandlung *Am Rathaus* (Akad. Titel, Vorname und Klarname sowie Anschrift der Inhaberin; Telefonnummer) eine ca. fünfhundert Seiten starke Sammlung mit dem Titel "Das Gewitter".

(...)

Diese Sammlung veröffentlicht über mich u.a. (...) die Information, ich hätte mehr als nur einen handschriftlichen Bericht an das MfS geliefert und auch mehr als einmal Zuwendungen vom MfS angenommen. Sie enthält in allgemeiner Form den Vorbehalt der Beschränktheit auf die vorhandenen und bereits erschlossenen Unterlagen (...) und Begriffsbestimmungen aus Ihren Richtlinien für Rechercheure.

Sie enthält jedoch keinen erkennbaren, über die Einzeldokumente hinausgehenden Aspekt, außer einem Zusammenhang mit der Person des Rudolf Donnerhack, des Wolf Donnerhack oder des Lutz Donnerhack bzw. eine Tendenz zu Angriffen gegenüber Entscheidungsträgern, mit denen offensichtlich der angebliche Urheberrechtsinhaber Wolf Donnerhack zu tun hatte.

Auch wegen der Bezeichnung der Sammlung als *Samizdat* (...) und wegen des Zitates aus den Arbeitsrichtlinien handelt es sich im konkreten Fall ganz offensichtlich nicht um Unterlagen, die Sie im Rahmen Ihres Auftrages im Verfahren nach § 33 StUG zur Verfügung gestellt haben, sondern um Unterlagen, die von oder mit Hilfe von einem oder mehreren Mitarbeitern Ihres Hauses illegal zur Verfügung gestellt wurden.

Die angeblichen Unterlagen des ehemaligen Staatssicherheitsdienstes sind mit Wissen eines oder mehrerer Ihrer Mitarbeiter entgegen den gesetzlichen Zwecken im Sinne des § 34 StUG verwendet worden. Soweit nicht einer Ihrer Mitarbeiter selbst die Veröffentlichung unter Pseudonym lancierte, ergibt sich diese Kenntnis bereits aus der Art der Unterlagenbeschaffung.

Die vorliegende Ordnungswidrigkeit gemäß § 13 (...) des Sächsischen Gesetzes über die Presse vom 3. April 1993 (...) erwähne ich nur am Rande.

Meine Beschwer ergibt sich bereits aus der öffentlichen Nennung meines Namens aus Stasi-Unterlagen und außerhalb jeglichen zulässigen Zweckes im Sinne des § 34 StUG.
Ferner sind gegenüber meinen gesetzlich geschützten Interessen keinerlei anerkennenswerte Interessen eines Autors, Journalisten, Herausgebers, Verlegers und/oder Vertreibers erkennbar.

Nach § 12 (...) StUG bitte ich um vorrangige Behandlung meines Antrages.

(...)

Ergänzung zur Dienstaufsichtsbeschwerde

Hiermit ergänze ich die Dienstaufsichtsbeschwerde vom (Datum) wie folgt:

Aus meiner Überprüfung als Beschäftigter im Öffentlichen Dienst ist mir durch meinen Arbeitgeber bekanntgeworden, daß zu meiner Person eine IM-Vorlauf-Akte existiert. Der IM-Vorlauf enthält nach Angaben meines Arbeitgebers einige wenige, nicht mit Wolf Donnerhack im Zusammenhang stehende Informationen.

In der am (Datum) in Plauen erschienenen Sammlung "Das Gewitter", die Ihnen per Einschreiben vom (Datum) zugegangen ist, veröffentlicht der Herausgeber Claus Stedinger über mich die Information, ich hätte mehr als nur einen handschriftlichen Bericht an das MfS geliefert und auch mehr als einmal Zuwendungen vom MfS angenommen.

Ich bitte Sie in diesem Zusammenhang zu prüfen, auf welcher Rechtsgrundlage der Herausgeber Claus Stedinger oder der angebliche Urheberrechtsinhaber Wolf Donnerhack (...) den genannten IM-Vorlauf eingesehen haben.

(...)

Kopie an MdB Rolf Schwanitz, Bonn, per Fax (Faxnummer 0228/1686937)

* An den Bundesbeauftragten, 1995

Aus dem Antwortschreiben des Bundesbeauftragten*

Dienstaufsichtsbeschwerde

Die MfS-Unterlagen OPK "Donner" und OV "Blitz" sind Herrn Donnerhack tatsächlich nicht im Rahmen eines Verfahrens für Zwecke der Forschung und der politischen Bildung bzw. für die Verwendung durch die Presse (§§ 33, 34 StUG) zur Verfügung gestellt worden.

Vielmehr hat Herr Donnerhack im Rahmen der Möglichkeiten, die einem jeden Bürger offenstehen, als Betroffener im Sinne von § 13 StUG Einsicht genommen. Entsprechend seinem Antrag sind ihm Duplikate von Unterlagen herausgegeben worden (nach § 13, Absatz 4 StUG).
Diese Duplikate unterliegen keiner Zweckbindung, vielmehr kann jeder Bürger mit den ihm übergebenen Duplikaten machen, was er will.

Von einer illegalen Herausgabe (...) kann also keine Rede sein.

Ein Verstoß gegen das Sächsische Pressegesetz im Rahmen der Tätigkeit meiner Behörde ist ebenfalls nicht erkennbar.

Die Passage auf Seite 8 des Buches beruht erkennbar nicht auf Duplikaten aus MfS-Unterlagen, vielmehr dürfte der Herausgeber diese Formulierung aus privaten Kenntnissen gewählt haben.

* 1995

#
Auf der folgenden Seite...
...sollte eigentlich eine Aufnahme der von "unbekannten Tätern" in den frühen Morgenstunden des 09.11.1995 zertrümmerten Schaufensterscheibe jener kleinen Buchhandlung in Plauen zu sehen sein, die es gewagt hatte, "Das Gewitter" zu vertreiben.

Doch Kooperationsbereitschaft hat offenbar Grenzen. Jedenfalls in Plauen...

Polizeidirektion Plauen

Inspektion Prävention/Öffentlichkeitsarbeit

Inspektion Prävention/Öffentlichkeitsarbeit
Freiheitsstraße 2, 08523 Plauen

Herrn
Wolf Donnerhack
Postfach 100378

08507 Plauen

Plauen,	23.02.2004
Tel. (03741) 14-	2527
Bearb.:	Herr Voigt
Aktenzeichen:	0300.80

Polizeidirektion Plauen
Ausg.: 20. FEB. 2004
Inspektion ... beit

Ihr Schreiben vom 03.02.2004

Sehr geehrter Herr Donnerhack,

zu Ihrer Anfrage kann ich Ihnen mitteilen, dass durch die Polizeidirektion Plauen grundsätzlich keinerlei Bildmaterial an Medien oder an Privatpersonen herausgegeben wird.

Die diesbezügliche Ermittlungsakte wird bei der Staatsanwaltschaft Zwickau aufbewahrt. Möglicherweise kann Ihnen die zuständige Staatsanwaltschaft bei Ihrem Anliegen behilflich sein.

Mit freundlichem Gruß

[redacted]

Aus einem Brief an Wolf Donnerhack*

Poststempel Sangerhausen

Hallo Wolfman,
ich bin richtig froh, daß der alte Leitwolf, das Alpha-Tier, mir verziehen hat. Dankbar nehme ich Deine Buchsendung an und habe das darin befindliche Werk, unter Mißachtung meiner hausmännlichen Pflichten, am Stück gelesen Den ersten Eindruck nehme ich zum Anlaß, mein sträflich langes Schweigen zu brechen. Mein bundesrepublikanischer Werdegang ist zwar nicht so bitter wie der Deinige, er sei hiermit aber trotzdem kurz umrissen.
Also: Mit der Wende mußte ich resümieren, daß für meine kleine, aber feine Buchhandlung kein Platz mehr ist im proletarischen Mansfelder Land. Die Ausgangsposition war zudem denkbar ungünstig. Der LKG hatte natürlich in typischer Endzeitmanier alle Titel in voller Stückzahl ausgeliefert, die man als Buchhändler je bestellt hatte. Bis zur Auflösung meines Vertrages stand ich also bis zum Hals in Büchern, die plötzlich keiner mehr haben wollte. Zudem war vorauszusehen, daß eine enorme Mieterhöhung anstehen würde. Letztlich war der Laden auch zu klein für das jetztige Angebotsspektrum. Aus heutiger Sicht muß ich natürlich auch selbstkritisch eingestehen, daß ich einfach nicht den Mut hatte, mich so richtig in Schulden zu stürzen. Kein Mut zum unternehmerischen Risiko heißt das wohl in der Sprache des Kapitals. Aber ein richtiger "Krämer" war ich ja noch nie. Wenn ich mir das Sortiment der hiesigen Buchhandlungen anschaue, muß ich sowieso feststellen, daß das mit Literatur nur noch wenig zu tun hat. Jedenfalls hatte ich mich damals in einen masochistischen Ausverkauf gestürzt und mein Nischenglück selbst zerschlagen. *It's All Over Now Baby Blue...* Irgendwie bin ich zum Glück aber schuldenfrei aus der ganzen Sache herausgekommen. Ein Knacks fürs Leben bleibt trotzdem. Mit Büchern habe ich jetzt nicht mehr viel im Sinn. Prestigeverlust. Komplexe. Wolfman, you know what I mean...
Kurioserweise bin ich dann aber auf der anderen Seite des Schreibtisches gelandet, den Du wohl zur Genüge kennst. Bei der Erkundigung nach den Voraussetzungen zum Bezug von Sozialhilfe und meiner beiläufigen Frage, ob noch Mitarbeiter gebraucht würden, bejahte man dies. Wie das so geht im Leben - ich bin also im von Dir geschmähten Öffentlichen Dienst gelandet. Ich muß allerdings sagen, daß ich, mangels jeglicher Lobby, nicht über einen Sachbearbeiter-Posten hinauskomme, mich demzufolge auch an größeren Verbrechen an der Menschheit nicht beteiligen muß. Allerdings hatte ich vor zwei Jahren vom Sozialamt die Schnauze dermaßen voll, daß ich um Versetzung gebeten habe. Vorgesetzte, die das perfekte Fallbeispiel für das Peter-Prinzip abgeben... Sozialfälle, die einen noch im Schlaf verfolgen... Die irrsinnige Sparpolitik der letzten Zeit...

Beispiel: Da sollte eine Kollegin einem Penner, der den Auszahlungstermin seines Tagessatzes auf einer Parkbank verschlafen hatte, einen Warengutschein über ein halbes Brot und ein Päckchen Salami ausstellen...
Noch Fragen?
Ich wurde also umgesetzt und nebenbei natürlich herabgestuft. Demnächst darf ich die Urkundenstelle des Standesamtes übernehmen und die Personenstandsbücher führen. Leider werde ich es als künftiger Standesbeamter nicht vermeiden können, ab und an ein paar Unglückliche in das Joch der Ehe zu spannen - tja, wer hätte das gedacht? Ich selbst habe ansonsten immer noch dieselbe Frau, nur ein neues Auto habe ich mir zugelegt; *Golf* statt *Trabant...*
Meine Frau wollte übrigens beim Anblick Deines letzten Konterfeis gar nicht glauben, daß da eine Personen-Identität zu dem drahtigen Jungwolf von einst besteht, wie sie ihn kannte. Jaja, das Phänomen des Breitenwachstums...
Aber im Gegensatz zu mir bist Du ja wenigstens groß. Soweit zum Motzer.
Zum Putzlinger habe ich auch schon lange keinen Kontakt mehr. Ich weiß gar nicht, ob er überhaupt noch in seinem Museum arbeitet. Ich werde wohl irgendwann demnächst versuchen, mich telefonisch bei ihm zu melden.
Ein Treffen der alten Kameraden ist natürlich längst überfällig.
In den schwedischen Wäldern bei Dir wäre natürlich passend, aber wohl doch nicht so leicht machbar. Leipzig oder Berlin hielte ich für praktischer.
So weit, so gut: Remember the days we were young and amazed!

* 1995

Aus einer anonymen Karte an Wolf Donnerhack*

<u>Poststempel Plauen</u>

Donnerhack, Du Drecksack!
Deine Lügen sind so was von widerlich,
Münchhausen ist gar nichts dagegen.
Eines mußt Du Dir aber merken:
Abgerechnet wird zum Schluß!
Wir sehen uns wieder!

* 1995

Aus einem Brief an Wolf Donnerhack*

Poststempel München

Lieber Herr Kollege Donnerhack,
Ihr "Gewitter"-Buch in Händen, habe ich mich gleich an die Lektüre gemacht und möchte Ihnen auf diesem Wege nicht nur den Eingang bestätigen, sondern auch mitteilen, wie sehr betroffen ich von den ausgewählten Quellen bin.
Seit Mai 1995 bin ich in neuer Funktion - nur noch für eine kurze Übergangszeit - im Dresdener Kultusministerium. Daß auch die Sächsische Staatskanzlei, das SMI, das SMK und das SMWK mit "selbst sprechenden Dokumenten" vertreten sind, ist erschütternd, wenn man bedenkt, wie viele DDR-Qualifikationen wir in den letzten Jahren "anerkannt" haben und vor allem, *wer* wann und in welcher Position bestätigt wurde.
Durch die bewußte Mißachtung von zwei Aktenkoffern mit den Original-Personalakten ehemaliger "Kulturfunktionäre" durch unsere Abteilung I (Provenienz Regierungsbezirk Chemnitz) wurde mir klar gemacht, daß ich mich aus diesen Angelegenheiten herauszuhalten habe.
Gewiß, es ist in Sachsen gelungen, hier doch einiges zu bewirken (jedenfalls im Vergleich zu anderen NBL); für sich betrachtet und aus der Perspektive von betroffenen Personen, die ihre ehemaligen Peiniger (das ist auch der Öffentlich Bedienstete in einem Amt, der andere "nur" schikanieren konnte) heute wieder in einer "Funktion" und mit vergleichsweise gutem Gehalt "erleben" dürfen, muß dies wohl furchtbar sein.
(...)
Vor kurzem traf ich Dr. Geiger von der Gauck-Behörde und sprach mit ihm über meine Akte. Bislang habe ich nur den Hinweis auf eine Erfassung in der sogenannten Kerbloch-Kartei. Er meinte, ich sollte nochmals nachfassen.
(...)
Ich hätte noch viele Bitten und Fragen in dieser Richtung:
Warum ist wohl der AL III beim SMK bis heute nur kommisarisch im Amt?
Wie ist es zu erklären, daß die ehemaligen Leiter und Mitarbeiter in einem "Bezirkskabinett für Weiterbildung" heute Gymnasiallehrer ausbilden?
Wie konnte es geschehen, daß die zentrale Fachberaterin für Russisch beim Ministerium für Volksbildung seit 1991 Referatsleiterin beim SMK ist -
hat sie "Margot" nur Patiencen gelegt?
Ich drücke Ihnen die Daumen für Ihre weiteren Bemühungen um Aufklärung der "Wende"-Zeit. Lassen Sie sich nicht entmutigen!

* 1995

#

Das vom Direktor der Gauck-Behörde empfohlene "Nachfassen" lohnte sich (wie so oft) wirklich:
Gründliche Recherchen förderten umfangreiche Unterlagen zum *Operativen Vorgang* "Eisvogel" zutage. Der engagierte bayrische Studiendirektor war ins Fadenkreuz der "Firma" geraten, weil er, unauffällig und zielstrebig zugleich, einen nicht unwesentlichen Beitrag zur politischen Bildung seiner Schüler geleistet und mit diesen regelmäßig Fahrten in die DDR unternommen hatte, speziell nach Weimar und zur Wartburg. Dummerweise fand immer gerade dann, wenn die bayrischen Gymnasiasten über den Marktplatz von Eisenach schlendern wollten, dortselbst eine öffentliche Vereidigung von Rekruten der DDR-Grenztruppen statt, verbunden mit dem obligatorischen Haßgeschrei auf den "Imperialismus" und den "Klassenfeind" und dessen "Söldlinge". Diejenigen jungen Bayern, die bis dato mit einem Palästinensertuch herumgerannt waren, bevorzugten fortan eine etwas dezentere Kleiderordnung...

Als am 19. Juni 1999 an der *Akademie für politische Bildung* in Tutzing, zur 5. Jahrestagung der *International Intelligence History Study Group*, der ehemalige OV "Eisvogel" über "Schülerfahrten und Lehrerexkursionen unter dem wachsamen Auge des MfS, 1973-1989" referierte, beugte sich wirklich ein rumänischer "Wissenschaftler" zu einem türkischen Kollegen und sprach: "Was wollen diese Mann? Hat MfS gemacht gute handwerkliche Arbeit...!"

Aus einer Karte an Wolf Donnerhack*

Poststempel Auerbach

Wolf, wir brauchen Dich! Wir müssen am (Datum) im Oberschulamt in Chemnitz, Annaberger Straße, erscheinen. Eine Anhörung zum Vorwurf, als Stasi-Stützpunkt gearbeitet zu haben. Wolf, ich schwöre Dir, daß wir unschuldig sind! Bitte komm, wir wissen uns sonst keinen Rat! Ich stehe das nicht noch einmal durch, für nichts und wieder nichts bestraft zu werden!

* 1995

#

Die Absenderin der zuletzt zitierten Karte war während des großen Schulpraktikums von Wolf Donnerhack an einer Plauener Schule dessen Mentorin gewesen. Weil sie eine ausgezeichnete Lehrerin war, durfte sie später sogar an der Erweiterten Oberschule unterrichten. Direktor der EOS wiederum war ein ehemaliger Klassenkamerad von Wolf Donnerhack, der unnachsichtig von allen Kolleginnen und Kollegen "vollen Einsatz" bei der sogenannten "militärischen Nachwuchsgewinnung" forderte. Das hieß nicht mehr und nicht weniger, als daß jeder zweite männliche Abiturient sich als BUB oder BOB verpflichten sollte. Um Hilfe gebeten, gab Wolf Donnerhack seiner ehemaligen Mentorin folgende Argumentationshilfe an die Hand:
Wenn keiner im VOKA arbeiten will, dann muß sich das VOKA was einfallen lassen. Wenn keiner zur NVA will, muß sich die NVA einen Kopf machen. Außerdem bist Du eine Frau und hast von Armee nicht die geringste Ahnung. Und wenn er noch was will, dann frage unseren Dicken doch einfach mal, wie lange er überhaupt gedient hat.
Das fand "Der Dicke" (der wegen seiner Körperfülle ausgemustert worden war und also keinen einzigen Tag gedient hatte) leider gar nicht lustig, und die frühere Mentorin von Wolf Donnerhack wurde an eine "Problemschule" im sogenannten "Ghetto" von Plauen strafversetzt.

Viele Jahre vorher indes, während ihres Studiums in Ost-Berlin, hatte sie, zusammen mit ihrem Mann, umfangreiche Kontakte zu Studenten aus West-Berlin gepflegt. Das rief natürlich die "Firma" auf den Plan, die gehofft hatte, das Paar für eine inoffizielle Zusammenarbeit gewinnen zu können.
Doch die beiden jungen Leute mochten mit den "Ledermänteln" nichts zu tun haben und lehnten dankend ab.
Als nun, mehr als zwanzig Jahre nach dem einmaligen Besuch der fürwahr ungebetenen Gäste, auf einem Fragebogen des Oberschulamtes Chemnitz nach "Stasi-Kontakten" gefragt wurde, konnte das Ehepaar diese ruhigen Gewissens verneinen. Das sah allerdings ein selbsternannter Großinquisitor in Chemnitz (wunderschöne Fotos aus alter Zeit sollen ihn, während eines der beliebten *Pädagogischen Kongresse*, im trauten Zwiegespräch mit einer gewissen "Margot" zeigen) völlig anders - und lud die beiden Lehrer vor sein kleines Konzil. Derweil saß einer im dunklen Tann und befragte die Runen:
Richtig ist's, was die Runen raunen, die von heiliger Herkunft sind,
*von den Göttern gemacht, gemalt von Odin: Nützer als Schweigen ist nichts.**

* Aus der *Edda* (um 1250)

Aus einem Brief an Wolf Donnerhack*

Poststempel Auerbach

Lieber, lieber Wolf!
Es ist alles gutgegangen!
Unsere Arbeitsverhältnisse bleiben unverändert bestehen.
Für das "Nichtangeben des Kontaktes mit dem MfS" bekamen wir beide eine Abmahnung. Unsere Gründe wurden angehört, aber nicht akzeptiert.
Wir danken Dir ganz herzlich für all das, was Du für uns getan hast.
Wir danken Dir für Dein Kommen, für Deine Worte und Ratschläge - für Deine Freundschaft!

* 1995

Exkurs

Geburtstagsgrüße nach Chile*

GenossInnen und AntifaschistInnen aus der Bundesrepublik übermittelten an Margot Honecker Geburtstagsgrüße, in denen u.a. gesagt wird:

Zu Deinem 70. Geburtstag senden wir Dir herzliche Grüße und Wünsche.
Wir hoffen, daß Du guter Dinge und gesund bist,
trotz der Trennung von der Heimat, von Angehörigen und vielen Freunden.

Am 17. April werden viele Bürger der DDR an Dich und an Erich denken,
an die Sicherheit und Geborgenheit, die in der DDR war.
Wir hoffen, daß bald der Tag kommen wird,
an dem Du wieder in der Heimat sein kannst.

* Anzeige in *Neues Deutschland* (Berlin) vom 17.04.1997

Exkurs

Fünfundvierzigtausend Mark Renten-Nachschlag für Margot Honecker!*

* Schlagzeile in *Bild* (Berlin-Brandenburg) vom 16.03.2001

Exkurs

Soli für Margot*

Politiker, Professoren, Vopo-Offiziere: Die üppigen Sonderrenten der DDR-Eliten werden zur Milliardenlast - das Geld fehlt beim Aufbau Ost.

Einmal im Monat erntet Margot Honecker, 75, im fernen Santiago de Chile die Früchte ihres fast 50 Jahre währenden Einsatzes für die Sache der Partei. Dann überweist die BfA der einstigen First Lady der DDR ihre Rente - rund 1.500,- Euro, inklusive einer speziellen Zusatzversorgung.

Als ehemalige Staatsbedienstete hat die Ex-Volksbildungsministerin Anspruch auf eine Sonderrente - wie so viele aus der alten Elite im Arbeiter-und-Bauern-Staat: Polit-Pensionäre wie Stasi-Generaloberst Markus Wolf oder der SED-Funktionär Günter Schabowski haben ebenso Anrecht auf die Zulage wie Angehörige der sogenannten technischen Intelligenz oder Vopo-Offiziere. Mehr als 750.000 Ostdeutsche gehören bereits zum privilegierten Kreis der Bezugsberechtigten, jeden Monat kommen rund 5.000 Antragsteller dazu. Die Extra-Zuwendungen kosten inzwischen soviel Geld, daß die ohnehin klammen Länder zwischen Thüringer Wald und Ostsee geradewegs auf den finanziellen Kollaps zusteuern. Allein im vergangenen Jahr mußten sie rund 2,7 Milliarden Euro für Sonder- und Zusatzrenten aufbringen, Tendenz: steigend, und zwar noch über Jahre...

* Aus *Der Spiegel* (Hamburg), Nr. 16/2003

Exkurs

Geldsegen für frühere Stasi-Bonzen*

Nach einer Auflistung des Mitarbeiters des Berliner Landesbeauftragten, Peter Eisenfeld, für die Opfer-Hilfsorganisation *Help* können frühere Nomenklaturkader ab 1. Juli 1999 monatlich mehr als 3.000,- Mark Rente beanspruchen, zudem eine Nachzahlung in Höhe von 35.000,- Mark für die Zeit von 1993 bis 1996, falls ihre Rentenbescheide noch nicht rechtswirksam geworden sind. Zudem gäbe es eine Reihe von Ex-Funktionsträgern, die sogenannte Bestandsrenten in Höhe von 4.000,- bis 5.000,- Mark hätten und mit Nachzahlungen von bis zu 400.000,- Mark rechnen könnten...

* Aus *Die Welt* (Berlin) vom 04.06.1999

Exkurs

Rainer Schuberts Schicksal ist leider keine Ausnahme*

Der "Rechtsstaat" belohnt die Täter (...) mit Renten und horrenden Pensionen

Der Lehrer Wolfgang Mayer, der einst wegen eines Ausreiseantrages fristlos entlassen wurde, mußte in Erfurt erst einen Hungerstreik durchführen, bis er wieder in den Staatsdienst aufgenommen wurde, wobei seine zehn Jahre als Berufsschullehrer in Thüringen nicht anerkannt wurden.
Ein Pfändungskommando des Freistaates zog bei ihm 7.000,- Mark ein, weil er einen Prozeß verloren hatte: Er wollte eine Nachzahlung seines Gehalts für die Zeit nach der Entlassung bekommen. Der "Rechts"-Staat läßt grüßen...

* Aus *Leipziger Volkszeitung* (Leipzig) vom 18.12.1997

Exkurs

Recht für Rote*

Opfer des Radikalen-Erlasses läßt ein Urteil des Europäischen Gerichtshofs auf Entschädigung hoffen. Für den Postboten Werner Siebler war der Richterspruch eine späte Genugtuung, die Lehrerin Dorothea Vogt empfand ihn als "längst überfällige politische Wiedergutmachung", und ihre Kollegin Irmelin Schachtschneider sieht ihn schlicht als "Sieg der Bürgerrechte".

Grund für den Jubel der drei Altlinken ist eine Entscheidung des Europäischen Gerichtshofs für Menschenrechte in Straßburg. Die Richter sprachen vorvergangene Woche Dorothea Vogt, 46, Lehrerin aus dem ostfriesischen Jever, eine stattliche Entschädigung zu.
Für die "Verletzung der Menschenrechte", die bundesdeutsche Behörden an ihr begangen haben, soll die Pädagogin 222.639,- Mark bekommen.
Wegen des von der sozial-liberalen Koalition beschlossenen Radikalen-Erlasses war Vogt 1987 aus dem Beamtenverhältnis entlassen und erst vier Jahre später wieder eingestellt worden. Einziger Grund für den Rausschmiß: Sie war Mitglied der DKP.

* Aus *Der Spiegel* (Hamburg), Nr. 37/1996

Exkurs

Milli Görüs und die PDS-Millionen*

Die einflußreiche türkisch-islamistische Bewegung *Milli Görüs* will sich offenbar den Zugriff auf 40 Millionen Mark aus einer PDS-Spende von 1990 sichern, die von der Treuhand-Anstalt eingefroren worden waren.

Am 31. Mai 1990 hatte die PDS-Zentrale in Berlin einer "Islamischen Religionsgemeinschaft" einen Scheck über 75 Millionen DDR-Mark zugestellt. Laut PDS-Sprecher Hanno Harnisch wollte die Partei damit "Wiedergutmachung" gegenüber einer Glaubensgemeinschaft üben, die in der DDR nicht zugelassen war. (...) Der Scheck war auf deren Vorsitzenden, Abd el Majib Younes, ausgestellt, einen Jordanier, der kurz vor Ende der DDR noch die deutsche Staatsbürgerschaft bekommen hatte.
In den achtziger Jahren war er der wichtigste Verbindungsmann zwischen der SED, palästinensischen Kommandos und nahöstlichen Geheimdiensten; Stasi-Dokumenten zufolge fädelte er auch Waffengeschäfte ein. Younes erklärte 1991, er wolle mit den PDS-Millionen ein "interkulturelles Zentrum" errichten, "am besten gegenüber dem Reichstag".

* Aus *Berliner Zeitung* (Berlin) vom 18.12.1996

Exkurs

Jeder dritte Ost-Beamte wählt die PDS*

Jeder dritte Beamte in den neuen Ländern wählt nach einer Untersuchung des Thüringer Landesamtes für Verfassungsschutz die PDS.
Auch bei den Angestellten liege die Zahl der PDS-Wähler mit 26 Prozent deutlich über den durchschnittlichen Ergebnissen der SED-Nachfolgepartei, heißt es in einem gestern veröffentlichten Bericht der Behörde.
Das Ergebnis sei bemerkenswert, weil die Berufsgruppe der Beamten von Verfassung wegen in einem besonderen Pflichten- und Treueverhältnis zum Staat stehe, so die Verfassungsschützer. In der Untersuchung werde aber eine grundsätzlich ablehnende, ja: kontraproduktive Haltung zur Bundesrepublik festgestellt.

* Aus *Berliner Zeitung* (Berlin) vom 29.08.1995

Exkurs

Ostdeutsche Schulen fest in der Hand der PDS*

Warum unsere Grundwerte im Lehrplan stehen müssen.

In Brandenburg, wo nach der "Wende" 98 Prozent der Lehrer in den Öffentlichen Dienst übernommen wurden, haben jetzt 29,7 Prozent dieser Beamten PDS gewählt - ein Drittel mehr als der Durchschnitt der Wähler.
Ganz anders in Sachsen, wo die Regierung 12 Prozent aller Lehrer wegen Systemnähe, Ämtern in der SED oder Mitarbeit bei der Staatssicherheit entlassen hat. Oder in Thüringen: Dort liegt der PDS-Stimmenanteil unter den Beamten bei 13,1 Prozent - bei einem PDS-Stimmenanteil von 21,4 Prozent.

* Katherina Reiche, in:
Focus (München), Nr. 42/1999

Exkurs

Willkommen in der DDR!*

Klaus Wowereit ist schneller in der DDR angekommen, als zu befürchten war Nur so ist es zu erklären, daß der SPD-Politiker die Halbierung der Lotterie-Zuschüsse an die Opfer-Hilfsorganisation *Help* anordnete, im gleichen Atemzug aber fast das Zehnfache für die PDS-Organisation *Helle Panke* spendiert. Die alten Kader können also in ihrer "Bildungsarbeit" weiter die Verantwortung für Mauer, Schießbefehl und Stasi-Terror leugnen und die Täter von einst zu Opfern klittern. Die wirklichen Opfer aber bekommen nur ein Almosen. Zynischer und kälter kann man Vergangenheit nicht entsorgen.

* Aus *BZ* (Berlin) vom 21.01.2002

#
Die nächste Diktatur steht schon in der Tür.
Aber genauso, wie einst Hitler und später die bolschewistische Bedrohung verharmlost und unterschätzt wurden, genauso wird der Islam bagatellisiert. Wie war das mit den drei Affen? Nichts hören, nichts sehen, nichts sagen...?

Die Welt steht kopf.
Jene, die den Rechtsstaat mit allen nur erdenklichen Mitteln bekämpften, werden von demselben Rechtsstaat mit üppigen Renten und Pensionen verwöhnt, während ihre Opfer (die sich für den Rechtsstaat und dessen Werte engagiert hatten) leer ausgehen und zum Teil sogar ums Überleben kämpfen müssen - wenn sie nicht auch noch vor Gericht gezerrt werden, weil sich alte oder neue "Entscheidungsträger" bedroht, beleidigt oder in ihrer Menschenwürde verletzt fühlen. Ihre Opfer, so scheint's, haben keine Menschenwürde.

Der Top-Terrorist "Abu Ammar" und Anführer der Terror-Truppe PLO ist plötzlich ein Friedensfreund, wurde mit dem Friedens-Nobelpreis dekoriert - er heißt jetzt "Seine Exzellenz Mohammed Abd el Rauf Arafat el Kudwa" und ist "Oberkommandierender der Volksstreitkräfte der palästinensischen Revolution". Daß er durch und durch korrupt ist, ein gigantisches Vermögen beiseitegeschafft hat und eine Super-Stasi aufgebaut hat - wen kümmert's?

Der türkische "Khomeini von Köln", ein erklärter Feind des Rechtsstaates und rechtskräftig verurteilt wegen "Rädelsführerschaft in einer kriminellen Vereinigung und öffentlicher Aufrufe zu Straftaten", darf nicht ausgewiesen werden, weil Winkeladvokaten immer wieder ein Haar in der Suppe finden...

Selbstverständlich darf auch der türkische Serientäter Mulis Aslan, von den Medien "Mehmet" genannt, die Segnungen des Rechtsstaates genießen. Wer wollte da nach seinen Opfern fragen, die er an Leib und Seele beschädigt hat?

Wenn mehrere zehntausend Mitglieder und Anhänger sowie Sympathisanten einer verbotenen verbrecherischen Vereinigung namens PKK (trotz Verbot) aufmarschieren, diplomatische Vertretungen verwüsten, Bürger ihres Gastlandes mit dem Tode bedrohen, vor laufenden Kameras Polizisten krankenhausreif prügeln und obendrein Millionenschäden verursachen, dann ist der Rechtsstaat auch überhaupt nicht bedroht - weshalb er die Friedenskämpfer aus dem wilden Kurdistan nicht einmal nach ihren Papieren zu fragen wagt...

Milliarden werden auf dem Amselfeld (serbisch *Kosovo polje*) verbraten, Millionen am Horn von Afrika, Abermillionen in Afghanistan - wo deutsche Soldaten verheizt werden. Deutsche Soldaten, die gelobt haben, *das Recht und die Freiheit des deutschen Volkes zu verteidigen.* Deshalb dürfen sie in Deutschland von jedermann und ganz offiziell "Mörder" genannt werden...

Derweil klagt sich eine afghanische Kopftuchträgerin mit deutschem Paß namens Fereshta Ludin durch sämtliche Instanzen bis hin vor das Bundesverfassungsgericht, weil sie meint, sie müsse unbedingt an einer staatlichen Schule in Deutschland unterrichten. Daß sie am Berliner *Islam Kolleg* (einer Tarnorganisation von *Milli Görüs*) unterrichten darf, reicht ihr noch nicht. Und auf den Gedanken, nach Afghanistan zurückzukehren, um beim Wiederaufbau ihres Landes zu helfen, das Analphabetentum (ganz besonders unter Frauen und Mädchen) zu bekämpfen - auf den Gedanken käme sie wohl nie...

Eine Million Euro zahlt Berlin für den Aufbau des *Bagh-e-Barbur* in Kabul.
Aber Omar Akhbar (aus Afghanistan) sieht keinerlei Veranlassung,
beim Wiederaufbau seines geschundenen Landes mit Hand anzulegen.
Denn Omar Akhbar ist Direktor vom traditionsreichen *Bauhaus* - in Dessau...

Ein weiterer Afghane mit deutschem Paß, sein Name ist Walid Nakschbandi, verkündet indes via *Süddeutsche Zeitung* (vom 19.09.2000) den Deutschen:
Ihr werdet nicht verhindern können, daß bald ein türkischsprachiger Richter über Euch das Urteil fällt, ein pakistanischer Arzt Eure Krankheiten heilt, ein Tamile im Parlament Eure Gesetze mit verabschiedet...

Wen wundert's da noch, daß im Ruhr- und im Rhein-Main-Gebiet bereits die ersten Mullahs und Muftis darüber beratschlagen, wie sie den Rechtsstaat ein weiteres Mal vorführen und vor den Kadi zerren können - weil sie sich doch beleidigt und benachteiligt fühlen durch das Läuten der Kirchenglocken...

Wegen "Beleidigung des Staatsratsvorsitzenden" wird in Deutschland keiner mehr vor Gericht gestellt. Das sollte aber nicht darüber hinwegtäuschen, daß, wenn der fatale Trend sich fortsetzten sollte, nur allzubald die ersten Deutschen wegen "Beleidigung seiner Heiligkeit Ali Muchtibaheli" (oder so ähnlich) vor Gericht gestellt werden. Nicht in Afghanistan... In Deutschland. In Italien wurde eine tapfere Frau, Oriana Fallacci ("Die Wut und der Stolz"), wegen ihrer Warnung vor dem "Djihad" und den "Söhnen Allahs" angeklagt. Und in Frankreich wurde im Juni 2004 Brigitte Bardot zu einer Geldstrafe verurteilt - wegen "Anstiftung zum Rassenhaß", weil sie in einem Buch mit dem Titel "Ein Schrei aus der Stille" die "Islamische Invasion" sowie die "Islamisierung Frankreichs" thematisiert hatte. Wer ist als nächster dran...?

Menschen, seid wachsam: Wachsamkeit ist der Preis der Freiheit!

Aus einem Anschreiben von Wolf Donnerhack*

Ergänzung des Vereinszweckes in der Satzung der Gesellschaft

Der von Ihnen beabsichtigten Ergänzung des Vereinszweckes in der Satzung der Gesellschaft zur Förderung des Wiederaufbaus der Frauenkirche Dresden stimme ich ausdrücklich nicht zu.
Sollte in Absatz 1 unter Weglassen des Punktes nach dem Wort *Frauenkirche* die Ergänzung "und die Förderung der wieder aufgebauten Dresdner Frauenkirche als Gotteshaus mit einer vielfältigen gottesdienstlichen und kirchenmusikalischen Nutzung, *das zur Begegnung der Kirchen und Religionen untereinander in Toleranz beiträgt...*", eingefügt werden, dann betrachte ich meine Mitgliedschaft in der Gesellschaft für unwiderruflich beendet.

Begründung:
Wer da meint, er müßte mit den Mullahs und Muftis diskutieren, der kann das gerne tun - in einer der fast dreitausend Moscheen, die es in Deutschland gibt. Er sollte sich nur vielleicht vorher vergegenwärtigen, daß die islamische Geistlichkeit nur dann zu (fadenscheinigen) Diskussionen bereit ist, wenn sie in der Minderheit ist. Ist sie nämlich erst einmal an der Macht, so ist nämlich ganz schnell Schluß mit lustig und mit der angeblichen Toleranz des Islam. Stellvertretend für viele andere nenne ich an dieser Stelle nur den Fall von Ayub Masih, der am 26. April 1998 in der Islamischen Republik Pakistan wegen "Beleidigung des Propheten Mohammed" zum Tode verurteilt wurde. Nach dem berüchtigten Paragraphen 295 C im pakistanischen Strafgesetzbuch, dem sogenannten *Blasphemie-Paragraphen*, auf dessen Grundlage im Prinzip alle Andersdenkenden, zumal Christen, umgebracht werden dürfen. Die Denunziation eines meineidigen Neiders reicht dazu schon aus.

Ich weiß, wovon ich spreche.
Denn mein Urgroßvater mütterlicherseits kam wegen "Beleidigung" eines gewissen Adolf Hitler ins Konzentrationslager auf der Burg Hohnstein und wurde dort (mit dem früheren sächsischen Innenminister) zu Tode gefoltert. Und ich saß wegen "Beleidigung des Staatsratsvorsitzenden" im Gefängnis.

Deshalb:
Null Toleranz gegenüber einer durch und durch intoleranten Religion,
deren strategisches Endziel die Weltherrschaft ist -
und keinerlei Dialog mit Mohammedanern in der Dresdner Frauenkirche!

* An die Gesellschaft
zur Förderung des Wiederaufbaus der Frauenkirche Dresden, 2002

GESELLSCHAFT
ZUR FÖRDERUNG DES WIEDERAUFBAUS
DER FRAUENKIRCHE DRESDEN e.V.

WIEDERAUFBAU
FRAUENKIRCHE
DRESDEN

Gesellschaft zur Förderung des Wiederaufbaus der Frauenkirche Dresden e. V.
Postfach 120 510, 01006 Dresden

Herrn
Wolf Donnerhack
PF 060104

10051 Berlin

Andreas Schöne M.A.
Assistent des Geschäftsführers
Telefon (0351) 498 19 13
Telefax (0351) 498 19 49
aschoene@frauenkirche-dresden.org

Dresden, 17. Juli 2003

Ihre Schreiben vom 8. Juni 2003 und 8. April 2002

Sehr geehrter Herr Donnerhack,

wir bestätigen den Eingang Ihrer Schreiben vom 8. Juni 2003 und 8. April 2002. Entgegen den seinerzeitigen Planungen hat der Vorstand der Gesellschaft zur Förderung des Wiederaufbaus der Frauenkirche Dresden e.V. nach umfangreichen Abstimmungen mit der Stiftung Frauenkirche Dresden, dem Pfarrer an der Frauenkirche und der Evangelisch-Lutherischen Landeskirche Sachsens entschieden, den Mitgliedern der Fördergesellschaft die beabsichtigte Satzungsänderung nicht vorzuschlagen. Zu dieser Entscheidung haben zahlreiche Mitgliederreaktionen, so auch die Ihre, in nicht unerheblichem Maße beigetragen. Sie können hierdurch ersehen, daß Ihr Schreiben durchaus in den Entscheidungsprozeß mit eingeflossen ist. Die Satzung der Gesellschaft zur Förderung des Wiederaufbaus der Frauenkirche Dresden e.V. ist somit unverändert in ihrer Fassung vom 31. Oktober 1998 in Kraft. Ich erlaube mir, Ihnen zur Information ein Exemplar davon beizulegen. Gleichfalls bitte ich Sie, uns mitzuteilen, ob Sie Ihren im Schreiben vom 8. April 2002 angekündigten Austritt auch weiterhin aufrechterhalten wollen. Wir würden uns selbstverständlich freuen, Sie auch künftig als Mitglied unserer Gesellschaft im Kreise der Freunde und Förderer der Dresdner Frauenkirche unter uns zu wissen!

Mit freundlichen Grüßen

[redacted]

Anlage

Aus einem Brief an Wolf Donnerhack*

Poststempel Berlin

Ach, Wolf!
Höre auf eine Berliner Göre:
Ich weiß, daß Du noch springen kannst bis an eine Kehle!
Ich weiß, daß Du noch singen kannst bis in eine Seele!
Ich weiß, daß Du noch starten kannst bis in die Welt!
Du oller Steppenwolf, Du!

* 1995

#
Auf der folgenden Seite:
Liebesgrüße von der sogenannten "Antifa" (vom Mai 1995),
die einigen aus Zwickau zur Unterstützung herbeibeorderten
"Straßenkämpfern" noch den folgenden Hinweis gegeben hatte:
"Blitz" wohnt in Plauen, Nähe Oberer Bahnhof (Tischendorfstraße 27).
Aber Achtung! Unser Faschofreund tarnt sich:
Am Klingelschild steht der Name "Frank Tanner".
Unter diesem Decknamen hat er mal in der taz *geschrieben.*

Gehenkte Afghanen-Führer Nadschibullah (l.), Bruder
Blitz und Donner!
Ihr Faschoschweine!
Ihr werdet genauso hängen!
Rot Front!
ANTIFASCHISTISCHE
AKTION

Aus einem Brief an Wolf Donnerhack*

Poststempel Hamburg

Lieber Herr Donnerhack!
War das eine Überraschung, als am Ostersamstag Ihr Brief und Ihr Buch "Das Gewitter" ankamen! Es ehrt mich sehr, macht mich aber auch verlegen, daß Sie mir Ihr letztes Exemplar überlassen - sogar mit einer Widmung! Gefreut hat mich auf dem Päckchen neben Ihrem Adreß-Aufkleber mit dem Buch der Baselerstab. Basel ist mir gut bekannt, ich habe zwei Freundinnen in der schönen alten Stadt am Rhein. Später, beim Durchblättern des Buches, erfuhr ich dann, daß Ihr Bruder in Basel lebt und sein Töchterchen dort zur Welt gekommen ist. Der kleinen Ulrike Dorothea ist "Das Gewitter" ja auch gewidmet. Man kann ihr nur von Herzen wünschen, daß das, was ihrem Vater und ihrem Onkel widerfahren ist, erspart bleiben möge. Gottes Segen!

Unsere Familien sind durch Zufall miteinander in Kontakt gekommen. Zufall? In der zweiten Hälfte der siebziger Jahre startete die Arbeiterwohlfahrt eine Aktion, bei der es darum ging, Pakete für bedürftige Familien in die DDR zu schicken. Da die AWO als Organisation nicht in Erscheinung treten durfte, wurden ihre Mitglieder gebeten, als Privatpersonen Päckchen zu schicken. So kam dann auch die Korrespondenz mit Ihrem Vater Rudolf Donnerhack zustande. Aus seinen Briefen sprach ein sehr gütiger und kluger Mensch zu mir. Leider kam im Herbst 1980 eine Karte mit der Todesanzeige. Mein Mann (85) und ich (69) sind inzwischen alte Leute geworden, aber es würde mich schon interessieren, wie es Ihnen jetzt so geht. Sicher, vieles ist erreicht, doch vieles macht uns Sorgen. Wie sehen jüngere Menschen das?

Zunächst muß ich mich aber erst einmal dafür entschuldigen, daß ich mit einem handgeschriebenen Brief von meinen Gedanken und Eindrücken über "Das Gewitter" berichte. Ein Computer steht mir leider nicht zur Verfügung. Auch könnte ich gar nicht damit umgehen. Und unsere alte holländische Schreibmaschine (ohne Umlaute) zerhackt mir mit ihrem Krach jeden halbwegs brauchbaren Gedanken. Daß ich Ihnen erst heute schreibe, liegt daran, daß es mir nicht möglich war, "Das Gewitter" am Stück zu lesen. Emotionen wurden wach... Es hat sich wirklich Fürchterliches abgespielt in der DDR, wofür Plauen und Ihre Geschichte nur ein Beispiel von vielen ist. Demnach haben dort nur die Kleider, nicht aber die Personen und deren Denkungsart (18.03.1990: Verhaftung wegen einer Schreibmaschine!) gewechselt.
Es fällt mir überhaupt schwer (und ich weiß nicht, ob es mir gelingt), mich richtig auszudrücken, in Worte zu fassen, was mich beim Lesen und beim Nachdenken hinterher bewegt hat.

Man faßt es einfach nicht, man kann es gar nicht glauben, was für ein Aufwand betrieben wurde, um einen einzigen Menschen "fertigzumachen". Wie leben heute überhaupt jene, die dabei mitgetan haben? Haben sie ein schlechtes Gewissen, schämen sie sich wenigstens ein ganz kleines bißchen? Eine überflüssige Frage, fürchte ich.
Was mir "Das Gewitter" gegeben hat?
Vieles bekräftigt, mich erschüttert und hilflos und zugleich wütend gemacht, gezeigt, wie furchtbar allein ein Mensch sein kann, immer noch oder schon wieder. Es ist ein notwendiges und wichtiges Buch - wider das Vergessen. Nur leider werden es die bestimmt nicht lesen, die es am nötigsten hätten.

Nach dem Ersten Weltkrieg zogen Scharen von gläubigen Sozialisten gen Osten, um in Rußland eine neue, gerechtere Gesellschaftsordnung aufbauen zu helfen. Viele Freunde meiner Eltern waren dabei. Mein Vater faßte solche Beschlüsse etwas bedächtiger - oder er traute der Sache von Anfang an nicht. Jedenfalls blieb er hier und half später den Frauen, die mit ihren Kindern zurückkamen aus dem gelobten Land und Unglaubliches berichteten: Von Kerker, Hunger, Folter, von Kolyma und Karaganda, von Lagern weit hinter dem Ural. Die Männer? Verschollen oder tot. Erschossen oder erschlagen...

Ich selbst habe nicht Sodom, sondern "Gomorrha" überlebt.
So nannten die Alliierten den Terrorangriff auf meine Vaterstadt Hamburg.
Nicht zuletzt deshalb glaubten nach dem Zweiten Weltkrieg meine Freunde und ich zunächst an einen "Sozialismus mit menschlichem Antlitz". Wir sympathisierten mit dem scheinbar rigorosen Antifaschismus in der DDR. Wieder warnte mein Vater. Wie recht er hatte, belegt gerade "Das Gewitter". Diktatoren haben Angst vor intellektuellen Kritikern (Beklemmend aktuell: Der Terror der Taliban, die Teufel in Teheran, das Todesurteil gegen Salman Rushdie!), da sie ihnen im Grunde nicht gewachsen sind.
Auch diese Erkenntnis vermittelt Ihr Buch.
Manches hat man freilich geahnt, anderes gewußt. Wenn aber Einzelheiten eines verbrecherischen Systems an einem bestimmten Menschen festgemacht werden können, treten sie schonungsloser und brutaler an uns heran.
Aber da hilft alle Klugschnackerei nicht, und deshalb will ich es für heute auch genug sein lassen. Vielleicht hören Sie auf den Rat einer alten Frau: Seien Sie gut zu sich selbst!

* 1996

WARRIOR II

#

Auf der vorhergehenden Seite:
Feuer Fünf - Blitz und Donner
nach einem Aus-Flug gegen Pillau (russisch *Baltijsk*),
den Kriegshafen vor Königsberg (russisch *Kaliningrad*);
fotografiert auf einem Fliegerhorst im neutralen Ausland.

Aufnahme: Claus Stedinger, Zürich (1997)

Exkurs

Kreml-Hysterie: Spion im Doppeldecker*

Deutscher Sportpilot unter Verdacht, Militärobjekte bei Königsberg ausgespäht zu haben: "Es ist Frühling. Die Spione kommen geflogen", titelte gestern die russische Regierungszeitung *Rossijskaja Gazeta*. Ein deutscher Freizeitflieger steht beim russischen Verteidigungsministerium unter Spionageverdacht. Das Blatt erinnerte mit seiner Aufmachung gleichzeitig an die spektakuläre Landung des deutschen Sportfliegers Matthias Rust am 29. Mai 1987 auf dem Roten Platz in Moskau

* Aus *Berliner Morgenpost* (Berlin) vom 22.03.1998

Aus einem Gespräch mit Wolf Donnerhack*

#

Frage:
Wolf, der "Spion im Doppeldecker" über Königsberg - wart Ihr das...?

Antwort:
"The greatest LD" fliegt nicht mit einem Doppeldecker... Außerdem muß das Radar erst noch erfunden werden, mit dem man Blitz und Donner erden kann.

* 1998

Eva-Maria Hagen

EVA UND DER WOLF

Für Wolf B.
herzlich
Eva-Maria Hagen

Econ

28. August 1999

Aus einer Diskussionsrunde mit Gymnasiasten aus Regensburg*

#

Frage:
Herr Donnerhack, wir möchten uns heute zum Thema "Literatur in der DDR" mit Ihnen unterhalten und haben dazu schon ein paar Fragen vorbereitet. Wie war denn das bei Ihnen, hatten Sie allgemein Interesse an Literatur?

Antwort:
Aber ja doch. Soweit ich mich erinnern kann, war einer der ersten Wünsche, den ich zu artikulieren vermochte, der Wunsch, endlich lesen zu können.

Frage:
Welche Autoren oder Werke haben Sie beispielsweise gelesen?

Antwort:
Als Bub habe ich die Bücher von Walter Scott, Jules Verne und Alexander Dumas verschlungen, Coopers "Lederstrumpf" und die wunderbare "Nik"-Trilogie von Götz Gode, die Indianerbücher von Liselotte Welskof-Henrich. Und natürlich, obwohl's offiziell verboten war, Karl May und Hans Dominik. Später habe ich Hans Fallada, Leonhard Frank, Hermann Hesse, Franz Kafka, Erich Kästner, Erich Maria Remarque und Stefan Zweig ebenso gern gelesen wie Stefan Heym, Günter Kunert, Erich Loest, Brigitte Reimann, Erwin Strittmatter und Christa Wolf. Daneben Pflichtliteratur wie Hermann Kant und Anna Seghers. Selbstverständlich auch Autoren wie Hemingway und Salinger, Ken Kesey, Jack Kerouac, Joseph Heller und Norman Mailer. Nicht zu vergessen Autoren wie Michail Bulgakow und Tschingis Aitmatow. Oder Camus und Sartre, Robert Merle. Da ich Germanistik und Geschichte an der Universität Leipzig studieren durfte und damit auch das Glück hatte, die *Deutsche Bücherei* (mit den bekannten Einschränkungen natürlich, ich nenne hier nur den sogenannten "Giftturm") nutzen zu können, waren die persönlichen mit den beruflichen Interessen ziemlich deckungsgleich.

Frage:
Wie war das in der DDR - wodurch wurde man auf spezielle Literatur, also auf regimekritische Autoren aufmerksam oder aufmerksam gemacht?

Antwort:
Die begehrteste und wohl wichtigste Informationsquelle war der in jedem Frühjahr zur Leipziger Buchmesse erscheinende Bestell- und Lieferkatalog des *Leipziger Kommissionsgroßhandels*, abgekürzt LKG.

Darin waren alle im Laufe des Jahres lieferbaren Titel enthalten. Besonders gefragt waren freilich jene Bücher, die nur unter dem Ladentisch zu haben waren und/oder auch schon wieder aus den Bibliotheken entfernt werden mußten - auf diese wurde man durch den sogenannten Buschfunk aufmerksam gemacht, also Flüsterpropaganda. Die zuletzt genannte Literatur sprach (mehr oder minder verschlüsselt) Themen an, die an ein Tabu rührten. Hier ein paar Beispiele, die das belegen sollen.

- Die massenhafte Schändung und Ermordung von Frauen in Ostdeutschland (also in Ost- und Westpreußen, Pommern und Schlesien und auch in Berlin) durch die Soldaten der (Blut-) Roten Armee im Frühjahr 1945 war ein ganz besonders geheiligtes Tabu-Thema. Denn die "Soldaten mit dem roten Stern" hatten als "Befreier" zu gelten, die ausschließlich Heldentaten vollbrachten und dabei oft und gern kleine (deutsche!) Kinder aus dem Kugelhagel der "Faschisten" retteten; vielleicht ist Ihnen das pompöse "Ehrenmal" in Berlin-Treptow ein Begriff... Kurzum: Als Werner Heiduczek es in seinem Roman "Tod am Meer" (Halle/ Saale 1977) gewagt hatte, besagtes Thema auch nur zu streifen, wurde dieses Buch aus allen Buchhandlungen und Bibliotheken entfernt und eingestampft. Nur wegen der folgenden Textpassage:
In der Nacht darauf wurde Ellen zum zweiten Mal vergewaltigt.
An der Elbe hatten uns sowjetische Soldaten gefaßt. Sie bedeuteten uns, wir würden auf der Kommandantur ein Dokument erhalten, dann könnten wir nach Hause. Aber sie logen, sie brachten uns nicht zum Kommandanten, sondern zu einer Scheune, wo bereits achtzig oder auch hundert Menschen herumsaßen. Männer, Frauen, Kinder. Sie alle hofften auf ein Dokument.
In der Nacht holten sie Ellen heraus und noch zwei andere. Sie müßten zum Verhör, sagte man. Mit dem, was in jener Nacht und am folgenden Morgen auf diesem Bauernhof geschah, bin ich all die Jahre nicht fertiggeworden.
Vielleicht ist das der Grund, weshalb ich mich lange geweigert habe,
ein Filmszenarium oder ein Buch über die Nachkriegszeit zu schreiben.
Im übrigen wurden jene Frauen, die es gewagt hatten, in der DDR über ihre traumatischen Erlebnisse mit den Russen (die nunmehr "Sowjetmenschen" hießen) zu sprechen, wegen "Antisowjetischer Hetze" oder "Erfindung und Verbreitung tendenziöser Gerüchte" von der Staatssicherheit inhaftiert und zu langjährigen Freiheitsstrafen verurteilt, viele sogar "Verschleppt ans Ende der Welt" - das ist jedenfalls ein Buchtitel von Freya Klier, den ich nur empfehlen kann und von dem ich hoffe, daß er von der Bundesprüfstelle für jugendgefährdende Schriften nicht auch noch auf den Index gesetzt wird.

- Ein weiteres Tabu-Thema war der “Ungesetzliche Grenzübertritt”, also die sogenannte “Republikflucht” nach § 213 des Strafgesetzbuches der DDR. Denn es gab auch keine Mauer und keinen Todeszaun mit den mörderischen Selbstschußautomaten und den Minenfeldern. Nein, gab es nicht; da war nur der “Antifaschistische Schutzwall” und da waren die “Sicherheitsorgane”... Als Stefan Heym in seinem Roman “Ahasver” (Berlin/Ost 1988) einen, wenn auch nur fiktiven, so doch spektakulären Grenzdurchbruch schilderte, ereilte “Ahasver” das selbe Schicksal wie “Tod am Meer”, zumal Angehörige der DDR-Grenztruppen in keinem allzu günstigen Licht dargestellt wurden.
Textbeispiel:
Zu dieser Zeit hatten die Republikflüchtigen die Grenzbefestigungen bereits überflogen und befanden sich auf der West-Berliner Seite des Ausländer-Grenzüberganges, von wo sie mit großer Geschwindigkeit im Schrägflug nach oben stiegen, bis sie Unteroffizier Blümel und Gefreiten Reckzeh nur noch wie Sterne aus einer Neujahrsrakete erschienen.
Die Aussagen von Unteroffizier Blümel und Gefreiten Reckzeh konnten nur verspätet aufgenommen werden, da Leutnant Lohmeyer gegen Unteroffizier Blümel und Gefreiten Reckzeh Meldung wegen Alkohol im Dienst erstattete und diese zur Zeit eine Strafe verbüßen.
Und natürlich hatte niemand einen Grund, die DDR, den ersten Arbeiter- und Bauern-Staat auf deutschem Boden, zu verlassen - erst recht nicht illegal...

- Die Jugend in der DDR hatte demzufolge froh, glücklich und zufrieden zu sein und die “Freie Deutsche Jugend” galt als “Kampfreserve der Partei”. Unzufriedenheit oder Kritik, Protest gar in Form einer Demonstration war somit undenkbar, in der Literatur natürlich erst recht.
Als Erich Loest daher in seinem Roman “Es geht seinen Gang oder Mühen in unserer Ebene” (Rudolstadt 1979) eine historisch belegte Demonstration von Jugendlichen in Leipzig im Jahre 1965 gegen das kurz zuvor ergangene offizielle Verbot der Beat-Musik schilderte und damit zugleich auch an die Proteste gegen die willkürliche Sprengung der mittelalterlichen Pauliner-Kirche im Herzen der alten *alma mater lipsiensis* anspielte, erging es ihm wie seinen Schriftstellerkollegen Heym und Heiduczek. Besonders übel nahm man ihm die Darstellung prügelnder Volkspolizisten, wo doch jedes Kind in der DDR schon im Kindergarten gelernt hatte:
Die Volkspolizei, die es gut mit uns meint -
Sie ist unser Helfer, sie ist unser Freund.
Der Konflikt des Romanhelden liest sich dann, für viele nachvollziehbar, so:

Es war wie stets hier, bloß auf mich hatten eben Polizisten Jagd gemacht, mich hatte ein Hund gebissen, ich war eben Feind gewesen. Volksarmee und Volkspolizei schützten uns vor jedem denkbaren Gegner, so wußte ich es aus hundert Quellen, ich wußte es, wie erwiesen war, daß Streuselkuchen prima schmeckte und Wasser bei hundert Grad kochte. Auf einmal war ich Feind... Einmal, habe ich mir vorgenommen, rächst Du Dich. Vor der Schlacht auf dem Leuschnerplatz war für mich die Welt sauber eingeteilt. Der Feind stand im Westen; die Amerikaner bombardierten Vietnam, Kiesinger war Faschist. Nun biß mich einer unserer Hunde, der eigentlich einen Ami hätte beißen sollen, der Bomben auf Vietnam ausklinkte. Ich schmiß kein Napalm, nach mir hatte gefälligst kein DDR-Hund zu schnappen. Also Rache. Wie?
Lesen Sie diesen Roman von Erich Loest, es ist ein ganz wunderbares Buch über eine Jugend in der DDR und es gibt, glaube ich, nur noch ein oder zwei Werke über das Leben in der DDR, die so lebendig geschrieben sind. Das ist der Roman "Franziska Linkerhand" von Brigitte Reimann, und das ist das Bühnenstück "Die neuen Leiden des jungen W." von Ulrich Plenzdorf.

- Daß die Energie-Erzeugung in der DDR nahezu vollständig auf Braunkohlenbasis erfolgte, war allgemein bekannt. Weitestgehend unbekannt hingegen war der vielfältige Widerstand der betroffenen Landbevölkerung gegen das "Abbaggern" ihrer Dörfer.
Joachim Nowotny behandelte dieses Thema sehr behutsam und mit viel Feingefühl in seiner Novelle "Letzter Auftritt der Komparsen" (Halle/Saale und Leipzig 1975); dennoch erlebte das Büchlein nur eine ganz bescheidene Auflage in der "Kleinen Edition" vom *Mitteldeutschen Verlag.*
Aber wen wundert das bei einem Buch, das mit dem Satz beginnt:
Berichte dieser Art darf niemand fordern; sie schreibt man aus eigener Not.
Und das endet mit den Worten:
Bald würde es mir schwerfallen, mich meiner Scham und meines Schuldgefühls zu erinnern. Um dem Verlust, der mit einem solchen Gedächtnisschwund verbunden ist, zu entgehen, schrieb ich diesen Bericht.

- Ein weiteres Tabu-Thema war menschliches Fehlverhalten oder überhaupt menschliche Schwächen der herrschenden Kaste, allen voran die Politbüro-Mitglieder und Minister. Ein Mörder als Minister? Undenkbar! Oder doch?
In seinem Buch "Abschied von Europa" beschrieb Joachim Seyppel "Die Geschichte von Heinrich und Nelly Mann, dargestellt durch Peter Ashenback und Georgiewa Mühlenhaupt" (Berlin/Ost und Leipzig 1975).

Frage:
Welcher Art war denn die Darstellung anderer Länder in der DDR-Literatur? Wie wurden also zum Beispiel die USA dargestellt?

Antwort:
Das läßt sich nicht mit zwei Sätzen beantworten. Sagen wir mal so: In der Tagespresse gab es regelmäßige Rubriken wie "Direkt aus der alten Welt" oder "Wie sie es selbst sehen", in denen der Westen regelrecht verteufelt wurde: Bundeskanzler Kurt Georg Kiesinger war demzufolge ein "Faschist", Bundespräsident Heinrich Lübke ein "KZ-Baumeister", UN-Generalsekretär Kurt Waldheim ein "Kriegsverbrecher"... Obwohl wir heute wissen, daß das alles Erfindungen und Fälschungen der Stasi waren, gibt es immer noch genug Narren, die an diese Schmutzfinkereien glauben. Ja, und die USA... Also, da hatte man einen "Spezialisten" namens "Victor Grossman", der eigentlich Stephen Wechsler heißt und 1952 von der US Army desertiert ist. Aus seiner Feder stammen Bücher wie "Von Manhattan bis Kalifornien" (Berlin/Ost 1975) oder "Per Anhalter durch die USA" (Berlin/Ost 1976), in denen dem DDR-Leser die Staaten durch die Brille des Marxismus-Leninismus gezeigt wurden, in ziemlich düsteren Farben jedenfalls. Daneben gab es aber auch noch Autoren wie etwa den Dänen Jacob Holdt. In dessen 1980 in Ost-Berlin veröffentlichtem Bilderbuch "Amerikanische Bilder" (Originaltitel: "Amerikanske Billeder") zeigt er vornehmlich Neger: Neger in Armut und Elend, Neger beim Fixen und Vögeln, Neger beim Klauen und Saufen; tote Neger, Neger im Ghetto und Neger im Knast; Müll, Dreck und Verwahrlosung - nach der Lektüre dieses wirklich in den allerschwärzesten Farben gemalten Buches mußte der naive DDR-Leser zwangsläufig zu der Überzeugung gelangen, daß die USA eine einzige riesige Müllkippe sind.
Vielleicht noch eine kurze Leseprobe aus dieser literarischen Kostbarkeit:
*Wenn man aus seinem Gefängnis in den vergitterten häßlichen Wohnungen herauskommt, hat man zwei Möglichkeiten: Entweder wird man überfallen, vergewaltigt, beraubt und niedergeschlagen, oder man wird selbst kriminell durch die Verhärtung, der man in einem solchen Dschungel ausgesetzt ist... Deshalb faßt der Marxismus in diesen Jahren überall in den amerikanischen Gefängnissen Fuß, und die Mehrzahl der schwarzen Gefangenen betrachten sich als politische Gefangene. Gleichzeitig ist der Marxismus ihre psychologische Rettungsbrücke...*So sollte sich der DDR-Leser die USA vorstellen: Schwarze Marxisten wie Angela Davis und jede Menge schwarze Junkies - das waren die Bilder vom "Alltag im Westen" im DDR-Fernsehen...

Frage:
War in der DDR die Möglichkeit gegeben, sich mit westdeutscher Literatur zu beschäftigen? War überhaupt Interesse an westdeutscher Literatur da?

Antwort:
Zunächst: Das Interesse an Literatur aus dem anderen deutschen Staat war ein immenses. Die Stände der West-Verlage auf der Leipziger Buchmesse im *Messehaus am Markt* waren jedenfalls oft so dicht umlagert, daß an ein Herankommen überhaupt nicht zu denken war. Häufig waren bis zum letzten Messetag die meisten der ausgestellten Bücher auf magisch-mysteriöse Weise "abhanden" gekommen. Selbstverständlich wurde auch Literatur aus dem Westen Deutschlands veröffentlicht. Deutlich erkennbar war aber immer jene Grundtendenz, daß Anthologien beziehungsweise Lesebücher oder eben solche Autoren verlegt wurden, die der alten Bundesrepublik mindestens sehr kritisch, in einigen Fällen sogar regelrecht feindselig gegenüberstanden.
Ich denke dabei an (einige) Bücher von Heinrich Böll, aber auch und vor allem an solche Autoren wie Bernt Engelmann, Franz Josef Degenhardt, Rolf Hochhuth und Günter Wallraff. Fazit: Erwünscht waren vor allem jene, die das Klischee vom "bösen" Westen, also vom "Kapitalismus" bedienten.
Wer sich auf eigene Faust Bücher aus dem Westen besorgen wollte, zumal von Sozialismus-kritischen Autoren, wurde von der Staatsgewalt hart gestraft Mir selbst zum Beispiel wurden im Herbst 1981 von den Bütteln der DDR-Zollverwaltung mehrere Taschenbücher aus dem Westen abgenommen und entschädigungslos eingezogen - Werke des "Revanchisten und Zionisten" Günter Grass, des "Faschisten" George Orwell, des "vaterlandslosen Gesellen" Stefan Heym, des "katholischen Lumpenhundes" Heinrich Böll und des "Verräters" Reiner Kunze. Außerdem wurde eine Strafverfügung gegen mich erlassen - unter der Anschuldigung, ich hätte versucht, illegal, entgegen den gesetzlichen Bestimmungen der DDR, "Waren" einzuführen. "Waren"! Die Ordnungsstrafe, die ich für die paar Taschenbücher bezahlen mußte, betrug sechshundert Mark. Der Monatslohn eines Facharbeiters.
Aber so waren sie, die roten Strolche...

Frage:
Das verstehe ich nicht! Wieso war Günter Grass ein "Revanchist"?

Antwort:
Nun, der gute Günter Grass hat eine "Danziger Trilogie" geschrieben.

Und wer *Danzig* sagte und nicht *Gdansk* - das war ein "Revanchist"!
Ich kann mich noch daran erinnern, wie ich bei einer Reise in die Tschechei von den Bütteln der DDR-Zollverwaltung nach meinem Reiseziel gefragt wurde und *Marienbad* angab. Da war vielleicht was los! Die Haderlumpen wollten mich dressieren und mir beibringen, daß ich *Marianske Lazne* zu sagen hätte und nicht *Marienbad*. Nun, ich habe gekontert. Habe sie gefragt, ob sie denn *Moskau* sagen im täglichen Sprachgebrauch oder *Moskwa*, *Warschau* oder *Warszawa*, *Prag* oder *Praha*, *Bukarest* oder *Bucuresti*...
Was haben die 'rumgebrüllt! Zur Strafe mußte ich dann fünf Stunden warten, bis ich weiterfahren durfte. Aber im Auto...

Frage:
Sie haben eben *Tschechei* gesagt statt *Tschechien*...

Antwort:
Ja, und? Wissen Sie, was meine tschechischen Freunde sagen?
"*Tschechien* - welcher Tschechenhasser hat sich dieses Unwort ausgedacht? *Tschechien* - das klingt ja wie *Tschetschenien*. In der Türkei leben die Türken, in der Slowakei die Slowaken - und in der Tschechei leben die Tschechen. Wir sind doch keine Balkanschlucht wie *Bosnien* oder *Mazedonien*...!
Dann wollen wir lieber wieder *Protektorat Böhmen und Mähren* heißen."
Sagen meine tschechischen Freunde. Jawohl!

Frage:
Sehen Sie heute, mit der Distanz einiger Jahre, Unterschiede zwischen der westdeutschen und der damaligen ostdeutschen Literatur? Wenn ja, welche?

Antwort:
Die westdeutsche Literatur diente, grob vereinfacht, der Entspannung und Unterhaltung. Vornehmliches Anliegen der Literatur in der DDR hingegen war zunächst wohl eher Belehrung und (jedenfalls versuchte) Beeinflussung, späterhin wurde sie dann mehr und mehr zu einer Art "Lebenshilfe" insofern, als viele Leser in den Konflikten und Problemen der literarischen Helden ihre eigenen wiedererkannten.
Als typische Beispiele hierfür seien genannt "Die neuen Leiden des jungen W." von Ulrich Plenzdorf (Rostock 1973) und "Franziska Linkerhand" von Brigitte Reimann (Berlin/Ost 1974) und natürlich "Es geht seinen Gang oder Mühen in unserer Ebene" von Erich Loest (Rudolstadt 1979).

Man kann, glaube ich, mit Fug und Recht davon ausgehen,
daß diese Bücher zu regelrechten Kultbüchern avancierten.
Der Kultfilm par excellence schließlich war die Verfilmung eines anderen Buches von Ulrich Plenzdorf und unter der Regie von Heiner Carow:
"Die Legende von Paul und Paula". Muß man unbedingt gesehen haben!
Und wenn auch die Umbenennung vom Berliner *Leninplatz* in *Ritter-Runkel-Platz* nicht von langer Dauer war - an der Rummelsburger Bucht in Berlin, auf der Halbinsel Stralau heißt eine Promenade jetzt *Paul-und-Paula-Ufer...*

Frage:
Gibt es noch einen DDR-Film, den man unbedingt gesehen haben sollte?

Antwort:
Nicht nur einen. Aber welcher fällt mir jetzt auf die Schnelle ein?
Vielleicht "Solo Sunny", der letzte Film von Konrad Wolf aus dem Jahr 1980.
Auch die Verfilmung eines Erik-Neutsch-Romans dürfen wir nicht vergessen
"Die Spur der Steine", eine Glanzrolle für Manfred Krug als *Brigadier Balla*.
Aber der Film wurde seinerzeit auch gleich wieder aus dem Verkehr gezogen.
Wie das halt so hergegangen ist anno dunnemals...

Einige Worte noch zum Thema DDR und Ostdeutschland.
Die DDR - das war Mitteldeutschland, nicht Ostdeutschland!
Ostdeutschland - das waren Breslau und Danzig, Kolberg und Königsberg.
Das waren Annaberg und Marienburg, Kurische Nehrung und Frisches Haff.
Das war das *Ännchen von Tharau*, das war *Blücher an der Katzbach*.
Das war der *Friede von Tilsit* und die *Konvention von Tauroggen*.
Daran sollte man sich wenigstens hin und wieder erinnern.
Zumal in einer Stadt wie Regensburg, die über ein so einzigartiges Museum wie die *Ostdeutsche Galerie* verfügt, in der viele namhafte Künstler aus dem Osten Deutschlands einen würdigen Platz gefunden haben. Also, gut merken:
Rübezahl kommt aus dem Riesengebirge, nicht aus dem Bayerischen Wald!
Und wenn es auf Honolulu und Hawai noch so schön ist - fahren Sie ruhig öfter mal nach Weimar und auf die Wartburg! Besuchen Sie so einzigartige Baudenkmäler wie die Krämerbrücke in Erfurt oder die Festung Königstein!
Freuen Sie sich mit mir über den Wiederaufbau der Frauenkirche in Dresden!
Oder beten Sie an der Grabplatte des Heinrich von Plauen in der Marienburg!

* 1998

wenn die Eitelkeit verschont
im eig'nen Kopf verborgen bleibt.
Die dritte Liga ist bereit -
der VFC kann's nur probieren:
Im neuen Jahrtausend nicht verlieren.

Es kam ein Stadtrat einst gelaufen
geradewegs in einen Hundehaufen.
Den hatte dort ein Hund gemacht,
der Stadtrat drauf voll Zorn gedacht:
"Die neuen Schuh' sind ruiniert,
nur weil ein Köter uriniert.
Der Rache Atem sollt Ihr riechen,
Hundehalter, Ihr sollt kriechen,
sollt Steuern zahlen, glaubt es mir!"
Und's neue Jahrtausend vor der Tür.

Frische Erde braucht das Land,
dacht' ein Verweser ganz galant.
Könnte man was kompostieren
und Humus sich regenerieren -
die paar Veilchen hie und da,
die vermißt doch nur ein Narr.
Schwups war'n fünftausend Blümelein
Geschichte in den Gärtnerei'n.
Und der Verwalter singt voll Freud':
"Im neuen Jahrtausend verwalte ich erneut."

Plauen wuchs um Land und Leut',
doch ein Dorf ärgert sich noch heut':
Kauschwitz wurde nicht gefragt
und einfach in die Stadt gejagt.
Der Einkaufspark, der muß nach Plauen,
denn man braucht Steuern, um zu bauen.
Ein Flugplatz sollte einst hierher
für internationales Flair -
Aufschwung nach bewährt Manier:
Und's neue Jahrtausend vor der Tür.

Wenn man an das Jahrtausend denkt
und wer uns auf diesem Wege lenkt,
da wird einem ganz angst und bange,
mir weicht das Blut schon aus der Wange.
Doch woll'n wir heute nicht verzagen
und Euch nach Eurer Meinung fragen:
Ja oder Nein - Ihr habt die Wahl,
die meist verbunden mit der Qual:
Ein neues Jahrtausend vor der Tür -
wollen wir's 'reinlassen? Was meint Ihr?

* Aus *Freie Presse* (Plauen) vom 16.02.1999

Exkurs

Mein Freund Jürgen: Die erste, die letzte Erinnerung*

Am 9. Mai starb in Berlin der in Reichenbach geborene Schriftsteller Jürgen Fuchs. Wir veröffentlichten am 11. Mai einen Nachruf auf den Autor. Wir berichteten am 18. Mai über eine Lesung, die zu Ehren des Verstorbenen (am 16. Mai) in Reichenbach von der Trinitatis-Gemeinde veranstaltet wurde

Heute drucken wir eine sehr persönliche Erinnerung des Schriftstellers Utz Rachowski an seinen Freund Jürgen Fuchs in unserer Zeitung ab.

Kein einziger Autor aus Leipzig, Dresden, Halle oder Chemnitz war am Grab meines Freundes oder zur Gedenklesung in Jena. Kein Sterbenswörtchen auf der Kulturseite der *Freien Presse* im Regierungsbezirk Chemnitz.
So wird hier weitergelebt.
Andere, die Jürgen nicht riechen konnte, ausgerüstet mit einer mühselig selbstgezimmerten Widerstandsbiographie, Gitarre und Karel-Gott-Kostüm spreizen sich in der Jenenser Aula, daß selbst die anwesenden universitären Blondinen staunen, welch tolle Freunde der Fuchs doch hatte...

* Utz Rachowski über Axel Reitel, in:
Vogtland-Anzeiger (Plauen) vom 01.06.1999

Exkurs

Akten später löschen*

Die Berliner Gauck-Behörde hat der Bundesregierung einen Kompromiß im Streit um die Anonymisierung von Stasi-Akten vorgeschlagen.
Danach sollen bereits ab Januar 1999 Anonymisierungs-Anträge entgegengenommen, aber erst zu einem späteren Zeitpunkt bearbeitet werden.
Die Stasi-Akten-Verwalter wollen so sicherstellen, daß vor allem ältere Menschen, über die die Stasi Daten sammelte, noch zu Lebzeiten einen entsprechenden Antrag stellen können. Auch will die Gauck-Behörde den Eindruck vermeiden, als solle der Rechtsanspruch auf Löschung der Daten völlig abgeschafft werden. Hintergrund der Debatte ist der Plan der rot-grünen Koalition, das im Stasi-Unterlagen-Gesetz vorgeschriebene Recht auf die Anonymisierung der Original-Akten um vier Jahre zu verschieben.
Jetzt soll dieses frühestens im Jahr 2003 möglich sein.

* Aus *Der Spiegel* (Hamburg), Nr. 49/1998

Exkurs

Ab 2003 droht Schwärzung und Vernichtung von Stasi-Unterlagen*

Das Bürgerkomitee Leipzig hat seine Forderung erneuert, das Stasi-Unterlagen-Gesetz noch in dieser Legislaturperiode zu novellieren.

Die vom Bürgerkomitee vorgeschlagenen Änderungen sollen die weitere Herausgabe von Stasi-Akten über Personen der Zeitgeschichte, Amtsträger und Funktionsinhaber zu Forschungszwecken sowie an Wissenschaftler und Medien sichern und sehen die Streichung des Paragraphen 14 vor, der ab 2003 die Anonymisierung und Vernichtung von Original-Akten ermöglicht. Der Streit um das Gesetz war durch eine Klage von Altkanzler Kohl ausgelöst worden, der die Herausgabe der Stasi-Dossiers über seine Person verhindern will.

Nach jetziger Gesetzeslage dürfen Personen, die nicht Stasi-Mitarbeiter waren, ab 1. Januar 2003 alle sie betreffenden Akten im Original schwärzen oder sogar vernichten lassen.

* Aus *Berliner Zeitung* (Berlin) vom 14.01.2002

Exkurs

Für Schwanitz-Vorstoß: Offenlegung soll dauerhaft festgeschrieben werden*

Die Chefin der Gauck-Behörde, Marianne Birthler, reagiert “mit Freude” auf den Vorstoß von Ost-Minister Rolf Schwanitz, das Stasi-Unterlagen-Gesetz noch in dieser Legislaturperiode novellieren zu wollen. Es sei gut, daß darüber in der Regierung und im Bundestag ein Meinungsbildungsprozeß stattfinde, sagte Birthler der in Halle erscheinenden *Mitteldeutschen Zeitung*.

Der Ost-Beauftragte der Bundesregierung, Rolf Schwanitz, hat sich am Sonnabend dafür ausgesprochen, den Passus der eingeschränkten Akten-Herausgabe an “Betroffene und Dritte” ersatzlos zu streichen und die ab 2003 für Betroffene mögliche Vernichtung der eigenen Akte um fünf Jahre zu verschieben.

* Aus *Neues Deutschland* (Berlin) vom 15.01.2002

#

Rolf Schwanitz aus Jößnitz! Ausgerechnet! Der muß es ja wissen.
Umsonst ist er nicht avanciert zum “Kofferträger des Kanzlers”.
Böse Vogtländer nennen ihn auch “Reiseleiter Ober-Ost”...
Aber der hat natürlich fein schwätzen, der gute Genosse.
Der hat nämlich keine Akte. Keinen OV, keine OPK, keinen SIVO, keine AP.
Der hatte kein Berufsverbot und kein Benutzungsverbot für die Staatsarchive
Der saß auch nicht im Knast. Der war nämlich immer brav und staatstragend.
Der durfte deshalb auch das, was Frau Donnerhack weiland nicht durfte: Nach einem abgeschlossenen Studium ein weiteres Studium aufnehmen. Das heißt, nach dem Abschluß seines Studiums als Diplom-Ingenieur-Ökonom in Jena durfte er noch mal Jura studieren. An der Humboldt-Universität Berlin. Ein Hort des Widerstandes, wie jeder weiß, insbesondere die Sektion Rewi, deren Absolventen den Nachwuchs für das Kollegium der Rechtsanwälte in der DDR stellten. An dessen Spitze stand zuletzt ein kleiner Mann, der von den Medien häufig als “Sputnik”, “Notar” oder “Gregor” bezeichnet wurde und den böse Vogtländer der Einfachheit halber “Gregor Grosny” nennen.
“In unseren Augen ist der Herr Staatsminister Rolf Schwanitz ein Verräter an der Sache!”, sagte deshalb am 13. März 2004 Dr. Wolfgang Mayer aus Erfurt gegenüber *Freie Presse* (die das Interview mit dem Gründer der “Bellevue-Gruppe” dann vorsichtshalber nicht abdruckte) zum “Schwanitz-Vorstoß”...

Aus einem Anschreiben von Wolf Donnerhack*

Vernichtung von Haftunterlagen ehemaliger politischer Gefangener

Mit Schreiben vom 14.12.1992 hatte ich beim damaligen Sächsischen Staatsminister der Justiz um eine Kopie meiner Strafvollzugs-Akte gebeten. Erhalten habe ich daraufhin am 22.03.1993 ein Antwortschreiben mit der Kopie eines einzigen Blattes.

Festzuhalten bleibt dennoch, daß ich seinerzeit entgegen rechtsstaatlichen Prinzipien verurteilt worden war und deshalb auch durch Beschluß des 3. Rehabilitierungssenats des Bezirksgerichts Chemnitz vom 08.10.1991 voll rehabilitiert wurde.
Insofern erscheint es mir mehr als fragwürdig, daß nach wie vor eine Strafvollzugs-Akte von mir existiert und irgendwo unter Verschluß gehalten wird. Warum, wieso, weshalb; auf welcher rechtlichen Grundlage überhaupt?
Ganz besonders interessiert mich in diesem Zusammenhang der Verbleib der Materialien aus der erkennungsdienstlichen Behandlung, also der Fingerabdrücke und vor allem der Fotografien fürs "Verbrecheralbum". Wo sind die geblieben? Unlängst war davon zu hören, daß diese Sachen samt und sonders an das Bundeskriminalamt in Wiesbaden übergeben worden sein sollen.
Das kann doch wohl nicht wahr sein!

* An das Sächsische Staatsministerium der Justiz, 2000

Aus dem Antwortschreiben des Sächsischen Staatsministeriums*

Unterlagen aus dem Strafvollzug

Ihr Schreiben vom 27.11.2000 wurde an mich zuständigkeitshalber zur Bearbeitung übergeben.

Auf Ihre Fragen möchte ich folgendes mitteilen:

Es gibt verschiedene Rechtsgrundlagen für die Aufbewahrung und Vernichtung von Strafvollzugsakten.

Der § 184, Absatz 1/Satz 3 Strafvollzugsgesetz (StVollzG) sieht vor, daß Gefangenenpersonalakten, Gesundheitsakten und Krankenblätter bis zu zwanzig Jahren aufbewahrt werden können.

Gemäß § 184, Absatz 3/Satz 1 Strafvollzugsgesetz bleiben die archivrechtlichen Vorschriften des Bundes und der Länder unberührt; das heißt, archivrechtliche Bestimmungen können längere Aufbewahrungszeiten vorsehen.

Eine solche Regelung trifft im Freistaat Sachsen die *Verwaltungsvorschrift des Sächsischen Staatsministeriums der Justiz über die Aufbewahrung und Aussonderung von Unterlagen bei den Gerichten der ordentlichen Gerichtsbarkeit, der Arbeitsgerichtsbarkeit, der Verwaltungsgerichtsbarkeit, der Sozialgerichtsbarkeit, der Finanzgerichtsbarkeit sowie der Staatsanwaltschaften und Justizvollzugsanstalten* (VwVAufAus) vom 2. Februar 1999 unter dem Punkt C. II. 3.b), welche ich Ihnen als Kopie beigelegt habe.

Danach sind Personalakten, Gesundheitsakten und Krankenblätter von Gefangenen, die zwischen dem 30. Januar 1933 und dem 2. Oktober 1990 inhaftiert waren, bis zum Ablauf des Jahres 2050 aufzubewahren. Der Normgeber ging davon aus, daß die Inhaftierungen, die in diesem Zeitraum durchgeführt wurden, häufig einer hinreichenden rechtsstaatlichen Grundlage entbehrten und wollte es daher den Opfern der beiden Diktaturen auch noch nach Jahren ermöglichen, ihre Ansprüche wegen erlittenen Unrechts geltend zu machen.

Gründe des Datenschutzes gebieten es, diese Akten "unter Verschluß" zu halten. Regelmäßig befinden sich in den Akten auch personenbezogene Daten über Personen, die nicht inhaftiert waren. Diese Daten dürfen nicht ohne weiteres herausgegeben werden, da es eine spezielle gesetzliche Ermächtigungsgrundlage dafür nicht gibt.

Unterlagen aus einer erkennungsdienstlichen Behandlung sind gemäß § 86, Absatz 2/Satz 1 StVollzG grundsätzlich zur Gefangenenpersonalakte zu nehmen. Allerdings sieht § 86, Absatz 2/Satz 2 StVollzG vor, daß sie auch in kriminalpolizeilichen Sammlungen verwahrt werden können. Nach Auskunft des Leiters der Justizvollzugsanstalt Chemnitz sind jedoch bislang keine Unterlagen aus erkennungsdienstlicher Behandlung an das Bundeskriminalamt übermittelt worden.

* 2000

Aus dem Repertoire der Gruppe "Wacholder"

Mein Glück liegt in Koblenz begraben*

Mein Glück liegt in Koblenz begraben
In einem sehr düst'ren Archiv
Und die meine Akte dort haben
Die wissen, mit wem ich einst schlief

Mein Glück liegt in Koblenz begraben
Verkauft und verhökert für Geld
Die Archivare, die Raben
Verwalten die alte Welt

Sie kennen all meine Versprechen
Die ich mal am Telefon gab
Auch meine perversen Schwächen
Die speichert man sorgsam dort ab

Die Protokolle der Küsse
Mein Lallen im Suff und mein Weh
Selbst aus meinem Darm die Schüsse
Das Plappern, die Lügen, der Schnee

Und all meine miesen Sprüche
Über Freunde kennt man genau
Sogar meine besten Gerüche
Die stellt man in Koblenz zur Schau

Mein Stöhnen, mein Zorn, mein Gefluche
Mein Zahnweh, mein innerstes Ich
Die Adresse, die ich gerade suche
Die fänd' ich dort sicherlich

Alles, was Spitzel notierten
Mein Leben, so wie es halt war
Das, was sie auf Zettelchen schmierten
Verkauft an den Großarchivar

Der wird meine Träume beschreiben
Dem Kanzleramt unter der Hand
Verkauft wird mein Leben, mein Leiden
So wie das gesamte Land

Ich weiß nicht, was soll es bedeuten
Daß sie uns verkaufen wie Dreck
Ein Märchen aus uralten Zeiten
Das geht und geht nicht weg

KULTUR

für Wolf
in herzlicher Verbundenheit
(auch Reichenbach-Plauen!)
Jan. 93
Jürgen

Pegasus an der Stasi-Leine

Große Teile der Kunst und Literatur in der ehemaligen DDR entpuppen sich als „Operative Vorgänge" der Staatssicherheit. Überall im Land wurde geschnüffelt, manipuliert, drangsaliert, konspiriert oder gar „zersetzt". In seiner Dokumentation dazu schafft Jürgen Fuchs auch Klarheit über den Fall Sascha Anderson.

Erinnerung an Jürgen Fuchs (1950-1999)

Ausriß aus *Der Spiegel* (Hamburg), Nr. 47/1991

Aus einem Gespräch mit Wolf Donnerhack*

#

Frage:
Wolf, Du und Dein Bruder - wieso seid Ihr so darauf erpicht, Eure Akten zu vernichten? Von den wohl insgesamt dreißig Anträgen auf Aktenvernichtung stammen sechs, also immerhin zwanzig Prozent, von "Blitz" und "Donner".

Antwort:
Fangen wir doch mal mit den Dreiseitenfotos aus der erkennungsdienstlichen Behandlung an. Da sehe ich wirklich wie ein Verbrecher aus: Stoppelbärtig, mit einer fürchterlichen Brille - so eine Brille würde ich mir nie im Leben antun. Eine Kinderbrille ohne Gläser, die man mir ins Gesicht gedrückt hat. Wehren konnte ich mich nicht, ich war ja gefesselt. Wer garantiert mir denn, daß diese greulichen Fotos nicht irgendwann in der Presse auftauchen? Denkt doch mal daran, wie mit den Dreiseitenfotos der bayrischen Räterepublikaner Schindluder getrieben wurde. Ein ganz vortreffliches Lehrbeispiel!
Und "unrasiert und fern der Heimat..." Wer weiß denn schon, daß ich mich in der U-Haft nur einmal in der Woche rasieren durfte? Wem, bitte schön, soll ich erklären, daß ich mich nie in "meiner" Zelle rasieren durfte, sondern daß ich zu diesem Zweck immer in eine andere Zelle gebracht wurde? Daß diese Zelle direkt neben der "Foto-Zelle" lag und daß die drei "Tschekisten", die mich beim Rasieren bewachten, nie auch nur einen Fuß in die "Rasier-Zelle" setzten? War da irgendetwas eingebaut...hinter dem Spieglein in der Wand?
Die Röntgen-Apparaturen, die in den "Foto-Zellen" von mehreren MfS-Haftanstalten entdeckt wurden, sollen, das versichern uns immer wieder irgendwelche "Experten", dem Röntgen von Paketen gedient haben. Eines dürft Ihr mir glauben: Kein einziger Untersuchungshäftling durfte jemals ein Paket empfangen! Jedenfalls nicht als DDR-Bürger. Und im Strafvollzug durften nur jene Knechtsseelen einmal pro Quartal ein Paket empfangen, die ihre Norm erfüllten oder übererfüllten, die parierten und die ihre Kameraden verzinkten und die nicht für eine Handvoll Silberlinge, sondern für ein paar Glimmstengel Sack und Seele verraten und verkauft haben. Diese Pakete bekamen sie aber nie in die Hand. Die wurden in ihrem Beisein ausgepackt, und dann wurde der Inhalt in eine blaue Plastikschüssel gekippt. Röntgen? Niemals!
Erinnert sich noch jemand daran, wie Rudolf Bahro gestorben ist und Jürgen Fuchs oder Gerulf Pannach? Die Geschwulst an meiner linken Schläfe wird immer größer. Ich veranstalte deswegen kein Theater, ich renne auch nicht von einem Doktor zum anderen. Aber ich will nicht, daß sich irgendwann irgendwelche Hobby-Historiker über "meine" Dreiseitenfotos amüsieren;

ahnungslose Amateure, die keine Ahnung haben, wie und unter welchen Umständen diese Fotos zustande gekommen sind. Versteht Ihr mich?
Nächster Punkt:
Viele Informationen in den Spitzelberichten sind unwahr oder bestenfalls Halbwahrheiten. Ein paar Beispiele vielleicht, die mir dazu gerade einfallen: Ich habe niemals den 1977 in Seelingstädt als Gruppenführer eingesetzten Komilitonen mit der Waffe bedroht - ich habe ihm lediglich einen Satz heiße Ohren angedroht. Die modische Kleidung, die meine Frau trug, stammte nicht aus dem Westen - die war selbstgeschneidert. Und "mein" *Trabant* war gar nicht meiner - der war auf den Namen meiner Frau zugelassen. Ich war zu keiner Zeit der Kraftfahrer der Gruppe "Notentritt" - ich habe die Truppe nur ab und an durch die Botanik chauffiert. Ich habe mich 1988 auch nicht mit Schauspielerinnen zur "stummen Demonstration" vor dem Rathaus aufgehalten - wir standen damals nur vor dem Standesamt (im Alten Rathaus), weil eine der Schönheiten vom Ballett geheiratet hatte.
Wenn die "Spezialisten" vom MfS Wolf Biermann und Adolf Hitler in einen Topf werfen oder Rudolf Augstein und Axel Springer - geschenkt. Aber wenn in einem Bericht "die Genossinnen vom Amt für Arbeit" zitiert werden mit der Einschätzung, ich sei nüchtern gewesen, dann suggeriert das natürlich unterschwellig, daß ich sonst nicht nüchtern gewesen bin. Toll! Ganz zu schweigen davon, daß der unbedarfte Leser von heute, wenn er von einem "Terroristen" liest, sofort an Schwarzbärte und Schmutzkittel denkt und nicht an einen friedfertigen Republikflüchtling. Außerdem sind es so wenige Spitzelberichte nicht, die mir noch nachträglich die Schamröte ins Gesicht treiben ob der Schamlosigkeit, mit der verschiedene *Inoffizielle Mitarbeiter* das Blaue vom Himmel logen. Wenn mir zum Beispiel immer wieder unterstellt wurde, ich sei "arrogant und überheblich", so hängt das ganz einfach damit zusammen, daß da Neid und Dummheit die Feder geführt haben. Mein herrlicher Schwager etwa, der IMB "Hühne", war, vorsichtig ausgedrückt, das, was man gemeinhin einen "geistigen Tiefflieger" nennt. Der hatte mit Ach und Krach die achte Klasse geschafft und haßte aus diesem Grunde alles, was Abitur, geschweige denn studiert hatte und sich dem proletarischen Schunkeln in der Gartenkantine verweigerte. Rechtschreibung Fünf, aber ellenlange Spitzelberichte verfaßt, garniert mit Lügen en masse, um sich bei seinem Führungsoffizier lieb Kind zu machen. Welcher Freizeit-Forscher weiß denn schon, wie so ein elender Schmutzfinger geschwindelt hat?
Warum, wofür sollen wir uns wieder und immer wieder rechtfertigen?
Ich kann nicht mehr und ich will auch nicht mehr.

Übrigens:
Der Allerweltsname, der unter dem Schreiben des Bundesbeauftragten stand, in dem mir voriges Jahr mitgeteilt wurde, daß “die Regelung der Anonymisierung und Löschung personenbezogener Informationen über Betroffene und Dritte aufgehoben” wurde, ist zufällig derselbe, der 1987 unter dem Schreiben des MdI der DDR stand, worin man mich wissen ließ, daß “keine Änderung der Ihnen bekannten Entscheidung erfolgen kann”.
Sehr merkwürdig.
Rein zufällig lese ich dann einen Beitrag von Renate Oschlies in der *Berliner Zeitung* (vom 24.05.1997) über “ein paar seltsame Vorgänge in der Gauck-Behörde”. Dort erfährt man unter anderem, was für ein “wichtiger Mann in der Berliner Gauck-Behörde” der “Staatswissenschaftler” und “frühere Gruppenleiter der Eingabenstelle im Amt des DDR-Ministerpräsidenten” ist: “Als Referatsleiter ist er für die Überprüfung der Mitarbeiter im Öffentlichen Dienst verantwortlich.” Interessant auch, was solch ein “wichtiger Mann” über die Personalpolitik der Behörde des Bundesbeauftragten zum besten gibt. Ganz beiläufig erfährt man so, daß “zum Glück” ja “nur wenige jener *Racheengel* aus der Bürgerrechtsszene in der Behörde untergekommen” sind.
Da wird doch der Hund in der Pfanne verrückt!
Was hat so einer in dieser Behörde zu suchen?

* 2004

#

An dieser Stelle sei jener emsig-unermüdlichen Kollaborateure gedacht, ohne deren Zutun diese Dokumentation nicht möglich gewesen wäre.
Es sind dies die FIM, IM, IMB, IME, IMK, IMS, GMS, IKM und ZI “Birke”, “Charlotte”, “Evi Böttger”, “Edgar”, “Ernst”, “Frank Bergmann”, “Frank Schwarz”, “Friedrich Kramer”, “Gassner”, “Gregor”, “Günter Pflug”, “Heine”, “Heinz”, “Hühne”, “Ines”, “James”, “Janka”, “Konrad”, “Krause”, “Kurt Neidhardt”, “Otto”, “Peter Franke”, “Rau”, “Robert”, “Steffi Bauer”, “Werner Schmidt”, “Günther Schubert”, “Karl Weber” sowie zahlreiche OM.
Wichtiger Hinweis: Alle Namen sind Decknamen!
Entschuldigt hat sich nur “Heinz”. Die anderen wechseln die Straßenseite, sobald sie “Blitz” sehen. Und “Evi Böttger” keift: “Daß Du Dich überhaupt noch hierher getraust! An Deiner Stelle wäre ich ein bißchen vorsichtiger...!”

#
Wolf Donnerhack bei seiner Festrede zur Eröffnung der Sonderausstellung *Rudolf Donnerhack / 1903-1980 / Maler, Heimatforscher, Museumsdirektor* im Vogtlandmuseum Plauen.
Unter anderem sprach er davon, wie sehr sein Vater über den Niedergang des Hauses nach seinem Ausscheiden aus dem Amt des Museumsdirektors litt. Zur Veranschaulichung dessen zitierte er aus einem Bericht des IM "Heinz" von 1986, worin auch "eine abgehalfterte Russischlehrerin" erwähnt wurde. Vierzehn Tage nach der Ausstellungseröffnung, so meldet es jedenfalls der Buschfunk, soll sich besagte Dame (obwohl kein Name genannt worden ist!) bei der Berliner Gauck-Behörde über Wolf Donnerhack beschwert haben...

Aufnahme: Johanna Falk, Plauen (2003)

Damals, glaube ich, wußte jeder Schüler in Plauen, wer der Mann ist, dessen Standbild auf der Balustrade des Plauener Rathauses steht.
Als die Projektgruppe M vor drei Monaten auf dem Plauener Altmarkt eine Befragung von Kindern und Jugendlichen durchführte und sie nach dem genannten Mann fragte, wußte kein einziger, wer das war - und auch auf die Nennung seines Namens antworteten sie nur mit einem Schulterzucken: "Heinrich von Plauen? Deutscher Orden? Marienburg? Nie gehört...!"

Vogtland-Anzeiger:
Eine ganze Portion Heimatgeschichte vermittelt, optisch eindrucksvoll, auch der Maler Rudolf Donnerhack.

Wolf Donnerhack:
Frau Dr. Buchner und ich haben uns bei der Konzeption von Ausstellung und Katalog davon leiten lassen, Rudolf Donnerhack als einen Maler zu zeigen, der nicht zuletzt auch Dokumentarist war. Das heißt, wir haben bei der Auswahl der Bilder häufig jenen den Vorzug gegeben, die Motive zeigen, die es heute und so nicht mehr gibt. Da wäre zum Beispiel das Titelbild des Kataloges zu nennen, welches das alte Daßlersche Gut in Straßberg zeigt.
Oder dann auch den Hof der *Actien*-Brauerei mit den alten *Vomag*-Autos, das Rittergut Troschenreuth und das Kloster Mildenfurth, das Veredlungswerk in Plauen, das Gaswerk - davon steht heute nichts oder so gut wie nichts mehr.

Vogtland-Anzeiger:
Inwiefern sind Sie als Kind geprägt worden durch Ihren Vater?

Wolf Donnerhack:
Ich denke, daß ich von meinem Vater die Hilfsbereitschaft geerbt habe und die Fähigkeit zuzuhören. Und natürlich auch das Interesse für Literatur, für Geschichte, für Kunst - ich habe später sicher nicht zufällig Germanistik und Geschichte studiert.

Vogtland-Anzeiger:
Gehen wir noch mal zurück in die Ausstellung. Dort sind auch Bilder zu sehen mit Motiven, die in weiter Ferne entstanden sind. Ich habe einige Aquarelle gesehen, die in Frankreich entstanden sind. Auch im Katalog ist eines vertreten mit der Bildunterschrift *Über den Dächern von La Rochelle.* Wie kam es denn dazu?

#
Über den Dächern von La Rochelle.
In: Katalog *Rudolf Donnerhack, 1903-1980.* Vogtland-Verlag, Plauen 2003

Aus einem Brief an Wolf Donnerhack*

Poststempel Dresden

Mein lieber Wolf,
ich schreibe und ich beantworte, wie Du vielleicht weißt, seit vielen Jahren keine Briefe mehr. Nach Deinem Interview im *Vogtland-Anzeiger* sehe ich mich nun veranlaßt, eine Ausnahme zu machen. Nur dieses eine Mal.
Zunächst: Was Dein Vater seinerzeit für die Stadt Plauen und auch für viele Menschen dort getan hat, trotz teilweise widrigster Umstände, kann gar nicht hoch genug geschätzt werden. Er hat ja nicht nur den Abriß von Malzhaus und Nonnenturm verhindert, sondern auch die Schleifung des Hochmeister-Denkmals. Zum Beispiel. Insofern hätte ich es wirklich nicht für möglich gehalten, daß sich die Stadt Plauen bei der Finanzierung der Ausstellung und des Kataloges dermaßen lumpen läßt. So verhalten sich tatsächlich nur Lumpen - anders kann man das nicht nennen. Das war mir aber im Prinzip schon klar, als ich, nach der "Wende", vorm Rathaus die neuen Autos der neuen Herren sah: PL-RM 1, PL-WP 1, PL-EV 1 - was will man von solch eitlen Gesellen erwarten? Es sind geistige Gartenzwerge, mein lieber Wolf, und Du hast gut daran getan, diese Stadt und dieses Land zu verlassen.
Sie wissen, daß Du weißt - und das werden sie Dir nie verzeihen. Nie!

In einem Plauener Antiquariat fiel mir unlängst ein 1992 erschienenes Büchlein in die Hände mit dem Titel "Auf dem Weg zur Einheit. Vogtland um Hof und Plauen im Brennpunkt". Ich dachte, ich bin im falschen Film, als ich, auf Seite 40, ein Foto mit folgender Bildunterschrift entdeckte: *Zwei furchtlose Streiter des Vogtlandes für die Freiheit der Menschen in der ehemaligen DDR: Superintendent Thomas Küttler und der jetztige Plauener Oberbürgermeister Dr. Rolf Magerkord an der traditionellen Stätte der Demonstrationen von 1989/90 vor dem Neuen Rathaus in Plauen.*
"Furchtlose Streiter"! Ich fasse es nicht. Furchtbare Schleimer waren das; Kriecher, Duckmäuser, Feiglinge - die Müller-Meier-Magerquark und Co.... Ganz besonders Detlef Müller. Unser aller Detlef. Erst SED, jetzt SPD. Ein wirkliches Chamäleon. Der hat sich doch allen Ernstes von einer Plauener Zeitung als "Widerstandskämpfer" feiern lassen. Untertitel: "Aus der Stasi-Akte von Detlef Manfred Müller, Sekretär des Kulturraumes Vogtland". Aua! Es gibt, das weißt Du besser als ich, Opfer- und Täter-Akten. OV und OPK auf der einen, IM- und KS-Akten auf der anderen Seite. Und der Detlef hat nun wirklich keine Opfer-Akte. Aber das steht natürlich nicht in der Zeitung. In der Zeitung steht "Stasi-Akte". "Stasi-Akte" klingt immer gut, nicht wahr? In der Zeitung steht auch nicht der Deckname von unser aller Detlef. Warum wird uns der vorenthalten? In der Zeitung steht, unser aller Detlef habe sich "dekonspiriert". Na klar: Er hat mit seinen Beziehungen zur Macht geprahlt.

Das war nämlich auch “Dekonspiration”. Und so was mochten die nun mal nicht. In der Zeitung steht nichts von den Spitzelberichten, die er verfaßt hat. Oder davon, daß die sonst eher geizige Stasi sich beim Genossen Detlef mit Branntwein und Gummibaum bedankt hat für seine “Informationen”. Davon steht nichts in der Zeitung. Nichts! In der Zeitung steht, daß er neun Tage im Gefängnis saß. Was für ein Martyrium! Der Detlef als Widerstandskämpfer, Randale unter Alkoholeinfluß als politischer Widerstand - wir sind schwer beeindruckt. Aber wie hier gelogen und wie hier eine Biographie “passend gemacht” wird - das erinnert mich nur allzusehr an die Hofberichterstattung in der DDR. Des Detlefs hastige Haftentlassung im Oktober 1989 führten alle auf die Umbruchsituation im Herbst 1989 zurück, gerade in Plauen. Du hast die Akten der Abteilung Inneres geflöht, Du weißt es besser. Du weißt, daß ihm die Staatsmacht mit väterlicher Strenge ins tränende Auge blickte und wie devot, wie servil sich unser aller Detlef angebiedert und angedient hat. Aber es nützt alles nichts, mein lieber Wolf - der und solche wie der fressen jetzt aus goldenen Schüsseln. Und solche wie Du und ich dürfen zugucken. Wußtest Du übrigens, warum die seit Jahren vakante Stelle des Plauener Museumsleiters nicht ausgeschrieben wird? Weil unser aller Detlef auf der Kostenstelle des Museumsleiters sitzt. Wenn Du ins Telefonverzeichnis der Stadtverwaltung schaust, wirst Du bei jedem Mitarbeiter die entsprechende Aufgaben- und Funktionsbezeichnung finden. Nur bei einem einzigen nicht - bei Detlef Manfred Müller, Zimmer 344. Abgesehen davon, daß er nie da ist. “Wenn er nicht da ist, dann liegt er in der Psychiatrie oder er liegt daheim”, heißt es dazu in der Plauener Stadtverwaltung. Außerdem hört man noch, daß er unkündbar ist - weil er der einzige Mitarbeiter mit einem Einzelvertrag ist. Du siehst, es bringt nichts, den Rächer der Enterbten zu spielen.
In Dresden gibt es übrigens ein schönes Wortspiel:
Idealismus? Ideal is mus!
Also, mein lieber Wolf, Du solltest mit der Nachauflage Deines “Gewitter”-Buches einen dicken Schlußstrich unter das Kapitel Plauen ziehen. Du hast, gegen tausend Widerstände, die Ausstellung für Deinen Vater geschafft. Das ehrt Dich sehr. Aber laß es damit genug sein. Laß die Plauener Stadtverwalter in Ruhe, Du änderst sie nicht. Die Rolle des Don Quichotte paßt nicht zu Dir. Nimm Dir den Spruch zu Herzen, den Dein Vater damals unter die Sonnenuhr am Türbel-Häusel gemalt hat. Er ist schon ziemlich verwittert, aber man kann ihn noch lesen: *Schau vorwärts, nicht zurück - neuer Mut bringt Lebensglück*

* 2003

Aus einem Gespräch mit Wolf Donnerhack*

#

Frage:
Wolf, “Blitz” und “Donner” werden hin und wieder als Zeitzeugen oder auch als sachkundige Gesprächspartner zu Foren und Fachtagungen eingeladen, im Inland und im Ausland. Auch im Vogtland? Oder vom Malzhaus?

Antwort:
Nej. Nein. Nicht im Vogtland und auch nicht vom Malzhaus. Die heutige Malzhaus-Mannschaft huldigt dem Zeitgeist. Ein Senegal-Neger bringt den “Kids” das Trommeln bei und rumänische Zigeuner malträtieren Blechblasinstrumente. Um nicht mißverstanden zu werden: Ich habe nichts dagegen, daß hier, als Gast, ein Neger trommelt oder daß Zigeuner trompeten - wenn, im Gegenzug, die “Bierfiedler” auch mal bei den Gangunzulu auftreten oder die “Landluper” in Transsylvanien. Aber genau das ist eben nicht der Fall. Statt sich für Geschichte und Kultur ihres eigenen Volkes zu interessieren, werden Kinder und Jugendliche dazu gebracht, fremde Bräuche nachzuäffen. Sie kennen nicht die Umschrift am Simon-Dach-Brunnen in Memel:
Ännchen von Tharau ist's, die mir gefällt,
Sie ist mein Leben, mein Gut und mein Geld.
Ännchen von Tharau, mein Reichtum, mein Gut,
Du meine Seele, mein Fleisch und mein Blut.
Sie wissen auch nicht, wo sie auf der Landkarte nach Tharau suchen müßten. Und nach Tilsit, nach Trakehnen, nach Tauroggen. Oder nach Nemmersdorf. Sie wissen ja noch nicht mal, welche Stadt die Hauptstadt der Schweiz ist...

* 2004

Exkurs

Lernen? Wie uncool!*

“Die Hauptstadt der Schweiz? Ich denke, das ist Wien.”
Sarah, 16 Jahre. Die Plauenerin macht gerade die mittlere Reife.
Trotzdem traut sie ihrem Wissen nicht so ganz. Das Parlament der DDR? “Davon habe ich keine Ahnung.”

* Aus *Super-Illu* (Berlin), Nr. 28/2004

Exkurs

10. April 1945: Die Nacht des schwersten Bombenangriffs*

Heute jährt sich zum 58. Mal die Nacht des großen Bombenangriffs auf Plauen. Zwischen 22:30 und 22:55 versank die Spitzenstadt am 10. April 1945 im Bombenhagel. 1965 Tonnen Bomben wurden abgeworfen, mindestens 890 Menschen starben allein in dieser Nacht.
Die, die dieses Bombardement überlebten, sind heute Großeltern.
Der *Vogtland-Anzeiger* wollte wissen, was Jugendliche über dieses Datum wissen, ob sie mit ihren Großeltern darüber gesprochen haben, ob er Thema im Geschichtsunterricht ist - dieser 10. April 1945.
Wir trafen uns mit Schülern einer zehnten Klasse.
Sie sollten sich unterhalten;
die Gedanken, die sie zum Thema bewegen, äußern; sagen, was sie wissen.

Frage:
Was wißt Ihr denn eigentlich vom 10. April 1945? Wußtet Ihr, daß an diesem Tag der schwerste Angriff auf Plauen geflogen wurde?

Antwort (Nicole):
Ich kenne halt die Geschichten von meinen Großeltern...

Frage:
Wie sieht es denn in der Schule aus? Ist Plauen und dessen Zerstörung, dessen Rolle im Krieg ein Thema im Geschichtsunterricht?

Antwort (Katja, Kristin, Linda, Nicole, Max):
Nein. Leider nicht.

Frage:
Wäre es eines, würde es Euch interessieren?

Antwort (Linda):
Auf jeden Fall wäre das spannend
und sollte von den Lehrern angesprochen werden.

Antwort (Kristin):
Es war ja nun mal auch so, daß Plauen eine von Hitlers Lieblingsstädten war.
Darauf sollte doch auch eingegangen werden...

* Aus *Vogtland-Anzeiger* (Plauen) vom 10.04.2003

Exkurs

Leserbrief - via Internet*

Soso: Plauen war also “eine von Hitlers Lieblingsstädten”.
Wer hat Euch denn diesen Unsinn beigebracht?
Der Massenmörder Che Guevara war dann wohl ein “Freiheitskämpfer”
(er war 1959 verantwortlich für die Erschießung von 20.000 Menschen)
und der Meuchelmörder Marinesko ein “Held der Sowjetunion”
(er versenkte 1945 zwei Flüchtlingsschiffe mit mehr als 20.000 Menschen),
Alt-Bundeskanzler Kurt Georg Kiesinger war ein “Faschist”
und Alt-Bundespräsident Heinrich Lübke ein “KZ-Baumeister”;
die kleinen Kinder bringt der Klapperstorch und die Erde ist eine Scheibe...?!
Und wie weit ist es von Plauen nach Pisa?

Ein Vorschlag zur Güte:
Fragt doch mal Euren Geschichtslehrer, ob er nicht mal einen ehemaligen Schulkameraden (ebenfalls Geschichtslehrer) einladen will, um mit Euch darüber zu diskutieren, wie Menschen durch Massenmedien manipuliert und wie Kriege inszeniert werden - und was es mit der ganz und gar nicht geheimnisvollen Symbolik auf der Rückseite von jedem Ein-Dollar-Schein auf sich hat...

* Von Wolf Donnerhack, 2003

Exkurs

Plauen: Afrikanische Rhythmen verlangen Übung*

Der Boden vibriert, jegliches Nebengeräusch wird von den afrikanisch anmutenden Rhythmen überdeckt. Für die beträchtliche Lautstärke sorgt die Trommel-Arbeitsgemeinschaft “Uhuru” des Lessing-Gymnasiums - ein Dutzend Schüler, die hinter knie- bis hüfthohen Holztrommeln sitzen oder stehen.
Einmal wöchentlich treffen sich die 10- bis 15jährigen zum Musizieren.
Klatschend gibt Ralf Fischer, Biologielehrer am Lessing-Gymnasium und Betreuer der Gruppe, den Takt vor, und die Schüler folgen seinem Beispiel.
Dann beginnt die Runde zu singen: “Gidi gagenka...”

* Aus *Freie Presse* (Plauen) vom 23.04.2004

50. Jahrestag des Volksaufstandes in der DDR

17. Juni 1953 * 17. Juni 2003

Liebe Schülerinnen und Schüler,

am

17. Juni 2003, 11.25 – 12.55 Uhr,

wird im Rahmen des Geschichtsunterrichtes der Klasse FOS 12 L

Herr Wolf Donnerhack (Berlin)

in einem Vortrag aus Anlass des 50. Jahrestages des Aufstandes über seine Erfahrungen mit der DDR berichten. Wolf hat (mit mir) von 1976 bis 1980 an der Uni Leipzig studiert, wurde bereits dort von der Staatssicherheit der DDR überwacht und später inhaftiert.
Interessenten anderer Klassen melden sich bitte kurz schriftlich (Schulleitungsfach).

Quelle: www.17juni53.de

Dr. Ulm
Schulleiter
20.05.2003

#

Und da war Mayer.
Wolfgang Mayer, ein Lehrer aus Ilmenau.
Vier Tage vor dem für den 13. September 1988 angekündigten offiziellen Staatsbesuch des dänischen Ministerpräsidenten Poul Schlüter in Ost-Berlin ging er in die Botschaft des Königreiches Dänemark in der DDR - an der Spitze eines Trupps Thüringer und unter einem Spruchband mit der Losung "In Freiheit wollen wir uns wähnen - und zwar genauso wie die Dänen!"
Die dänischen Diplomaten, allen voran Botschaftsrat Becker-Hansen und Botschafter Krog-Meyer, fanden das allerdings ganz und gar nicht lustig. Nach hektischen Telefonaten mit dem Außenministerium in Kopenhagen und auch mit Außenminister Ellemann-Jensen ließen sie (ein in der Geschichte der Diplomatie einmaliger Vorgang!) ein Stasi-Überfallkommando in die Botschaft, das über die tapferen Thüringer herfiel und sie direkt in die Stasi-Haftanstalt nach Berlin-Lichtenberg (Magdalenenstraße) abtransportierte.
Am 12. Oktober 1988 standen Mayer und seine Männer dann vor Gericht. Nacheinander mußten sie ihren Lebenslauf herunterbeten, Mayer als Letzter. Der ließ sich viel Zeit, den Anwesenden genau zu erklären, woher er kommt:
Aus Pausa im schönen Vogtland, dem Mittelpunkt der Erde. Im Rathaus dort gibt es ein Zimmer, in dem das eine Ende der Erdachse zu besichtigen ist. Und in diesem Zimmer wird die Erdachse wöchentlich einmal geschmiert...
(Wolfgang Mayer: *Dänen von Sinnen.* Anita-Tykve-Verlag, Böblingen 1990)
Das wollte der (heute weltweit gesuchte, Ende 2003 vom *Silbernen Schild* in einem Villenvorort von Belgrad lokalisierte) berüchtigte Richter und Stasi-Scherge Wetzenstein-Ollenschläger überhaupt nicht hören. Er fuhr Mayer in die Parade, entzog ihm das Wort und verurteilte ihn anschließend "unter den Voraussetzungen außergewöhnlicher Strafmilderung" zu einer Freiheitsstrafe von achtzehn Monaten, ausgesetzt zur Bewährung (Bewährungsdauer drei Jahre) - wegen "gemeinschaftlichen Hausfriedensbruchs und in Tatmehrheit begangener gemeinschaftlicher Beeinträchtigung staatlicher Tätigkeit".
Am 23. März 1989 wurde Mayer aus der DDR-Staatsbürgerschaft entlassen. Seine letzten Worte auf dem Boden der DDR:
"Freiheit für jeden - so wie in Schweden!"

Auch heute noch hält (der mittlerweile zum Dr. phil. promovierte) Wolfgang Mayer die Verbindung zu seiner alten Heimat aufrecht. Unter anderem hat er Kontakt zu einem ehemaligen Schulkameraden aus Pausa, der mittlerweile als Redakteur bei der Lokalredaktion einer Plauener Zeitung arbeitet.
Und den fragte er* ganz beiläufig einmal nach "Blitz" und "Donner".

Da war der Zeitungsmann tatsächlich wie vom Donner gerührt:
"Den Namen Donnerhack darfst Du in Plauen nicht mehr erwähnen! Jedenfalls nicht in der Stadtverwaltung. Dieser Name ist dort wie ein rotes Tuch. Obwohl - der Kleine geht ja noch. Wenn von dem mal die Rede ist im Rathaus, dann sprechen sie, wohl in Anlehnung an Gunther Plüschow, den berühmten *Flieger von Tsingtau*, immer noch vom *Flieger von Plauen*.
Aber beim Großen ist alles zu spät. Nach der *Wende* mußten seinetwegen ein paar hochrangige Stasi-Spitzel aus der Stadtverwaltung gehen. Deshalb hat man ihn damals auch *Der letzte Gerechte* genannt. Aber dann hat er's übertrieben. Erst hat er den Roten ihre Straßennamen weggenommen. Ihre *Ernst-Thälmann-Straße*, ihren *Reinhold-Huhn-Weg* und ihre *Antifa-Straße*, ihre *Clara-Zetkin-Straße* und ihren *Otto-Grotewohl-Platz*, den *Leninplatz*, den *Platz der Roten Armee*, den *Platz der Deutsch-Sowjetischen Freundschaft*.
Und danach hat er sich doch tatsächlich über das Stadtarchiv hergemacht. Über die Bestände der Abteilung Inneres. *Operation Wespennest*. Dort hat er, wie's scheint, ein bißchen zu tief gegraben und ein bißchen zu viel gefunden. Stichwort: *Zusammenarbeit mit den Sicherheitsorganen*. Das war's dann...
Wenn heute im Rathaus doch noch manchmal die Rede auf ihn kommt, zum Beispiel im Zusammenhang mit dem Museum in Plauen, dann fühlt man sich an Harry Potter erinnert, wo keiner mehr den Namen von Lord Voldemort auszusprechen wagt; wo man nur noch sagt *Du-weißt-schon-wer*. Genauso ist das jetzt mit Wolf Donnerhack. Der heißt hier nur noch *Der Geächtete*..."

* 2002

Aus einem Gespräch mit Wolf Donnerhack*

#

Frage:
Mal ehrlich, Wolf: Clara Zetkin - wieso das denn...?

Antwort:
Clara Zetkin durfte im Juli 1922, auf Geheiß Lenins, im "Prozeß gegen die Sozialrevolutionäre" die sogenannte "gesellschaftliche Anklägerin" spielen. In dieser Eigenschaft forderte sie die Todesstrafe für jene jungen Männer, die

es gewagt hatten, andere Vorstellungen vom Leben und von einer künftigen Gesellschaftsordnung zu entwickeln als die blutrünstigen Bolschewiken.
Ja, und wer Andersdenkende in den Tod schicken will -
warum sollten wir nach dem eine Straße benennen?
Mal ganz abgesehen davon, daß Clara Zetkin am 30. August 1932 in ihrer Eigenschaft als Alterspräsidentin des Deutschen Reichstages verkündet hatte, sie hoffe, noch "das Glück zu erleben, als Alterspräsidentin den ersten Rätekongreß Sowjetdeutschlands zu eröffnen".

Frage:
Wolf, alter Waldläufer; wie kommst Du eigentlich damit zurecht,
daß man Dich im Plauener Rathaus nur noch "Der Geächtete" nennt?

Antwort:
Ich habe kein Problem damit. Überhaupt nicht.
Was stört's die Eiche, wenn sich die Schweine an ihrer Borke reiben?

Frage:
Fürchtest Du nicht, daß jetzt, nach der Neu- beziehungsweise Nachauflage von "Das Gewitter", es wieder einige "Entscheidungsträger" geben könnte, die sich auf den Schlips getreten fühlen? Die sich bedroht und beleidigt und in ihrer Menschenwürde verletzt fühlen wie einst ein Oberbürgermeister...?

Antwort:
Mir doch egal. Ein Donnerhack fürchtet nichts und niemand auf dieser Welt.
Sollen sie in den Wald gehen und laut schreien, die Krawattenträger; das hilft.
Schon der vogtländische Malerpoet Hermann Vogel wußte:
Wenn die Menschen Dich verwundet, gehe in den grünen Wald -
Jedes kranke Herz gesundet von so milder Pflege bald.
Aber wen es danach gelüsten sollte, mich im Wargenwald heimzusuchen:
Das G 11 ist griffbereit und "Der Wolf auf dem Fels" gefechtsbereit!
Oder, um abschließend noch mal Gerhard Gundermann zu zitieren:
Hier draußen vergeht den Apparaten das Klingen,
Hier draußen, wo nachts im Wald die Steine schreien.
Von denen lernen wir jetzt wieder Weinen und Singen
Und ansonsten, stille zu sein.

* 2004

#

Lasse im Berg. Postkarte, Aufnahme: Sture Traneving, Stockholm (1991)

“So lebt nun wohl, Ihr Freunde überall. Es ist an der Zeit. Hoch an der Zeit!”

10.

Später, viel später,
der Versuch einer Rekonstruktion.
Um zu greifen, um zu begreifen.
Ungewiß bleibt seine Beschaffenheit.
Ein Traum.
Oder ein fernes Erinnern.
Ein Bild, unerreichbar,
letztlich unverständlich.
Vorbei.
Die überwirkliche Realität,
meine alltäglichen Abziehbilder
schieben sich darüber,
bunt, laut, vergeßlich.
Und nur der Schrecken bleibt in mir,
unfaßbar, unauslöschlich.

Christoph Hein, *Der fremde Freund*

A

A-Maßnahme	Abhören eines Telefonanschlusses
ABM	Arbeitsbeschaffungsmaßnahme
Abs.	Absatz
Abt.	Abteilung
Abt. M	Postkontrolle
ABV	Abschnittsbevollmächtigter
ADN	Allgemeiner Deutscher Nachrichtendienst
AfNS	Amt für Nationale Sicherheit
AG	Aktiengesellschaft
AG	Arbeitsgebiet
AG	Arbeitsgemeinschaft
AG	Arbeitsgruppe
AGM/S	Arbeitsgruppe des Ministers/Sicherheit
A/I	Auswertung und Information
AIM	Archivierter Inoffizieller Mitarbeiter
AJZ	Autonomes Jugendzentrum
akad.	akademisch
AK	Awtomat Kalaschnikow
AKG	Auswertungs- und Kontrollgruppe
AL	Abteilungsleiter
Alk	Alkohol
Alu	Aluminium
amtl.	amtlich
AOP	Archivierter Operativer Vorgang
AOPA	Aircraft Owner and Pilot Association
AOPK	Archivierte Operative Personenkontrolle
AP	Allgemeine Personenablage
App.	Apparat
Archiv-Nr.	Archiv-Nummer
Ari	Artillerie
ARV	Arbeitsrechtsverhältnis
ASAO	Arbeitsschutzanordnung
Asche	Armee
Assis	Asoziale
ASt	Außenstelle
AStA	Antragsteller auf ständige Ausreise
ATF	Almanya Türk Federasyon

AU	Archivierter Untersuchungsvorgang
Audimax	Auditorium maximum
AWO	Arbeiterwohlfahrt
Az	Aktenzeichen

B

B-Maßnahme	Abhören eines geschlossenen Raumes
B-Stelle	Beobachtungsstelle
BAM	Baikal-Amur-Magistrale
BAZ	Bezirksausbildungszentrum
BDC	Berlin Document Center
BdVP	Bezirksbehörde der Volkspolizei
BfA	Bundesversicherungsanstalt für Angestellte
BFC	Beatles-Fan-Club
BFC	Berliner Fußball-Club
BFS	Bundesanstalt für Flugsicherung
BfV	Bundesamt für Verfassungsschutz
BGL	Betriebsgewerkschaftsleitung
BGS	Bundesgrenzschutz
Bim	Straßenbahn
BKA	Bundeskriminalamt
BKG	Bezirkskoordinierungsgruppe
BL	Bezirksleitung
BLZ	Bankleitzahl
BMB	Bundesministerium für innerdeutsche Beziehungen
BMP	Bojewaja Maschina Pechoty
BMW	Bayerische Motorenwerke
BND	Bundesnachrichtendienst
BOB	Berufsoffiziersbewerber
BR	Bundesrepublik
Brambacher	Mineralwasser aus Bad Brambach
BRD	Bundesrepublik Deutschland
BP	Beschuldigte Person
BPAA	Büro für Paß- und Ausländerangelegenheiten
BSG	Bundessozialgericht
BStU	Der Bundesbeauftragte für die Stasi-Unterlagen
Btl.	Bataillon
BUB	Berufsunteroffiziersbewerber

BV	Bezirksverwaltung
b.w.	bitte wenden
BZ	Berliner Zeitung
bzw.	beziehungsweise

C

ca.	cirka
CBS	Columbia Broadcasting System
CDU	Christlich-Demokratische Union
CFS	Chiffriertes Fernschreiben
CIA	Central Intelligence Agency
cm	Zentimeter
CND	Campaign for Nuclear Disarmement
Co.	Compagnie
CSU	Christlich-Soziale Union
CSSR	Ceskoslovenska Socialisticka Republika

D

D	Deutschland
D-Mark	Deutsche Mark
DB	Deutsche Bücherei
DB	Dienstberatung
DB	Dienstbereich
DB	Durchführungsbestimmung
DBD	Demokratische Bauernpartei Deutschlands
dbzgl.	diesbezüglich
DDR	Deutsche Demokratische Republik
DE	Diensteinheit
Deko	Dekorationsstoffe
Demo	Demonstration
DFA	Dringende Familienangelegenheiten
D/G	Deutsch/Geschichte
dgl.	dergleichen
d.h.	das heißt
DHJ	Diensthalbjahr
DHM	Deutsches Historisches Museum
d.i.	das ist
Dir.	Direktion

Disko	Diskothek
Diss.	Dissertation
DKP	Deutsche Kommunistische Partei
DM	Deutsche Mark
DPA	Deutscher Personalausweis
DR	Deutsche Reichsbahn
Dr.	Doktor
DRK	Deutsches Rotes Kreuz
DSF	Deutsch-Sowjetische Freundschaft
DT	Deutschland-Treffen
DVP	Deutsche Volkspolizei

E

E	Europastraße
EB	Erzieherbereich
EG	Europäische Gemeinschaft
ehem.	ehemalig
EK	Entlassungskandidat
ELG	Einkaufs- und Liefergenossenschaft
EMD	Eidgenössisches Militär-Departement
EOS	Erweiterte Oberschule
etc.	et cetera
EV	Ermittlungsverfahren
evtl.	eventuell
Ex	Exquisit

F

F	Flugzeug
F	Formblatt
F	Formular
f.	folgende Seite
Fam.	Familie
fasch.	faschistisch
FDGB	Freier Deutscher Gewerkschaftsbund
FDJ	Freie Deutsche Jugend
FDP	Freie Demokratische Partei
FE	Fahrerlaubnis
FE	Forsvarets Efterretningstjeneste

ff.	fortfolgende Seiten
FIAT	Fabricca Italiana Automobili Torino
FIM	Führungs-IM
Flak	Fliegerabwehrkanone
FO	Führungsoffizier
Folk	Folklore
fp	Frankenpost
FP	Freie Presse
FRR	Fliegerabwehr-Raketenregiment
FSB	Federalnaja Slushba Bjezopasnosti
FStW	Funkstreifenwagen
FSU	Friedrich-Schiller-Universität

G

G	Gewehr
GAP	Grenzabschnittsposten
GAR	Grenzausbildungsregiment
Gbl.	Gesetzblatt
GD	Generaldirektor
GDR	German Democratic Republic
geb.	geboren
Gefr.	Gefreiter
gem.	gemäß
Gen.	Genosse
Genn.	Genossin
GeschZ.	Geschäftszeichen
Gestapo	Geheime Staatspolizei
GHG	Gucken-Horchen-Greifen
GK	Grenzkommando
GmbH	Gesellschaft mit beschränkter Haftung
GMS	Gesellschaftlicher Mitarbeiter für Sicherheit
GO	Grundorganisation
Gorbi	Gorbatschow
GOvP	Gehilfe des Offiziers vom Park
GPU	Gosudarstwennoje Polititscheskoje Uprawlenije
GR	Grenzregiment
GSSD	Gruppe der Sowjetischen Streitkräfte in Deutschland
GST	Gesellschaft für Sport und Technik

GT	Grenztruppen
GÜSt	Grenzübergangsstelle
Gulag	Glawnoje uprawlenije lager
GUvD	Gehilfe des Unteroffiziers vom Dienst
GVS	Geheime Verschlußsache
GZA	Grenzzollamt

H

h	Stunden
HA	Hauptabteilung
h.c.	honoris causa
HdA	Haus der Armee
HdJT	Haus der Jungen Talente
Hfw.	Hauptfeldwebel
HJ	Hitlerjugend
HO	Handelsorganisation
HOG	HO-Gaststätte
Hptm.	Hauptmann
Hrsg.	Herausgeber
Hs	Henschel
Huber	Hubschrauber
HVA	Hauptverwaltung Aufklärung

I

IDZ	Informations- und Dokumentationszentrum
IFA	Industrieverband Fahrzeugbau
IG	Industriegewerkschaft
IKM	Inoffizieller Kriminalpolizeilicher Mitarbeiter
IKMA	IKM mit besonderer Aufgabenstellung
IKMO	IKM für operative Aufgaben
IKMR	IKM aus Kreisen der Rechtsbrecher und Asozialen
Illu	Illustrierte
IM	Inoffizieller Mitarbeiter
IMB	IM zur Bekämpfung feindlicher Stellen und Kräfte
IME	IM im besonderen Einsatz
IMK	IM zur Sicherung der Konspiration
IMS	IM für Sicherheit
ISBN	International Standard Book Number

J

JVA	Justizvollzugsanstalt
jur.	juris

K

K	Kriminalpolizei
K-K	Kultur- und Kommunikationszentrum
Kasch	Kalaschnikow
KB	Kulturbund
KBS	Kommunale Berufsschule
KC	Kompaniechef
KD	Kreisdienststelle
Kdtr.	Kommandantur
Kfz.	Kraftfahrzeug
kg	Kilogramm
KGB	Komitet Gosudarstwennoi Bjezopasnosti
KGD	Konzert- und Gastspieldirektion
KL	Konzentrationslager
KL	Kreisleitung
km	Kilometer
km/h	Kilometer pro Stunde
KMU	Karl-Marx-Universität
Knast	Gefängnis
Knast	Hunger
Koll.	Kollege
Kolln.	Kollegin
Kombi	Kombination
Komintern	Kommunistische Internationale
Konzlager	Konzentratsionny lager
KPP	Kontroll- und Passier-Posten
KpS	Kompanie zur Sicherstellung
KPD	Kommunistische Partei Deutschlands
Kratzerplatte	Bestenabzeichen
Kripo	Kriminalpolizei
KS-Akte	Kader-Stammakte
KSZE	Konferenz für Sicherheit und Zusammenarbeit in Europa
KW	Konspirative Wohnung
KZ	Konzentrationslager

L

Laster	Lastwagen
LD	Lutz Donnerhack
LfV	Landesamt für Verfassungsschutz
l	Liter
l/h	Liter pro Stunde
LKG	Leipziger Kommissionsgroßhandel
Lkw	Lastkraftwagen
lMG	Leichtes Maschinengewehr
LP	Langspielplatte
LPG	Landwirtschaftliche Produktionsgemeinschaft
LSK/LV	Luftstreitkräfte/Luftverteidigung
LStU	Der Landesbeauftragte für die Stasi-Unterlagen
lt.	laut
LTI	Lingua Tertii Imperii
Ltn.	Leutnant

M

M	Mark
m	Meter
MA	Militärarchiv
MA	Mitarbeiter
MA-Lager	Militärisches Ausbildungslager
Maßn.	Maßnahme
max.	maximal
MB	Meisterbereich
MB	Militärbezirk
MBB	Messerschmitt-Bölkow-Blohm
m.b.H.	mit beschränkter Haftung
MD	Medizinischer Dienst
MdB	Mitglied des Bundestages
MdI	Ministerium des Innern
Me	Messerschmitt
Memfis	Ministerium für Staatssicherheit
MfAA	Ministerium für Auswärtige Angelegenheiten
MfNV	Ministerium für Nationale Verteidigung
MfS	Ministerium für Staatssicherheit
MG	Maschinengewehr

MHP	Milliyetci Haraket Partisi
Mi	Mikojan
Mikro	Mikrophon
min.	Minuten
M/L	Marxismus-Leninismus
MLK	Metall-Leichtbau-Kombinat
MLU	Martin-Luther-Universität
mm	Millimeter
Moros	Marokkaner
mot.	motorisiert
MSR	Motorisiertes Schützenregiment
Mumpe	Isolationszelle
MVR	Mongolische Volksrepublik
MZ	Motorradwerk Zschopau
MZH	Mehrzweckhalle

N

NATO	North Atlantic Treaty Organization
Nazi	Nationalsozialist
NBL	Neue Bundesländer
ND	Neues Deutschland
Nr.	Nummer
NRW	Nordrhein-Westfalen
NSA	National Security Agency
NSA	Nichtsozialistisches Ausland
NSDAP	Nationalsozialistische Deutsche Arbeiterpartei
NSW	Nichtsozialistisches Wirtschaftsgebiet
NVA	Nationale Volksarmee
NZZ	Neue Zürcher Zeitung

O

OA	Operative Abteilung
OB	Oberbürgermeister
OB	Oberer Bahnhof
OD	Objektdienststelle
ODH	Operativer Diensthabender
OG	Operationsgebiet
OG	Operativgruppe

o.g.	oben genannt
OHS	Offiziershochschule
OibE	Offizier im besonderen Einsatz
OK	Operative Kombination
OKH	Oberkommando des Heeres
Oltn.	Oberleutnant
OLZ	Operatives Leitzentrum
OM	Operative Maßnahme
OM	Operativer Mitarbeiter
op.	operativ
OPK	Operative Personenkontrolle
OS	Offiziersschüler
OSV	Ordnungsstrafverfahren
OT	Ortsteil
O.U.	Ort der Unterzeichnung
OV	Operativer Vollzug
OV	Operativer Vorgang
OvD	Offizier vom Dienst
OvP	Offizier vom Park

P

P	Pistole
PA	Personalausweis
PAG	Politisches Arbeitsgespräch
Par.	Paragraph
PD	Panzerdivision
PDS	Partei des Demokratischen Sozialismus
PF	Postfach
PFA	Post- und Fernmeldeamt
PH	Pädagogische Hochschule
phil.	philosophiae
PID	Politisch-Ideologische Diversion
PKE	Paßkontrolleinheit
PKK	Partija Karkaren Kurdistan
Pkt.	Punkt
Pkw	Personenkraftwagen
PKZ	Personenkennzahl
Plamag	Plauener Maschinenfabrik AG

PLO	Palestinian Liberation Organization
PM	Paßersatz und Meldebescheinigung
P/M	Paß- und Meldewesen
pol.	politisch
pol.	polizeilich
Pol.Ök.Kap.	Politische Ökonomie des Kapitalismus
Pol.Ök.Soz.	Politische Ökonomie des Sozialismus
POS	Polytechnische Oberschule
POZW	Politisch-Operatives Zusammenwirken
Prof.	Professor
PS	Pferdestärken
P.S.	post skriptum
PSF	Polnische Seekriegsflotte
PSF	Postschließfach
PSzH	Pancelozot Szalito Hjarzamü
PUT	Politische Untergrund-Tätigkeit
PZA	Postzollamt
PZF	Postzollfahndung

Q

R

RA	Rechtsanwalt
RAF	Rote Armee Fraktion
RdB	Rat des Bezirkes
RdK	Rat des Kreises
RdS	Rat der Stadt
Reg.-Nr.	Registrier-Nummer
Reisläufer	Söldner
Resis	Reservisten
Rewi	Rechtswissenschaft
RHG	Rechtshilfegesetz
RIAS	Rundfunk Im Amerikanischen Sektor
RF	Republikflucht
RL	Referatsleiter
RL	Richtlinie
RO	Raketenobjekt
RWÜ	Rechtswidriges Übersiedlungsersuchen

S

S	Spezifikation
S.	Seite
S-Bahn	Stadtbahn
SA	Sturmabteilung
Samizdat	Eigenverlag
SAPMO	Stiftung Archiv der Parteien und Massenorganisationen
SB	Sachbearbeiter
SB-Gaststätte	Selbstbedienungsgaststätte
Schnuffi	Schutzmaske
SDAG	Sowjetisch-Deutsche Aktiengesellschaft
SDS	Sozialistischer Deutscher Studentenbund
SED	Sozialistische Einheitspartei Deutschlands
Sero	Sekundärrohstoffe
SFRJ	Sozialistische Föderative Republik Jugoslawien
SG	Sachgebiet
SG	Seminargruppe
SG	Strafgefangener
Shop	Intershop
SIRA	System Information und Recherche der Aufklärung
SIVO	Sicherungsvorgang
S/K	Sicherung und Kontrolle
SMH	Schnelle Medizinische Hilfe
SMO	Sowjetisches Militärobjekt
SOUD	Sistema Objedinjonnogo Utschota o Dannich
sowj.	sowjetisch
soz.	sozialistisch
Sozis	Sozialdemokraten
SPD	Sozialdemokratische Partei Deutschlands
Spezlager	Spezialny lager
SPW	Schützenpanzerwagen
SS	Sturmstaffel
SSD	Staatssicherheitsdienst
SSMI	Sächsisches Staatsministerium des Innern
SSMJ	Sächsisches Staatsministerium der Justiz
SSMK	Sächsisches Staatsministerium für Kultus
SMWK	Sächsisches Staatsministerium für Wissenschaft und Kunst
SSR	Sozialistische Sowjetrepublik

St.	Sankt
Stabü	Staatsbürgerkunde
Stasi	Staatssicherheit
StB	Statni Bezpecznost
stellv.	stellvertretend
Stellv.	Stellvertreter
StGB	Strafgesetzbuch
StPO	Strafprozeßordnung
StUÄndG	Stasi-Unterlagen-Änderungsgesetz
StUG	Stasi-Unterlagengesetz
Stukas	Sturzkampfbomber
StVE	Strafvollzugseinrichtung
StVG	Strafvollzugsgesetz
SU	Sowjetunion
SuHl	Sozialistisch unterentwickeltes Hinterland
SV-Ausweis	Sozialversicherungsausweis
SV	Strafvollzug
SWR	Slushba Wneshnej Razwedki
SZ	Süddeutsche Zeitung

T

T	Tank
T.	Teil
taz	Tageszeitung
Tel.	Telefon
tel.	telefonisch
TH	Technische Hochschule
Trabi	Trabant
Trapo	Transportpolizei
Tscheka	Tschreswitschainaja kommisija

U

U	Unterseeboot
U-Bahn	Untergrundbahn
U-Boot	Unterseeboot
U-Haft	Untersuchungshaft
u.	und
UA	Unterabteilung

u.a.	und andere
u.a.	unter anderem
UdSSR	Union der Sozialistischen Sowjet-Republiken
Uffz.	Unteroffizier
Ufw.	Unterfeldwebel
UHA	Untersuchungshaftanstalt
Ultn.	Unterleutnant
UMSt	Urteil des Militärstrafsenats
Uni	Universität
UN	United Nations
UNO	United Nations Organization
UOG	Urteil des Obersten Gerichts
US	United States
USA	United States of America
usw.	und so weiter
UV	Untersuchungsvorgang
UVR	Ungarische Volksrepublik
UZ	Unsere Zeit

V

V	Verwaltung
VA	Vogtland-Anzeiger
VDS	Vertrauliche Dienstsache
VEB	Volkseigener Betrieb
VFC	Vogtländischer Fußball-Club
VHS	Volkshochschule
VK	Verkehrspolizei
VM	Volksmarine
VO	Verbindungsoffizier
VO	Verordnung
Vogtl.	Vogtland
vogtl.	vogtländisch
VOKA	Vogtländisches Kabelwerk
Vomag	Vogtländische Maschinenfabrik AG
Vopo	Volkspolizei
Vowetex	Vogtländische Webtextilien
VP	Volkspolizei
VP-Gesetz	Gesetz über die Aufgaben und Befugnisse der VP

VPKA	Volkspolizeikreisamt
VR	Verwahrraum
VR	Volksrepublik
VRP	Volksrepublik Polen
VS	Verschlußsache
VS	Volkssolidarität
VVB	Vereinigung Volkseigener Betriebe
VVS	Vertrauliche Verschlußsache
VW	Volkswagen

W

W	Werdau
WaffG	Waffengesetz
WB	West-Berlin
WBK	Waffenbesitzkarte
WBK	Wehrbezirkskommando
WDA	Wehrdienstausweis
Wema	Werkzeugmaschinenfabrik
Wernesgrüner	Bier aus Wernesgrün
wh.	wohnhaft
WKK	Wehrkreiskommando
WR	Wachregiment

X

Y

Z

ZAIG	Zentrale Auswertungs- und Informationsgruppe
z.B.	zum Beispiel
ZDF	Zweites Deutsches Fernsehen
ZI	Zelleninformant
ZK	Zentralkomitee
ZKG	Zentrale Koordinierungsgruppe
ZMA	Zentrale Materialablage
ZPDB	Zentrale Personendatenbank
z.T.	zum Teil
z.Z.	zur Zeit

11.

Es war einmal.
Aber das hier war erst vor wenigen Jahren,
und ein Märchen (ein sehr böses) wird es erst sein,
wenn alles vergangen und vergessen sein wird.

Theodor Plievier, *Ein deutsches Wintermärchen*

Paragraphen...

...aus dem Strafgesetzbuch der DDR*, die in diesem Band erwähnt werden

§ 97 Spionage, Strafandrohung: Freiheitsstrafe nicht unter fünf Jahren - bis hin zu Lebenslänglich, in besonders schweren Fällen Todesstrafe

§ 98 Dito

§ 99 Landesverräterische Nachrichtenübermittlung, Strafandrohung: Freiheitsstrafe von zwei bis zu zwölf Jahren

§ 100 Landesverräterische Agententätigkeit, Strafandrohung: Freiheitsstrafe von einem Jahr bis zu zehn Jahren

§ 101 Terror: Strafandrohung: Freiheitsstrafe nicht unter drei Jahren - bis hin zu Lebenslänglich, in besonders schweren Fällen Todesstrafe

§ 106 Staatsfeindliche Hetze, Strafandrohung: Freiheitsstrafe von zwei bis zu zehn Jahren

§ 137 Beleidigung: Strafandrohung: Freiheitsstrafe bis zu zwei Jahren

§ 139 Verfolgung von Beleidigungen, Strafandrohung wie bei § 137

§ 213 Ungesetzlicher Grenzübertritt, Strafandrohung: Freiheitsstrafe von zwei bis zu zehn Jahren

§ 214 Beeinträchtigung staatlicher oder gesellschaftlicher Tätigkeit, Strafandrohung: Freiheitsstrafe bis zu fünf Jahren

§ 218 Zusammenschluß zur Verfolgung gesetzwidriger Ziele, Strafandrohung: Freiheitsstrafe von einem Jahr bis zu acht Jahren

§ 219 Ungesetzliche Verbindungsaufnahme, Strafandrohung: Freiheitsstrafe bis zu fünf Jahren

§ 220 Öffentliche Herabwürdigung, Strafandrohung: Freiheitsstrafe bis zu fünf Jahren

* Textausgabe mit Sachregister (1980)

Zuständigkeiten...

...der in diesem Band erwähnten Hauptabteilungen* des MfS

HA I Abwehr und Überwachung im Zuständigkeitsbereich des Ministeriums für Nationale Verteidigung

HA II Spionageabwehr, Überwachung ausländischer Arbeitskräfte, Firmen und Persönlichkeiten sowie diplomatischer Vertretungen

HA VI Überwachung und Kontrolle des grenzüberschreitenden Verkehrs sowie des Beherbungsgewerbes, vor allem der Interhotels

HA VII Abwehr und Überwachung im Zuständigkeitsbereich des Ministeriums des Innern und der Zollverwaltung

HA VIII Beobachtungen und Ermittlungen sowie Festnahmen

HA IX Untersuchungsorgan des Ministeriums für Staatssicherheit

HA XII Archiv und Ablage sowie Auskunft

HA XIV Untersuchungshaft und Strafvollzug

HA XX Überwachung von Kirche, Kunst und Kultur sowie Abwehr von PID und PUT, Kontrolle des Staatsapparates

HA XXII Terrorabwehr

* Den Hauptabteilungen des Ministeriums für Staatssicherheit entsprachen die jeweiligen Abteilungen auf der Ebene der Bezirksverwaltungen, die Aufgaben der Abteilung XV einer BV waren weitgehend deckungsgleich mit denen der Hauptverwaltung Aufklärung.

12.

Von der mäßig hohen Ausblickswarte des Tamasberges
auf die zerzausten Landschaften meines Lebens zurückblickend,
ohne ärgerliche Überlegenheit und Hochmut, wie ich hoffe,
aber doch mit einem schadenfrohen Auflachen,
beobachte ich meine agile Jünglingsgestalt:
Mit welch strengem Enthusiasmus,
welcher vor nichts zurückschreckenden Hartnäckigkeit,
welcher Ausdauer, ja, mitunter welcher unbestreitbaren Pfiffigkeit
stürmte sie wieder und immer wieder
gegen ihre verschiedenen Windmühlen an!
Hundertmal aus dem Sattel ihrer fixen Ideen geworfen,
klomm sie zum hundertsten Mal erneut hinauf,
mitunter den Wahnsinn in den Augen.
Und sitzt sie jetzt endlich im Sattel?
Nur im Korbstuhl, mein Freund.

Tibor Dery, *Kein Urteil*

Nachsatz

Die Umschlaggestaltung übernahm der Plauener Graphiker Lothar Rentsch, Mitglied im Verband Bildender Künstler Deutschlands und seit 1994 auch Ehrenbürger der Stadt Plauen, dem an dieser Stelle ebenso nachdrücklich gedankt sein soll wie dem Plauener Fotografenmeister Alfred Calmeister für seine Unterstützung bei der Fertigstellung der vorliegenden Dokumentation.

Der Sinnspruch auf den beiden Innentiteln dieser Publikation gehört zu zwei hölzernen Bären, die in der Eingangshalle des Vogtlandmuseums Plauen (bis 1980 Vogtländisches Kreismuseum - nach dem alten *Voigtländischen Creyß*) zu bewundern sind. Erwähnenswert ist nicht zuletzt auch deren Geschichte: Als im Jahre 1870 ein Plauener Leinwandhändler namens Bär sein Haus am Altmarkt, Ecke Oberer Steinweg ausbauen wollte, verweigerten ihm die Plauener Stadtverwalter die dafür erforderliche Genehmigung. Nachdem es Bär dann (vermittels einer List und unter Umgehung von Stadtrat und Bezirksbaumeister Zopf) doch noch gelungen war, den Ausbau seines Hauses zu bewerkstelligen, verweigerten ihm die rachsüchtigen Bürokraten im Rathaus aber die Genehmigung zur Vermietung der ausgebauten Räume. Daraufhin ließ Bär im benachbarten Bayern die beiden Tiere schnitzen und hernach an seinem Hause anbringen, von wo aus dann eines der beiden, gleichsam stellvertretend für den Bürger Bär, nach dem Rathaus (und damit den Plauener Stadtverwaltern also) die Zunge herausstreckte. Wie nennt man das? Bauernschläue? Bürgermut? Oder beides zusammen?
Die Bären stehen auf Konsolen, auf diesen kann man lesen:

Mit Unrecht, Macht und altem Zopf
ward Fortschritt unterdrückt

Doch Fortschritt nun auf Macht und Zopf
verächtlich niederblickt

Ein recht aktuelles Gleichnis,
so will uns scheinen.

Mette Herborg *Per Michaelsen*

Kopenhagen
Oktober 2004